· 法律文化研究文丛 ·

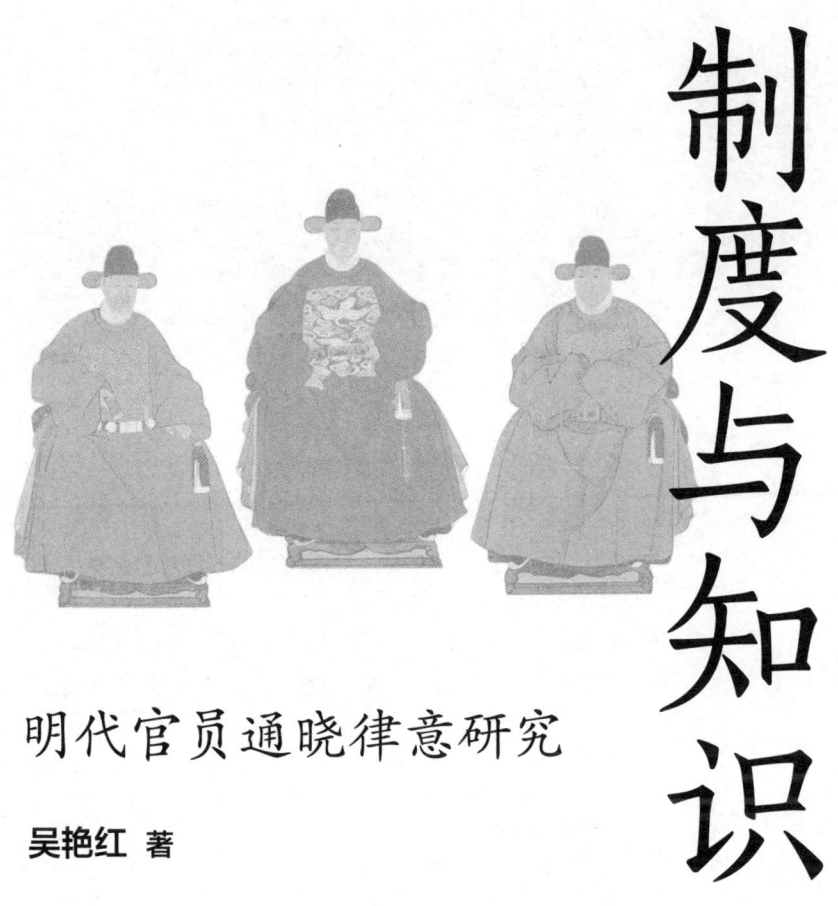

制度与知识

明代官员通晓律意研究

吴艳红 著

商务印书馆
The Commercial Press

主编前言

《法律文化研究文丛》自 1996 年面世，已经出版三辑，计有海内外学者专著、文集、译著三十余种刊行，内容涉及法律理论、法律史、比较法、法律社会学、法律人类学等诸多领域。

自今年起，《法律文化研究文丛》将由商务印书馆出版。编者不改初衷，将通过本文丛的编辑出版，继续坚持批评和反思的学术立场，推动法律的跨学科研究，为深入认识中国法律与社会的历史、文化和现实，推进中国的法治事业，略尽绵薄。

梁治平

2022 年 7 月

目　录

前　言

　　本书研究明代官员的通晓律意，即他们对以《大明律》为核心的律法知识的获取、创造与交流，重点讨论制度如何影响、规范并形塑了这一通晓律意的过程。

　　律法刑名是实现国家有效统治的重要途径，先秦时期，各国就有成文法的公布。明代立国之初，太祖朱元璋殚精竭虑，君臣花费三十年的时间，最后刊定《大明律》，以为明代根本大法，并明确规定子孙后代不得更改。《大明律·吏律》中专设"讲读律令"一条，明确规定："百司官吏务要熟读，讲明律意，剖决事务。每遇年终，在内从察院，在外从分巡御史、提刑按察司官按治去处考校，若有不能讲解、不晓律意者，初犯罚俸钱一月；再犯笞四十，附过；三犯于本衙门递降叙用。其百工技艺诸色人等有能熟读讲解通晓律意者，若犯过失及因人连累致罪，不问轻重，并免一次。"[1] 帝制时期，朝廷对官员熟读理解律令也多有强调，但是在一朝的根本大法中，专门设置"讲读律令"一条，对百官之通晓律意进行明确的规定，则是《大明律》的首创。

　　那么，明代官员通晓律意的程度如何？他们又是如何通晓律意的？这是本书试图回答的问题。对以上问题的回答与学界以下三个重

1　［明］高举：《大明律集解附例》卷 3，台湾学生书局，1970 年，第 469—470 页。

要的话题有关：其一，如何评估中国帝制晚期官员的刑名知识；其二，如何对《大明律》律注进行更为深入的研究；其三，如何将制度有效引入对以上问题的研究中。它们分别构成本书的关注对象、研究文本与视角以及理论框架。

一、明代官员的刑名知识

本书以明代官员的刑名知识为关注对象。近代以来，对于明清时期官员刑名知识的考量与探究，多以现代西方的法律机制与文化为参照，在有关帝制晚期官员的专业性或者职业性的讨论语境之下展开。德国社会学家韦伯（Max Weber）在这一问题上的论述最为典型。韦伯认为中国古代官员接受的是人文教育，这一教育制度以培养通才式的文人而非具备专门知识的职业人为目标。明清的司法官员缺乏专门的法律教育，集行政职能与司法职能于一身，并不具有专门的法律知识，也不具有职业性特点。[1] 韦伯对中国传统法律的讨论受到学界很多的批判，但是上述有关中国古代司法官员的观点，受到的批判则相对较少，[2] 得到的呼应更多。比如张伟仁也认为有清一代的学校教育与科举考试，均未能为这一时期的官员包括职在刑名的官员提供法律教育的机会与途径。[3] 艾尔曼（Benjamin Elman）讨论明清科举制度，

1　参见林端：《韦伯论中国传统法律：韦伯比较社会学的批判》，中国政法大学出版社，2014年，"序"，第7—8、30—31页。

2　比如上引林端的著作中对韦伯的批判涉及方法论以及中国古代司法的诸个面向，但是对于韦伯有关古代司法官员的法律知识和职业性方面的内容，则未见深入的检讨。

3　Chang, Wejen. 1994. "Legal Education in Ch'ing China", in Benjamin A. Elman and Alexander Woodside eds. *Education and Society in Late Imperial China: 1600–1900*. Berkeley and Los Angeles: University of California Press, pp. 319–320, 299.

指出其策论部分虽然也涉及法律、医学、机构以及财政等方面的专门知识，但是实际效果有限。南宋时期官吏选拔中专门知识的考试取消以后，通过科举考试进入仕途的官员们，则并不具备以上各领域的专业知识。[1] 蓝德彰（John Langlois）也从教育和官员选拔等角度出发，认为明代官员的法律职业性（Professionalism）发展程度很低。[2] 马建红也认为科举选官直接导致了官员法律素质的普遍低下。[3] 实际上，与韦伯差不多同一时代的清末官员沈家本也有类似的观点。沈家本曾在《设律博士议》一文中提议设置律博士这一官职，提议虽然以中国历史上律博士的设置及其意义为依据，但是当他提到"法律为专门之学，非俗吏之所能通晓。必有专门之人，斯其析理也精而密，其创制也公而允，以至公至允之法律而运以至精至密之心思，则法安有不善者？及其施行也，仍以至精至密之心思，用此至公至允之法律，则其论决又安有不善者"[4] 时，则这一议论与请求已经蕴含了中西对比的意味。沈家本要求设立律博士这一职位，以落实"专门之人"研习"专门之学"，则在他看来，明清时期的司法官员均不是他所说的"专门之人"。

　　主张官僚体制内的官员在刑名知识的掌握上并不具备专业性和职业性的同时，官员以外的群体比如吏，官僚体制之外与刑名事务有关的人群，比如明代的主文和清代的刑名幕友、讼师等，得到了学界更

1　Elman, Benjamin A. 2013. *Civil Examinations and Meritocracy in Late Imperial China*. Cambridge：Harvard University Press, p. 53.

2　Langlois, John D. 1998. "Ming Law", in Denis Twitchett and Frederick W. Mote eds. *The Cambridge History of China: the Ming Dynasty, 1368-1644, Part 2*. New York：the Cambridge University Press, p. 202.

3　参见马建红：《科举制与中国古代司法》，载《法律文化研究》第 1 辑，中国人民大学出版社，2005 年，第 111 页。

4　［清］沈家本：《沈寄簃先生遗书》，中国书店，1990 年，第 885 页。

为充分的关注与研究。[1] 明清时期律法知识的专门化也成为吏、主文、师爷、幕友的专利。[2] 刑名官员与刑名幕友因此具有了相对的性质：正是因为刑名幕友在体制之外，才能成就他们作为法律专业人士的地位。学者们甚至提出从明代后期开始，越来越多的地方官员已经失去培养自己法律素养的意愿和能力，而清代刑名幕友的兴起正是与此有关。[3]

21世纪以来，学界对于科举制度及其相关的教育制度对明清官员刑名知识的影响，进行了重新的探讨，提出了与自韦伯以来的传统观点不同的主张。比如尤佳君重新讨论科举制度下士人的法律素养，通过对科举考试之前的学校教育、各级科举考试内容以及进士授职之前的观政等进行考察，作者认为士子的法律素养从多个层面得到了培育，因此，他认为科举制度是能够培养和选拔具有一定法律知识并具备司法实践能力的人才进入官僚队伍的，所谓明代官员整体法律素养孱弱是一种刻板印象。[4] 更多的研究则从儒家教育更深层的意义上着手。前述张伟仁在讨论清代刑名幕友的法律教育时提到，刑名幕友在学习法律专门知识之前、之中，他们所受的儒家经史教育起到重要作

1　参见 Macauley, Melissa Ann. 1998. *Social Power and Legal Culture: Litigation Masters in Late Imperial China*. Stanford：Stanford University Press；夫马进：《明清时代的讼师与诉讼制度》，载滋贺秀三等编著：《明清时期的民事审判与民间契约》，法律出版社，1998年，第389—430页；邱澎生：《以法为名：讼师与幕友对明清法律秩序的冲击》，载《中西法律传统》第7卷，北京大学出版社，2008年，第222—277页；尤陈俊：《法律知识的文字传播：明清日用类书与社会日常生活》，上海人民出版社，2013年；张玲玉：《清代州县司法中的官吏分途与权力分化——兼论传统中国司法的"专业性"问题》，《华中科技大学学报（社会科学版）》2022年第3期，第49—59页。

2　Elman, Benjamin A. 2013. *Civil Examinations and Meritocracy in Late Imperial China*, p. 53.

3　Chen, Li. 2012. "Legal Specialists and Judicial Administration in Late Imperial China, 1651-1911", *Late Imperial China*, Vol. 33, No. 1, p. 6.

4　参见尤佳君：《选官与学律——论明代科举制度下士子的法律素养》，《中国考试》2021年第3期，第83—93页。

用，正是儒家的经史教育让这些法律专家更好地理解律法所蕴含的价值；在司法中，也更容易落实符合当时社会的法律精神。[1] 显然，儒家的经史教育与官员的刑名知识的获得之间并不是对立的，而是可以互补，甚至是可以相互促进的。与这一思路相关，陈惠馨、顾忠华等学者也认为科举考试促进了士子对法律精神的了解，通过科举进入仕途的官员，有能力理解法律条文的精神。[2] 邱澎生以明代士人和官员对于律例与儒家经典之间关系的讨论为研究对象，指出儒家背景下出身并选拔上来的官员，对于律法有自己独特的思考，对于律法重要性有充分的讨论，因此指出律例的研究与儒家经典训练之间是相互依存、促进的状态。[3] 徐忠明则直接把法律知识分为了两个层次：其一是有关法律精神、原则的知识；其二为司法实务的具体知识。作者称前者为"传统中国的'法理学'"，认为通过科举进入仕途的官员虽然缺乏后者，但是对前者已经有较好的掌握；且因为"他们对传统中国'法理学'——经学和礼学——有着比较好的领悟与把握"，作者认为他们也有能力掌握后者。[4] 总之，在这些学者看来，科举制度及其相应的教育制度，对明清官员掌握刑名知识有积极的、正面的意义；通过科举进入仕途的官员不仅具有一定的刑名知识，而且具备进一步学习的能力。

1　Chang, Wejen. 1994. "Legal Education in Ch'ing China", pp. 320-321.

2　参见陈惠馨、顾忠华：《论传统中国的法律教育——以法体系之价值内涵为中心的学习制度》，载《清华法学》第 9 辑，清华大学出版社，2006 年，第 105 页。

3　参见邱澎生：《律例本乎圣经：明清士人与官员的法律知识论述》，载《第十五届明史国际学术研讨会暨第五届戚继光国际学术研讨会论文集》，黄海数字出版社，2015 年，第 293—303 页。

4　参见徐忠明、杜金：《清代司法官员知识结构的考察》，《华东政法学院学报》2006 年第 5 期，第 69—90 页。该文收入徐忠明：《众声喧哗：明清法律文化的复调叙事》，清华大学出版社，2007 年，第 228—269 页。

此外，学界也试图从更具体的层面对明清官员的刑名知识进行观察。比如蓝德彰在《剑桥中国明代史》下卷"明代法律"一章中，从撰述，即由明代官员完成的《大明律》律注与刑名启蒙书籍这一角度出发，呈现并证明了明代官员中不乏精通律法之人。[1] 在《清代司法官员知识结构的考察》一文中，徐忠明提到了自学与家庭的熏陶、观政与候补等实习的机会、入仕之前的游幕以及对官箴书的阅读等对清代官员掌握律法刑名知识的影响，认为官员可以通过这些"非制度化"的渠道获得从事法律实务必需的基本技能。[2] 而在《读律生涯：清代刑部官员的职业素养》一文中，作者则从阅读的角度描述刑部官员对律学的用心研习；并指出，在司法机构职能分化的背景下，清代刑部官员具有相对的知识的专门化和"相当精湛的法律素养"。[3] 这些具体的考察有效地丰满了有关明清官员律法刑名知识的图像。

以上学界对明清官员刑名知识的考察与再考察，对于本书稿的研究具有重要的参考意义。但是既往研究存在几个问题。首先，既有研究将官员群体基本作为一个没有内部差异的整体来对待，对于官员群体在律法刑名知识掌握方面的不同特征关注不足。其次，无论是传统的负面观点，还是新世纪以来积极的主张，学者们主要关注的是科举制度及其相关的教育制度对明清官员刑名知识的影响。从某种程度上来说，学者们讨论的其实是初入仕途的新科进士的刑名知识，对于官

1　参见 Langlois, John D. 1998. "Ming Law", pp. 204-206。
2　参见徐忠明、杜金：《清代司法官员知识结构的考察》，第 264 页。此外，龚汝富的《明清时期司法官吏的法律教育》（《江西财经大学学报》2007 年第 5 期，第 54—57 页）也提到官员自学和家庭教育等因素的影响。
3　参见杜金、徐忠明：《读律生涯：清代刑部官员的职业素养》，《法制与社会发展》2012 年第 3 期，第 36—67 页。

员在进入仕途之后在刑名知识方面的成长，则关注较少。最后，刑名知识这一概念相对空泛，缺乏具体落实，而且不同的作者在使用时，内涵不一。这样，在对明清官员所掌握的刑名知识的估量上，各研究之间难以进行比较。

本书在前人研究的基础上，也以明代官员群体的刑名知识和能力为主要关注对象。为使刑名知识更为具体，本书以明代官员的通晓律意，即官员对以《大明律》为核心的知识的获得、创造与传播为中心，展开讨论；以明代官员成为《大明律》律注的作者（包括编撰者、纂辑者、增补者、刊印者）为衡量，讨论他们通晓律意的程度和过程。这一视角可能并不能将明代通晓律意的官员全部包括在内，因为通晓律意的官员并不一定都有编撰《大明律》律注的行为；编撰的《大明律》律注不一定都能留存至今，但是与阅读和口头传授相比较，撰述以及撰述成果的刊印，为分析历史时期的知识提供了更有效的资料，《大明律》律注为分析明代官员通晓律意的程度提供了有效的依据。在这一视角下，从对《大明律》律注作者群体的分析中，可以比较清晰地看到明代官员在通晓律意程度上的群体性和群体之间的差异；从对《大明律》律注成书和刊印过程的分析中，可以看到明代官员通晓律意的过程，可以观察这一过程中的不同影响因素。这样，对明代官员刑名知识的讨论就更为切实，且能够对这一主题内涵的多面性和动态性予以充分的关注。

二、《大明律》律注

本书以《大明律》律注为文本进行研究。明代留存至今的《大明律》律注数量较多。20 世纪 70 年代，张伟仁主编《中国法制史书目》，其中包括了 28 种《大明律》律注的书目与提要。[1] 新近出版的 *Handbooks and Anthologies for Officials in Imperial China: A Descriptive and Critical Bibilography* [2] 一书，也包括了 30 余种《大明律》律注的提要。此外，黄彰健先生编著《明代律例汇编》，其中罗列知见的明代《大明律》律注 40 余种。[3] 有学者认为明代《大明律》律注有 101 种，存世有 50 余种。[4] 目力所及不同，归类方式也有差别，目前一般可以见到的明代《大明律》律注有三十余种，构成相当重要的一种历史文类。

　　既有对明代《大明律》律注的研究主要从律学发展的角度入手。[5] 学者们对重要的律注如《律解辩疑》《律条疏议》《大明律集解附例》《读律管见》以及相对稀见的律注如《律学集议渊海》等从

1　参见张伟仁：《中国法制史书目》，台湾"中央研究院"历史语言研究所专刊之六十七，1976 年，第 14—29 页。

2　Will, Pierre-Étienne. 2022. *Handbooks and Anthologies for Officials in Imperial China: A Descriptive and Critical Bibilography.* Leiden：Brill.

3　参见黄彰健：《明代律例汇编序》，载黄彰健编著：《明代律例汇编》，台湾"中央研究院"历史语言研究所专刊之七十五，1979 年，第 115—123 页。

4　参见何勤华：《中国法学史》第 2 卷，法律出版社，2000 年，第 202 页；李守良：《明代私家律学述探析》，《档案》2016 年第 6 期，第 45—47 页。

5　20 世纪 80 年代以来，学界对中国律学的研究方法进行反省，其中包括对"律学"这一概念进行厘清，对中国律学发展的历史进行重新梳理，对中国古代律学的特点和价值进行深入的探讨，对中国古代的律学研究有重要的推进。有关中国古代律学的整体性研究，可参见武树臣：《中国古代的法学、律学、吏学与谳学》，《中央政法管理干部学院学报》1996 年第 5 期，第 56—60 页；怀效锋：《中国传统律学述要》，《华东政法学院学报》1998 年第 1 期，第 4—7 页；胡旭晟、罗昶：《试论中国律学传统》，《浙江社会科学》2000 年第 4 期，第 36—42 页；徐忠明：《困境与出路：回望清代律学研究——以张晋藩先生的律学论著为中心》，《学术研究》2010 年第 9 期，第 39—54 页；徐忠明：《明清时期法律知识的生产、传播与接受——以法律书籍的"序跋"为中心》，《华南师范大学学报（社会科学版）》2015 年第 1 期，第 9—47 页；陈锐：《中国传统律学新论》，《政法论坛》2018 年第 6 期，第 50—62 页；等等。

版本、格式、内容以及律注的特点等方面进行了研究。[1] 罗昶、李守良等学者以《大明律》律注为中心，对明代的律学进行了更具结构性的讨论。罗昶的博士论文《明代律学研究》[2] 对有明一代的律学发展史进行了梳理，分洪武至宣德、正统至正德以及嘉靖至崇祯三个阶段，对各时期律法发展的特点和成就进行了探讨。李守良在其博士论文《明代私家律学研究》[3] 的基础上，对有明一代私家律学的发展也进行了分段的分析。以中国古代律学发展的脉络为背景，作者对明代私家律学的注律思想、注释流派、注释方法、注释体例以及注释特点进行了研究。[4] 以上论著的出现，将明代律学发展有效置于中国古代律学的发展轨迹之中，在相当程度上改变了有明一代《大明律》律注研究"零星与分散"的状态。[5] 在以上研究的基础上，何勤华等学者认为明清时期，中国律家的人数与创造力达到了历史最高水平；但是他又认为"明清时期的注律无论从理论、方法和形式上均没有超过前代"，认为这一时期的法学，与唐宋时期相比，缺少创新；与西方和日本的法学相比，"游离于世界法学发展的主流"，未能完成近代化。因此，明清时期属于律学衰落的时期。[6] 胡旭晨、罗昶则认为

1　参见何勤华：《明代律学的开山之作》，《法学评论》2000 年第 5 期，第 137—140 页；张伯元：《〈律解辩疑〉版刻考》，《上海师范大学学报（哲学社会科学版）》2008 年第 5 期，第 66—71 页；张伯元：《陆柬〈读律管见〉辑考》〈《大明律集解附例》"集解"考》，载何勤华主编：《律学考》，商务印书馆，2004 年，第 362—397 页；徐嘉露：《明代律学注释书〈律学集议渊海〉考略》，《北方文物》2021 年第 4 期，第 94—112 页。

2　罗昶：《明代律学研究》，北京大学博士论文，1997 年。

3　李守良：《明代私家律学研究》，中国政法大学博士论文，2012 年。

4　参见李守良：《明代私家律学的法律解释》，载《中国古代法律文献研究》第 6 辑，社会科学文献出版社，2012 年，第 400—426 页。

5　参见马韶青：《明代律学文献及研究综述》，载渠涛主编：《中外法律文献研究》第 2 卷，北京大学出版社，2008 年，第 186 页。

6　参见何勤华：《以古代中国与日本为中心的中华法系之律家考》，《中国法学》2017 年第 5 期，第 198 页；何勤华：《中国法学史》第 2 卷，第 174 页。

中国古代的律学从宋代以后走向衰落，在元代更是跌入低谷；而明代，特别是明代中后期则是重要的律学兴起之时，对清代律学的发展产生了深远的影响。[1] 马韶青也认为明代律学在"律例关系理论的确立""'明刑弼教'学说的改造和深化""律学各分支学科的形成""注释律学与应用律学的融合"以及"注释律学对刑名、罪名的新的阐释"等几个方面，有重要的创新和发展。在中国的律学发展史上，明代是重要的发展时期。[2]

总体来看，以上研究对于《大明律》律注的历史考察显得薄弱。比如律注的作者群体具有怎样的社会特征；他们在怎样的历史背景下注律，这样的背景在律注的格式和内容上留下了怎样的痕迹；律注的流通又受到哪些政治、经济和文化因素的影响，效果如何，这些问题均有待更多的关注和更好的回答。

以律注的作者和注律的背景而论，邱澎生以王樵、王肯堂父子为例，讨论他们如何在不同的刑名律法价值理念指导下进行《大明律》的注解，将《大明律》律注、律注的作者与明代中后期的社会文化相结合进行考察，在这一领域进行了有效的尝试。[3] 李守良也试图为明代律注作者提供历史性、群体性的描述，比如作者提到明代私家注律家以出生于浙江和南直隶地区为多，并认为这与该地方的健讼习俗有关；作者还提到一部分司法官员在其职位上完成《大明律》律注。

1　参见胡旭晨、罗昶：《试论中国律学传统》，第37—38 页。

2　参见马韶青：《明代律学的成就》，《安庆师范学院学报》2012 年第 3 期，第56—59 页；马韶青：《论明代注释律学的新发展及其原因》，《柳州师专学报》2010 年第4 期，第91—93、97 页。

3　关于王樵、王肯堂与《大明律》律注的研究，可参见邱澎生：《有资用世或福祚子孙——晚明有关法律知识的两种价值观》，载《清华法学》第 9 辑，清华大学出版社，2006 年，第141—174 页。

可惜论述不够细致、深入。比如对于前一观点，作者举出《读律琐言》作者雷梦麟、《大明律集解附例》纂注者衷贞吉、《三台明律招判正宗》示判者叶仅、《刑台法律》作者萧近高为证明。[1] 但是以上四部律注，只有雷梦麟可以确定是《读律琐言》的作者，其余如衷贞吉、萧近高、叶仅是否为相关律注的真正作者，则需要更多材料的证明，所以他们的出生地、当地的健讼文化与他们成为《大明律》律注作者之间关系的论说或许得不到有效的支持。对于后一观点，作者以姚思仁的律注《大明律附例注解》为例。姚思仁刊印其律注时确实署名大理寺左少卿，但是从明人传记来看，姚思仁在其出任大理寺少卿之前二十年左右就已经完成了《大明律》的注解。因此，姚思仁及其律注可能并不是司法官员在其职位上完成《大明律》律注的最好佐证。

再以律注的传播和流通论，中国帝制后期，商业出版发达，对律注的刊行起到了深刻的影响。张婷有关清代律注刊印和传播的研究对此有充分的展示。[2] 那么明代坊刻《大明律》律注具有怎样的特征？书坊在《大明律》律注的流通中起到怎样的作用？学界对于明代中后期商业出版的研究相当丰富，但是有关书坊出品的《大明律》律注的专门研究却不多。此外，明代官方虽然没有颁布刊行统一的《大明律》律注，但是在制度层面，对《大明律》律注的成书、刊印和传播，仍存在控制与规范。那么，这样的制度又是如何落实的？这

---

1 参见李守良：《明代私家注律家管见》，第302—327页。此外，衷贞吉等署名纂注者的《大明律》律注题名应为《大明律集解附例》，作者此处文中有误，参见第304页。

2 关于商业出版与清代《大明律》律注的编撰与传播，可参见 Zhang, Ting. 2020. *Circulating the Code: Print Media and Legal Knowledge in Qing China*. Seattle：University of Washington Press。

一方面的研究也有待更深入的拓展。

本书以《大明律》律注为主要文本，探究明代官员的通晓律意。一方面，在对《大明律》律注的研究中，将律注视为一个整体，将其内容、格式以及物理形态，包括装帧、署名、页面布局等都纳入研究的视野，以更充分地审视和分析律注作者（包括编撰者、纂辑者、增补者、刊印者）试图表达的内容。另一方面，受到近年来丰富的书籍和文本研究成果的启发[1]，本书对律注的研究注重成书的过程性，而不只关注其最后的形态。这包括律注编纂（编撰）的过程，从编纂（编撰）到刊印的过程，以及从编纂（编撰）到增补、重刊的过程。从这样的过程中，可以清晰地看到律法知识的创造与传播（再创造），看到明代官员通晓律意的多面性和动态性。

在既有研究的基础上，本书侧重对《大明律》律注的历史考察，即重点关注律注的形成、内容和结构如何受到明代这一时代背景的影响，以及以《大明律》律注为承载的律法知识的内容及其创造与传播过程如何获得明代社会的支持。上文提及，既有研究也从阅读和撰

1　关于书籍的社会史研究，可参见周绍明（Joseph P. McDermott）：《书籍的社会史：中华帝国晚期的书籍与士人文化》，何朝晖译，北京大学出版社，2009 年。关于明代的出版与社会之间的关系，可参见 Chow, Kai-Wing. 2004. *Publishing, Culture and Power in Early Modern China*. Stanford: Stanford University Press; Brokaw, Cynthia J. and Kai-wing Chow eds. 2005. *Printing and Book Culture in Late Imperial China*. Berkeley: The University of California Press。关于书籍与明代书籍史的研究，可参见张献忠：《从出版史到书籍的社会史》，《中国史研究动态》2017 年第 2 期，第 22—28 页；吕士远、何朝晖：《近 20 年我国台湾地区的中国书籍史研究述评》，《图书馆论坛》2018 年第 6 期，第 65—75 页；何朝晖：《中西比较视域下的中国古代书籍史研究》，《大学图书馆学报》2020 年第 1 期，第 84—92 页；程章灿：《书籍史研究的回望与前瞻》，《文献》2020 年第 4 期，第 4—15 页；等等。关于文本的研究，可参见王明珂：《反思史学与史学反思：文本与表征分析》，上海人民出版社，2016 年。

述的角度出发讨论明清官员的刑名知识，但是对阅读者和撰述者个人的特殊性因素关注较多，对其一般性特点的讨论不足。为更好地观察明代官员群体在律注编纂（编撰）和刊印中的特点，本书集中关注明朝廷制度的影响力，审视明朝的官僚制度如何影响了明代官员对《大明律》的研习以及对《大明律》律注的编纂（编撰）与刊印，分析制度对明代官员通晓律意的培养与激励、规范与控制。

三、制度

本书以制度为理论框架，讨论明代官员的通晓律意。在各学科的研究中，制度一直受到重视，但近半个世纪以来，学界对制度研究的方法和视角进行更为深入的探索，对制度意义进行重新解读，赋予了制度和制度史研究新的生命。[1]

新制度史研究最重要的特点是以制度为整体性的思路与视角，对相关现象进行考察，与以往将制度作为多种因素之一进行的讨论形成差别。以制度为视角，建立在对制度意义的重新考量上，强调制度对所规定的人和事具有框架作用，主张制度对于所研究的现象具有核心的影响力。比如在经济领域，诺斯（Douglass North）等新制度经济学者将制度定义为人类设计出来用以规范人际交往的规则[2]；强调制

1　有关史学界对新制度史研究的探索成果，可参见孙正军：《何为制度：中国古代政治制度研究的三种理路》，《中国社会科学评价》2019 年第 4 期，第 54—67 页；阎步克、邢义田、邓小南等：《多面的制度：跨学科视野下的制度研究》，生活·读书·新知三联书店，2021 年。

2　North, Douglass C. 1998. "Economic Performance through Time", in Mary C. Brinton and Victor Nee eds. *The New Institutionalism in Sociology*. New York：Russell Sage Foundation, p. 248.

度"可以为个人提供一系列刺激或者阻抑的惯例和规则"[1]。制度的存在，一方面让人们对于行为的结果比较有信心；但另一方面也限制和影响了行为人行为选择的机会。[2] 基于这样的制度视角，诺斯等强调制度对经济增长和发展的关键作用，明确指出"人类发展的各种合作和竞争的形式及实施将人类活动组织起来的规章的那些制度，正是经济史的中心"，因为"这些规章不仅阐明了指导和决定经济活动的激励制度和抑制制度，而且决定着一个社会基本的福利和收入分配"。[3] 同样，在政治领域，马奇（James G. March）等学者也强调了制度的框架作用，指出制度赋予社会关系以秩序，减少行为中的机动性和可变性，并限制了片面追求私利或欲望的可能性。[4] 在史学领域，阎步克在其《品位与职位》一书中也专门提道："我心目中的'制度'是制约政治活动的行为框架。"[5]

在制度框架下讨论制度规范人们的行为，其中包含的基本理解是，人具有理性选择的能力。亦即人们对制度、对自己均有理性的分析和认识，当他们意识到遵行制度可以获得利益或者达成自己的目标

1　North, Douglass C. 1986. "The New Institutional Economics", *Journal of Institutional and Theoretical Economics (JITE) / Zeitschrift für die gesamte Staatswissenschaft*, Vol. 142, No. 1, p. 231.

2　North, Douglass. 1990. *Institutions, Institutional Change and Economic Performance*. New York: Cambridge University Press, p. 25.

3　道格拉斯·诺斯：《经济史上的结构和变革》，厉以平译，商务印书馆，1992年，第21页。关于制度在经济史中居于中心地位的具体论述，还可以参见道格拉斯·诺斯、罗伯斯·托马斯：《西方世界的兴起》，厉以平、蔡磊译，华夏出版社，1999年。

4　参见詹姆斯·马奇、约翰·奥尔森：《新制度主义详述》，允和译，《国外理论动态》2010年第7期，第41—49页。关于马奇和奥尔森的著作，还可以参见詹姆斯·G. 马奇、约翰·P. 奥尔森：《重新发现制度：政治的组织基础》，张伟译，生活·读书·新知三联书店，2011年。

5　阎步克：《品位与职位：秦汉魏晋南北朝官阶制度研究》，中华书局，2002年，第647页。

时，就会选择遵行制度或者利用制度。正如伍跃的研究所显示的，明清时期士人在科举制度的影响下，为了顺利进入仕途，选择对捐纳制度进行利用。正是从这个意义上，作者提出，"制度价值的实现最终取决于社会成员的选择利用"。即制度设计合理与否，可以从其规范对象对其有效的、主动的利用程度中得到反映。有效的制度就是得到民众利用的制度。[1] 从这个意义上说，制度规范人们的行为，但是人们并不是被动的；对制度如何规范人们行为的讨论，也为对制度本身有效性和生命力的评估提供了独特的视角。

确实，新制度史研究强调制度本身自在的生命力。在阎步克等学者的研究中，制度史研究的重要面向之一就在于"展现制度自身精微结构与动态变迁"。[2] 就"精微结构"来说，新制度史研究强调制度本身由不同部分组成，虽然各部分之间可能存在不均衡和差异性，但是它们之间存在着有机的联系。因此，在制度研究中，要注意制度之间的联系。[3] 就"动态变迁"来说，新制度史研究强调规定的本身即具有生动活泼的韵律和节奏。制度结构的形成和变迁，一方面离不开制度所赖以发生、发展的社会环境，因此制度变迁的重要关节点是

1　参见伍跃：《制度的选择与利用——前近代中国社会成员的制度选择》，载邱澎生、何志辉编：《明清法律与社会变迁》，法律出版社，2019 年，第 413—449 页。引文见第 421 页。

2　参见张小稳：《独树一帜的制度史研究：阎步克先生的〈品位与职位〉、〈从爵本位到官本位〉评介》，《史学月刊》2010 年第 5 期，第 102—111 页。也可以参见阎步克：《品位与职位：秦汉魏晋南北朝官阶制度研究》；阎步克：《从爵本位到官本位：秦汉官僚品位结构研究》，生活·读书·新知三联书店，2009 年。

3　关于制度的整体性研究，可参见陈长琦：《制度史研究应具整体观》，《史学月刊》2007 年第 7 期，第 5—7 页；包伟民：《从宋代财政史看中国古代国家制度的地方化》，《史学月刊》2007 年第 7 期，第 14—16 页；徐忠明：《试说中国法律制度研究范式的转变》，《北大法律评论》2001 年第 4 卷第 1 辑，第 216—238 页；李立：《宋代政治制度史研究方法的反思》，载包伟民主编：《宋代制度史研究百年（1900—2000）》，商务印书馆，2004 年，第 20—39 页；等等。

"各种制度相互碰撞、排斥、交叉、交融的结果，也是各种政治势力相互较量的结果"[1]；另一方面，制度结构及其变迁也与制度设计中的技术性和自主性有关。换言之，制度的设计既有为政治服务的目标，也有追求效率的原则；而制度一旦形成，也会具有"相对独立和相对稳定的运行规范、运行程序与运行方式"，并不完全为一时的政治需要所控制。[2] 对制度的技术性和自主性的强调，对制度本身所具有的生命力和规律的强调，对新制度史研究的展开具有重要意义。

与权力的落实一样，制度对人们行为的规范，也是一个具体、细致的过程。邓小南提出"活"的制度史，强调关注制度落实的过程性和关系性，指出在制度史的研究中，需"既包括一制度与它制度相互之间的外在关系，也包括决定制度本身性质的内在关系"；正是"各类关系与制度本身之间形成的'张力'，决定着制度运行的实际曲线"；而"将制度与社会氛围、文化环境和思想活动联系起来考察"，这是一种将制度"'还原'到鲜活的政治生活场景中加以认识"的努力。[3] 邓小南之后提出了"制度文化"这一概念，专门讨论影响制度实施的环境，指出这是多种因素互动积淀产生的综合状态。作者专门指出，观察制度文化，不能忽视制度设计者、执行者、干预者、

1　张小稳：《独树一帜的制度史研究：阎步克先生的〈品位与职位〉、〈从爵本位到官本位〉评介》，第 107 页。

2　关于制度的技术性与自主性问题，可参见阎步克：《古代政治制度研究的一个可选项：揭示"技术原理"》，《河北学刊》2019 年第 1 期，第 59—64 页；张星久：《中国古代官僚制度的自主性分析》，《政治学研究》1997 年第 4 期，第 61—69 页。引文见张星久：《中国古代官僚制度的自主性分析》，第 63 页。

3　参见邓小南：《走向"活"的制度史——以宋代官僚政治制度史研究为例的点滴思考》，载包伟民主编：《宋代制度史研究百年（1900—2000）》，商务印书馆，2004年，第 16—17 页。

漠视者、抵制者的意识、态度、行为与周旋互动，[1] 并对制度研究中的人和事予以专门的强调。[2] 因此，无论是过程与关系的制度，还是人与事的制度，均突出了新制度史研究对制度落实的具体性、细节性和过程性的关注。

新制度史视角和方法的引入，为传统话题的讨论提供了新的思路，为理解社会现象和人们的行为提供了不同的角度。比如刘志伟从户籍赋役制度出发讨论明清时期地方社会的变迁以及国家与社会的关系。作者在该书的绪论部分提道："透过户籍赋役制度考察社会结构及其变迁，与直接勾画一个社会的各种关系和面貌的研究相比，似乎只能得到一些较为间接的了解，但是，这种研究所揭示的问题，也许有助于发现传统社会运作一些更为深层的机制。"[3] 在知识研究领域也一样。传统知识研究注重个人兴趣与群体的社会地位。而在 20 世纪 90 年代，斯威德勒（Ann Swidler）等人就提出如何从机构、组织的视角出发研究知识的内容和结构，这成为新的知识社会学的核心。所谓从机构和组织的视角出发，强调的是机构和组织的规范，即机构和组织的制度规定，对其成员创造、传播知识行为的影响；强调的是机构和组织制度对知识内容和结构的影响。[4]

---

1 参见邓小南：《信息渠道的通塞：从宋代"言路"看制度文化》，《中国社会科学》2019 年第 1 期，第 121 页。

2 侯旭东也强调从人、时、事三者的结合来观察过去，认为在古人看来，制度即"事"，与人密切相关。作者对是否存在所谓自足的"制度史"表示怀疑。参见侯旭东：《"制度"如何成为了"制度史"》，《中国社会科学评价》2019 年第 1 期，第 70 页。

3 刘志伟：《在国家与社会之间：明清广东地区里甲赋役制度与乡村社会》，中国人民大学出版社，2010 年，第 3 页。

4 Swidler, Ann and Jorge Arditi. 1994. "The New Sociology of Knowledge", *Annual Review of Sociology*, Vol. 20, pp. 305-329.

就明代官员的通晓律意而言，嘉靖年间，大臣霍韬提到当时的生儒不读《大诰》、律令，为此建议："今若立法，行天下学校考校生员，俱先默写《大诰》、律令，或《大明集礼》等书内一条，或拟作一款，或拟策题，错为问目，则人无不读诰律者矣。"[1] 对于制度在士人获得律法知识方面的影响力有清晰的认识和表达。上文提及，在既有研究中，相当多的作者也讨论了科举制度和相关的教育制度对官员通晓律意的影响。本书利用新制度史研究的思路与方法，以制度为理论框架考察明代官员的通晓律意，试图在以下方面对这一领域的研究有所推进。其一，本书强调了明代普通官员，即在个人兴趣和家庭影响方面均无特殊性的官员，如何在制度的影响下达到通晓律意的目标。在制度视角下，官员对《大明律》的研习以及对《大明律》律注的编撰、纂辑和刊印，具有了群体和结构性的特征，有利于对这一群体通晓律意程度作出总体性的考量。其二，利用新制度史的视角和方法，在明代官员通晓律意的问题上，本书强调了制度的相互依存、协作和互动对明代官员在以《大明律》为核心的知识的获取、创造和传播中的共同影响。除了教育制度和科举制度，行取制度等选拔制度、刑部和都察院等衙门的制度设计和制度环境、明朝廷有关《大明律》律注的政策等也都被纳入考察的视野。与既有研究相比，这一新制度史视角下的研究对制度的关注更为全面，且以官员进入仕途之后受到的制度激励为主要关注对象。其三，本书以明代官员在《大明律》律注中的作为和表达为线索，具体审视制度规范落实的过程。比如前文提到《大明律》有"讲读律令"一条，明确规定百官

1　[明]霍韬：《禆治疏》，载[明]陈子龙等编：《明经世文编》卷186，中华书局，1962年，第1903页。

必须通晓律意。从清末以来，对于这一制度的落实和效用一直存在不同的看法，或认为"明虽设有此律，亦具文耳"[1]；或认为这一律条对于明代官员法律素养的提高，乃至对于明清国家"实践礼教"和"实践法制"均有重要的作用。[2] 但是比较而言，更重要的问题或许是这一制度规定是如何落实的。本书试图对这一重要问题作出回答。

本书以明朝廷颁布的规章制度，即"以国家法令或政令的形式确定的规范"[3] 为中心，审视制度对明代官员通晓律意的影响。这为审视明代相关官僚制度的设计、运转与落实提供了独特的视角，也为回答帝制后期的官僚制度到底是否仍具有为其官员准备足够刑名知识的能力以及这一官僚制度是否具有效力性和生命力提供了特殊的视角。

四、本书的材料与结构

本书利用的资料主要分为以下三个层面。第一，笔者收集的现存的明代 36 种《大明律》律注。这是本书对明代官员通晓律意进行研究的核心材料。在这 36 种律注中，编撰时间最早的为洪武十九年序刊本《律解辩疑》，刊印最晚的是包括了崇祯五年序言的《临民宝镜》。其中既有地方衙门的官刊本，也有比如福建建阳书坊等出品的坊刻本；既有比较常见的比如高举的《大明律集解附例》，也有比较

1　［清］沈家本：《沈寄簃先生遗书》，第 782 页。

2　参见龚汝富：《明清讼学研究》，商务印书馆，2008 年，第 45—46 页；徐忠明、杜金：《明清法律知识史：传播与阅读》，北京大学出版社，2012 年，第 204 页。

3　包伟民：《从宋代财政史看中国古代国家制度的地方化》，第 14 页。

稀见的比如郑汝璧的《大明律解附例》等。除了已经影印出版的部分,《大明律》律注在中国国家图书馆、日本内阁文库、中国台湾"中央研究院"傅斯年图书馆以及美国普林斯顿大学东亚图书馆有相对集中的收藏。此外,上海图书馆、美国国会图书馆等也有部分收藏。本书最后以四个附录具体展示这些律注的作者信息与刊印情况。第二,有明一代的司法材料。包括司法档案,比如《四川地方司法档案》;各级司法官员选编的审录资料,比如推官毛一鹭的《云间谳略》、颜俊彦的《盟水斋存牍》等判牍,巡按御史祁彪佳刊印的《按吴亲审檄稿》等,以及恤审官员对于大审结果的上奏报告如应槚的《谳狱稿》等;各主要司法机构的公文汇集和志书,比如《刑部事宜》《南京刑部志》《南京都察院志》等。这些材料为理解明代的司法制度提供了有效的支持,从而为理解明代官员的通晓律意提供了背景。第三,有明一代的编年史比如《明实录》,政书比如《大明会典》《诸司职掌》《皇明祖训》,其他史籍比如文集、笔记、地方志,以及传记合编比如《国朝献征录》、奏疏合集比如《明经世文编》等。

本书包括前言、结论和正文十个章节。前言主要交代本书背景,对既有研究进行回顾,阐明本书涉及的基本概念和基本理论框架,并展示本书利用的主要材料、篇章结构和思路。正文按照四个部分编排。其中第一部分包括两章,第一章重点讨论和描述明朝廷对于百官通晓律意的制度要求,第二章关注的是明朝廷关于《大明律》律注的政策。这两章为明代官员对《大明律》的研究以及律注的编撰、纂辑和刊印提供了制度背景,为明代官员通晓律意的过程提供了起点。

第二部分、第三部分和第四部分按照明朝廷制度对官员通晓律意不同层面的影响进行划分。其中第二部分以刑部官员为关注重点，讨论朝廷职掌和刑部的制度环境如何激励和影响了官员对《大明律》的研习与律注的编撰。这一部分共分两章。第三章从应槚编撰《大明律释义》说起，讨论刑部官员如何在制度的框架下，成为编撰《大明律》律注的主要作者群体。第四章则以刑部郎官雷梦麟、郑汝璧与冯孜等人的《大明律》律注为例，具体展示刑部职掌及其落实如何在刑部官员的律注中留下痕迹。第三部分以宪府官员为关注重点，讨论明朝廷通过行取制度选拔了在通晓律意上有所准备的官员群体，以及这一群体如何在明朝百官通晓律意中发挥关键的作用。这一部分分为三章。其中第五章从张楷《律条疏议》及其在江西按察司的刊印说起，具体说明明朝廷对宪府官员的选拔，展示宪府官员如何成为官方传播以《大明律》律注为核心的律法知识的主要群体。第六章则具体叙述了宪府官员编撰、纂辑、刊印《大明律》律注的过程与特点及其制度背景。第七章以万历二十四年（1596年）衷贞吉本《大明律集解附例》为例，讨论宪府官员在编纂和刊印律注过程中体现的群体性及其制度原因。第四部分关注明朝廷的制度如何培养、营造了一个相对独立和专门的律法知识领域，以及这一领域对于官员通晓律意的意义。这一部分分为三章。第八章以孙存注解《大明律》为中心，对明代非刑名官员注解《大明律》的情况、特点及其与制度的关系进行了探讨。第九章从何广《律解辩疑》说起，讨论儒生群体对《大明律》的研习与对《大明律》律注的编纂、刊行，对明代中期以后儒生与书坊相结合，在律法知识的创造和流通中的积极参与进行了重点的分析。第十章则集中关注儒生编纂的书坊本律注的内容特色及其对于明代官员通晓律意的意义。

最后为结论，在对各章内容进行总结的基础上，对以下问题进行了回答：其一，明代官员通晓律意的程度如何；其二，在这一过程中，明朝廷的官僚制度起到了怎样的作用。结论最后以"明代中后期"和"清承明制"这两个学界重要的话题为背景，对明代官员的通晓律意进行了分析。

第一部分　背景

第一章
通晓律意

有明一代，朝廷明确要求百官通晓律意。本章讨论通晓律意的具体内容。对于司法官员而言，通晓律意的要求有怎样具体的落实，这是明代官员特别是职在刑名的官员探究、积累、创造和传播律法知识的制度背景。

一、"讲读律令"与讲读律、例

《大明律·吏律》设"讲读律令"一条，该律文首节明确规定：

> 凡国家律令，参酌事情轻重，定立罪名，颁行天下，永为遵守，百司官吏务要熟读，讲明律意，剖决事务。每遇年终，在内从察院，在外从分巡御史、提刑按察司官按治去处考校，若有不能讲解、不晓律者，初犯罚俸钱一月；再犯笞四十，附过；三犯于本衙门递降叙用。[1]

---

1 ［明］高举：《大明律集解附例》卷3，第469—470页。

从以上律文的规定来看，朝廷对百官均有讲明律意、剖决事务的要求，且定时考校，并设置专门的惩治措施，以落实这一要求。律条规定的讲读内容包括《大明律》与《大明令》。

1.《大明律》与《大明令》

明代《大明律》的修订前后花费三十多年的时间，与明太祖洪武一朝相始终。清修《明史》，将这一修订过程归结如下："草创于吴元年，更定于洪武六年，整齐于二十二年，至三十年始颁示天下。日久而虑精，一代法始定。"[1]

洪武三十年（1397年）最后颁示天下的《大明律》包括律文460条，其中《名例律》47条，《吏律》33条，《户律》95条，《礼律》26条，《兵律》75条，《刑律》171条，《工律》13条。卷首收录《御制大明律序》，太祖朱元璋在该序言中说明三十年来立法与司法之概况，并规定之后天下司法所需遵行之律法。该《大明律》卷首应该还收录了《五刑之图》《狱具之图》以及八个涉及丧服的图表。[2] 其中《五刑之图》以图表的形式说明当时行用的五种主要惩治方式，即笞、杖、徒、流、死及其不同的等次。比如笞刑五等，从十到五十，每十为一等加减；死刑则分绞、斩二等。《狱具之图》则列笞、杖、讯杖、枷、杻、索、镣七种刑具，明确规定材质、尺寸以及简单行用方式。丧服图八种则应该是《丧服之图》《本宗九族五服正

1　［清］张廷玉等：《明史》卷93《刑法一》，中华书局，1974年，第2284页。

2　《明史》卷93《刑法一》记载，洪武二十二年（1389年）修订的《大明律》卷首有《五刑之图》《狱具之图》以及丧服八图（参见第2282—2283页）。杨一凡认为洪武二十二年《大明律》"从体例、篇目、内容、刑罚到律文的规范化诸方面为三十律的定制奠定了基础"。参见杨一凡：《洪武法律典籍考证》，法律出版社，1992年，第10页。可以推测洪武三十年《大明律》卷首应该包括了以上图表。

服之图》《妻为夫族服图》《妾为家长族服图》《出嫁女为本宗降服之图》《外亲服图》《妻亲服图》《三父八母服图》。《大明律》沿袭《唐律》精神，深刻体现儒家的家族原则[1]，不同亲属关系间的犯罪，惩治的程度不同。亲属关系的确定，需要以儒家的丧服制度即五服为依据。因此，丧服八图的收入与五刑、狱具图表的收入一样，均为方便司法官员参考。此外，洪武三十年《大明律》在卷首应该还收录有《例分八字之义》，继承《唐律》以来的传统，对律条中出现的"以""准""皆""各""其""及""即""若"八字进行注解。[2]

　　洪武三十年《大明律》在正文之后还附录了《钦定律诰条例》。这一条例罗列《大明律》和《大诰》包括的"不准赎死罪"和"准赎死罪"罪行，总计147条，其中出自《大明律》律文的有111条，出自《大诰》的条目共计36条。[3] 洪武十八年（1385年）至洪武二十年（1387年）之间，朱元璋颁行《大诰》四编，即《御制大诰》《御制大诰续编》《御制大诰三编》《大诰武臣》，集中打击贪官污吏和地方豪强、顽民与游食之人。[4]《大明律》最后颁定之时，太祖将《大诰》"撮其要略，附载于《律》"[5]，解释了这一《钦定律诰条例》的来历。洪武以后，在成化年间刊行的《大明律》中仍可见到《钦定律诰条例》，弘治十年（1497年）再次奏定的《真犯杂犯死

　　1　关于中国古代法律中体现的儒家家族性原则，可参见瞿同祖：《中国法律与中国社会》，中华书局，2003年。

　　2　参见黄彰健编著：《明代律例汇编》卷首，第41—42页。

　　3　参见黄彰健：《〈大明律诰〉考》，载黄彰健：《明清史研究丛稿》，台湾商务印书馆，1977年，第156页。

　　4　关于《大诰》四编颁行的时间等，参见杨一凡：《明大诰研究》，江苏人民出版社，1988年。

　　5　［明］朱元璋：《御制大明律序》，载［明］高举：《大明律集解附例》卷首，第2页。

罪》对这一条例也有所继承，但是弘治十年（1497 年）奏定的《真犯杂犯死罪》只收录出自《大明律》的内容，而将出自《大诰》的相关条目删除。此后明代刊行的《大明律》则很少再见到《钦定律诰条例》的收入。[1]

朱元璋在洪武三十年（1397 年）颁布《大明律》时明确规定，"群臣有稍议更改，即坐以变乱祖制之罪"[2]，明令子孙后代不得更改，所以洪武三十年《大明律》正文 460 条终明一代未有改变；但是洪武三十年《大明律》的编排格式则在万历十三年（1585 年）有首次的、官方的更新。弘治十三年（1500 年），朝廷首次将条例进行整理汇编，修成《问刑条例》。弘治《问刑条例》在嘉靖年间经过重修，在万历十三年（1585 年）得到再修。[3] 弘治和嘉靖《问刑条例》均单独成书刊行。万历十三年（1585 年），《问刑条例》再次修订时，刑部尚书舒化等提议改变《大明律》自明初以来的官方格式，进行律、例合刊，即"将《大明律》逐款开列于前，各例附列于后，刊刻成书"[4]。题准。万历十三年（1585 年）九月书成。舒化等有《进新刻大明律附例题稿》，则可知这一新版的《大明律》在名称上也有改动。现存万历内府刻本《大明律》修订时间应该在万历十七年（1589 年）之后[5]，该《大明律》题名即为《大明律附例》，下署"明太祖敕修，舒化等附例"，可以具体看到律例同体的样貌。

<hr>

1　参见黄彰健：《〈大明律诰〉考》，第 201 页。

2　［清］张廷玉等：《明史》卷 93《刑法一》，第 2279 页。

3　关于明代条例的发展与《问刑条例》的几次修订，参见吴艳红、姜永琳：《明朝法律》，南京出版社，2016 年。

4　［明］舒化：《重修问刑条例题稿》，载黄彰健编著：《明代律例汇编》卷首，第 16 页。

5　参见［明］明太祖敕修，舒化等附例：《大明律附例》，万历内府刻本。该版《大明律》卷末收录《续附问刑条例》，其中包括万历十七年新题定条例。

万历十三年（1585 年）新版的《大明律》在正文之前也收入方便司法官员所用的图谱和文字。刑部尚书舒化等提道："将弘治十年题准真犯杂犯罪名及节年题准见行纳赎事例并收赎钱钞，细加查考，编写成图，一并附刻。"[1] 这在上述万历内府刻本《大明律附例》卷首也有体现。该《大明律》卷首收录《御制大明律序》以及万历十三年（1585 年）刑部尚书舒化等上《重修问刑条例题稿》，在《大明律总目》以及《大明律目录》之后，收录《五刑之图》《狱具之图》《丧服之图》《本宗九族五服正服之图》《妻为夫族服图》《妾为家长族服图》《出嫁女为本宗降服之图》《外亲服图》《妻亲服图》《三父八母服图》《例分八字之义》《六赃图》《纳赎例图》《律例钱钞图》《收赎钞图》以及弘治十年（1497 年）奏定《真犯杂犯死罪》。[2]

《大明律》"讲读律令"中提到的《大明令》于吴元年（1367 年）十二月修成，共计 145 条，于洪武元年（1368 年）正月正式颁行天下。[3]《大明令》对明朝的各项规制作了初步的规定，其中只有条规，而没有设定触犯规定后的惩治，这就是明太祖说的"令教之于先"。现存《大明令》以吏、户、礼、兵、刑、工分类，其中，《吏令》20 条，《户令》24 条，《礼令》17 条，《兵令》11 条，《刑令》71 条，《工令》2 条。《大明令》的内容多为历史的继承，也有明初的创新。[4] 范德（Edward Farmer）将《大明令》的内容归纳为

1　[明] 舒化：《进新刻大明律附例题稿》，载黄彰健编著：《明代律例汇编》卷首，第 19 页。

2　参见 [明] 明太祖敕修，舒化等附例：《大明律附例》卷首。

3　关于《大明令》颁行的时间等内容，参见杨一凡：《洪武法律典籍考证》，第 177 页。

4　有关《大明令》的研究，可参见内藤乾吉：《大明令解说》，载刘俊文主编：《日本学者研究中国史论著选译》第 8 卷，中华书局，1992 年，第 380—408 页。

六大类：审判与刑罚，政策与管理，仪式与礼制，资源与税收，家庭与婚姻，流动与安全。他认为《大明令》虽然较《大明律》简单，但为后者乃至明朝后期的法律制定提供了基础，[1] 给予了《大明令》很高的评价。但是，洪武一朝，与《大明令》同时颁布的《大明律》不断修改完善，并把《大明令》的部分内容也吸收进来，成为天下后世依据的根本大法。《大明令》则基本保持了原貌，自洪武元年（1368 年）修订之后没有再作修订。《明史》虽称，"其洪武元年之令，有律不载而具于令者，法司得援以为证，请于上而后行焉"[2]，即认为《大明令》在之后的司法实践中仍起到作用，但实际上，明人丘濬已经指出，《大明令》的作用主要在明初草创之时："方草创之初，未暇详其曲折，故明示以其意所在，令是也；平定之后，既已备其制度，故详载其法之所存，律是也。"[3] 清末律家薛允升也认为，"（明）中叶以后，部臣多言条例，罕言令者"[4]。

因此，《大明律》"讲读律令"条虽然将《大明令》与《大明律》置于同等的位置，要求百官熟读、讲明，但是因为其实际的司法效力有限，洪武以后，对于《大明令》条文的讲明已经淡化。

2. 条例与《问刑条例》

《大明律》"讲读律令"条虽然没有提及，但是对于明代官员而言，通晓律意，除了讲明《大明律》的内容，也包括对条例特别是《问刑条例》的讲读通晓。

1　Farmer, Edward. 1993. "The Great Ming Commandment: An Inquiry into Early-Ming Social Legislation", *Asia Major*, Vol. 6, No. 1, pp. 181-199.

2　［清］张廷玉等：《明史》卷 93《刑法一》，第 2284 页。

3　［明］丘濬：《大学衍义补》卷 103，载《文渊阁四库全书》713 册，第 209 页。

4　［清］薛允升：《读例存疑》，中国人民公安大学出版社，1994 年，"自序"，第 1 页。

条例以权宜的形象出现，与《大明律》作为根本大法的地位不同。洪武二十八年（1395 年），刑部提出，当时行用的条例和《大明律》规定有出入，希望予以更定。皇帝回复，"律者，常经也；条例者，一时之权宜也"[1]，对两者在司法中的位置有明确的说明。洪武以后，新帝登极，也以革除前朝条例作为新政的象征，表明遵行《大明律》的决心。[2]

但是有明一代，《大明律》与条例的关系从一开始就超越了以上的限定。上文提到洪武三十年《大明律》在律文之后附有《钦定律诰条例》。在《御制大明律序》中，朱元璋明确规定，"今后法司只依《律》与《大诰》议罪"[3]。其中《大诰》应该是指收入《钦定律诰条例》中的《大诰》条目。朱元璋将《钦定律诰条例》与《大明律》相提并论，则为这一条例赋予了相当特殊的地位。此外，《御制大明律序》还提到了《赎罪条例》，规定"杂犯死罪并徒流迁徙笞杖等刑，悉照今定《赎罪条例》科断"[4]。《明实录》记录，洪武三十年（1397 年），太祖命六部、都察院等官议定赎罪事例："凡内外官吏犯笞杖者纪过，徒流、迁徙者以俸赎之，三犯罪之如律。杂犯死罪者自备车牛运米输边，本身就彼为军。民有犯徒流、迁徙者，发充递运水夫。"[5]《御制大明律序》中提到的《赎罪条例》可能就是这一

1　《明太祖实录》卷 236，台湾"中央研究院"历史语言研究所校勘本，1962 年，洪武二十八年二月戊子，第 3456 页。

2　如成化元年令规定，"凡问囚犯，一依《大明律》科断，……所有条例并宜革去"。见［明］李东阳、申时行等：《大明会典》卷 177，江苏广陵古籍刻印社，1989 年，第 2442 页。

3　［明］朱元璋：《御制大明律序》，载［明］高举：《大明律集解附例》卷首，第 2 页。

4　［明］朱元璋：《御制大明律序》，载［明］高举：《大明律集解附例》卷首，第 2—3 页。

5　《明太祖实录》卷 253，洪武三十年五月甲寅，第 3647 页。

赎罪事例。洪武末年，《大明律》最后颁布之时，太祖朱元璋明确规定洪武年间颁行的"一切榜文禁例尽行革去"[1]，但是从以上讨论中可以看到，部分条例地位特殊，得以与《大明律》一起行用。

洪武以后，条例数量增加，在司法中的地位日渐重要，为此而有弘治《问刑条例》的修订及其在嘉靖和万历时期的再修。在《问刑条例》修订的过程中，条例辅律而行的性质得到不断的强调：弘治七年（1494年），在《问刑条例》修订之前，南京礼科给事中提议对当时的条例进行整理，建议"见行条例有罪浮于情，违背律令者，删之；情罪相当，有补律令者，留之"[2]，即根据《大明律》的律意和需要来修订《问刑条例》。同样，弘治十二年（1499年），在《问刑条例》修订过程中，南京兵科给事中杨廉也指出"非深于经者不足以议律，非深于律者不足以议例"[3]，认为只有精通《大明律》的官员才能讨论条例的精当与否，即《问刑条例》的内容和原则应该以《大明律》为依归。万历十三年（1585年），《问刑条例》再修，刑部尚书舒化也明确指出："盖立例以辅律，贵依律以定例。"[4] 万历十三年（1585年），《问刑条例》诸条目附入《大明律》各律条之下，《问刑条例》辅律而行的特点得到了更具体的落实，条例作为《大明律》的组成部分这一特点也得到了明确的表达。

为此，明朝廷在要求百官讲读律令的同时，也要求官员讲明条例。洪武二十六年（1393年）颁布《诸司职掌》，其中要求巡按御史

1　［明］朱元璋：《御制大明律序》，载［明］高举：《大明律集解附例》卷首，第2页。

2　《明孝宗实录》卷84，弘治七年正月辛亥，第1579页。

3　《明孝宗实录》卷149，弘治十二年四月辛丑条，第2628页。

4　［明］舒化：《重修问刑条例题稿》，载［明］姚思仁：《大明律附例注解》卷首，北京大学出版社，1993年，第13页。

督促地方官吏掌握律学知识，要求巡按御史保证"本府并合署官吏须要熟读详玩，讲明律意"[1]，强调的是对《大明律》的讲明；但是正统四年（1439年）颁布《宪纲》，落实巡按御史和按察司官吏在律学知识控制中的责任，则有规定："凡国家律令并续降条例事理，有司官吏须要熟读详玩，明晓其义。监察御史、按察司官所至之处，令其讲读，或有不能通晓者，依律究治。"[2] 已经将律、令与条例尽皆包括在内。成化八年（1472年），监察御史张敩等奏事，对地方司法官员刑名知识的缺乏表示担忧，要求皇帝敕谕都察院移文天下问刑衙门，"务将《大明律》及见行条例熟读讲究，使用刑不差"[3]。这一建议得到刑部的呼应，成化十一年（1475年），刑部尚书董芳等上言，"本部专理天下刑名，非得通晓律例者，无以称钦恤之意"[4]。在通晓《大明律》律条的同时，也将条例的通晓纳入对司法官员的要求。可以看到，在弘治十三年《问刑条例》修订之前，条例已经进入了官员需要掌握的刑名知识的范围。《问刑条例》修订之后，条例正式与《大明律》并行，对条例的讲求得到再次的强调。嘉靖十七年（1538年）十一月祀天礼成，昭告天下，对内外问刑衙门官员"不肯用心讲明律例"者予以告诫。[5] 各级官员对于如何讲明律条、如何讲明条例，也提出了不同的建议。比如嘉靖九年（1530年），南京刑部主事萧樟上言，其中有"明律例"一条，专门提到官员对律文与条例的有效讲读。萧樟指出，《大明律》律文的难点在于旨意深

    1　《诸司职掌·刑部卷之五》，载《皇明制书》，书目文献出版社，1998年，第247页。

    2　《宪纲》，载《皇明制书》，第307页。

    3　《明宪宗实录》卷100，成化八年正月戊戌，第1931页。

    4　《明宪宗实录》卷145，成化十一年九月己未，第2673页。

    5　参见《明世宗实录》卷218，嘉靖十七年十一月辛卯，第4488页。

奥，"未易窥测"；而《问刑条例》的问题则主要在于脱离了条例形成的背景，收入《问刑条例》时又经常会有节文，所以不得理解全貌，"意多未备"，为此要求相关部门参考《律条疏议》《律解附例》等著述，予以整理归一，然后"请自圣裁，著之《会典》"。刑部复议，对这一建议表示赞同。[1]

总之，虽然《大明律》"讲读律令"条要求百官通晓的是《大明律》和《大明令》，但是在有明一代，百官特别是司法官员需要讲读明晓的是《大明律》以及与《大明律》条文相关的见行条例，特别是进入《问刑条例》的条例。这是明代刑名知识的核心。

二、依律议罪

讲读律令是为了行用，嘉靖年间律家雷梦麟注解《大明律》"讲读律令"这一条时指出："讲者，解晓其意，读者，记诵其辞。若不能讲解，不晓律意，虽能记诵，引用犹差，何以剖决事务？"[2] 因此，通晓律意虽是朝廷对于百官的要求，但主要还是对职在刑名的官员的要求。

《大明律》明确规定，司法官员断罪，需要引用律、令，不引则有罪。《大明律·刑律》"断罪引律令"条规定，"凡断罪皆须具引律令，违者，笞三十"；此条同时规定，"其特旨断罪、临时处治不为定律者，不得引比为律"。[3] 因为《大明律》460条所载有限，所以

1　参见《明世宗实录》卷116，嘉靖九年八月庚申，第2745—2746页。
2　[明]雷梦麟：《读律琐言》卷3，法律出版社，2000年，第95页。
3　[明]高举：《大明律集解附例》卷28，第2027—2028页。

《大明律·名例律》内有"断罪无正条",规定"凡律令该载不尽事理,若断罪无正条者,引律比附,应加应减,定拟罪名,转达刑部议定奏闻。若辄断决,致罪有出入者,以故失论"[1]。即在无直接律条可以引用的情况下,仍需引用相关的律条定拟罪名。这里提到的"以故失论",是指司法官员在断罪中引律不当,致有失误的,需要承担罪责。《大明律·刑律》下有"官司出入人罪"一条规定:"若断罪失于入者,各减三等;失于出者,各减五等。"[2]

有明一代,司法审判中必须依律议罪,所依之律就是洪武三十年(1397年)确定的《大明律》460条。但是从洪武三十年(1397年)开始,"依律议罪"多与"照例发落"并行。其中之"例"或为常例,即上文提到的洪武三十年《赎罪条例》或当时的赎法;或是特定条例,比如充军、为民等条例,则多出自《问刑条例》。

又,明代基层司法官员对案件进行初审,其中杖罪及以上的案件,均要报上级司法部门进行复核,是为详谳。其用以详谳的司法公文即为招拟,明人也称为"招议",现代学者也称其为明代的判决书。[3] 招拟一般包括招由栏、议由栏和照由栏三个部分,分别由"问得""议得"和"照出"引出。大致而言,"问得"部分叙述整个犯罪的前后经过;"议得"部分根据律法条例对犯罪者进行相应的定罪量刑;而"照出"部分则处理与本案以及本案人员有关的善后问题,包括说明涉案人员需要缴纳的诉讼费用和赎罪银米,以及相关赃物、文卷的追缴、提结及其他。其中"议得"部分可以清晰地看到"依

1　[明]高举:《大明律集解附例》卷1,第370—371页。

2　[明]高举:《大明律集解附例》卷28,第1992—1993页。

3　参见杨雪峰:《明代的审判制度》,黎明文化事业公司,1978年;巨焕武:《明代判决书的格式及其记载方法》,《大陆杂志》1984年第68卷第3期,第17—42页。

律议罪"与"照例发落"的状态。

1."依律议罪"与"照例发落"

前文提到，洪武末年《大明律》最后颁布之时，《御制大明律序》明确规定，之后法司只依《律》与《大诰》议罪，杂犯死罪并徒流迁徙笞杖等刑，悉照《赎罪条例》科断。《钦定律诰条例》在洪武以后淡出司法舞台，但是依律议罪与照《赎罪条例》科断则成为明代司法领域的祖制[1]，为后代遵行。具体而言，所有的罪行均需要引用合适的律条定罪量刑，但是真犯死罪以外的罪行，则按照《赎罪条例》落实惩治。也就是说，从洪武三十年（1397 年）开始，只有真犯死罪的罪行，依律议罪，并依律发落；而杂犯死罪、徒流迁徙笞杖等罪行，则依律议罪之后，并不依照《大明律》律文发落，而以《赎罪条例》落实惩治。

先从《赎罪条例》说起。从明初开始，有关赎罪的规定就分两种。其一是《大明律》规定的可以赎免的罪行，即所谓的"律赎"。律赎范围有限，在可赎免罪犯的身份与可赎免罪行的轻重方面，均有严格的限制。比如官员犯罪，按照《大明律》规定而可以赎免的主要是公罪，且限制在笞这一等。[2] 其他均不在赎免范围之内。其二是以条例形式规定的赎罪，是为"例赎"。从相关记载来看，洪武年

1　吴智和在《明代祖制释义与功能试论》一文（《史学集刊》1991 年第 3 期，第 20—29 页）中，认为洪武祖制最核心的部分是《皇明祖训》，认为这是狭义的洪武祖制，而广义的洪武祖制则包括所有洪武时期确定的典章制度。洪武皇帝试图在各个领域为后代君主确立规制，因此笔者认为祖制所指为何，还是与具体的讨论和话题有关。就司法而言，朱元璋以上的规定殊为明确，可以视为这一方面的祖制。

2　关于明代律赎的具体规定及其与之后发展的例赎的关系，可参见［清］张廷玉等：《明史》卷 93《刑法一》，第 2293 页。也可参见王新举：《明代赎刑制度研究》，中国财政经济出版社，2015 年；吴艳红、姜永琳：《明朝法律》，南京出版社，2016 年，第 179—181 页；等等。

间，例赎行用频繁。《大明律》律文规定的死刑条目在这一时期已经出现准赎死罪与不准赎死罪的区别，不准赎死罪为真犯死罪，准赎死罪即杂犯死罪。[1] 也就是说，杂犯死罪的罪行在《大明律》的规定中是死罪，但是在具体的惩治中可以赎免。比如官员犯赃，《大明律》规定，官吏受财枉法，有禄人八十贯、无禄人一百二十贯均为死罪；但是从《大明会典》的记载来看，洪武年间，"官吏受赃过满"这一死罪已经成为"杂犯死罪"，或以"工役终身"赎免[2]，或以充军落实[3]。洪武末年，《大明律》死罪条目成为准赎死罪，亦即杂犯死罪的条目已有九条。[4]

洪武三十年《赎罪条例》是对之前实施的例赎的确定、整合和拓展。《赎罪条例》规定："凡内外官吏犯笞杖者纪过，徒流、迁徙者以俸赎之，三犯罪之如律。杂犯死罪者自备车牛运米输边，本身就彼为军。民有犯徒流、迁徙者，发充递运水夫。"[5] 这样，从官吏到百姓，《大明律》中原定的部分死罪以及徒流、迁徙、笞杖刑均可以财物或以工役赎免。

《赎罪条例》在洪武以后得到发展，比如成祖时有"京仓纳米赎罪例""斩、绞、徒、流、笞、杖赎钞例"，宣宗时定"宣德赎罪例"，宪宗时定"妇人犯法赎罪例"，此后又题定了诸如"会定运砖运灰等项做工则例""兼收钱钞与收银则例""赎罪收赎钱钞则例"

1　关于杂犯死罪与真犯死罪，可参见张光辉：《中国古代"杂犯死罪"与"真犯死罪"考略》，《商丘师范学院学报》2009年第2期，第108—112页。

2　参见［明］李东阳、申时行等：《大明会典》卷173，第2399页。

3　英宗正统年间，司法官员提到，洪武时期，枉法犯赃至一百二十贯，按照《大明律》规定，本为死罪，但司法实践中则以"免绞充军"处置。参见《明英宗实录》卷73，正统五年十一月乙卯，第1418页。

4　参见黄彰健：《〈大明律诰〉考》，第179页。

5　《明太祖实录》卷253，洪武三十年五月甲寅，第3647页。

"有力稍有力则例"等等，尤其是嘉靖年间题定的赎法更多。[1] 赎例的发展，使得赎法也更为丰富。以财物赎免罪行，从原有的赎钞，到赎铜、纳钞、纳钱、纳米、纳银、纳马，不一而足。以力役赎免，则包括运米、运炭、运灰、运砖、煎盐、炒铁、递运水夫、瞭哨等等。此外，赎法实施本身也日见严密，在京、在外赎法有所区别，罪犯也根据财力区分出有力、稍有力、无力各等，力求赎法允当。《明史·刑法志》指出："明律颇严，凡朝廷有所矜恤、限于律而不得伸者，一寓之于赎例，所以济法之太重也。又国家得时藉其入，以佐缓急。而实边、足储、振荒、宫府颁给诸大费，往往取给于赃、赎二者。故赎法比历代特详。"[2]

从上述《刑法志》的描述可以看到，赎法的行用，除实用性以外，在司法层面，还有缓解律文过严的目标。事实上，《赎罪条例》的行用确实有效降低了《大明律》对相关罪行的惩治力度，甚至导致惩治不力。以官员受赃为例，《大明律》专设《受赃》一卷，包括11条涉及官吏及其家人犯赃的条目。与《唐律》比较，《大明律》在有关官员受赃的条目设置上更为全面，惩治更重。[3] 同时，为了保证以上律条的有效性，官吏犯赃，《大明律》规定其罪不可赎，也不可赦。《大明律》明确规定，受赃官员除死罪之外，不管涉赃数量多少，俱罢职役，不得继续为官，即"官追夺除名，吏罢役，俱不叙"[4]。

但是赎法的行用，改变了这一严格的对赃官的惩治格局。前文提

1　黄彰健《明代律例汇编》对明代中后期《大明律》律注中所附各赎例多有收录、分析。可参见该书卷首，第46—152页。

2　[清] 张廷玉等：《明史》卷93《刑法一》，第2293页。

3　参见程天权：《从唐六赃到明六赃》，《复旦学报（社会科学版）》1984年第6期，第91—95页。

4　[明] 姚思仁：《大明律附例注解》卷23，第814页。

到，洪武年间，受赃满贯绞罪，已经成为杂犯死罪而得以赎免。受赃不满贯，罪在死罪以下的各等罪行显然也都可以或以财物或以力役赎免。也就是说，官员犯赃，依律议罪时，仍有死罪和徒流等刑；但是按照《赎罪条例》落实具体惩治，则所有罪项均可以赎免，一部分官员赎罪之后甚至可以还职。

贪赃关乎吏治，历来为各朝所重。赎法的行用导致惩治赃官不力，在洪熙、宣德年间，问题逐渐突出，如何有效惩治赃官成为朝廷关注的重要话题。宣德年间监察御史上言，指出犯赃官员和其他犯罪官员一样可以通过赎罪还职，实"明启贪污之路"。为此建议，按《大明律》规定，犯赃罪在绞者，赎罪之后罢职为民。其余犯赃官员，罪在徒流的文职，降职任用；罪在笞杖的，可以复职。认为这样才能对赃官有所惩治，而对其他官员有所劝勉。可以看到，这样的建议只是根据受赃官员的罪行等次，在赎罪之后做有差别的发落，但并不反对赃官赎罪。

从英宗正统年间开始，逐渐有惩治赃官的条例颁行，其目的在于以更确定的方式，有效惩治赃官，以解决因为赎法的行用而出现的对赃官惩治不力的问题。弘治十三年（1500 年），《问刑条例》修订，对之前涉及文职犯赃的条例进行厘清审定，最后收入《问刑条例》的赃官条例有两条：第一，"文职官吏、监生、知印、承差，受财枉法至满贯绞罪者，发附近卫所充军"；第二，"文职官吏、监生、生员、冠带官、知印、承差、阴阳生、医生但有职役者，犯奸、犯赃并一应行止有亏，俱发为民"。[1] 这两条条例落实以后，赃官自杂犯死

1　［明］白昂等：《问刑条例》，载杨一凡等主编：《中国珍稀法律典籍集成》乙编第二册，科学出版社，1994 年，第 220、260 页。

罪以降仍可赎免，但是在赎免之后，罪在满贯绞罪的，发附近卫分充军；绞罪以下的赃官，俱发为民。对赃官的惩治力度进行有效的保障。因为充军惩治较重，所以弘治《问刑条例》又有规定："凡问发充军，及口外为民者，免其运炭、纳米等项，并律该决杖，就拘当房家小起发随住。"[1]

成化十五年（1479 年），舞阳县县民张贤、何斌同时谋充收丝大户。其中张贤央请老人张景原引见县丞陈纲，许诺陈纲白银三两。陈纲听允，准令张贤收丝。事发，陈纲得罪。河南按察司分巡汝南道佥事胡恭对陈纲案进行初审，问拟陈纲"听许财物，减等杖九十，徒二年半，系听许赃官行止有亏人数，纳米完日为民"[2]。这里，"听许财物，减等杖九十，徒二年半"是依律议罪。《大明律》"受赃"目下最末一条即为"官吏听许财物"。该律条规定："凡官吏听许财物，虽未接受，事若枉者，准枉法论；事不枉者，准不枉法论，各减一等。所枉重者，各从重论。"[3] 即以"官吏受财"条为准，减一等。"纳米"，即按照这一时期赎法赎免罪行；"系听许赃官行止有亏人数"以及"为民"，则可以看到上述弘治《问刑条例》中的"行止有亏"条在这一时期已经在司法中行用。[4]

从以上有关赃官惩治调整的例子中可以看到"依律议罪"与"照例发落"的实施及其变化和发展。总结来说，洪武三十年《大明律》颁行之后，一直行用至明末。司法中，"依律议罪"，即依《大

1　［明］白昂等：《问刑条例》，第 226 页。

2　［明］戴金：《皇明条法事类纂》卷 41，载杨一凡主编：《中国珍稀法律典籍集成》乙编第五册，科学出版社，1994 年，第 674—675 页。

3　［明］姚思仁：《大明律附例注解》卷 23，第 833—834 页。

4　关于陈纲案，参见吴艳红：《陈纲案与明前期对赃官的惩治》，《四川大学学报（哲学社会科学版）》2019 年第 6 期，第 146—157 页。

明律》律文议定罪名，这一点终明一代未曾改变。但是从洪武三十年（1397 年）开始，"依律议罪"一直与"照例发落"并行，"照例"如果是照常例，即按《赎罪条例》或当时赎法发落。在照常例发落惩治不力的情况下，洪武以来充军、为民（包括口外为民）等惩治方式和相关条例不断地规范化，[1] 并最终在《问刑条例》中得到确定。《问刑条例》修订之后，洪武祖制中的"依律议罪"依旧，"照例发落"部分，则根据罪情，或直接依照当时的赎例发落，或是赎例与其他相关条例相结合发落。

以下以明嘉靖年间的招拟为例，对"依律议罪"和"照例发落"的实施再做展示与讨论。

2. 招拟

前文提及，招拟既是初审衙门审理结果的呈现，也是各上级司法部门了解案情的主要依据，这一格式化的司法文书因此得到明代司法官员相当的重视。嘉靖年间刑部郎中雷梦麟完成《读律琐言》一书，在附录部分收录《招议之式》，对如何完成这一司法文书提供指导。其中提道，"作招议贵详明，词贵简切，曰招、曰议、曰照。欲其相应而无遗漏，若情、若律、若例，欲其相合而无牵强。用词不可太俗，亦不可太文，须求法家本色。序事不可太繁，亦不可太略，须尽犯人本情。有始有卒，务顺理而成章，一话一言，必微文而隐意"[2]，以为总体原则。在主要以"问得"引出的招由栏和以"议得"引出的议由栏，均需引用司法审判的依据。两者需前后相连贯。《招议之

1　关于充军、为民在明代的行用及其惩治力度，可参见吴艳红：《明代充军研究》，社会科学文献出版社，2003 年。

2　［明］雷梦麟：《读律琐言》附录，第 582 页。

式》专门指出："招内有'不合'者，议罪须要照应其重者拟罪，其轻若等者除罪，庶招眼不空。但不合故违充军、为民、枷号事例者，议后照例发遣、发配、枷号，是已用其招眼议罪矣，不可复作除罪。"[1] 即在招由栏中以"不合"两字引出审判之依据，说明罪情；在招拟的议由栏，即议罪部分，则要有相应的落实。司法审判的"依律议罪"和"照例发落"在招拟的议由栏呈现，《招议之式》专门对此予以说明："引用律文，可摘字不可添字，可减句不可倒句。若律文未备，该贯用别条或本条者，各依律贯引，不在添字倒句之限。"[2]

《四川地方司法档案》[3] 总计收入明嘉靖年间司法文书98件，文书完成的时间集中在嘉靖二十八年（1549年）至嘉靖三十年（1551年），比雷梦麟《读律琐言》完成的时间略早几年，是嘉靖年间四川各府州县上呈的招拟。[4] 98件文书中以"议得"引出的议由栏内容完整的有88件，其中起首均是"依律议罪"，即引用《大明律》律条对所及罪行定罪量刑。大部分则是和"照例发落"并行。比如其中17号文书，是四川叙州府南溪县对本县典吏高迪初审之后呈报四川布政司的一份招拟。全文如下：

> 叙州府南溪县呈，今将本县问完犯人高迪招由理合开具，须至书册者。

1　［明］雷梦麟：《读律琐言》附录，第583页。
2　［明］雷梦麟：《读律琐言》附录，第585页。
3　［明］佚名辑：《四川地方司法档案》，载杨一凡等主编：《历代判例判牍》第3册，中国社会科学出版社，2005年，第197—198页。
4　关于《四川地方司法档案》的介绍，可参见吴艳红：《〈四川地方司法档案〉与明代法律史研究》，载《明史研究》第15辑，黄山书社，2017年，第111—128页。

计开：

壹，招由：

壹名，高迪，年壹拾玖岁，叙州府南溪县普安乡民，充本县吏房典吏。状招：嘉靖贰拾玖年伍月内，奉本府帖文，该奉四川等处承宣布政使司札付，为革奸弊以清案牍事，仰县攒造吏、农循环文册，径自赍报印发倒换查考。迪自合遵依造报，不合故违。至本年拾贰月初伍日，又奉本司信牌，仰将故违该吏高迪问拟应得罪名，同造完循环文册赍报查考。比迪因别卷解府，未曾问报。蒙县预将前项文册造完，于本月贰拾壹日批差阴阳生史惟俭领赍前赴告投，奉获批回在卷。迪先已役满，蒙府省发回县申核起送，致蒙行拘到官，将迪取问罪犯。

壹，议得：

高迪所犯，合依"不应得为而为之事理重者"律，杖捌拾。有《大诰》减等，杖柒拾。系吏，审有力，照例折纳米价赎罪，申详允日，追完纸赎还役。

壹，照出：

高迪官纸银贰钱，又赎罪米价白银叁钱伍分。纸银扣留肆分买纸公用，余赎罪银追发本县官库收贮，候秋籴谷备赈。取库收缴照。[1]

以上招拟的"议得"部分，首先引用《大明律》具体条文，对罪犯高迪进行定罪量刑。这里引用的是《大明律》"不应得为而为之事理重者"律，该律文规定："凡不应得为而为之者笞四十；事理重

1　[明] 佚名辑：《四川地方司法档案》，第 197—198 页。

者，杖八十。"[1] 这一惩治依"有《大诰》减等"的司法惯例，减一等，杖七十。[2] 依律议罪之后，则是"照例发落"："系吏，审有力，照例折纳米价赎罪，申详允日，追完纸赎还役。"即根据罪犯的身份和财力情况，对所定刑罚进行落实。罪犯的身份有官、吏、百姓等区分；罪犯的财力情况则主要有"有力""稍有力"与"无力"等差别。"有力"是指财力充分，"无力"则指没有经济能力，"稍有力"则介于两者之间。高迪为吏，有足够的财力，按照当时的赎例折纳米价赎罪，从之后"照出"部分的内容来看，赎罪米价白银叁钱伍分。赎罪之后，高迪可以还职。这就是上文提到的"依律议罪"和照常例发落。

如果罪犯财力有限，无法赎免，则笞杖的决，徒流罪则定拨冲要驿递，照徒年限摆站。比如第 10 件文书的议得部分为：

> 徐张贤等所犯，徐张贤与徐张堂各除"不应"轻罪不坐外，徐张贤合依"受财枉法无禄人"，徐张堂依"有事以财行求得枉法者，计所与财坐赃论"，俱"捌拾贯"律，徐张贤杖壹百，流叁千里，徐张堂杖壹百。俱有《大诰》减等，徐张贤杖壹百，徒叁年，徐张堂杖九十。系军籍，审徐张贤、徐张堂俱无力，候申详允日，徐张贤定拨冲要驿递，照徒年限摆站，满放。徐张堂依律的决，佥解补伍。[3]

值得注意的是，即使是"依律的决"，也放置在"依律议罪"和

1　［明］高举：《大明律集解附例》卷 26，第 1891 页。

2　关于"《大诰》减等"的说明，参见吴艳红、姜永琳：《明朝法律》，第 57—58 页。

3　［明］佚名辑：《四川地方司法档案》，第 185 页。

"照例发落"的格局之下，即徐张堂本有赎免的机会，只是因为财力不足，所以直接接受杖刑。

此外，上述高迪案议得部分引用"不应为"这一律条，在《四川地方司法档案》"议得"部分内容完整的88件招拟中，有61个案例引用的是这一律条，占将近70%。《大明律》"不应为"条目设置的主旨在于拾遗补阙，即对所有"律令无条，理不可为者"的行为进行惩治。[1] 明初律家何广注释此条，指出"律设此条，在于临时审量，比附轻重"[2]；万历时期姚思仁注解此条时也说明，"律令所载有限，事理所犯无穷，故著此条，以广律令之未备"[3]。均说明这一律条针对的是《大明律》律文中没有正式规定的犯罪行为，在内容上具有充分的包容性，在行用中具有一定的弹性。因为以上特征，明朝前期，这一律条就出现引用过多的情况。景泰六年（1455年）六月，南京大理寺右寺正向敬指出当时司法中的两大弊端之一就是"不应为"这一律条行用过多。比如斗殴、骂詈、违限等类轻罪，《大明律》本有正条，但司法官员认为按照正条拟罪，惩治太轻，因此放弃相关律条，而依"不应为"从重定罪。[4] 同样，弘治年间大理寺评事鲁永清也曾指出，送至大理寺复核的案卷中，即使律有正条可以引用的，司法官员也引"不应为"条进行断罪；而在律无正条的情况下，司法官员更是以"不应为"应付，以至于断罪中情法不当的情况相当突出。[5]

1　参见［明］雷梦麟：《读律琐言》卷26，第463页。

2　［明］何广：《律解辩疑》卷26，明刻本，第155页下。

3　［明］姚思仁：《大明律附例注解》卷26，第882页。

4　参见《明英宗实录》卷254，景泰六年六月己亥，第5490页。

5　参见《明孝宗实录》卷13，弘治元年四月丁未，第302—303页；［明］戴金：《皇明条法事类纂》卷46，第860—863页。

《四川地方司法档案》包括的文档 79 中，四川重庆卫吏房典吏胡世明造官文书违限，官司依照"公事应行及事有期限而违者，一日笞二十罪止"律，定罪笞五十。[1] 可见违限的案件，当时确实有依照本律条定罪的情况。但是上文提及的典吏高迪攒造官文书违限，招拟引用的即是"不应为"这一律条。《四川地方司法档案》中"不应为"条目的大量引用，一方面说明明代司法实践中，"不应为"这一律条确实引用过于宽泛；另一方面也说明"依律议罪"是司法官员断罪的重要组成部分，是制度的规定，具有必要性和必须性。

招拟若引用律文不当，有被上司斥责、案件驳回再审、招拟重定的严重后果。比如文档 26。[2] 该文书中的主要犯罪人杨枢，成都府绵州人，为四川布政司候缺吏。杨枢在嘉靖二十六年（1547 年）买白善洪的儿子白四保为义男。嘉靖二十七年（1548 年），白四保卷带杨枢财产逃走。杨枢一方面令白家相关人等寻访，另一方面到分守川西道岑大人处告状。岑大人将案件批发成都府双流县审问。双流县将白善洪族侄白自会等提取到官，因天色已晚，暂时将其收押在县衙官仓。杨枢令家人杨信进仓恐吓且收受白自会银两，白自会当夜缢死仓内。白自会妻子李氏至分巡川西道告状，分巡川西道仍将案件批双流县审理。在双流县的审理中，杨枢否认自己有吓诈白自会的行为，结果，杨枢被判无罪，李氏则被定诬告罪。嘉靖二十八年（1549 年），双流县将审理结果具招申详分守道。分守道官员指出白自会有被威逼致死的嫌疑，要求双流县重新审理。双流县重新审理，将杨信问拟"威逼人致死"罪，杨枢问拟"不应事重"，从杨信名下，但是由杨

1　参见［明］佚名辑：《四川地方司法档案》，第 331 页。
2　参见［明］佚名辑：《四川地方司法档案》，第 214—217 页。

枢出埋葬银十两给李氏。审理结果具招申详分守道和分巡道，两道批允。杨枢等分别交纳诉讼费和赎罪银两之后，该县将杨枢送还布政司重新供役。布政司对杨枢之前的情况并不了解，因此要求双流县说明为何耽搁一年才将杨枢送布政司着役。双流县遂将杨枢案件的招由抄写一份，呈送布政司。布政司张大人阅后，对其中依律议罪部分提出怀疑，批文如下："看得白自会之死，明是杨枢势托问官，枉法曲断。既责令以赔偿财物，又吓之以寻还逃奴。穷民畏苦，计出无聊，遂尔自尽。其情节不特有亏行止而已，拟以'威逼'犹属宽纵，而前后问官曲为辩脱，皆以杨信当之，此岂义男之所能哉？虽经司道屡驳，皆不敢归重本犯，而还役之拟牢不可破，则杨枢之威力，问官之畏懔不言具见。律法何在？仰府提吊人卷，从公从实明正枢罪，另招详夺。慎勿迁就有力而屈抑无辜也。"将该案件批发成都府重新审理。成都府受命，将杨枢等人以及相关案卷提解到官，一并发成都县审问。成都县将审理结果以招拟的形式报成都府，申详布政司，其中议得部分如下：

杨枢等所犯，杨枢除"威逼"并"诬告"罪名不坐外，合依"恐吓取人财物者，计赃准窃盗论，加壹等，免刺壹百壹拾贯之上"律，杖壹百，流叁千里；……俱有《大诰》减等，杨枢杖壹百，徒叁年。……杨枢系吏，……审杨枢有力，……候具招申详允日，各照律例，杨枢纳米折价赎罪……查得：杨枢、杨信、李氏先为前事，该双流县问拟杨信杖壹百，杨枢、李氏各杖捌拾，招详守、巡贰道批允，追完纸罪谷发落。今又犯该前罪，依"壹罪先发已经论决，余罪后发"，杨枢重者，更论之，通计前罪以充后数，合贴杖叁拾。⋯⋯杨枢追批札涂抹附卷，革役为民当差。

可以看到，如果上级司法官员认为招拟中"依律议罪"不当，则要发回重新审理，重新引用律条定拟。

特别需要指出的是，即使在实际审断中，条例已经成为司法的依据，招拟中仍需"依律议罪"。比如《四川地方司法档案》文档 88 中，四川叙州府宜宾县宣化乡民杨怀德纠合同乡周四元等人，沿河打劫客船；嘉靖二十四年（1545 年），杨怀德等进杜伏珠家打劫，事发入官。初审，杨怀德等被定死罪，但是在各级详谳的过程中，司法官员认为证据不足，事属可疑，因此减为死罪，编发广西都司灌阳守御千户所永远充军。嘉靖二十九年（1550 年）着伍。但就在同一年，杨怀德越关逃回潜住。事发，叙州府进行审理，在该招拟的"问得"部分，司法官员明确指出杨怀德"明知'凡问充军人犯逃回，原犯真犯死罪免死充军者照依原问死罪处决'事例，又不合故违"。为此，按照上述条例，将杨怀德判为死罪："合照例仍问死罪，情法相当。"但是在该文档的"议得"部分，则表达如下：

> 杨怀德所犯，除"越度缘边关塞"罪名不坐外，合仍依原拟"强盗已行而但得财者不分首从"律，斩，决不待时。系重刑，缘本犯先该审录衙门奏允免死充军，今犯着伍逃回，照例仍问死罪，合候申详允日，照旧枷镣监候，会审转详处决。[1]

1　[明] 佚名辑：《四川地方司法档案》，第 358 页。

可以看到，杨德怀案件的审断中，主要的依据就是"凡问充军人犯逃回，原犯真犯死罪免死充军者照依原问死罪处决"这一条例。该条例收入弘治《问刑条例》，全文为："凡问发充军人犯逃回，原犯真犯死罪免死充军者，照依原问死罪处决；杂犯死罪以下充军者，问罪，枷号三个月，改发极边卫分充军。"[1] 但是在招拟中，司法部门引用了两个律条，落实"依律议罪"的要求。其一为"越度缘边关塞"。这是《大明律·兵律》"关津"目下"私越冒渡关津"条中的部分内容，律条规定，"若越度缘边关塞者，杖一百，徒三年"[2]。又将原拟"强盗已行而但得财者不分首从律"列出，这是《大明律·刑律》"强盗"条的一部分，规定"凡强盗已行，而不得财者，皆杖一百，流三千里。但得财者，不分首从，皆斩"[3]。《大明律》有"二罪俱发以重论"的规定[4]，所以"越度缘边关塞"罪名不坐，用以议罪的仍是"强盗"律。但这一"强盗"律是杨怀德最初被定死罪的依据，并不是这一次处理死刑的直接依据。

再比如文档 1 中的陈九槐案。[5] 四川成都府崇庆州江源乡百姓陈九槐揽纳税粮，嘉靖二十九年（1550 年）事发问罪。在该司法文书的"问得"部分，招拟明确指出陈九槐不合故违"内外仓场粮草，不拘起运存留，但有包揽诓骗不行完纳，事发问罪，责限叁个月以里完纳者，照常发落，过期不完者，尽其财产赔纳，发边卫充军；经年不完者，仍枷号壹个月，照前发遣"事例，揽纳各人税粮，并有侵欺的事实。

1　［明］白昂等：《问刑条例》，第 265 页。
2　［明］高举：《大明律集解附例》卷 15，第 1175 页。
3　［明］高举：《大明律集解附例》卷 18，第 1344 页。
4　参见［明］高举：《大明律集解附例》卷 1，第 312—313 页。
5　参见［明］佚名辑：《四川地方司法档案》，第 161—163 页。

"内外仓场粮草"事例,收入弘治《问刑条例》。[1] 招拟以"不合故违"将此例引出,确定陈九槐的罪情,说明这一条例是主要的司法依据。但是在招拟议由栏的依律议罪部分,引用的则是《大明律》"诓骗人财物计赃准窃盗论,免刺,壹百贰拾贯罪止"律,将陈九槐定徒罪,发冲要驿递,照徒年限摆站,满日疏放。之后与招由栏上述"不合故违"呼应,说明"陈九槐仍行责限叁个月,不完者,另行呈请定卫充军。经年不完者,枷号壹个月,照前发遣",即按照充军条例进行发落。

文档34也一样。在该文书涉及的案件中,嘉定州犍为县紫云乡民余世才伙同家人余义、余恩等盗取县库银两。招拟的"问得"部分提到余世才、余义、余恩俱不合故违"常人盗腹里去处库银捌拾两以上俱问发边卫永远充军"事例。在"议得"部分,余世才、余义、余恩俱合依"常人盗仓库钱粮不分首□□赃论,捌拾贯"律,绞。系杂犯,各准徒五年。这是依律议罪和照常例发落部分;同时"余世才、余义、余恩各免其徒杖,照例拘妻金解,发边卫永远充军,招达兵部知会",则与"问得"部分的内容呼应,按充军条例发落。[2]

从以上的讨论可以看到,依律议罪是规定,在每一份完整的招拟中出现。在招由栏中明确说明以条例作为司法依据的案例中,仍需依律议罪,则说明即使是《问刑条例》中以经久行用为目标的条例,也不能成为独立的议罪依据。《大明律》为根本大法,条例辅律而行的特点由此可见一斑。此外,依律议罪中,虽然出现"不应为"这一律条的滥用等情况,但律条与罪行之间仍需情法相当,否则就会被

---

1 参见〔明〕白昂等:《问刑条例》,第231—232页。
2 参见〔明〕佚名辑:《四川地方司法档案》,第231、233—234页。

上级司法衙门驳回，相关官吏会被问罪。

小 结

综上所述，明朝廷明文规定百官必须讲读律令，通晓律意。随着条例在司法中的地位日渐重要，条例的讲读也日渐重要。但是，条例附于律文之后，依律而来，辅律而行，对条例的理解和有效行用，均与对律条的理解和通晓密切相关。通晓律意，因此实际上也包含了对附律而行的条例的理解，两者一起构成明代官员律法知识的核心。[1]

从洪武三十年《大明律》最后颁行之时起，司法中的"依律议罪"就和"按例发落"并行，在招拟这一司法公文中可以看到这一格局落实的样貌。相当一部分学者认为有明一代，特别是在《问刑条例》修订之后，《大明律》在司法中的地位下降，甚至已经无足轻重。[2] 但是有明一代，"依律议罪"一直是朝廷的要求，从现存嘉靖年间的招拟可以看到，《大明律》律条的引用在招拟中具有不可或缺的地位；条例并不能独立成为定罪量刑的依据，按条例发落，只能在依律定罪的前提下进行。条例辅律而行的特点在司法实践中表达得十分鲜明。

---

1 在《明代典例法律体系的确立与令的变迁——"律令法律体系"说、"无令"说修正》（《华东政法大学学报》2017 年第 1 期，第 5—19 页）中，杨一凡提出以律例体系描述明代的律法太过简单。他认为《大明会典》是明代的"大经大法"，正德六年《大明会典》颁布之前，明朝是以"制书"表述国家基本典章制度，以"例"表述可变通之法的法律体系；之后则是以《大明会典》为纲、以例为目的法律体系。从明代的司法实践来看，特别是从明代留存的招拟来看，律、例是司法依据，依律议罪和按例发落并行。

2 Langlois, John D. 1993. "The Code and ad hoc Legislation in Ming Law", *Asia Major*, Vol. 6, No. 2, p. 111.

明太祖规定子孙后代不得擅改《大明律》，洪武三十年（1397年）颁行之后，二百多年间，这一根本大法缺乏任何调整的可能。条例的出现，依律议罪、照例发落格局的形成，有效保证了《大明律》在本身内容不变的情况下，仍能适应社会发展的要求，从而有效保证了《大明律》根本大法的地位。亦即，条例的发展及其在司法中的广泛行用，实际上成就了《大明律》在司法中作为经久之法的地位。这样，有明一代，无论是朝廷要求百官讲读律令，还是百官对通晓律意目标的追求，均具有了实际的司法意义。

第二章
"书生不解例律"

　　天启年间，福建兴化府推官祁彪佳在给上司的信件中谦称自己"书生不解例律"[1]，意指自己初入仕途，对律法刑名知识缺乏理解。有明一代，刑部、都察院、大理寺三法司官员在论及新仕官员的刑名知识时，也多有这样的论调。本章讨论明代新进官员对以《大明律》为核心的律法知识的准备，一方面关注科举与观政的制度影响力；另一方面探究明朝廷对《大明律》注释的政策与实践，以期对"书生不解例律"的现象进行更深入和具体的分析。

一、科举、观政与官员的律法知识

　　有明一代，科举成为士子进入官场的主要途径，所谓"能文之士率由场屋进以为荣"[2]。而"科举必由学校"[3]，因此，学校和科举

　　1　［明］祁彪佳：《莆阳禀牍》，载《祁彪佳文稿》第 3 册，书目文献出版社，1991 年，第 2522—2523 页。

　　2　［清］张廷玉等：《明史》卷 71《选举三》，第 1713 页。

　　3　［清］张廷玉等：《明史》卷 69《选举一》，第 1675 页。

成为国家官员选拔的起始，[1] 科举的要求和学校的培养，特别是前者，有效地影响了儒生的知识结构。

1. 学校与科举的准备

按《明史·选举志》的记载，明代国子监学生所习课目"自四子本经外，兼及刘向《说苑》及律令、书、数、《御制大诰》。每月试经、书义各一道。诏、诰、表、策论、判内科二道。每日习书二百余字"[2]。吴晗据此指出，明代洪武时期的国子监学生，其功课内容包括了《御制大诰》与大明律令，与四书五经等书并列。同时，作为日常习练的文字，其中也有判语的内容。因此，他认为明代学校士子具备法律知识，在国家政治生活中可以扮演重要的角色。[3]

但需要指出的是，洪武时期的学校教育存在相当的特殊性，朱元璋个人对学校学生所习内容多有影响。太祖朱元璋重视律法，洪武一朝几次下令要求在学的监生或生员熟读《大诰》、律令。[4] 但是，这样的要求在此之后显然并没有得到持续的落实。所以弘治初年，山东兖州府知府赵兰上疏，以"请重刑名"为名，请求朝廷敕令"礼部行两京国子监及天下学校，督令监生生员讲读律令，习学刑名，与五经四书并行不悖"[5]。而对于洪武时期的特殊性和之后出现的变化，

1　明代官员的铨选中，虽然"科目为盛"，但是"进士、举贡、杂流"实际上"三途并用"，科举入仕并不是官员进入仕途的唯一途径。参见［清］张廷玉等：《明史》卷69《选举一》，第1675页。本章考察明代官员的律法知识，以科举入仕的官员这一主流群体为关注对象，对于经由举贡和杂流入仕的官员拟以他文另作讨论。

2　［清］张廷玉等：《明史》卷69《选举一》，第1677页。

3　参见吴晗：《明代的学校》，载吴晗：《读史札记》，生活·读书·新知三联书店，1956年，第320页。

4　参见《明太祖实录》卷214，洪武二十四年十一月癸巳，第3158页等。

5　《明孝宗实录》卷25，弘治二年四月甲寅，第575页。

嘉靖初年詹事霍韬说得更为明白："洪武中令天下生员兼读《诰》《律》《教民榜文》,又言民间子弟早令讲读《大诰》三编。今生儒不知《诰》《律》久矣。临民莅政,惟皆以吏为师。宜申明之,令学校生员兼试以律,仍令礼部以《御制大诰》诸书刊行天下,嘉惠臣民。"[1] 霍韬建议:"今若立法,行天下学校考校生员,俱先默写《大诰》、律令,或《大明集礼》等书内一条,或拟作一款,或拟策题,错为问目,则人无不读诰、律者矣。"[2] 立法、考校或许会起到一定的作用,但是明代学校为国家人才养成之所,生员以进入仕途为目标,因此国子监与学校生员所习的内容,主要还是受到科举考试内容的影响。

明代科举考试,"初场试四书义三道,经义四道。……二场试论一道,判五道,诏、诰、表内科一道。三场试经史时务策五道"[3]。从制度的设计来说,判语的考试对生员熟悉《大明律》律条提出直接的要求。万历后期,王肯堂编撰《大明律》律注,卷首提道:"士子应举,必试五判以观其明律与否。"[4] 崇祯年间,南京刑科给事中陈昌文指出太祖在乡试、会试中以五判试士子,实为敦促士子讲读律令。[5] 明末顾炎武也指出明朝之科场五判接近唐代吏部铨选之试判;"欲使一经之士皆通吏事,其意甚美";而从考试方法来看,"又不用假设甲乙,止据律文,尤为正大得体"。[6]

1 《明世宗实录》卷 83,嘉靖六年十二月戊申,第 1860 页。

2 〔明〕霍韬:《神治疏》,载〔明〕陈子龙等:《明经世文编》卷 186,第 1903 页。

3 〔清〕张廷玉等:《明史》卷 70《选举二》,第 1694 页。

4 〔明〕王肯堂:《律例笺释自序》,载王樵、王肯堂:《大明律附例》卷首,万历四十年序刊本,第 2 页上。

5 参见《崇祯长编》卷 66,崇祯五年十二月戊辰,台湾"中央研究院"历史语言研究所校印本,1967 年,第 3811—3813 页。

6 〔明〕顾炎武:《日知录集释》卷 16,台湾中华书局校刊本,1981 年,第 21 页。

在试判之外，科举考试第三场所试时务策中也会涉及刑名的内容。倪岳（1444—1501）在其文集中录乡试策一道，题目如下：

问：刑以辅治，崇古尚焉。虞典五等之刑，周训三千之属，不可以有加也。然八辟五禁何所施？三典三刺何所用耶？约法三章与三百五十九章者孰得？约法十二条与七千四百八十条者，孰失耶？我国家有律令、有条例，付之有司者详矣，然稽之古，孰合乎虞、周、汉、唐之制？行之今，孰得乎轻重繁简之中耶？帝舜钦恤之言，穆王哀敬之教，不可以不念也。然除肉刑、定棰令者何所始？除断趾、禁鞭背者何所防耶？除诽谤法与除文致之请者孰是？下减死诏与立覆奏之制者孰非耶？我国家有审录、有湔涤，行之朝廷者久矣，然丽乎原发者，何以逭出入之科？列于外任者，何以觊澡雪之路耶？伯夷播刑之功，苏公敬狱之效，不可以不重也。然长者正人何以名，持正守法何以别耶？天下无冤民与民自不冤孰优？平反迁官与平反辞赏者孰劣耶？我国家有刑部、都察院，有大理寺、按察司，责之鞫谳者众矣。然观望风指，何以得情罪之实？牵合律例，何以尽评驳之允耶？夫长我王国，匪刑曷恃，具严天威，惟刑则然，此固不可以不讲也。愿闻所以得刑狱之道。[1]

显然，要完成这样的时务策，也需要士人对律法有相当程度的理解。

但是，另一方面，从明代以来，学者多指出科举考试中的试判与

1　［明］倪岳：《青谿漫稿》卷20，载《文渊阁四库全书》1251 册，第271 页。

实际律法知识之间的脱节。判文题目虽然出自《大明律》，但是判文的写作已经形成套路，因此判语的考试并不能反映生员法律知识的多少，判语的考试也并不能对生员的法律知识提出真正的要求。上述明臣霍韬也指出，"科场五判，以律命题。奈士子多记诵旧本，以图侥幸"[1]。顾炎武虽然对试判本身多有好感，但是对于试判在科举考试中的作用却另有说法。他认为这样的考试，"以五尺之童，能强记者，旬日之力，便可尽答而无难，亦何以定人才之高下哉！"所以，"此法止可施于选人引试俄顷之间，而不可行之通场广众竟日之久"。具体到科场之中，试判这一内容的落实，顾炎武则有更多批评："至于近年，士不读律，止钞录旧本，入场时，每人止记一律，或吏或户，记得五条，场中即可互换。中式之卷，大半雷同。"[2]

明天启辛酉科顺天乡试第一名鹿化麟，三场考试得到考试官一致的赞赏，其中考试官对于二场包括判语在内的点评为："二场奇宕似左氏征核，似司马而条达疏畅，又似子瞻得意之笔，头头是道，子其博综三才、阅览百氏，而自成一家言者耶，可谓才压一世。"[3] 其中判语五条，分别为"官员赴任过限""钱粮互相觉察""禁止师巫邪术""辄出入宫殿门""失时不修堤防"。鹿化麟所作"失时不修堤防"的判语如下：

> 汉武塞河，璧马遂沈于瓠子；晋君修堰，铜龙曾得于石函。盖溃决为后事之忧，故修葺为先时之戒。今某自快偷安，坐观浸溢，商羊起舞，不思齐景之预防；大火南流，尚笑郑侨之过计，

1　［明］霍韬：《禋治疏》，载［明］陈子龙等：《明经世文编》卷 186，第 1903 页。
2　［明］顾炎武：《日知录集释》卷 16，第 21 页。
3　［明］鹿化麟：《明天启辛酉科顺天乡试朱卷》，清刻本，"二场批"。

岂西门之治邺邑，将假河伯以投巫，抑伯圭之慕禹功，欲借邻国以为壑。民灾谁启，国典宜加。[1]

《新纂四六合律判语》是明代中后期流传较广的考试参考书，其中收录 142 条判语。"失时不修堤防"一条判语如下：

汉武填河，玉璧遂沉于瓠子；晋君合堰，铜龙卒起于石函。故民家俯视清淮，堤尚滨于天监；而漕艘直通永济，渠遂定于开皇。今某罔顾滔天，徒知玩日，商羊起舞，不为齐暴之预防；大火南流，反语郑桥之过备，岂西门之治邺邑，将借河伯以投巫，抑白圭之慕禹功，惟凭邻国以为壑。思不同乎已溺，刑难赦于王章。[2]

两相比较，内容之相同部分很多，可见考生作判的程式性。判语文辞典雅，涉及律条大义，而并不落实至具体律文文字的理解和定罪量刑上。在这样的试判要求下，士子对于《大明律》的理解比较表面，与具体的司法连接较弱。崇祯年间，上文提到的刑科给事中陈昌文提议改革试判的内容，建议"五判俱必依本律，定五刑加减之数"，试图提高判文考试的实用性。崇祯皇帝虽然同意"讲读律令，取士自宜究心"，但是对于试判内容的改革，则不置可否。[3] 明末王夫之（1619—1692）则因为"诰诏既所不能，表判又为无实"，而

1　［明］鹿化麟：《明天启辛酉科顺天乡试朱卷》，第 29 页下—30 页上。

2　［明］佚名辑：《新纂四六合律判语》卷之下，载杨一凡等主编：《历代判例判牍》第 4 册，中国社会科学出版社，2005 年，第 163 页。

3　参见《崇祯长编》卷 66，崇祯五年十二月戊辰，第 3811—3813 页。

"科场七日而三试，作者倦而阅者亦烦"，所以直接提议把三场科举考试改成两场，取消试判这一内容。[1] 这一建议得到清朝朝廷的认同。清乾隆二十一年（1756年），科举考试中，包括乡试和会试，论、表、判一概删除，不再作为科举考试的内容。[2]

以上王夫之的讨论也指出明代科举考试三场，其重要性并不均衡，其中第一场四书五经最为重要，第二场、第三场不能与之相比。考官阅卷时间有限，对第二、三场的内容并无时间细阅。明末张自烈（1597—1673）指出，当时如果"初场中式，二、三场陋劣置勿论；七义苟见黜，策、论虽贾、董、欧、曾，求主者一寓目不可得"[3]。可以看到，在科举考试的设置中，第一场考试的内容具有最核心的地位。归入第二场的判和第三场的策论可能得不到士子过多的重视。[4]

关于明代的科举考试以及相应的学校教育如何影响了官员的刑名知识，已经有很多的讨论。[5] 而从以上的论述来看，因为有明一代的科举考试中"判"的部分一直都存在，律法也有可能作为策论的主题出现，所以无论二场、三场的考试是否重要，以通过科举考试为目标的儒生均需要在这方面有所准备。因此，一个经过科举考试初入仕途的官员对于朝廷的律法和司法的机构、程序与文书等，应该有一定程度的理解。但是，因为第一场考试的重要性，儒生在科举考试的准备中，重心仍在四书五经；普通儒生，即个人对律学没有特别的兴

1　参见［清］王夫之：《噩梦》，载《续修四库全书》945册，第514页。

2　参见［清］赵尔巽等：《清史稿》卷108《选举三》，中华书局，1976年，第3151页。

3　［明］张自烈：《芑山文集》卷3，载《四库禁毁书丛刊》集部166册，第209页。

4　参见张连银：《明代科场评卷方式考——以乡、会试为考察对象》，《安徽史学》2006年第4期，第35—41页；张献忠：《明中后期科举考试用书的出版》，《社会科学辑刊》2010年第1期，第127—133页。

5　可参见本书前言部分的相关内容。

趣，家庭也未有特殊影响的儒生，通过科举考试进入仕途，则对律法缺乏深入细致的理解，对这些律法在实践层面的意义也缺乏足够的把握。万历年间监察御史王明讨论官吏理解《大明律》之困难，列举了几个方面的原因。其中一条指出"经生辞章句而受事，莫观旨所向"[1]，即明代的儒学生员并没有足够的法律知识的训练，经过科举进入仕途，面对的基本是一个陌生的领域。同一时期，任职大理寺的刘大文也有类似的看法："经生学士，章句朝辞，爰书暮握，所用殊非所习。事骇恒观，语多借听；任意则疑似生情，考信则掩彼饰此，鬼蜮之计行，高下之权假，而燕庭多六月之霜，海畔有连年之旱矣。"[2] 说明的都是这一问题的严重性。

2. 观政的要求与影响

有明一代，通过会试和殿试的士子，在名次颁布之后，除了一甲三名直接送吏部选官，其余名列二甲、三甲的进士须先至中央各部门观政。从观政开始到正式选官上任，之间大约有三个月到三年时间不等，[3] 其间包括给假省亲。明代前期接受进士观政的部门可能更多，之后则主要集中在九卿衙门，即吏、户、礼、兵、刑、工六部以及都察院、大理寺和通政司。各部风格不同，观政进士之间以及观政进士与本部长官和属官之间的关系也各有特点。在吏部与都察院、观政进士与长官之间用"堂属礼，在礼部用师生礼，在兵部用前后辈礼，

1　[明] 王明：《大明律集说序》，载 [明] 冯孜、刘大文：《大明律集说附例》卷首，明刻本，第 2 页。

2　[明] 刘大文：《刻大明律集说序》，载 [明] 冯孜、刘大文：《大明律集说附例》卷首，第 1 页下—2 页上。

3　参见潘星辉：《明代文官铨选制度研究》，北京大学出版社，2005 年，第 126—127 页。

在户、刑、工（部）用同寅礼"。明代进士观政制度被后人称为"自科举制度产生后最完备的官员职前培训制度"[1]，为新科进士提供了重要的熟悉政务的机会，对其律法刑名知识的熟悉和掌握显然也有助益。

从明代有关记录来看，虽然朝廷将新科进士安排在不同的部门观政，却对他们有普遍的讲读律例的要求。隆庆五年（1571年）辛未科，二甲、三甲进士一共三百九十三名"分拨各衙门各照出身等第支俸办事"。吏部查得成化二年（1466年）三月事例：这一年，都察院左都御史李秉因新科进士"以科第自足，于法律全不究心"，题准"将分拨办事进士，俱令讲习法律"。又查得弘治九年（1496年）三月吏部题准疏通选法事例：要求各衙门观政进士"习学政事，不许懒惰"。为此，提议新科进士于各衙门观政，行令"各堂上官约束，俱在本衙门讲求律例，习学政体，定以课程，时加考校，务期明晓法制，通达治理，以副任使，待后本部查酌内外应选员缺，挨次取选"[2]。题准。

与职掌有关，刑部对观政进士习律一事更为关注。隆庆四年（1570年），刑部尚书葛守礼在上言中描述内外司法官员的种种违法行为。葛守礼认为这些不法行为的发生，多与"各官素未讲读律令"有关。为此，除了请求朝廷下令加强对地方司法官员的监督，他还提出对未选授的官员增加律法知识的积累："未仕如办事进士，各衙门堂官督令熟读讲解，仍不时考校，务使通晓。"[3] 在刑部观政的进士，

1　颜广文：《明代观政进士制度考略》，《人大报刊复印资料·明清史》1992年第6期，第3—9页。

2　［明］高拱：《高文襄公集》卷10《掌铨题稿》，载《四库全书存目丛书》集部108册，第142—143页。

3　《明穆宗实录》卷47，隆庆四年七月庚午，第1171—1172页。

在刑名事务的历练方面也更为具体。观政进士一般不能签署文案，但是至少从宣德七年（1432 年）开始，在刑部、都察院观政的进士，可以与郎中、主事、御史等分理刑名事务，签署文案。[1] 明名臣罗洪先记载，其父罗循弘治十二年（1499 年）己未科进士，观政刑部。当时刑部尚书闵珪、侍郎白昂皆精通法律。每日令观政进士们熟悉刑名事务，练习审判之事。罗循"时时持刑书就长人问所疑，有所注谳——取长官可否；阅状已即又代阅诸进士状；已而代长官署狱事，莫不当法，遂以刑名闻于时"[2]。后授南京刑部广东司主事，主京城内外狱讼，狱事繁冗，剖决无滞。可以看到刑部观政的实效。

为鼓励观政进士对律法的学习，朝廷在官员选授方面也予以一定的支持。比如宣德年间，进士周晟观政刑部，"时大司寇尚严毅，属官少当其意者。独公所分囚引审未尝有所反异，其所为欲辞往往得事情合律意。用是大为所称重，具疏留公为本部主事，前后有所平反全活者甚众"[3]。正统以后的一段时间内，甚至出现"历刑问刑"这一相对制度化的做法，以刺激观政进士在刑名知识和能力上的进取。所谓"历刑问刑"是指刑部从新科进士中选取一部分进士入刑部观政，观政结束后，进行刑名事务方面的考试，其中能力突出的送吏部，照依甲第次序选除刑部主事。天顺八年（1464 年），刑部尚书金濂题准，从在京各衙门办事进士内选取姚龙等二十员在部问刑半年以上，考刑名俱中者送吏部铨选刑部主事。成化二年（1466 年），刑部尚书陆瑜照此例奏取办事进士，观政结束后，将问刑进士送吏部选除本衙

1　参见［明］余继登：《典故纪闻》卷 10，中华书局，1981 年，第 177 页。
2　［明］罗洪先：《山东按察司副使罗公循传》，载［明］焦竑：《国朝献征录》卷 95，台湾学生书局，1965 年，第 4178 页。
3　［明］丘濬：《江西左布政使周公晟墓志铭》，载［明］焦竑：《国朝献征录》卷 86，第 3651—3652 页。"欲辞"疑为"狱辞"。

门主事。[1] 弘治初年，都察院也曾题请，"凡办事进士令同见任官问刑，两法司官属有缺，先以问刑进士铨补，次乃及别部进士，庶少称朝廷慎重刑罚之意"[2]。

明代前期，观政进士中刑名突出的，也有直接被推荐成为科道官的事例。卢雍，字师邵，正德六年（1511 年）进士，观政都察院，留心吏事，"凡章程法比皆习而通之。时都御史三山王公见其所拟吏牍，惊曰：此法家言，老吏所不及。因荐试河南道御史"[3]。张宪，成化八年（1472 年）壬辰科进士，观政刑部，"即留意法比，部长贰皆贤之。会吏部选科道，偶遗公，众皆疑愕"[4]，可见时人之期待。明末沈德符认为成化、弘治年间仍有这样的情况，直到科道官的选授成为特殊铨选以后，类似的选授才少有出现。[5]

尽管如此，朝廷对观政进士讲读律令的要求在多大程度上得到落实，进士观政的表现又在多大的程度上影响其选官，却是一个值得再仔细思考的问题。首先，无论是进士观政还是官员选授，吏部均有相当明确的制度规定，其中起决定作用的还是会试和殿试的名次。就观政而言，吏部明文规定，"新科进士一甲三人，本部照例具题，第一名从六品，授修撰；第二、第三名正七品，授编修"，不在观政之列；而"二甲、三甲另题分拨办事，照依名序，吏、户、礼、兵、刑、工

1　参见［明］李默、黄养蒙：《吏部职掌》之《求贤科》，载《四库全书存目丛书》史部 258 册，第 38 页。

2　《明孝宗实录》卷 11，弘治元年二月壬寅，第 246 页。

3　［明］邵宝：《四川按察司提学副使卢君雍墓表》，载［明］焦竑：《国朝献征录》卷 98，第 4335 页。

4　［明］费宏：《资政大夫南京工部尚书张公宪墓志铭》，载［明］焦竑：《国朝献征录》卷 52，第 2199 页。

5　参见［明］沈德符：《万历野获编》卷 11，中华书局，1989 年，第 290—291 页。

部、都察院各二员，通政司、大理寺各一员，周而复始，榜末十余员俱留本部"。[1] 同样，进士观政结束之后选授官职，是除京职还是就外任，官职品级的确定，也主要根据科举考试的名次来确定：一甲三名以外，"二甲进士在内除主事，在外除知州；三甲在内评事、太常寺博士、中书舍人、行人等官，在外推官、知县"[2]。随缺选官。因为选官的基本规则简单且相对稳定，而且会试、殿试的名次均有公示，所以明代新科进士一般可以估测到自己可能得到的职位。[3] 朝廷也设置种种措施，以免规避。弘治初年，吏部上言："近例，第三甲进士前七八分多选外任，后二三分俱选京职。所以进士该外选者或告病，或求公差，迁延规避。今后，除丁忧起复外，其养病、公差还者，依其上下名次，选外任亦选外任，选京职亦选京职，庶人心平而选法不坏。"[4] 题准。

正因为如此，在一部分官员看来，上述"历刑问刑"的做法有碍朝廷选法之公正。成化八年（1472 年）三月，礼科给事中黄麟上书，反对刑部直接从新科进士中提取观政人员，并在观政结束之后留用刑部等衙门的做法。他指出："近年进士因内外兼除，在刑部、大理寺者则干浼所司题称谙晓刑名，专于本衙门任用，是不过徇用己私，曲顺人情，而不知其启奔竞之端，坏祖宗之成法也。"此外，他也认为"历刑问刑"的做法无必要性。他指出北京的刑部、大理寺任用观政进士，而南京的刑部、大理寺选官则"依常例"，"亦未闻其有用刑差错者也"，为此请求皇帝下令吏部，今后进士选官，悉数

1　［明］李默、黄养蒙：《吏部职掌》之《求贤科》，第 37 页。

2　［明］李默、黄养蒙：《吏部职掌》之《求贤科》，第 37 页。

3　可参见潘星辉：《明代文官铨选制度研究》，第 120—134 页。

4　《明孝宗实录》卷 54，弘治四年八月癸丑，第 1055—1056 页。

按照"甲第先后，以次取选，各衙门不得紊乱选法，假公道以树私恩"。吏部尚书姚夔等复议后上奏，对黄麟的说法表示赞同。吏部指出，洪武、永乐年间，进士分拨各衙门观政半年，之后吏部"以次取选，不分六部三法司，随缺任用"；到正统年间，才出现"历刑问刑之例"。这样的做法已经影响了吏部的选官："顷岁，进士因内外选除不一，以故多乐于问刑历刑，得除京职。其授外任者遂生疑怨。"[1] 为此题准，从成化八年（1472 年）开始，遵照洪武永乐旧例，不许各衙门奏留问刑。[2] 成化十一年（1475 年）刑部尚书董方再次题请选取进士二十员，问刑半年之后考试，刑名堪用者候大选选除刑部；若无缺，照常内外选用。吏部查成化八年（1472 年）题准事例，否定了这样的提议。[3] 但是《明宪宗实录》记载，对于刑部尚书董方等人的题请，"诏从其议"[4]。结合《吏部职掌》的记载来看，成化十一年（1475 年）"历刑问刑"仍有行用，但已经属于特例。所以崇祯年间刑部尚书苏茂相提到刑部选官事宜，能够追溯到的仍是董方的这一提议，[5] 很可能成化十一年（1475 年）之后，"历刑问刑"再无实施。

此外，明代中期以后，新科进士数量增加，多至三四百人，分在九卿衙门观政，每个衙门分有四十多人，对于落实观政的实效也有负面的影响。归有光，嘉靖四十四年（1565 年）乙丑科进士。这一年新科进士总计 394 人。归有光入工部观政，称与其同在工部观政的进

1　《明宪宗实录》卷 102，成化八年三月丙辰，第 1992—1993 页。
2　参见 ［明］李默、黄养蒙：《吏部职掌》之《求贤科》，第 37 页。
3　参见 ［明］李默、黄养蒙：《吏部职掌·求贤科》，明刻本，第 5 页上。《四库全书存目丛书》中的《吏部职掌》未见此记载。
4　《明宪宗实录》卷 145，成化十一年九月壬戌，第 2673 页。
5　参见《崇祯长编》卷 5，崇祯元年正月丁卯，第 236 页。

士有 46 人。[1] 这些同榜进士每日聚集一处，不仅不能落实政务，也影响各部门长官对新科进士的了解。李乐，隆庆二年（1568 年）进士。他曾经指出，进士观政九卿衙门，本"欲堂长司僚与之朝夕，试以事，观其人之端邪能否，或文学政事风节慈恺，所宜何任，以时上之天官，天官准以为铨注也"，但当时的观政似乎已经难以落实这样的目标：观政进士"东西两房分坐，终日嬉笑剧谈，何尝试以事来？三月二十日间分拨各衙门，至六月二十日取选去，并进士面孔不识认的尚多，何可以言知人"。[2] 天启年间，兵科给事中陆文献也上书指出观政一事之虚空无谓："进士观政各衙门三月乃始选除，近科以来观政仅参谒之虚文，不知所观何政；为大臣者除卯簿画押而外，亦不可言何政当观而有所指示、有所省试也。无何而请假归里矣，无何而谒选之任矣。"[3]

总体来看，有明一代的观政制度，对于新科进士在刑名知识的积累和刑名能力的培养中起到一定的作用；明前期"历刑问刑"的行用，对于新科进士在律法知识积累上具有更明显的制度刺激。但是整体说来，有明一代，观政的政绩，包括观政进士在律法知识上的进取，与官员铨选之间的关系缺乏制度的支持，官员铨选依照科举名次确定，这一制度规定简单明确，并具有公正性，因此得到稳定的落实。在这样的背景下，观政对于新科进士熟悉律法的影响缺乏长期稳定的制度依托，这样的影响因此也缺乏整体性和深入持久性。

1　参见［明］归有光：《震川集》卷 10，载《文渊阁四库全书》1289 册，第 139 页。

2　［明］李乐：《见闻杂记》卷 8，上海古籍出版社，1986 年，第 724—725 页。

3　《明熹宗实录》卷 58，天启五年四月癸未，第 2671 页。

3."书生不解例律"

因此，有明一代，中央朝廷对于新进官员律法知识不足的顾虑一直存在。洪武年间几次更定《大明律》，刑部提出"比年律条增损不一，在外理刑官及初入仕者不能尽知，致令断狱失当"[1]，担心的主要是在外的理刑官和新进的官员。都察院和按察司官员对天下官员的律法知识有监督之职，所以在这方面有更多的言论。比如成化八年（1472年），监察御史张敩陈言，其中提到在外司府州县理问、断事、推官、知县等官多为新进官员，不知律例，要求都察院移文天下衙门，"务将《大明律》及见行条例熟读讲究，使用刑不差"[2]。嘉靖六年（1527年），大理寺官员黄绾也指出初入仕途的大理寺评事，"律之名例尚未通晓，即欲断按庶狱，未免有差"，为此建议由本寺"督令讲读律例半年以上，考居疏通者方许干预平允，如有刑名生疏者，比照试御史事例，仍令重历，重历不堪者，参送吏部对品改调在京别衙门叙用"。[3]

而初入仕途的官员本人，对自己在律法刑名实际处理中经验的缺乏，以及对律法理解的不足，也并不避讳。祁彪佳，天启二年（1622年）进士，初授福建兴化府推官，在任四年有余，政绩突出。《明史》记载："始至，吏民易其年少。及治事，剖决精明，皆大畏服。"[4] 祁彪佳从弟祁熊佳也提到祁彪佳初到兴化府为官之不易。兴化府僚属与乡绅一以其"贵介"，一以其"弱冠"及第，认为其"不

---

1 《明太祖实录》卷197，洪武二十二年八月庚申，第2955页。

2 《明宪宗实录》卷100，成化八年正月戊戌，第1931页。

3 ［明］黄绾：《论刑狱疏》，载杨一凡编：《中国律学文献》第3辑第2册，黑龙江人民出版社，2006年，第56—57页。

4 ［清］张廷玉等：《明史》卷275《祁彪佳传》，第7052页。

悉民隐";而"豪猾舞文"则认为祁彪佳"可隐而欺也"。但祁彪佳履任数月之后,"民风利弊、狱情钱谷,无不洞若观火,迎刃立解",地方遂"惊异叹服"。[1] 祁彪佳最后有《莆阳谳牍》刊印,其中包括祁彪佳在兴化府推官任上听审、复核过的案例一千有余,既可以看到祁彪佳在刑名事务上的能力,也可以看到祁彪佳本人在刑名事务方面的自信。[2] 但值得注意的是,祁彪佳在就刑名事务与上司的交流中,仍提到自己"书生不解例律"。比如在他给分守道朱大人的禀牍中,提到自己奉命检阅囚册,"虽不敢不反复招词,参详情罪,仰体老大人好生之仁,但书生不解例律,无当平反,在老大人握鉴持衡明允,定有朗照也。册中应填或情真罪当,或情可矜疑,使果两者判然,自不难定。惟是有于万死之中开一生之路者,今遽填矜疑则虑失初情,一照成案则终有□□。故卑职不敢凭臆开填,惟候老大人原情定罪,弘开解网之恩耳"[3]。所谓"书生不解例律"自是祁彪佳的谦辞,但是这样的说法也符合朝廷的语境。在朱大人这样有经验、有资历的官员看来,初入仕途的祁彪佳就是"书生不解例律";而祁彪佳也认为自己这样的说法是合适的。从晚明何三畏为奚昊撰写的传记中,也可以看到这一说法的普遍性。奚昊,字时亨,成化五年(1469 年)进士,初授刑部贵州司主事,何三畏描述,"时公以书生视事,而若素明习法律者,发奸摘伏,游刃有余,三年之间,绩用丕著",遂从主

---

1 [明]祁熊佳:《行实》,载[明]祁彪佳:《祁彪佳集》,中华书局,1960 年,第 234—241 页。

2 关于《莆阳谳牍》,可参见吴艳红:《推知行取与莆阳谳牍研究》,载《中国古代法律文献研究》第 13 辑,社会科学文献出版社,2019 年,第 295—318 页。

3 [明]祁彪佳:《莆阳禀牍》,第 2522—2523 页。

事升任员外郎，至郎中。[1] 可以看到，在何三畏或时人看来，初入仕途的官员，律法之不明习，律例之不解，原是情理之中，如奚昊这样一入仕途即"若素明习法律者"，则属于特例。

又上文提到明臣李乐，隆庆二年（1568 年）进士及第，初授江西新淦县知县，"家兄辈以余不理会民事，欲请一老主文同行"。李乐认为带了主文反而心有挂碍，"莫若只如秀才赴试，不知主司论题出处，只仰屋猜作浪做，终无大害，不意三年在官，无大罪戾，叨冒行取以出疆"。但是李乐提道："近日友人作令，雇主文行者十有四五。"[2] 李乐提到自己在知县任上"猜作浪做"的，也包括刑名事务，与祁彪佳"书生不解例律"的表达有一定的呼应之效。而雇主文的做法，也可以看出初入仕途的官员对自己刑名能力的评估较低。

正是因为如此，明朝廷对于初入仕途而直接从事刑名事务的官员，也从制度层面予以了责任的限制。比如推官和知县（知州）虽然担任所有大小案件的初审，但是具有完全、充分司法决定权的，其实只有笞罪及以下的案件；杖罪以上的案件，则需要将他们的初审意见以正式的司法公文即招拟的形式提交上级司法部门进行复核。与案件的严重程度有关，最后的司法决定权或在按察司和巡按御史，或在刑部和大理寺。刑部的主事与大理寺评事也多为新入仕途的官员，同样，他们虽然直接处理案件，但是其决定仍需要经过本衙门长官复核才能生效。以大理寺为例。朝廷明文规定：需要复核的案件（连同

1　参见［明］何三畏：《云间志略》卷 9，载《四库禁毁书丛刊》史部 8 册，第 339 页。

2　［明］李乐：《见闻杂记》卷 8，第 706 页。

囚犯）送达大理寺后，"先送评事看详审覆"，如果原审情法相当，议拟合适，"即书允字于其姓之下"；如果情词有异，议拟不当等，则"直随其事明白批之"。可见评事作为新入仕途的官员，不仅有直接处理刑名事务的机会，而且需将处理意见系于自己的姓之下，以示负责。但这显然不是最后的决定。评事出具意见的案例，"次以传于寺正、寺副，各批讫；承行监生呈于卿、少卿、寺丞，复各看详，若可允，即各书'行'于其姓之下；不然，亦随事批下，该寺附案，候圆审相同，或参驳，或调问，各依《诸司职掌》定制施行"[1]。即大理寺各级长官要对评事审理意见进行逐级审核，且均需在各自的姓下出具意见。

二、明朝廷的官方《大明律》律注

在中国古代的律法传统中，律文的注释一向为各王朝所重视。秦朝重法，官方修撰《法律问答》对秦律进行注释。秦以后，私家注律出现，魏、晋等朝代都曾以诏书形式指定一家法律注释，并禁止其余各家为官府所用，以此维护法律注解的统一性和权威性。[2] 唐朝在《永徽律》颁布之后，即由官方主持修撰《律疏》，为中外司法官吏提供统一的司法解释。《律疏》"成为唐律不可分割的组成部分，具有了与唐律'并行'的国家法典的性质"[3]。明太祖修律，几次强调

1　［明］李东阳、申时行：《大明会典》卷214，第2869页。

2　参见何勤华：《中国法学史》第1卷，法律出版社，2000年，第185—188、270页。

3　刘俊文：《唐律疏议笺解》，中华书局，1996年，"序论"，第66—73页。

要以《唐律》作为标准，但事实上，无论是律文，还是在《大明律》律注的问题上，都保留了本朝的特色。就后者而言，有明一代，朝廷一直没有修订统一的、全面的、整体的类似《唐律疏议》这样的《大明律》律注。

1.《律令直解》与律内注

吴元年（1367年）十二月甲辰，"律、令成，命颁行之"[1]，这是有明一代最早修订的《大明律》，也被称为"洪武元年律"。[2] 这一《大明律》颁行之后，吴元年（1367年）十二月戊午则有《律令直解》颁行，[3] 前后仅隔半个月的时间。怀效锋认为，《律令直解》的颁布为明代"官方注释律令的成果，开一代注律之风"[4]。但是，从相关记载来看，《律令直解》并不是真正意义上的对律条及其利用的注解，与《唐律疏议》存在明显的区别。《明太祖实录》记载：

> 先是，上以律、令初行，恐民一时不能尽知法意，或有误罹于法者，乃谓大理卿周祯等曰：律、令之设，所以使人不犯法，田野之民岂能悉晓其意，有误犯者，赦之则废法，尽法则无民。尔等前所定律令，除礼乐制度、钱粮、选法之外，凡民间所行事宜类聚成编，直解其义，颁之郡县，使民家喻户晓。至是书成以进，上览而喜曰：前代所行《通制条格》之书非不繁密，但资官吏弄法，民间知者绝少，是聋瞀天下之民，使之不觉犯法也。

1　《明太祖实录》卷28，吴元年十二月甲辰，第422页。
2　参见杨一凡：《洪武法律典籍考证》，第2—4页。
3　参见《明太祖实录》卷28，吴元年十二月戊午，第431页。
4　怀效锋：《中国传统律学述要》，《华东政法学院学报》1998年第1期，第6页。

今吾以律令直解偏行，人人通晓，则犯法自少矣。[1]

可以看到，首先，《律令直解》并不是单一的对《大明律》律文的解释，也包括了《大明令》的内容；其次，《律令直解》不是对《大明律》律文的完整注解，礼乐制度、钱粮、选法这些与百姓关涉不大的内容均未收入。《律令直解》对律、令内容"直解其义"，即用简单易懂的方式让百姓了解相关的内容，与《唐律疏议》逐条对律条进行有关立法目的、如何行用这样的律注有别。此外，《律令直解》的编排也和《大明律》不同，该书将"民间所行事宜，类聚成编"，似有按照主题将《大明律》《大明令》相关内容归类，以方便民间百姓阅读理解的特点。确实，《律令直解》针对的主要是百姓，即太祖朱元璋提到的"田野之民"。让百姓通晓律、令的主要目的，则在于减少其因为不知法而犯法的情况，即"误罹于法者"。

这是洪武时期朝廷在民间普及律法的手段之一。万历末年，王肯堂谈及洪武时期朝廷在这一方面的努力，提道："百工技艺诸色人等，有能熟读讲解，通晓律意者，得以免罪一次；郡县里社岁时行乡饮酒礼，亦惟读律令为兢兢，盖于金科玉条，人人提耳而教之，唯恐其不知而误犯，以伤我好生之德者。"[2] 前者是指《大明律·吏律》"讲读律令"条的规定，这一律文除了要求"百司官吏"熟读讲明律意，也鼓励民间百姓熟读律法："其百工技艺诸色人等，有能熟读讲解，通晓律意者，若犯过失及因人连累致罪，不问轻重，并免一

1　《明太祖实录》卷28，吴元年十二月戊午，第431—432页。
2　[明]王肯堂：《律例笺释自序》，载[明]王樵、王肯堂：《大明律附例》卷首，第2页上—2页下。

次。"[1] 后者则是洪武皇帝对乡饮酒礼的规定。乡饮酒礼是儒家尊老礼贤之古礼。洪武五年（1372年），朱元璋诏天下举行乡饮酒礼，将读法作为其重要内容之一。诏书明确规定，"若读律令，则以刑部所编《申明戒谕书》兼读之"，并指出"如此则众皆知所警而不犯法矣"。[2] 可以看到当时刑部还编有《申明戒谕书》这样的读物，可能与《律令直解》一样，也具有方便百姓阅读的特征。此外，明人叶盛还提到自己在山西大同任职时，曾看到《大明律分类条目》一书，认为"此书出高皇帝所命，治教之心至夫"[3]。从题名来看，该书分类编排的方式与《律令直解》也颇为接近。总之，洪武一朝，太祖通过不同的方式落实律法在民间的普及，《律令直解》是其中之一。

至于官员对《大明律》律文的理解，在朱元璋看来，恐怕并不是问题。上述引文中，太祖朱元璋提到《通制条格》的繁密，百姓不知法，因此而成"聋瞽"之民；但是这一繁密之法，"但资官吏弄法"，则可以一窥太祖朱元璋对于官吏知法能力的态度。吴元年（1367年）十二月，《大明律》颁行，太祖朱元璋曾经指出，"读书所以穷理，守法所以持身"；在他看来，"大抵人之犯法者，违理故也。君子守理，故不犯法"。他告诫群臣："尔等既读书，于律亦不可不通。"[4] 可以看到，朱元璋对群臣提出读律的要求，但是对于官员如何通晓《大明律》并无进一步的指示。他认为读书穷理，而君子

1　［明］高举：《大明律集解附例》卷3，第469—470页。

2　《明太祖实录》卷73，洪武五年四月戊戌，第1342—1343页。

3　［明］叶盛：《菉竹堂稿》卷8，载《四库全书存目丛书》集部35册，第317页。

4　《明太祖实录》卷28上，吴元年十二月甲辰，第423页。"尔"据《明太祖实录校勘录》改。

所守之理，与《大明律》原则大义原是相通，所以读书者，只要用心，则自能对《大明律》有很好的领会。亦即，在太祖朱元璋看来，"田野之民"需要直解以理解法意，而官吏则需要用心、加意，自可以领会律法和律意，而不存在能力的问题。

太祖朱元璋以上的态度，可能还与他对《大明律》本身的认识有关。吴元年（1367年）十月，初定律令，太祖朱元璋告谕修律大臣如下：

> 立法贵在简当，使言直理明，人人易晓。若条绪繁多，或一事而两端，可轻可重，使奸贪之吏得以夤缘为奸，则所以禁残暴者，反以贼良善，非良法也。务求适中，以去烦弊。夫网密则水无大鱼，法密则国无全民。卿等宜尽心参究。[1]

除了轻重适中，太祖朱元璋还提出以简单直接、容易理解为修律原则。简单直接，不仅仅指在语言层面使得律法内容容易通晓，也指在内容层面具有充分的明确性。一事一端，头绪清晰；轻重确定，直接明了。《大明律》律条既然"言直理明"，则不仅不需要逐条的注释，解释本身可能还会导致"条绪繁多"。

另外，从现存明代《大明律》来看，洪武三十年（1397年）修订的《大明律》中，一些律条内带有律内注，对律文进行注释。律内注以小一号字体收录，以与律条正文相区别。从成化年间刊印的律注《律条疏议》可以看到，律内注是律文的重要组成部分，《律条疏议》对律条的解释已经将律内注也包括在内。比如《刑律·诈伪》

1　《明太祖实录》卷26，吴元年十月甲寅，第389页。

下有"近侍诈称私行"一条，该律文规定："凡近侍之人，在外诈称私行体察事务，扇惑人民者斩。谓如给事中、尚宝等官，奉御内使，仪鸾司官、校尉之类。"小一号字体部分就是律内注，对律文的"近侍之人"予以了解释。张楷《律条疏议》在这一律条下，以"疏议曰"引出律注如下："近侍如给事中、尚宝卿等官，奉御内使、锦衣卫官校之类。私行者，暗行体察官府及民间不明之事。凡前项近侍之人在外诈称私行体察事务，扇动鼓惑人民者，斩。"[1]

又《大明律·刑律》"窃盗"条规定："凡窃盗已行而不得财，笞五十，免刺。但得财者，以一主为重，并赃论罪。为从者，各减一等。初犯并于右小臂膊上，刺'窃盗'二字。再犯，刺左小臂膊。三犯者，绞。以曾经刺字为坐。掏摸者，罪同。若军人为盗，虽免刺字，三犯一体处绞。"并规定从"一贯以下，杖六十"到"一百二十贯，罪止杖一百、流三千里"的具体窃盗得财数量与相应的惩治程度。在"但得财者，以一主为重，并赃论罪。为从者，各减一等"下有律内注：

> "以一主为重"，谓如盗得二家财物，从一家赃多者科罪。
> "并赃论"，谓如十人共盗得一家财物，计赃四十贯，虽各分得四贯，通算作一处，其十人各得四十贯之罪。造意者为首，该杖一百；余人为从，各减一等，止杖九十之类。余条准此。

嘉靖年间雷梦麟著《读律琐言》，此律条下，以"琐言曰"引出注解，相关部分如下：

1　［明］张楷：《律条疏议》卷24，明刻本，第13页上—13页下。

人行窃盗，已入主家，而为事主所逐，不得财物者，虽不得财，业已入其家矣，笞五十。但盗得主家财物，虽所盗非一主之财，止以一主所失多者为重，并赃论罪。并赃者，其赃虽分，仍并做一处，通计论之。律注详明，无容赘矣。[1]

其中"律注详明"，即是对该律条包括的律内注的评价。

从以上叙述来看，《大明律》包括的律内注对于官员理解律文显然有所助益。当然，对于明初以后的官员而言，律内注内容有限，《大明律》460 条律文中，包含律内注的只有 86 条，不到全部律文的20%。此外，律内注分布不均衡。《名例律》部分相对集中，总计 47 条律文中，有 29 条有律内注，占 62%；其次则为《刑律》，总计 171 条律文中，有 43 条左右包括了律内注，占 25%左右；其他各部分律文中的律内注较少。总体而言，律内注比较简单，相当一部分是对个别字词的注解。比如《名例律》中对"十恶"首条"谋反"注解为"谓谋危社稷"；对"十恶"第二条"谋大逆"注解为"谓谋毁宗庙、山陵及宫阙"。《刑律》"骂詈"目下共收入律文八条，其中六条包括了律内注，内容也都很简单。比如第二条"骂制使及本管长官"律文之后包括律内注"并亲闻乃坐"；第三条"佐职统属骂长官"律文之后收录律内注"并亲闻乃坐"；第四条"奴婢骂家长"律文之后收录律内注"并须亲告乃坐"；第五条"骂尊长"律文之后收录律内注"并须亲告乃坐"；第六条"骂祖父母父母"律文之后收录律内注"须亲告乃坐"；第七条"妻妾骂夫期亲尊长"律文之后收录律内注

1　以上律条、律内注与雷梦麟的评论，均参见［明］雷梦麟:《读律琐言》卷18，第322—323页。

"并须亲告乃坐"。[1]

2. 官方统一《大明律》律注的缺失

因此，尽管有律内注，到成化初年，已经有官员指出《大明律》"文义简古，包括宏远，有非浅薄之见所能推"[2]，说明理解《大明律》律条及其宗旨的困难。被称为东林七贤之一的周顺昌，万历四十一年（1613年）进士，初任福州推官，提到自己"展阅《大明律》一卷，深文刻字多所未谙"[3]。

相当多的官员因此提出对《大明律》律条进行注释。在他们看来，只有对《大明律》进行注释，才能帮助官员们更充分地理解圣贤之意，才能避免对太祖立法之初衷妄加揣测。这一点对于初入仕途的官员尤为重要。而最重要的是，对《大明律》律条的理解直接关乎司法公正，关乎人命，因此一部分官员指出，对《大明律》的注释，其重要性要超过对儒家经典的注释。王之猷，万历五年（1577年）进士，曾任河南按察司副使等官职。王之猷认为若律文讲解不明，则官员们无法充分体会圣贤之本心；但他更强调的是，儒家经典内容不解，可以有所臆测，而律文内容则绝不可以"臆而知，卜而信者"，因为对于律文的随意解释可能导致"上悖王章，下戕民命"的严重后果。[4]

在这部分官员看来，不仅《大明律》的注释很有必要，而且为

1　分别参见〔明〕李东阳、申时行等：《大明会典》卷160，第2240页；卷169，第2359—2360页。

2　〔明〕张鎣：《律条疏议》序，载〔明〕张楷：《律条疏议》，第1页下—2页上。

3　〔明〕周顺昌：《忠介烬余录》卷2，载《文渊阁四库全书》1295册，第419页。

4　参见〔明〕王之猷：《新刻大明律集说序》，载〔明〕冯孜、刘大文：《大明律集说附例》卷首，第2页上—2页下。

了保证《大明律》注释的统一性，朝廷应该修订刊行官方的、统一的《大明律》注释。成化年间，大臣丘濬即提出由儒臣注释《大明律》，并由朝廷颁布官方统一的《大明律》注疏："简命儒臣之通法意者，为之解释，必使人人易晓，不待思索考究，而自有以得于言意之表，则愚民知所守，而法吏不得以容情卖法矣。"具体而言，丘濬认为应该在律文之下"分书其所犯之罪，所当用之刑，或轻或重，或多或少，或加或减，皆定正名，皆著实数"，这样，"读律者不用讲解，用律者不致差误尔。……乞命法官集会儒臣，同加解释标注，其于四百六十之条，不敢一毫有所加减，惟于卷帙稍加增耳"。[1] 即要求朝廷以简单明了的方式注释律文，方便司法官吏应用，防止奸吏作弊，并使百姓知道趋避。丘濬以上的说法，在嘉靖以后得到更多官员的呼应。比如嘉靖九年（1530年），南京刑部主事萧樟上言，指出"《大明律》奥旨，未易窥测。《问刑条例》类皆节去全文，意多未备"，为此，建议"责所司取近时颁布《律条疏议》及《律解附例》诸书讲求参考，务求归一，然后请自圣裁，著之《会典》"。[2] 隆庆五年（1571年），刑科给事中王之垣奏言，要求国家刊行官方的律注。王之垣指出："律解不一，理官所执互殊，请以《大明律》诸家注解折衷定论，纂辑成书，参以续定事例，列附条例之后，刊布中外，以明法守。仍乞申饬中外百司及今科进士，各熟读讲求。"即要求将当时流行的各家注解进行融会贯通，编订成官方统一的律注，通行天下。中央、地方官员，特别是初入仕途的官员需要熟读律文、条例、律注，以讲明律意。[3] 万历二年（1574年）五月，刑科给事中

1　[明] 丘濬：《大学衍义补》卷103，第201、208页。

2　《明世宗实录》卷116，嘉靖九年八月庚申，第2745—2746页。

3　参见《明穆宗实录》卷56，隆庆五年四月辛亥，第1390页。

乌昇等再次奏请将《大明律》律注参酌考订，并续增条例详议上请，共成一书，颁行中外。与之前王之垣的建议类似。

但是在注释《大明律》的问题上，明朝廷中一直存在不同的意见。一部分官员明确指出，不需要修订有关《大明律》的官方注解。他们认为对《大明律》律文的理解，关键在于用心，用心体会，自可以通晓律意。比如弘治后期，大臣马文升上言指出，虽然"律文创自往古，其来已远，文义深奥"，但是"用心讲读"就可以克服困难。[1] 嘉靖年间唐枢也有类似的看法。唐枢对律法颇有研究，他认为制刑本诸心，所以理解法律的重心也在于用心体会法律制定者的初衷，而不在于参考别人的意见。他以太祖朱元璋为例，说当年刑部尚书刘惟谦上律条，太祖悉心玩味，必晓然于心，之后才"定以为用"，而并没有"倚袭于人、于古"[2]。而在嘉靖年间任职刑部、对律文进行过注释的王樵则为以上观点提供了技术层面的支持。王樵指出，太祖修律，"文意艰奥者，显之；条目分散者，并之。有伦有要，使人易读易晓易避难犯，作我明之一经，垂宪章于百代"[3]。在王樵看来，《大明律》条文简单易晓，律意明显，这样，通晓律意的目标自然可以通过个人的努力达到，而不需要借助他人对于律文的注释。

因为以上不同意见的存在，刑部等衙门在《大明律》律注的问题上也见摇摆。上述隆庆五年（1571 年）王之垣上书奏请编纂官方

1　参见［明］马文升：《马端肃奏议》卷 11，载《文渊阁四库全书》427 册，第817 页。

2　［明］唐枢：《木钟台集·法缀》，载《四库全书存目丛书》子部 163 册，第46 页。

3　［明］王樵：《方麓集》卷 2，载《文渊阁四库全书》1285 册，第 143 页。

统一的律注，《明穆宗实录》该条记载"刑部覆奏，从之"[1]，则刑部同意王之垣的这一提议。《明史·艺文志二》列王之垣《律解附例》一部。[2] 该《律解附例》已不可见，但从题目看，该书包括律注与条例，正是王之垣提议中的官方统一《大明律》注疏的样貌。《千顷堂书目》也著录《律解附例》八卷，专门注明该书为"隆庆五年三月刑科给事中王之垣奏请编辑"[3]，则可能是在王之垣提议题准之后完成的官方统一《大明律》注疏的样本。但从目前所见记载来看，这一样本似乎并未为朝廷所采纳而有统一的颁行。万历二年（1574年），刑科给事中乌昇等再次提出类似王之垣的建议，也可见王之垣的建议并没有得到落实执行。而更值得注意的是，当万历二年（1574年）乌昇提出这一建议时，刑部直接予以了否定。刑部官员指出，《大明律》一书乃"圣祖神谋独断，参酌历代刑章，明白洞彻，原无微文隐义、不可通晓之处。诸家注释往往各执己见，纷如聚讼，如此参订奉旨遂为不刊之典，窃恐巧文之吏，任注释而背律文，犹经生弃经任传，其弊不可言矣"[4]。也就是说，刑部不仅认为这样统一的官方注释没有必要，而且认为这样的注释一旦颁布，还会导致官员们重注释而不重律文本身这样的负面效果。这与三年前刑部的态度形成鲜明的差别。

万历十三年（1585年），《问刑条例》再修，《大明律》首次律、例同刊，自洪武三十年（1397年）以来，这是第一次关于《大明律》格式与内容的更新。值得注意的是，这一新版《大明律》仍不包括

1　《明穆宗实录》卷56，隆庆五年四月辛亥，第1390页。

2　参见［清］张廷玉等：《明史》卷97《艺文二》，第2399页。

3　［清］黄虞稷：《千顷堂书目》卷10，上海古籍出版社，1990年，第263页。

4　《明神宗实录》卷25，万历二年五月乙未，第639—640页。

对律条的注释，刑部尚书舒化等在题稿中也并未提及《大明律》律条的注释问题，可见万历初年官方对于编撰刊发统一标准的《大明律》注释所持的否定态度，在十年之后仍有影响。万历以后，有关是否对《大明律》进行注释，编撰刊行官方统一的《大明律》注疏这样的议论见少。有明一代，官方始终没有颁行类似《唐律疏议》这样的对《大明律》律条的官方注释。

小　结

从以上的讨论来看，有明一代，虽然科举考试中的"判"与一部分策论均涉及对《大明律》的理解，进士观政对于律例的熟悉也可能有一定的助益，但是从制度的角度来说，两者并未对儒生和进士提出更有效、更确定的律法知识的要求。这样，一个经过科举考试进入官场，完成观政，正式步入仕途的官员，对于《大明律》律条的理解是比较表面的，不够深入与具体，与实际的应用也存在相当的差距。他们称自己"书生不解例律"，也不完全是谦辞。

另一方面，朝廷对百官有讲读律令的制度规定，但是洪武三十年（1397 年）颁行的《大明律》，其中律内注的容量有限。终明一代，朝廷对于是否应该由官方提供统一的《大明律》注解，一直摇摆而无定论，明朝廷终究没有颁行统一的《大明律》律注。

在这样的背景下，朝廷通过怎样的制度设计，保证这些初入仕途、"不解例律"的官员讲读律令、通晓律意，从而达到剖决公正、审断无枉的目标呢？

第二部分　刑部的养成之力

第三章
刑部官员注律

　　相当一部分官员在进入仕途之后，开始了对《大明律》的研究。明臣方锐，正德十六年（1521 年）进士，曾经有"余自入仕所习惟一《大明律》耳"[1] 这样的言论。有明一代，类似方锐这样对《大明律》有精心研习的官员可能不少。而从有明一代留存至今的《大明律》律注看来，刑部官员特别是郎中、员外郎与主事则是研习《大明律》最突出的群体。现存明代的《大明律》律注中，编纂整理重刊的多，原创的少。在笔者见到的律注中，有八种为官员撰著的原创作品，其中六种为刑部官员的成果（参见本书附录二）。依照他们开始注律的时间，分别为嘉靖年间应槚的《大明律释义》、雷梦麟的《读律琐言》、王樵的《读律私笺》，隆庆年间郑汝璧的《大明律解附例》、冯孜的《大明律集说》，以及万历年间徐昌祚的《大明律例添释旁注》。其中应槚、王樵、郑汝璧和冯孜应该是从刑部主事任上就开始了对《大明律》的研究，之后分别升任员外郎、郎中，完成律注。

1　《明神宗实录》卷 61，万历五年四月己未，第 1381 页。

本章从应槚注律说起，讨论刑部官员如何在制度的框架下，成为注解《大明律》的主要作者群体。

一、应槚与《大明律释义》

应槚，字子材，号警菴，浙江遂昌人，嘉靖五年（1526年）丙戌科进士，初授刑部主事，升任员外郎；嘉靖十年（1531年），应槚以刑部"署郎中"奉命恤刑南直隶九府一州。之后应槚曾任山东济南府知府、南直隶常州府知府、湖广提学副使、山东布政司参政、河南按察司按察使等职，以都御史巡抚山东、山西，以兵部右侍郎兼都御史提督两广军务巡抚地方，嘉靖三十二年（1553年）辞世。应槚一生著述丰富，有《大明律释义》《谳狱稿》《苍梧总督军门志》等存世。[1]

应槚在其律注《大明律释义》正文三十卷后，收录《自序》，交代《大明律释义》一书的撰著与刊刻过程，全文如下：

> 槚自丁亥备员法曹，幸无多事，而素性褊狭，不善应酬，乃得暇日，究心于律文。每有所得，随条附记，积久成帙。大率本之《疏义》《直引》诸书而参之以己意而已。迨后奉命录囚江南，与历典诸名郡，虽亦得力于此，然卒困于簿书，而此集弃已久矣。往岁过都下，间有知此集欲得之者，因归而观之，窃谓一得之愚，或可少为治狱之助，故于校士之暇，命工汇次誊写成

1 参见［明］唐汝楫：《兵部右侍郎兼都御史应公槚墓志铭》，载［明］焦竑：《国朝献征录》卷58，第2442—2444页。

书，以俟诸君子裁正焉。[1]

从上引《自序》来看，应槚研究《大明律》，并最终完成《大明律释义》，主要是在刑部任职期间。应槚嘉靖五年（1526 年）成为进士，六年（1527 年）正式入职刑部，从主事到员外郎再到"署郎中"，前后在刑部任职的时间长达五年左右。对于自己对《大明律》的研究，《自序》提到了两个重要的因素：其一，"备员法曹"；其二，法曹"幸无多事"，他又"不善应酬"，"乃得暇日"。

从有关应槚的传记资料来看，在进入仕途之前，应槚也是典型的儒生，"肆力经典，工文词"。应槚去世之后，时人评价中仍对其儒学成就有所强调："公之学根据六经而尤研精性理。"但是进入仕途之后的应槚，专心政务而"究心经济"，在刑部主事任上，对于刑名事务颇为用心。据称，应槚当时曾经主持审理张某贪赃一案。张某贪赃得实，有为张某求情者，试图以重金贿赂应槚。应槚"峻拒之，竟驳正如法"，得到当时刑部尚书许讚的称许，三年考绩，许讚有"发巨憝之赃不为势怵，励清修之操不为利诱"这样的评语。[2] 应槚将自己"备员法曹"作为"究心于律文"的因素，既说明《大明律释义》完成于其刑部任职期间，也说明应槚研究并注解《大明律》，与他对自己职责的理解有关。

应槚提到《大明律释义》得以完成，与刑部环境和自己的个性有很大的关系：一方面因为刑部"无多事"，相对比较清闲；另一方

1　［明］应槚：《大明律释义》之《自序》，载［明］应槚：《大明律释义》卷后，《续修四库全书》史部 863 册，第 227 页。

2　参见［明］唐汝楫：《兵部右侍郎兼都御史应公槚墓志铭》，载［明］焦竑：《国朝献征录》卷 58，第 2442—2444 页。

面因为他不好交往，所以闲暇时间可以全心于律法律意之研究。《万历湖广总志》描述应槚"端方直戆、果决严翼"，任职湖广提学副使期间，也不好交际，"杜请谒"，"会僚友无笑容"，楚憨王召宴不赴，也不接受其馈赠。这与应槚的自我描述有很好的呼应。[1]

应槚对自己研究《大明律》的过程有具体的交代，即《自序》所谓"每有所得，随条附记，积久成帙。大率本之《疏义》《直引》诸书而参之以己意而已"。这里提到的《疏义》当为张楷《律条疏议》，而《直引》则当为《大明律直引》。张楷的《律条疏议》成书于正统年间，在天顺年间由江西按察司刊印，因为成书时间早，体例完备，明代中后期刊印的《大明律》律注中对该书有充分的征引。而《大明律直引》最早成书的年代当在弘治后期，编著者不明。应槚在《自序》中提到自己研究《大明律》，主要参照的是这两种书，并结合自己的思考；且"每有所得，随条附记，积久成帙"，则可见应槚注律以研习《大明律》为基础，以通晓律意为目标。因此，虽然对其他律注有所参考，但《大明律释义》在内容和格式上均独具个性。

现收入《续修四库全书》的《大明律释义》为嘉靖三十一年（1552年）三月广东布政使司重校本。卷首收录《太祖高皇帝御制序》，"总目"之后，收录《五刑之图》《狱具之图》《丧服总图》《本宗九族五服正服之图》《妻为夫族服图》《妾为家长族服之图》《出嫁女为本宗降服之图》《外亲服图》《妻亲服图》《三父八母服图》《例分八字之义》以及《新增六赃之图》《新增收赎钞图》。

《大明律释义》正文三十卷。在《大明律》每卷的类目下，先引

1　参见［明］徐学谟：《万历湖广总志》卷69，崇文书局，2018年，第2036页。

张楷《律条疏议》对本类目进行总体的说明。比如在卷三《吏律》"公式"目下，引《疏议》说明本卷目的由来与组成。

> 疏议曰：自宋以前皆无此名，今律取唐职制中所载可为公共体式者著为此律也，而又改"漏泄大事"为"漏泄军情大事"，"直待判署"为"同僚代判署文案"，"受制事毕不返"为"出使不复命"，"公事应行稽留"为"官文书稽程"；又合"上书奏事犯讳"及"上书奏事误"二事为一；"稽缓制书""制书施行违者""受制妄误"三事为一；及取《杂律》内"弃毁文书"并入此律，又增立"讲读律令""照刷文卷""磨勘卷宗""封掌印信"等条，总名曰"公式"。[1]

《大明律释义》录律文，律文包括律内小注。在每条律文之后，则以"释义曰"引出应槚本人对该律条的注解。

以《刑律》下"不应为"一条论，应槚在本律条下的注解比较简洁：

> 释义曰：事变无穷，虽律令有不尽载而理则有定在，故律令无载而理有不可为，即所谓不应为者，笞四十；事理重者，则杖八十。[2]

这与张楷《律条疏议》在此条下的解释形成区别。《律条疏议》

1　［明］应槚：《大明律释义》卷3，第37页。
2　［明］应槚：《大明律释义》卷26，第204页。

在此律条下分两个部分进行注释：

> 疏议曰：凡人有犯罪，律令内无正条而于理不可为者，谓之不应为。若此之类，则坐笞四十；若不应为而其事理所系重者，则杖八十。
>
> 谨详律意：视律令则诸条不载，似若无刑；论事理，则于义或乖；亦合有罪，凡此之类，是曰不应。轻重量其事情，笞杖定其常律。所以补诸条之未备也。[1]

应槚提到他对《大明律直引》也有参考，但是如果将《大明律释义》与目前可见的嘉靖五年本《大明律直引》进行比较，则也可以看到两者的不同。比如应槚在《吏律》"讲读律令"条后，解释如下：

> 释义曰：律令所以断罪，盖治狱之规矩准绳也，臣下固不得擅有改更。若使讲解不精，则引用必谬，刑罚岂能得中哉？故官吏不能讲解、通晓其意者，则有初犯罚俸、再犯附过、三犯递降之辱；百工技艺诸色之人能熟读讲解、通晓其意者则得免过失被累一次之罪；异议擅变者则处以斩。凡此皆欲使人讲明而断狱不谬，遵守而律令易行也。[2]

而嘉靖五年本《大明律直引》在该律条后则有如下注解：

1　［明］张楷：《律条疏议》卷26，第11页下。
2　［明］应槚：《大明律释义》卷3，第37—38页。

释义：参酌，参详斟酌也；剖决，分剖断决也；考校，考试比较也；挟诈欺公，怀挟其奸诈之心，欺诈其公正之道；异议，别样之议论也。

疏议："诸色人匠谓之百工医卜之流，谓之技艺诸色人等，如农商渔猎之类诸般名色之人也。"

解颐："递降，谓如知县三次讲读不晓律意者就降作本衙门县丞，县丞降主簿之类，降典史之类。"

新增：一赵甲依挟诈欺公妄生异议擅为更改律令变乱成法者律斩，秋后处决；钱乙依官吏不能讲解不晓律意再犯者律笞四十，有《大诰》减等，钱乙笞三十，系官吏，纳米等项完日还职役。赵甲系重刑，监候请旨。

注云：仍附乙过名。若初犯者，罚俸钱一月，每俸一石折钱一石[1]文；三犯于本衙门递降叙用。其诸色人等通晓者，犯过失或因人连累，不问轻重，免罪一次。谋反逆叛者不免。[2]

两相对比，无论是在律条解释的格式还是内容上，均相去甚远。说明应槚注《大明律》，虽然对《律条疏议》与《大明律直引》等律注有所参考，但仍有原创性，表达了其对律条的个人理解。

在律条注释之外，《大明律释义》在内容的组成上也具有特点：《大明律释义》未收入条例。弘治十三年（1500年）《问刑条例》修订之后，多有律注将条例附入律条之下。《大明律直引》成书于弘治后期或正德早期，在律文解释之后以"问刑条例"为名收录条例。

1　"石"应该是"百"字之误。

2　［明］著者不详：《大明律直引》，载杨一凡编：《中国律学文献》第3辑第1册，黑龙江人民出版社，2006年，第121—122页。

其中除了收录弘治十三年（1500 年）修订的《问刑条例》中的条目，还收录当时行用的律条比附以及弘治十三年（1500 年）之后题定的条例等。正德后期，出任贵州巡按监察御史的胡琼编纂《大明律》律注，也有条例附录。[1]《大明律释义》未收入条例，也证明这一律注是应檟研习律文的心得之作，而未虑及刊行以及相应的体例是否完备、内容是否丰富的问题。

事实上也是如此。应檟完成《大明律释义》这一律注之后不仅没有刊行，甚至很长时间未有整理，应檟在序言中称"此集弃已久"。到应檟决意再次整理《大明律释义》，并予以刊刻，则已经是嘉靖二十二年（1543 年）六月，其时应檟已经出任湖广提学副使，[2] 距离他注解《大明律》已经有十几年之久。

应檟在十几年之后刊印当年的律学心得之作，与他在注律之后的司法经验有关，特别是嘉靖十年（1531 年）他录囚江南的经历。嘉靖十年（1531 年）为朝廷五年大审之期，应檟以刑部署郎中的身份奉命恤刑南直隶九府一州。《两浙名贤录》称应檟"平反狱囚，全活者众"[3]。应檟有《谳狱稿》一书刊行，收录其审录江南时的奏疏。其中第一篇奏疏为《明律例以苏民命以隆圣治疏》。[4] 这是应檟审录已经结束，虽然造册未完，但是对地方司法状况有了相对全面的了解之后的上奏。应檟在上疏中提到"以耳目所见，知切于民瘼者"，上呈以备圣览。

应檟在奏疏中提到，他巡历江南九府一州，审录轻重罪囚一千多

1　关于胡琼的《大明律》律注，参见本书第六章。

2　参见［明］应檟：《大明律释义》之《自序》，载［明］应檟：《大明律释义》卷后，第 227 页。

3　［明］徐象梅：《两浙名贤录》卷 29，载《续修四库全书》543 册，第 128 页。

4　参见［明］应檟：《谳狱稿》卷 1，天津古籍书店，1981 年，第 1 页下—9 页上。

人，发现地方司法存在很大的问题。应槚认为"推究弊源，盖因律文深奥，例文简略，而各该官司得以随意讲解，任情引用，政非画一，官无定守"，即地方司法官员对于《大明律》和《问刑条例》缺乏深入理解，对律、例解释随意，引用率性，这是司法问题存在的根源。如果这样的情况一直持续，应槚认为即使是每年差官审录都无补于事、无补于民，更何况是五年一次大审。

为此，应槚建议皇帝"命法司大臣，假以岁月，将律例二书条为之什，句为之解，直陈其事，显明其义，推原律例之意，分附于各条之下，纂集成书，待圣心裁定之后，颁示天下"，如此则"政出画一，官有定守"。对于司法官员而言，"一开卷而意义了然。虽有玩法之臣，不敢随意讲解，任情引用"；对于百姓而言，"亦得晓知其义，易避而不敢犯矣"。应槚指出，这样的汇编，不仅有利于阐明律文和条例之意，而且方便地方衙门的官吏完整且及时地了解朝廷新定的条例法令。应槚提到嘉靖皇帝登极以来，多次申明律例，但是"臣等于聚录之时，询之有司，多不周知；索之文移，或亦无存"。应槚又以"越境兴贩私盐"例为例说明问题的严重性，他提到该条例于嘉靖初年题准，但是从他经手的案件看来，江南地方"未见有越境而得免军者"，说明这一条例根本没有在当地得到落实。

应槚录囚江南，能够情法两平，他自己认为受益于对律学的研究，即应槚在《自序》中提到的"迨后奉命录囚江南，与历典诸名郡"，"得力于此"；更重要的是，他意识到通晓律意是有效公正司法的关键，为此提出由朝廷汇编颁布统一的官方注解，以方便刑名官员理解律文和条例。但是这一建议并没有得到落实。之后，他在《自序》中提到，有人知道他有注律之稿，"欲得之"；他再次整理自己的律注，认为自己对《大明律》的"一得之愚"，"或可少为治狱之助"，才决定予以刊行。从某种程度上来说，这是他强调通晓律意对于司法重要性的再次表达，也是对朝廷未颁行官方律注的一种略见无奈的补足。

应槚在刑部任上研究《大明律》，并最后完成《大明律释义》，具有相当的代表性。此后，刑部郎中雷梦麟在嘉靖三十三年（1554年）左右完成了《读律琐言》；刑部员外郎王樵在嘉靖三十六年（1557年）左右开始注解《大明律》，最后在万历年间刊行了《读律私笺》；隆庆年间郑汝璧、冯孜在刑部任职期间注律，之后分别有《大明律解附例》和《大明律集说附例》行世；万历年间，刑部河南清吏司郎中徐昌祚完成了《大明律例添释旁注》。

相当一部分刑部官员研究《大明律》而成的律注，因为未经整理刊刻流传而湮没史海。比如游应乾，字顺之，号一川，南直隶徽州府婺源县人，嘉靖四十四年（1565年）进士，曾官南京刑部，由主事而晋郎中，用心律法，回乡守制期间"编次《大明律例》，比除服，守故官，益明习举职，司寇翁公有疑狱必问游郎，郎所当不能夺也"[1]。则刑部郎中游应乾显然有《大明律》注解完成，但现今不存。《明史·艺文志》所录《大明律》律注如陈廷琏《大明律分类条目》、应廷育《读律管窥》、林兆珂《大明律例》、王之垣《律解附例》、欧阳东凤《阐律》等均不可见。[2] 以上作者多与刑部有一定的关系：陈廷琏，湖广长沙府攸县人，成化二年（1466年）进士，曾任南京刑部郎中；[3] 应廷育，字仁卿，浙江金华府永康县人，嘉靖二年（1523

1　［明］叶向高：《苍霞续草》卷9，载《四库禁毁书丛刊》集部125册，第68页。

2　参见［清］张廷玉等：《明史》卷97《艺文二》，第2399页。

3　参见［清］赵勤、陈之麟等：同治《攸县志》卷36，清刻本，第9页上。

年）进士，曾在南京刑部任职，史称"凡三入刑曹，明法律"[1]；林兆珂，字孟鸣，万历二年（1574 年）进士，在刑部由主事而升员外郎、郎中，"注律例二十卷"[2]；欧阳东凤，字千仞，湖广潜江县人，万历十七年（1589 年）进士，"屡迁南京刑部郎中"[3]。陈廷琏等人是否在刑部任上注律，需要更多的材料予以确证，但是可以确定的是明代刑部官员对《大明律》的研究积极，其成果也远丰富于现存的相关律注。

二、"备员法曹"

应槚提到自己"备员法曹"，开始究心律法。从其他注律的刑部官员看来，在刑部任职、身为刑部官员也同样是其研习《大明律》的主要原因。

1. 刑部职掌与律法知识

有明一代，"刑部乃问理狱讼之庭"[4]。明初《诸司职掌》规定，刑部尚书和侍郎，掌"天下刑名及徒隶、勾覆、关禁之政令"[5]，所属十三司"各掌其分省及兼领所分京府、直隶之刑名"。比如居十三清吏司之首的浙江清吏司，除了专管浙江的刑名，同时带管"崇府，中军都督府，刑科，内官御用、司设等监，在京金吾前、腾骧

1　[清] 徐同伦、俞有斐：康熙《永康县志》卷 8，清刻本，第 22 页下。
2　[清] 郝玉麟、谢道承、刘敬与：乾隆《福建通志》卷 51，清刻本，第 30 页下。
3　[清] 张廷玉等：《明史》卷 231《欧阳东凤传》，第 6033 页。
4　《明英宗实录》卷 186，正统十四年十二月己未，第 3736 页。
5　《诸司职掌·刑部卷之五》，载《皇明制书》，第 212 页。

左、沈阳右、留守中、神策、和阳、武功右、广洋八卫，蕃牧千户所，及两浙盐运司，直隶和州，涿鹿左、涿鹿中二卫"的刑名案件。[1]

具体而言，明代刑部职掌主要包括以下几个方面。[2] 第一，直接审理在京衙门与南北两京京畿地区的刑名案件。嘉靖年间，刑部尚书郑晓对于刑部的这一职掌多有明确，指出："本部受理在京及附近州县一应词讼，先从通政使司投状，送本部看详，判送各司问理，仍送大理寺评允回报发落，此系国家开设衙门二百年来遵行至今，并无异议。"[3] 第二，对天下重刑案件的复核，这是刑部最重要的职掌。洪武末年即已定制，天下府州县问拟刑名，除了笞杖罪地方司法可以自行处断，徒、流、死罪案件需要按察司和巡按御史详谳，再报刑部复核。[4] 正统四年（1439 年）以后，徒、流罪经按察司、巡按御史复核之后可以"就便断遣"，死罪上报刑部复核："在外问刑衙门，罪至大辟者，皆呈部详议，议允则送大理寺复拟，复拟无疑，然后请旨施行。其情法未当，及已送寺驳回者，俱发回所司再问。"[5] 第三，参与朝廷重大案件的会审，其中包括定期举行的朝审、热审，也有临时举行的针对重大案件的审断。以朝审为例。朝审在每岁霜降之后举行，审录对象为在京重囚。届时，刑部"会五府、九卿、科道共虑之以请，情真者决；矜疑者戍边，有词者调所司再问，比律者监候"[6]。

---

1 参见［清］张廷玉等：《明史》卷 72《职官一》，第 1755 页。

2 关于明代刑部职掌，可参见吴艳红、姜永琳：《明朝法律》，第 91—96 页。

3 ［明］郑晓：《端简郑公文集》卷 9，载《四库全书存目丛书》集部 85 册，第 337 页。

4 参见《诸司职掌·刑部卷之五》，载《皇明制书》，第 216 页。

5 ［明］李东阳、申时行等：《大明会典》卷 177，第 2444 页。

6 ［明］孙承泽：《春明梦余录》卷 44，北京古籍出版社，1992 年，第 884—885 页。

在重大案件的审理中，虽然是三法司会审，甚至是五府、九卿、科道官的会审，但出具招拟仍是刑部的职责。第四，地方审录。刑部官员每五年一次到地方进行刑名案件的审录。明末沈德符提道："成化八年壬辰，始命刑部差郎中、大理寺差寺正，各奉敕往两直各布政司，遇重辟可矜者，奏请宽贷，于是五年一恤刑之差遂定。"[1] 孙承泽在《春明梦余录》中讨论刑部职掌时也说明，每五年，刑部遣官审录地方，"减释冤滥者"[2]。前述嘉靖十年（1531 年）应槚录囚江南就是落实刑部的这一职掌。

要落实以上的刑名职掌，刑部官员必须具备相当的刑名知识，对于《大明律》和条例均需要充分的理解。刑部直接审理案件，刑部官员需要引用律文定罪发落，出具招拟。天顺元年（1457 年），刑部遵旨会同公侯伯驸马、五府六部、都察院、大理寺等衙门，魏国公等官徐承家等问于谦案。最后由刑部出具招拟，以题本的方式上奏皇帝。与规范的招拟一样，这一会审的招拟也包括"问得""议得""照出"三个部分。其中的"议得"部分引用《大明律》律文定罪："于谦等俱合依谋反但共谋者不分首从律，凌迟处死。祖父子孙兄弟同居之人不分异姓，及伯叔父兄弟之子不限籍之同异，年十六岁以上，不论笃疾、废疾，皆斩。其十五以下及妇女妻妾姊妹及子之妻妾给付功臣之家为奴，财产入官。"[3]

如果引拟不当，以致断罪出入，审理官员与审核官员均要承担责任。成化年间刑部员外郎卜同，"问理犯人失于详审，辄急书具奏"[4]，

1　［明］沈德符：《万历野获编》卷 18，第 458 页。
2　［明］孙承泽：《春明梦余录》卷 44，第 885 页。
3　董康：《比部招议》，上海大东书局，1935 年，第 4—5 页。
4　《明宪宗实录》卷 254，成化二十年七月丙午，第 4298 页。

失职得罪；隆庆六年（1572年）九月，锦衣卫带俸指挥周世臣家被盗，周世臣本人被杀。刑部主审此案。婢女荷花与邻居屠夫卢锦被诬为贼首，与府中奴仆王奎一并受刑处死。两年后，真正的盗贼因他事被捕到官，招供当年盗杀周世臣之罪。于是，当年主审此案的刑部官员或被放外任，或被剥夺官职，以为误判之惩治。[1] 上文提及的王樵，曾在其《西曹记》一书中提到余姚翁公，翁公在刑部任职，对法律颇有用心，是为"老法家"，曾著有《恤刑录》一书，为人所传诵，也因为决案失误而被降职处置。[2]

刑部复核天下死刑案件，会审重囚以及五年一次审录地方罪囚，处理的都是重大案件，又是对成案的复核，因此在律法知识方面对刑部官员提出了更高的要求。洪武二十六年（1393年）《诸司职掌》规定，刑部接到地方上报的复核案件，要予以详议，甄别"比律允当"的案件发大理寺复核；"情词不明，或出入人罪"的案件，另行处理，其中"失出入者，驳回改正再问；若故出入，情弊显然，具奏连原问官吏提问"。[3] 嘉靖年间，刑部官员王樵提到"在外有司招案尤不堪着目"。他举以下案例为证：三人为盗，赵甲拒捕，枪戳失主身死，律当坐斩；孙丙为邻居，听见喧嚷出来救护，为钱乙枪戳而伤右臂右肋，亦引窃盗临时拒捕伤人之律。此案涉及《大明律·刑律》"强盗"条，相关律文规定："若窃盗临时有拒捕及杀伤人者，皆斩。"[4] 王樵指出赵甲引律定罪适当："律云临时拒捕，临时二字正有深意。盖正窃时，为事主所觉，乃不弃财逃走而护赃格斗，非强而

1　参见［明］沈德符：《万历野获编》卷18，第478—479页。

2　参见［明］王樵：《方麓集》卷6，第225页。

3　参见《诸司职掌·刑部卷之五》，载《皇明制书》，第216—217页。

4　［明］高举：《大明律集解附例》卷18，第1344页。

何？所以坐斩。"但是钱乙引用窃盗临时拒捕伤人之律得死罪则存在问题：钱乙已经逃至孙丙门首，则"已离盗所，因追赶而拒捕者，即非临时矣"；孙丙不是事主，追赶不为捕盗，钱乙对孙丙行凶，因此也非拒捕。王樵认为只能"以凶器伤人引例充军"。经刑部驳正，钱乙卒得减死。[1] 从王樵对这一案例的说明可以看到，如果刑部驳回原案，对钱乙这样的犯人做情罪相当的定罪，刑部官员需要对《大明律》律意有相当深入的理解。

同样，刑部官员到地方录囚，朝廷也要求"留心详审、勿拘成案"，以免"虚应故事"。其中"情真罪当者，监候奏请处决"，而对于"情有可矜、罪有可疑及情法不相当者"，需要"具紧关略节招由奏请区处"。[2] 为此，有明一代，担任五年大审的刑部官员一般都是具有一定资历的官员。[3] 比如成化年间，大学士商辂上奏催促举行五年大审，题请皇帝"敕法司遴选谙练刑名老成官属"，以行审录之职。[4] 成化二十二年（1486年），正值大审之期，奉命审录南直隶的为刑部四川司郎中杨茂元。杨茂元为成化十一年（1475年）进士，初授刑部主事，"练习法比，大司寇林公聪大器之"，成化十七年（1481年）升员外郎，十九年（1483年）升郎中。至二十二年（1486年）奉命审录，杨茂元在刑部任职近十年，在资历和律法知识的积累上均符合审录官员的要求。[5]

1　参见［明］王樵：《方麓集》卷6，第228页。

2　［明］倪岳：《会议》，载［明］陈子龙等：《明经世文编》卷78，第688页。

3　参见［明］李东阳、申时行等：《大明会典》卷177，第2450页。

4　参见［明］商辂：《弥灾疏》，载［明］陈子龙等：《明经世文编》卷38，第292页。

5　参见［明］雷礼：《刑部侍郎杨茂元传》，载［明］焦竑：《国朝献征录》卷46，第1927页。

2. 刑部官员之通晓律意

与刑部职掌相关，有明一代，朝廷对刑部长官之通晓律意有明确和直接的要求。洪武十二年（1379 年），以刑部员外郎吕宗艺为刑部尚书，诰文称："古者秋官，明五刑以弼五教，以期于治也。必得通敏练达、持文平而用法当者方称兹选。尔宗艺立心公平、用律详审，今命尔为刑部尚书。"[1] 其中专门强调了"用律详审"。正统初年，上谕行在吏部尚书郭琎等，指出当时南京刑狱不清、纪纲不振，要求吏部会群臣详议以闻。郭琎等上言，指出刑部尚书等官俱老成，"惟刑部右侍郎吾绅疏于法律，宜调别部"，吾绅因此被调至礼部任职。[2] 作为刑部长官的尚书、侍郎，对于自己在刑名知识方面也有要求。明臣程敏政提到自己的父亲程信在天顺年间被推选为刑部右侍郎："自守益笃，凡事必从公。又以刑系民命之大者，取《大明律》，条分目析为《律学指掌》一编，随以自益。"[3] 成化年间任刑部尚书的董方，"久任刑官，明习律令，能记累朝条例。堂审时，属官口诵狱辞一过，即能了其颠末，立为剖决，人服其才"[4]。另一方面，成化年间南京监察御史郑安弹劾南京刑部右侍郎廖庄"法律生疏"，廖庄上书自辩并乞求归老。虽然之后"上以庄在景泰间敢言，大节可取，不允其去，特升用之"为刑部左侍郎，但是廖庄求归，也说明他对刑部长官与律法知识要求的理解。[5] 同样，万历二十三年（1595 年），王樵从南京刑部侍郎任上升职至南京都察院右都御史，受到南京兵科

1　《明太祖实录》卷 127，洪武十二年十一月戊午，第 2027 页。

2　参见《明英宗实录》卷 73，正统五年十一月壬寅，第 1406 页。

3　[明] 程敏政：《篁墩文集》卷 41，载《文渊阁四库全书》1253 册，第 25 页。

4　《明宪宗实录》卷 238，成化十九年三月辛亥，第 4041—4042 页。

5　参见《明宪宗实录》卷 23，成化元年十一月丁未，第 446 页。

给事中卢大中的弹劾，他指责王樵"在刑部，一应文移、招详唯凭司官可否，不唯全不经心，抑且通不入目"，建议加恩加衔致仕。[1]邱澎生认为王樵在万历二十三年（1595 年）刊印《读律私笺》，正是对卢大中弹劾的有效回击。[2] 明臣王圻撰《续文献通考》，其中指出"刑部尚书、侍郎即大小司寇之职"，"刑暴乱、除邪说、诛背逆、黜贪滥，弼教辅治，使刑期于无刑，类非公明敬密者，不足胜此"；"不然，法例未谙，钦恤未孚而欲比条原情，使天下无冤民，不亦难哉"。[3]

　　刑部长官对于所属官员也有通晓律法知识的期待。崇祯初年，刑部尚书苏茂相在上言中明确指出刑部"以刑名为职，必律例精熟，敬慎狱情，夙夜在公，乃为修职"[4]。因此，对于通晓律意、有刑名能力的属官，刑部的长官多予以赞赏和鼓励。弘治初年担任刑部尚书的何乔新，字廷秀，号椒丘，景泰五年（1454 年）甲戌科进士。何乔新长期在刑部任职，从刑部主事开始，升任刑部员外郎、郎中，史称何乔新"在刑部久，凡法比禁例具通其本末"。何乔新在刑部任职期间，陆瑜长期主持刑部，对何乔新不乏鼓励：何乔新初进刑部理刑，对律法颇有细心讲求，陆公"喜"而赞之；何乔新在刑名事务上初显声名，"陆公及侍郎太原周公、新安程公、溧水董公皆重之"[5]。徐昌祚，字伯昌，号昌竹，南直隶苏州府常熟县人，万历年间在刑部河南清吏司任郎中。徐昌祚刑名能力突出，对《大明律》

　　1　参见［明］王樵：《方麓集》卷 9，第 314 页。

　　2　参见邱澎生：《有资用世或福祚子孙——晚明有关法律知识的两种价值观》，第 147—149 页。

　　3　［明］王圻：《续文献通考》卷 88，现代出版社，1991 年，第 1330 页。

　　4　《崇祯长编》卷 5，崇祯元年正月丁卯，第 237 页。

　　5　［明］蔡清：《刑部尚书椒丘何公乔新传》，载［明］焦竑：《国朝献征录》卷 44，第 1835 页。

有研究，时任刑部尚书董裕"实才之"，为此甚至与吏部沟通，意欲安排徐昌祚出任湖广衡州府知府，并托人向徐昌祚表达这一美意。至于徐昌祚并不领情，并最终导致他和董裕之间产生矛盾则是后话。[1] 不仅是期待，部分刑部长官直接要求属官对《大明律》进行研习和注释。胡宪仲，字文征，浙江海盐人，嘉靖二十九年（1550年）进士，庚戌之变，上策应敌，时人伟之，授南京刑部主事，"司寇长兴顾公觇公才，属校《大明律》"[2]。

对新入仕途的刑部主事而言，以上刑部的职掌要求，特别是对律法知识的要求，在制度层面形成其研习《大明律》的推动力。陈璋，字宗献，号省斋，弘治十八年（1505年）进士，初授刑部主事，对律法十分用心，有"士而不读书谓之废学，官而不读律谓之旷官"之论；"研求法意至忘寝食，律有疑难，亲为注解，遂以法家名"。[3] 冯孜，浙江桐乡人，隆庆二年（1568年）戊辰科进士，入刑部为主事，"精言律意，痛彼舞文，谓训释之家虽众，而协一之旨未融"，于是博采众长，"于凡百家之同异，无不会通其说而折其衷"，[4] 完成《大明律》律注一部。据比冯孜稍晚一点入仕的王之猷提到，冯孜在刑部九年，而成此律注。[5] 万历三十年（1602年），徐昌祚自刻《新刻徐比部燕山丛录》，该书由李叔春校，卷首有李叔春的序言。李叔

1　参见［明］徐复祚：《亡兄刑部河南清吏司郎中暨敕封亡嫂王氏宜人行略》，载赵诒琛：《丙子丛编》，1936年铅印本，第2页。

2　［明］冯皋谟：《胡主事宪仲传》，载［明］焦竑：《国朝献征录》卷47，第1993页。

3　［明］雷礼：《刑部侍郎陈璋传》，载［明］焦竑：《国朝献徵录》卷46，第1935页。

4　［明］刘大文：《刻大明律集说序》，载［明］冯孜、刘大文：《大明律集说附例》卷首，第2页下。

5　参见［明］王之猷：《新刻大明律集说序》，载［明］冯孜、刘大文：《大明律集说附例》卷首，第3页上。

春，字顺卿，南直隶松江府华亭县人，万历十七年（1589 年）进士。万历二十八年（1600 年）左右，李叔春曾在刑部河南司任职，有可能与徐昌祚为同僚。[1] 李叔春在序言中提到，徐昌祚不仅刑名能力强，而且"贾其余闲以工著述"。序言明确提道："近梓律例释注，已脍炙人口。"[2] 从李叔春的序言看，万历三十年（1602 年）之前，徐昌祚的《大明律》律注就已经刊刻。徐昌祚在《题燕山丛录》中，也提到自己任职刑部之后，曾为职事离开京城，便道过里，"复以其暇训释明律例，他弗暇及"[3]，可以看到该律注是徐昌祚在刑部任上完成并刊刻的。

这一"备员法曹"与研习、注解《大明律》之间的关系，在王樵、郑汝璧两位的经历中有更为鲜明的表达。上文提到的王樵，字明远，号方麓，南直隶镇江府金坛县人，嘉靖二十六年（1547 年）进士，初授行人，嘉靖三十二年（1553 年）入刑部为刑部主事，时间不足一年，即因父丧回乡守制，嘉靖三十六年（1557 年）服阕入职刑部，任员外郎，直至嘉靖三十九年（1560 年）四月出任山东按察司佥事。[4] 在刑部任职期间，王樵研习《大明律》，并有《读律私笺》这一律注成书。王樵提到当时的刑部官员"牍必自成，不假吏手。故居是官者，多精于吏事"[5]。他强调刑部官员应该用心于刑名

1　参见朱保炯、谢沛霖：《明清进士题名碑录索引》，上海古籍出版社，1980 年，第 2570 页；《明神宗实录》卷 349，万历二十八年七月乙巳，第 6522 页。

2　［明］李叔春：《刻徐比部燕山丛录叙》，载［明］徐昌祚：《新刻徐比部燕山丛录》卷首，《四库全书存目丛书》子部 248 册，第 375 页。

3　［明］徐昌祚：《题燕山丛录》，载［明］徐昌祚：《新刻徐比部燕山丛录》卷首，第 376 页。

4　《明世宗实录》卷 483，嘉靖三十九年四月壬戌条记载，升云南司员外郎王樵为山东按察司佥事。

5　［明］王樵：《方麓集》卷 6，第 225 页。

事务，探究律法知识。他将司法与治病进行比较，将《大明律》比作医方，将审理比作诊病。医方明而不中病，如人理解《大明律》却在审断之中不能得情，自然不行；但是另一方面，如果审断得情而不理解《大明律》律文之主旨，自然也不能履职刑部。他提到刑部官员如果不用心律法，"往往法律都不细观，鞫问又不耐烦"，实愧对朝廷，有负职掌，即"无所用心，饱吃官饭，受成吏胥而可谓之风雅乎?"[1] 他提道："予在刑部，治律令如士人治本经。"[2] 从王樵的描述来看，他对《大明律》的研究与其进入刑部之后对刑部职掌的理解、对刑部其他官员的观察以及对自己的期待等直接相关。

万历四十年（1612 年），王樵的儿子王肯堂在《读律私笺》的基础上完成《大明律附例》[3]，在该律注卷首的序言中，则对王樵在刑部注律提供了另一面向的说明。王肯堂记载："先少保恭简公为比部郎时，尝因鞫狱引拟不当，为尚书所诃，发愤读律，是以有《私笺》之作。"[4] 这说明王樵注解《大明律》与其不能有效完成职掌，而刑部长官对此有直接的问责有关，也从另一方面说明了王樵注解《大明律》与"备员法曹"之间的关系。

郑汝璧也一样。郑汝璧，浙江缙云人，隆庆二年（1568 年）进士，初授刑部江西司主事，后升职为刑部云南司郎中，在刑部时间长。郑汝璧善于处理刑名事务，在刑部郎中任上，已经颇显声名。明臣孙鑛为郑汝璧撰写墓志铭，其中提到，刑部云南司带管京师司法，"京师人颂公明断，咸愿就质，爰书成于手，受罚者自以不冤"。当

1　［明］王樵：《方麓集》卷 6，第 228 页。
2　［明］王樵：《方麓集》卷 6，第 225 页。
3　中国国家图书馆藏本题录《大明律例笺释》。
4　［明］王肯堂：《律例笺释自序》，载［明］王樵、王肯堂：《大明律附例》卷首，明刻本，第 1 页上。

时刑部尚书石首王公"精于察狱，诸司属莫当其意，惟公所断无驳辞"，因此对郑汝璧之才能大为推崇，认为"公才可大受"。[1] 石首王公即王之诰，字告若，湖广荆州府石首县人，嘉靖二十三年（1544年）进士，隆庆六年（1572年）七月至万历三年（1575年）九月任刑部尚书。[2] 孙鑛在墓志铭中提到郑汝璧"素明法家言，在西曹有《律解》，人争传录之，后□山东刻行"[3]。西曹即刑部，也就是说，郑汝璧在刑部任职时就已经完成了对《大明律》的注释，而且在当时就有相当广泛的流传。郑汝璧本人对于其著《大明律》律注的缘起和过程也有简单的交代："又郎比部时，毛端简公命律解，而采同曹注辑为书。"[4] 毛端简公，即毛恺，字达和，浙江江山人，嘉靖十四年（1535年）进士，隆庆元年（1567年）至隆庆四年（1570年）为刑部尚书。[5] 可以看到郑汝璧作《大明律》律注，有刑部尚书毛恺鼓励授命之背景。

三、"幸无多事"

应槚提到他在刑部注解《大明律》的另一个原因是刑部"幸无多事"，而他又不善应酬，因此"乃得暇日"。刑部的独特环境在王樵的《西曹记》一文中也得到了充分的描述。[6]

1　参见［明］孙鑛：《兵部右侍郎兼都察院右佥都御史郑公汝璧墓志铭》，载［明］焦竑：《国朝献征录》卷58，第2454页。

2　参见［清］张廷玉等：《明史》卷112《七卿年表二》，第3472—3473页。

3　［明］孙鑛：《兵部右侍郎兼都察院右佥都御史郑公汝璧墓志铭》，第2456页。

4　［明］郑汝璧：《由庚堂集》卷32，载《续修四库全书》1357册，第40页。

5　参见［清］张廷玉等：《明史》卷112《七卿年表二》，第3470—3471页。

6　参见［明］王樵：《方麓集》卷6，第225—229页。

1. 刑部事务清简

"幸无多事"是指刑部事务相对清简。王樵在《西曹记》首先提到的就是刑部事务的清简。王樵指出:"国初,稽古建官,正六卿之职。以钱谷、刑狱为视诸司为剧,故分其子部各十有三,如外藩之数。承平以来,讼狱稀简,西曹号为无事,郎官日以其三时治事,而以其余挟策读书,晡衙既散,桧阴寂寂,静如太古。"[1]

确实,明代刑部设尚书一名,正二品;左右侍郎两名,正三品,总理刑部大政。其下设十三个清吏司,分理天下刑名事务。每个清吏司设郎中一名,正五品;员外郎一名,从五品;主事三名,正六品。[2] 刑部的郎中、员外郎、主事因此是一个六十多人的官员群体,在六部中人数居首。

崇祯初年,刑部尚书苏茂相上言请求皇帝和朝廷下令振作刑部官员的状态。他指出刑部官员无勤励之心,建议"以后刑部未及一年者不许别差,如有不先白本部而借差别部及优游里门玩日愒月者,特疏参处,庶官各勤其职,政平讼理";另一方面,他指出"刑部旧为清曹",选任官员时,朝廷经常"视刑部甚轻"。他要求朝廷在选授与擢升官员之时,对刑部出身的官员与其他各部门官员一视同仁,这样不仅"铨法均平",而且"人不轻刑曹,则刑曹之自待亦不轻矣"。[3] 这是刑部事务清简而导致的负面结果。从中也可以看到,刑部衙门的这一特点一直持续至明末。

1　[明]王樵:《方麓集》卷6,第225页。

2　有明一代,各清吏司设置的主事数量略有变化。正统以后,主要的清吏司设置的主事为三人。参见[清]张廷玉等:《明史》卷72《职官一》,第1734页。

3　参见《崇祯长编》卷5,崇祯元年正月丁卯,第236—237页。

王樵当时在浙江司为官，与高岱为同僚。高岱，字伯宗，湖广京山县军籍，嘉靖二十九年（1550 年）进士，直至嘉靖四十年（1561年）出任景王府长史之前，应该一直在刑部任职。[1] 有《鸿猷录》等书刊刻。《鸿猷录》卷首收录高岱写于嘉靖丁巳年（嘉靖三十六年）的序言，其中也提到"余官西曹时，吏务希简"；又不喜交往、饮酒，以致"长日索居无事也"。[2]

嘉靖中期后七子文学结社，也充分体现出刑部事务清闲的特点。[3] 后七子主要成员包括李攀龙、王世贞、谢榛、宗臣、梁有誉、徐中行和吴国伦。除谢榛外，其余六人初入仕途，均入刑部为主事。李攀龙，嘉靖二十三年（1544 年）进士，先任刑部广东司主事，后任员外郎、郎中。[4] 王世贞，嘉靖二十六年（1547 年）进士，任刑部主事，后任刑部员外郎、郎中。[5] 徐中行，嘉靖二十九年（1550年）进士，任刑部广东司主事，与李攀龙为同事。宗臣、梁有誉、吴国伦和徐中行均为同科进士，在嘉靖二十九年（1550 年）得中进士后，同时进入刑部，任刑部主事。在嘉靖后期的刑部，他们谈诗论文，一时成为明代文坛的中心。时人描述后七子的文学活动，也经常提到他们"居曹无事"或者"曹务闲寂"的事实。[6] 王世贞之弟王

1　参见富路特、房兆楹；李小林、冯金朋主编：《哥伦比亚大学明代名人传》，北京时代华文书局，2015 年，第 969—970 页。

2　［明］高岱：《鸿猷录序》，载［明］高岱：《鸿猷录》，《四库全书存目丛书》史部 19 册，第 1 页。

3　参见张德建：《明代嘉靖间刑部的文学活动》，《中国文化研究》2011 年第 4 期，第 40—50 页。

4　参见［清］张廷玉等：《明史》卷 287《李攀龙传》，第 7377 页。

5　参见［清］张廷玉等：《明史》卷 287《王世贞传》，第 7379 页。

6　参见［明］殷士儋：《明故嘉议大夫河南按察司按察使李公墓志铭》，载［明］李攀龙：《李攀龙集》，齐鲁书社，1993 年，第 686 页。

世懋也说刑部事务简单而官员众多，刑部官员因此"多肆力为文章"[1]。万历年间，袁宏道回顾嘉靖后期文人刑部结社的情况，也提到刑部多"文雅修饰之士"，当时文人结社，以复古为号召，天下翕然宗之，"而西曹之人，十居其九"，其他衙门的官员甚为艳羡。袁宏道总结道："故当时西曹视他曹特易。"[2] 这可与王樵关于刑部的描述相互印证。

因为事务清简，刑部官员中也有深入讨论儒家经义的。王樵在刑部时，罗汝芳为其同僚。罗汝芳，字惟德，号近溪，江西南城人，嘉靖三十二年（1553 年）进士，明代著名哲学家。王樵描述，罗汝芳在刑部任职，整日静坐，决狱却往往能出人意料。罗汝芳身体羸弱，经常告假，甚至连月不到衙署，刑部长官也不多问。同为江西籍的胡直，字正甫，号庐山，嘉靖三十五年（1556 年）进士，授刑部主事；与胡直为同科进士的邹善，字继甫，江西安福人，为王门弟子邹守益之子。罗汝芳、胡直、邹善均为江西人，热衷于讨论儒学，"日以讲学为事"，平时坐行一处，被称为"江西三子"。[3] 王樵还提到，罗汝芳提调狱事，他又值当巡风，其他同僚夜间入值相遇，多"携酒肴夜坐"，罗汝芳则邀他一起"清话"，谈为学修道做人。

刑部"郎官日以其三时治事，而以其余挟策读书"，这样的衙门环境显然为刑部官员研习《大明律》提供了难得的条件。对《大明律》进行逐条的原创性的注解，既需要对前人相关注释的参考和研究，又需要自己的独特理解，还需要对当时司法事务相关信息的收

1 ［明］王世懋：《欧桢伯西署集序》，载［明］欧大任：《欧虞部集》之《西署集》，书目文献出版社，1988 年，第 433 页。
2 ［明］袁宏道：《袁宏道集笺校》卷 18，上海古籍出版社，1981 年，第 708 页。
3 以上引文均出自［明］王樵：《方麓集》卷 6，第 225 页。

录，因此需要充分的时间。从现存明代原创性的《大明律》律注来看，应槚、郑汝璧、冯孜等人均花费了几年的时间注律，王樵从开始撰著《读律私笺》到最后刊印，花费了三十多年的时间，期间一直在修订之中。此外，本书第八章要讨论的孙存，在其知府任上注释《大明律》，花费了近七年的时间。上述徐昌祚注律，对余暇之时进行了有效的利用；本书第九章论及的姚思仁在其守制期间开始对《大明律》的研习，并有律注完成，均可以看到充裕的时间是完成律注的重要条件。

　　而且从应槚、郑汝璧、冯孜和王樵的情况看，他们都在刑部长期任职，从主事升任员外郎、郎中，则这一充裕的时间具有一定的延续性。确实，嘉靖初年，任职吏部的胡世宁曾有《会议疏》，包括"官人则例一十五条"，其中一条为"各部寺属官照常循资迁转"[1]，刑部的员外郎、郎中由刑部主事升迁而成。这一规定应该是对之前已经行用的选法的一种确定。从刑部的情况来看，嘉靖以前，从刑部主事升员外郎再升郎中这样的任官经历已经比较常见，比如上文提到的刑部尚书陆瑜和何乔新、刑部侍郎杨茂元和陈璋等均长期在刑部任职，均有从刑部主事升任员外郎、郎中的经历。孙琼，字蕴章，正统十三年（1448 年）戊辰科进士，从刑部广西司主事开始，经员外郎与郎中，在刑部任职长达十五年之久。[2] 在刑部任职时间长，一方面受益于刑部事务更为清简，另一方面对刑名知识具有更多的积累，两者对于刑部官员之注解《大明律》均有重要的意义。

1　［明］胡世宁:《胡端敏奏议》卷 6，载《文渊阁四库全书》428 册，第 655 页。
2　参见［明］黄云:《孙郎中琼墓志铭》，载［明］焦竑:《国朝献征录》卷 47，第 1967 页。

2. 同僚 "有疑相酌"

除了事务清简，王樵在《西曹记》中提到的刑部第二个特点是，同僚之间关系最为融洽。在王樵看来，刑部官员和其他部门的官员不同，其他部门的官员不经常来往，拘泥于政事或其他意见，彼此隔阂者多，而刑部同僚则相处和睦。长官和下属之间较为平等，不仅宴饮叙谈之际，以年龄而不以官职为序；同事之间虽然事有分工，但是能够互相讨论，"有疑相酌"，互相帮助解决疑难问题。政事之外，同僚交往频繁，下午衙散之后，很多刑部官员并不离开，而在衙门与同僚或切磋道义，或谈文论学。王樵感慨："真有朋友之义焉。"[1] 明人沈德符也提道："又以西署闲寂，郎官及新进诸君，轮日会饮。吉凶庆吊，恩同僚旧。"[2]

应檟提到自己不善应酬，因而有《大明律释义》一书完成。但是从王樵的《西曹记》看来，刑部同僚之间的交往对于新入仕途的刑名官员熟悉职掌、积累律法知识具有重要的意义。王樵在《西曹记》中记录自己在刑部任职期间经历的杨顺案与王直案。嘉靖三十六年（1557 年），刑科给事中吴时来弹劾宣、大、山西军务总督杨顺。奉旨，杨顺下狱，"按法当斩"。内阁学士严嵩意欲为之开脱。吴时来遂上书弹劾严嵩，刑部主事张翀、董传策等一并上言予以支持。严嵩借此向皇帝自辩，嘉靖皇帝听取了严嵩的说法后，即将吴时来等三人下狱，定其充军之罪。同时派给事中郑茂到北边勘核杨顺罪行，"欲贷其死"。下刑部议。从王樵的记录来看，他当时是刑部浙

1　以上引文均出自王樵：《方麓集》卷 6，第 225 页。
2　［明］沈德符：《万历野获编》卷 16，第 426—427 页。

江司的主事，在刑部正官中品级最低，但是他与刑部尚书郑晓有如下对话。王樵对郑尚书说，"山可移，判不可改，当以去就争之"，即刑部当坚持自己的审判，定杨顺死罪；而不应遵从皇帝的意愿，开脱其死罪。并建议，如果皇帝不同意刑部的审断意见，郑晓作为尚书应该以去职为要挟。郑晓回答，此事不能激怒皇帝，否则不仅仅是他一个人去职的问题，更"恐启士大夫之祸"；因此，他情愿背上不能公正执法之骂名。在郑晓的主持下，刑部改拟杨顺充军。从以上的描述中，既可以看到王樵之公直、郑晓之求全，也可以看到刑部衙门官员上下级之间在刑名事务中的交流。王直案也一样。抗倭总督胡宗宪招抚海盗王直，与浙江巡按御史周斯盛等对王直等问拟定罪，其中"王直、叶宗满各谋叛斩罪"，"王汝贤越度缘边关塞出境绞罪"，因为王直等有归顺报效之事实，请求"从末减，定拟充军"。兵部遵旨会同三法司详议。当时"众颇惑"。王樵向尚书郑晓建议"宁使胡宗宪失信，不可使朝廷失典刑"；尚书郑晓也有同样的意见，"卒拟谋叛律枭示海上"。[1] 此外，前文提到天顺、成化年间任刑部尚书的陆瑜，字廷玉，号省庵，宣德八年（1433 年）癸丑科进士，初授刑部山西司主事。"时郎中仲闵为之长，知公为伟器，每举洪武、永乐间法比沿革告公，且曰：'子它日必大用，不可不知国朝旧典也'。故公于律例条格究心焉。及公大用，每举仲君之言，戒励属官。"[2] 再如唐枢，嘉靖五年（1526 年）丙戌科进士，入刑部为主事，也颇得同僚扶掖。唐枢回忆，"枢始入西曹，崔同寅允最忠实。恐书生不知吏事"，提醒他可以阅读王樏之《驳稿》。唐枢购书而读，读毕与崔允

1　参见［明］王樵：《方麓集》卷 6，第 228 页。

2　［明］何乔新：《荣禄大夫刑部尚书谥康僖陆公瑜神道碑》，载［明］焦竑：《国朝献征录》卷 44，第 1826—1827 页。

交流阅读之心得，并得到崔允的肯定。[1] 崔允，字懋言，嘉靖二年（1523 年）癸未科进士，授职刑部主事，比唐枢早三年进入刑部。则更可以清晰地看到，刑部比较有资历的官员对新进官员颇有扶持，成为后者在律法知识上不断进取的重要资源。

此外，从王樵《西曹记》和其他相关记录来看，刑部律法资源相对丰富，也为其属官研习《大明律》提供了良好的条件。以南京刑部论，嘉靖三十四年（1555 年），南京刑部在山东司郎中庞嵩的建议并主持下编成《南京刑法志》四卷。其中卷三为《祥刑篇》，包括"尊圣谕以垂远谟""揭榜示以昭大法""书诏赦以纪旷恩""标诰律以资讲读"以及"录条格以备参照"，基本上是刑部所藏资料的汇编。其中"揭榜示以昭大法"收录的是洪武永乐年间的榜文。卷首《修南京刑部志凡例》提到，洪武永乐年间的榜文"今虽不用，其教言不可废，故撮录之，亦以见大雪阳春之渐也"[2]。其中"标诰律以资讲读"部分收录《大明律》与《问刑条例》等。其中《问刑条例》是嘉靖二十九年（1550 年）十二月题定的嘉靖《重修问刑条例》。[3] 嘉靖《重修问刑条例》修订之后，嘉靖三十四年（1555 年）二月，刑部尚书何鳌等又奏准条例九条。[4] 嘉靖三十四年（1555 年）正是《南京刑部志》开始编撰的一年。凡例部分提到，"令、诰、律、例皆本部所常用者，但俱有刻本颁行，故止标其总目"[5]，不收具体条文内容；但是嘉靖三十四年（1555 年）

1　参见［明］唐枢：《木钟台集·法缀》，第 47 页。

2　［明］庞嵩：《南京刑部志》卷首，明刻本，第 4 页上。

3　参见［明］庞嵩：《南京刑部志》卷 3，第 61 页上。

4　参见《明世宗实录》卷 419，嘉靖三十四年二月辛巳，第 7273 页。

5　［明］庞嵩：《南京刑部志》卷首，第 5 页上。

二月十七日续奉圣旨准行的这九条问刑条例，因为"原未有刻本，故详之"，则有完全的收录。[1] 可见南京刑部资料之丰富性与及时性。

北京刑部保存的资料可能更为全面。王世贞，字元美，号弇州山人，嘉靖二十六年（1547年）进士，初授刑部主事，任刑部员外郎、郎中，在刑部任职时间长。[2] 王世贞一生著述丰富，其中对于刑部与刑部官员有大量的描述。他在其著述中曾录洪武年间司法事例二条。其中一条提到洪武十八年（1385年），福建兴化府吏何得时匿父丧不报，特凌迟处死示众。又一条，洪武皇帝曾诏天下，凡火居道士，许人得诈挟银三十两、钞五十锭，如无，听从打死勿论。这两条事例很少见于其他文献记载，王世贞在刑部所藏洪武事例中见到，也以为特别，因此在其《弇州史料》中专门予以记录。[3] 可见刑部所藏明初以来的司法事例颇为详明。

明末佘自强有《治谱》一书传世，为新任地方官员提供为官经验。其中一条指出，地方官上任，离开京城之时，"须向刑部相识者讨《问刑条例》及《刑部招议》一本，又请熟于律令招情者，将要紧律意与招体一一讲过，不惜数日之力，将来庶不至差误无主"[4]。从佘自强的建议来看，刑部不仅在有关律法资料的获取上更为便利，而且也是律法专家集中的地方。对于有志于研习《大明律》的官员而言，这显然是十分难得的条件。

1　参见［明］庞嵩:《南京刑部志》卷3，第62页下。

2　参见郑利华:《王世贞年谱》，复旦大学出版社，1993年。

3　参见［明］王世贞:《弇州史料》后集卷31，载《四库禁毁书丛刊》史部49册，第605页。

4　［明］佘自强:《治谱》卷1，载《续修四库全书》753册，第512—513页。

小　结

明代成化以后，进士授官基本定制。一般二甲进士中名列中等者授官六部主事，其中包括刑部主事。[1] 刑部主事的选授中，虽然也曾有过特殊的处理，[2] 但不为常制。进入刑部的主事，在刑名知识的准备上，与其他各部的主事并没有明显的区别；作为新入仕途的官员，也具有"书生不解例律"的特征。但是在现存的《大明律》律注中，刑部官员却成为集中的撰著群体。从本章应槚的个案来看，这与刑部的养成有密切关系。应槚提到刑部的两个重要制度特征："备员法曹"与"幸无多事"。前者说明，明朝廷对其官员有通晓律意的制度规定，对于刑部的官员而言，这一制度在刑部的职掌和机构设置中得到了具体的落实，包括日常的事务、同僚交往以及仕途前景等等；后者说明，刑部事务清简，为刑部官员的通晓律意提供了相当重要的制度环境。有明一代，初仕官员中，除了刑部主事，大理寺的评事、地方的推官与知县都有刑名之责，但是在现存《大明律》律注中，未见有以大理寺评事、推官和知县为作者的，刑部的"幸无多事"可能是形成这一差别的重要因素。

1　参见潘星辉：《明代文官铨选制度研究》，第 127—134 页。

2　本书第二章提到，在正统至成化八年的一段时间内，曾经有"历刑问刑"的做法，成化八年以后题准停止，此后则只有个别的行用。

第四章
职掌与专业的特征

刑部对于其属官在通晓律意方面的制度性影响，在刑部官员撰著的律注中也有充分的体现。本章以刑部官员撰著的律注为中心，讨论其内容、格式和刊印过程的特点，展示其与刑部职掌之间的关系。

一、刑部官员撰著的《大明律》律注

以刑部官员为作者的《大明律》律注，从格式和内容而言，都具有鲜明的个性，不拘一格。且以王樵《读律私笺》与徐昌祚《大明律例添释旁注》为中心予以说明。

1. 格式与内容

王樵《读律私笺》在内容编排上颇为用心。卷首开篇为《读律私笺序》，专门说明本律注的特点：

> 伏以《大明律》乃我太祖高皇帝圣制。近年诸方刻本多附入臣下私注，不无混错制书。窃考先儒释经，不连经文，自为一

书，恭依此例。有律条指掌、有律令通旨、有律例通旨、有律中疑义、有引拟指诀、有律互见、有律无文，初各为卷，今分附各条之下，解说律意，多采诸家之长，不复识别。每篇依张氏《疏议》，备及历代沿革，唐之条目与今同异，因可见本朝增损精意。又总为《法原》一篇，以提其纲云。[1]

王樵以《法原》一篇以为律注之总领。该文从《周礼》记录的律法说起，梳理明以前律法的发展，指出明代律法有深远厚重的渊源。在此基础上，王樵对于《大明律》予以如下的评价："凡旧律轻重失当者正之，文意艰奥者显之，条目分散者并之，有伦有要，使人易读易晓，易避难犯，作我明之一经，垂宪章于百代。"[2]

之后即进入律注正文。正文以名例、吏律、户律、礼律、兵律、刑律、工律分部，每部分再单独分卷，比如户律分七卷，工律分卷一、卷二等。在名例、吏律、户律、礼律、兵律、刑律、工律各部分中，继承张楷《律条疏议》的体例，先对卷目进行注解。比如在《吏律》卷首"职制"目下，王樵有长文交代这一律目的沿革，特别是与《唐律》的关系，以及本朝进行的调整及其意义。[3]

《读律私笺》不收律文，只录律文的名目，律注直接系于律目之下。上一章提及，王樵自称以注经的方式注律，从《读律私笺》中

1　［明］王樵：《读律私笺序》，载［明］王樵：《读律私笺》卷首，明刻本，第1页上—3页上。王樵文集《方麓集》收录《大明律解序》，与前引《读律私笺序》有一字之差：引文中"诸方刻本"在《大明律解序》中为"诸坊刻本"。参见［明］王樵：《方麓集》卷2，第139页。

2　［明］王樵：《法原》，载［明］王樵：《读律私笺》卷首，第7页下—8页上。《法原》一文也收入王樵《方麓集》卷2，第143页。

3　参见［明］王樵：《读律私笺·吏律》，第1页下—2页下。

可以看到这一注解方式的落实。在上引《读律私笺》的序言中，王樵明确反对在《大明律》注解中，将注解与律文混作一处，彼此分割不清，至于"混错制书"这样的做法。他指出，"先儒释经，不连经文，自为一书"；他注律而不录律文，也显示笺注具有"私见"、注疏的特征，与具有官方性、类同儒家本经特征的《大明律》律文进行区别。

王樵《读律私笺》对《大明律》460 条条目的大部分都做了注解，但也不是每条必备，比如《工律》"营造"目下九条律文中，只有"擅造作""冒破物料"和"修理仓库"三条下有注解，其余六条无注解。[1]

比如《名例律》"断罪无正条"目下，《读律私笺》注解如下：

> 法有限，情无穷。罪无正条，吕刑曰上下比附，此以有限待无穷之道也。应加应减，如嘉靖中奉旨，臣骂君，比依子骂父，加一等斩，是其例也。又如京城门锁钥，守门者失之，于律止有误不下锁之文，是该载不尽。须知锁钥与印信、夜巡铜牌俱为关防之物，今既遗失，事与彼同，许其比附，但其中又有情不同处，或比此而应加，或比此而应减，全在用法者权衡妥当，定拟罪名，转达刑部议定奏闻。若不详议比附而辄断决，致罪有出入者，以故失论。[2]

王樵在《读律私笺》的卷目下，署"王樵辑"[3]，在前引序文

1　参见［明］王樵：《读律私笺·工律》，第 1 页上—2 页下。

2　［明］王樵：《读律私笺·名例》，第 47 页下—48 页上。

3　［明］王樵：《读律私笺·名例》，第 1 页上。

中，也明确提到"解说律意，多采诸家之长，不复识别"；说明《读律私笺》有参考前人律注的特征，其中有明确提及的是张楷的《律条疏议》，其他曾经参考的律家则无明确的说明。但是从以上"断罪无正条"的注释部分看，《读律私笺》其实也充分表达了王樵本人对律条的理解，并及时地反映了该律条在当时的行用。王樵在其《方麓集》中提到嘉靖年间"用法重者有数条"，其中之一针对言官上书。王樵提到，本来言官上书违法，有"对制上书诈不以实"与"风宪官挟私弹事"本律予以惩治，但至嘉靖中后期，却加以"比依子骂父死罪"，为"比依子骂父之法"之始。[1] 以上王樵在"断罪无正条"下的注解将嘉靖年间的这一律条比附情况加入，颇具及时性。

再如《吏律》"讲读律令"条下，除了对律条字词的注解，《读律私笺》又作说明如下：

> 《会典》：洪武十八年颁《大诰》，令户有一本，若犯罪，有《大诰》者减一等，无者加一等。谨按：国初欲人熟读《大诰》，故设法如此。今有《大诰》未尝过目者而有罪概减一等，则非初意矣。不知何时遂成故事也。成化四年奏准，各处有司每遇朔望诣学行香之时，令师生讲说《大明律》及御制书籍，俾官吏及合属人等通晓法律论理，违者治罪。按此条今当行。[2]

《读律私笺》不收条例。王樵对条例其实殊为重视，他在对《大明律》进行注解的同时，也对条例进行了整理。他曾给侄子王尧封

1　参见［明］王樵：《方麓集》卷6，第227页。
2　［明］王樵：《读律私笺·吏律》，第9页下—10页上。

寄去《律例》六本；在给儿子王启疆的信中，他也提到律注已经完成，与此同时，又"新修条例一部"[1]。与律文和注释分列的做法一样，《读律私笺》不收条例，也与王樵认为"律文若条例则另行为妥"有关。王樵认为《大明律》与条例不应该汇编一处，为此，他专门对舒化提出批评。他提道："舒继峰合之，此于颁行初制颇有戾，高见者当自知之。"[2] 舒继峰，即舒化，万历十三年（1585年）作为刑部尚书主持再修《问刑条例》，并将条例附入《大明律》各律条之后。在王樵看来，这样的做法有违太祖颁律之初制。

王樵《读律私笺》也有附录部分，收录弘治十年定《律该真、杂犯死罪》，嘉靖二十九年定、附三十一年续增《例该真、杂犯死罪》，万历十三年定《例该真、杂犯死罪》；洪武二十六年、嘉靖二十九年、万历十三年充军条例；从明初以来的五刑赎罪条例；《官司故失出入人罪增减轻重例》以及《招议之式》《题奏之式》《行移之式》等。内容比较丰富。[3]

万历后期刑部官员徐昌祚著《大明律例添释旁注》，在结构和内容上也颇具特点。律注卷首录《御制大明律序》，其后有《刻大明律例添释旁注凡例》，下署"琴川伯昌徐昌祚辑""同邑兆和翁愈祥校"。翁愈祥，字兆和，号泰舆，南直隶苏州府常熟县人，与徐昌祚同里，万历二十六年（1598年）进士，初授山东邹平县知县，对刑名事务颇为用心，对《祥刑便览》等书均有研究。[4]

《刻大明律例添释旁注凡例》共计十三条，说明注律的原因、宗

1　[明] 王樵：《方麓集》卷9，第286页。

2　[明] 王樵：《方麓集》卷9，第281页。

3　参见 [明] 王樵：《读律私笺·附律》，第56页上—64页上。

4　参见 [清] 觉罗乌尔通阿：《居官日省录》卷4，载刘俊文主编：《官箴书集成》第8册，黄山书社，1997年，第138页。

旨和方法，录之于下：

一　《大明律》创始于国初刘维谦先生，高皇帝亲御宸翰，定为一代不刊之典。其文简奥古质，仿佛六经，读者多不易晓，故此书将小字添释，间于律文行内，又连文并释一顺，圈为句读，使读者不待思索而辞旨显然。

一　《大明律》诸家注之详矣，但未免释此遗彼，苛求剋核，或务褒赞虚词，或释连篇冗语，读者多厌其繁；又注亦多在律条之末，不熟读律文者则揭前以参后，忆后而忘前，深属不便。此书惟集诸家讲说而会其意，指摘其领要，添释于律内，注解于律旁，而无当律文者又删削之，庶读者一览了然不生厌倦。

一　监守、常人、枉法、不枉法等项赃罪数目原自有首卷《六赃图》并《刑律》"盗贼""受赃"等条内开款甚明，然其余律条多引用此赃以坐罪，如以监守、以常人盗，或准监守、准常人盗等语，每条皆有，不细寻《赃图》《刑律》对之，则不得赃数明确而吏胥得以操弄其间矣。问刑者积案在前，判拟欲速，何能章章而寻对之，故此书每于引用处即用小字注明赃罪于各律文下，庶乎按卷即不为群下眩惑。其于殴杀伤法，与故失出入人罪等项皆然。

一　律中有称"皆"字等项，原注"不分首从"；称"各"字等项，原注"彼此同科"，首卷"例分八字"款内与《名例》"共犯罪分首从"条内言之非不详明，但在其余诸条，未得一一悉注。故此书于诸条称"皆"、称"各"文旁即用注"不分首从""彼此同科"等语。其分首从者，即用注"造意、为从"等项字样，使人不待考证而自明也，且刑关民命，不厌加详。

一　律称"同罪""罪同"等项，名例言之极详矣，但止看本条而不揭寻名例则不得其故，恐问刑者未必洗心寻对，则潦草塞责者多，故此书于同罪者应拟何罪，罪同者应拟何罪，一一明注于律文之下。

一　律该问绞斩罪者，或秋后或即决，原有弘治十年奏准事例，诸解俱不填注律文中，使人查考常烦。今此书于例应秋后处决者即添一"秋"字，例应决不待时者即添一"决"字于律文之下，以便稽考，其于杂犯亦然。

一　此书解释字义与分别衙门等类多用旁注，其当顺文便读者，多用添释。

一　此书于行旁间有用一点者，谓当去此字以读则顺叠成文，然律系圣制，何敢擅自涂抹，故用点以纪之。

一　条例查自正德以后节经题请，有行有革。此刻中一切照都察院近刻衷都御史题准条款，乃目今见行事例，一字不刊，悉为录入，此外不敢参入一条。

一　条例中每混著"问罪"二字而不言问何罪名，恐问刑者一时不得头绪，故此书除本条原自有罪者不注，其应坐别条罪名或正拟或比附，悉注于旁，以便科断。

一　条例原自显明，但间有词所难竟者，此刻于未竟处亦用小字添于例文行内，以便顺读，一如律注式。

一　律文多有显浅易明事字不待注释者，此书亦注之，念欲便三考辈讲读，未可与儒者见也。

一　律例原系一王制度，未可以己见臆说忝预误订，恐违失律旨，亦三尺所不容。此书凡添释者、旁注者俱考定于向所奏准诸刻，惟删述之，使其简要已耳，已私一字不参，读者幸垂察焉。[1]

凡例之后则有《大明律例添释旁注引用诸书》，列目如下：《皇明祖训》《大明令》《大明会典》《大诰前编》《大诰续编》《大诰三编》《大诰武臣》《卧碑》《宪纲》。这些都属于御制诸书，所以顶格列出。之后列有《见行条例》《军政条例》《发落便览》《律条疏议》《法家要览》《风纪辑览》《律解附例》《洗冤录》《明刑录》《详注分解大全》《读律琐言》《祥刑冰鉴》《律例纂要分解》《龙头》《管见》《律条本注》《郑都御史纂注》《梁御史校订律例》《袖珍律例》《律例便览》《明律读法》《备考》《集解附例》。其中《明律读法》顶格列出，其余则均低两格列出。[2]

徐昌祚在《大明律例添释旁注》下明确说明他只是律注的编"辑"。从凡例说明与《大明律例添释旁注引用诸书》来看，徐昌祚本人对于《大明律》律文注释创见有限，但是他对于《大明律》相关的御制文书、当时的条例以及可获得的律注多有研究，据此对律条与部分条例予以注解。无论在内容编排还是注解内容上，均与上文已经提及的应槚、王樵的律注不同。

正如徐昌祚在凡例中提到的，《大明律例添释旁注》中所录条例一如万历二十四年（1596年）衷贞吉本《大明律集解附例》所录条

1　［明］徐昌祚：《刻大明律例添释旁注凡例》，载［明］徐昌祚：《大明律例添释旁注》卷首，明刻本，第1页上—5页下。

2　参见［明］徐昌祚：《大明律例添释旁注引用诸书》，载［明］徐昌祚：《大明律例添释旁注》卷首，第1页上—3页上。

例，所以律文下除了收录万历十三年（1585 年）《问刑条例》中的条例，还收录万历十六年（1588 年）正月等各次题准的新题例，最晚的是万历二十年（1592 年）二月新题例，系于《刑律》"常人盗仓库钱粮"条下。[1]

《读律私笺》与《大明律例添释旁注》均刊行于万历十三年（1585 年）之后。这一时期，《大明律》和《问刑条例》合体，以《大明律附例》刊行，已经成为经过皇帝恩准、通行天下的官方标准。不仅仅是律例合体，本书第一章提到舒化题定《大明律附例》，也在卷首内容的收录方面提供了官方的范本。在这样的背景下，上述《读律私笺》和《大明律例添释旁注》在编排和内容上的个性就更为明显。确实，刑部官员撰著的《大明律》律注其实均有特点，各不相同。以收录条例论，应槚《大明律释义》未收录条例，雷梦麟《读律琐言》则对条例予以了极大的关注；以"附录"论，应槚《大明律释义》无附录，雷梦麟《读律琐言》的附录部分内容却很丰富。刑部官员撰著的律注，其结构和内容上的丰富多彩，体现出刑部官员在研习《大明律》基础上完成律注，律注是其通晓律意成果的呈现。从这样的律注中，可以看到这些官员对律法的独特理解和自主表达。这种自主表达，不同于官方的表达，一方面依托于刑部官员对律法知识专业性的坚持和自信，比如王樵《读律私笺》坚持不将《问刑条例》收入，甚至对舒化及其代表的官方做法进行批评；另一方面则以律注领域的发展及成果为依靠。刑部官员习律，对本领域内的前人成果均有不同程度的吸收，这些成果成为他们自主表达的重要资源。

1　该新题例收录于［明］袁贞吉等：《大明律集解附例》卷 18，明刻本，第 22 页上—22 页下；［明］徐昌祚：《大明律例添释旁注》卷 18，第 12 页下—13 页上。

就笔者目力所及，在律注卷首加入"凡例"和"引用诸书"的做法，在嘉靖初年孙存著《大明律读法》中有首次充分的展示。[1] 徐昌祚《大明律例添释旁注引用诸书》列《明律读法》，可见这一个性表达的来源。

2. 刊印

正因为刑部官员注解《大明律》多以研习为目标，以个人通晓律意为最初的宗旨，所以刑部官员在完成《大明律》律注之后，多在相当长的时间以后才将其律注刊印。比如应槚的《大明律释义》在完成与初次刊行之间，大约有十几年之久。王樵在刑部注律，离开刑部之后，对其注律的成果一直有修改补充。万历十七年（1589 年）王樵在给儿子王肯堂的书信中，提到《律解》"已脱稿"[2]。之后，又"经几番改削"[3]。万历二十年（1592 年），王樵给侄子王尧封去信，提到"再订律解……皆已完"，但是"俟《会典》阅完，尚有欲纂入律中者"。[4] 所以王樵自己总结，他对《大明律》律注的编撰用了"三十年之精力"，最后成稿"五巨册"。[5] 王樵在其文集中曾以《律解》《大明律解》等指代其律注，最后刊刻之时，以《读律私笺》为名，可见书名也多有改动。《读律私笺》最后刊刻于万历二十三年（1595 年），距离王樵在刑部开始注律，已经过去了近四十年的时间。同样，郑汝璧在刑部完成《大明律》律注的时间大概在隆庆末或者

1　本书第八章对孙存《大明律读法》有讨论，可参见。
2　［明］王樵：《方麓集》卷 9，第 296 页；邱澎生：《有资用世或福祚子孙——晚明有关法律知识的两种价值观》，第 153 页。
3　［明］王樵：《方麓集》卷 9，第 286 页。
4　［明］王樵：《方麓集》卷 9，第 280 页；邱澎生：《有资用世或福祚子孙——晚明有关法律知识的两种价值观》，第 154 页。
5　［明］王樵：《方麓集》卷 9，第 281 页。

万历初年。律注完成之后，传抄很多，但是一直没有刊刻。万历二十二年（1594 年）郑汝璧任山东巡抚，才将《大明律解附例》一书刊印。距离其注律之时也有二十多年的时间。郑汝璧刊印律注之时，署名为"巡抚山东都御史前刑部郎中郑汝璧纂注"，将刊印之时和注律之时的官职同时注明。还有，冯孜的律注完成之后，也未有刊行，而只有手抄本的流传。经过大理寺官员刘大文的整理，于万历二十年（1592 年）刊印，距冯孜完成该律注几近二十多年。在以刑部官员为作者的律注中，只有雷梦麟的《读律琐言》和徐昌祚的《大明律例添释旁注》刊印比较及时。

刑部官员的律注，最后刊印的途径也各不相同。郑汝璧的律注应该是动用官银刊印，是本书提到的官刊本；应槚、雷梦麟和冯孜的律注虽然也在地方衙门刊印，但不太确定是否以官银刊印；王樵和徐昌祚的律注可能是私刻，即自己支付费用，或者雇佣书匠在家刻出，或者通过书坊刊印。从王樵给其家人的信中可以看到，在刊印之前，王樵的律注曾以手抄本的方式在小范围内流传：他曾经让衙门书役抄写书稿，给侄子王尧封寄过手抄本，为其"莅官之助"[1]；给长子王启疆也寄过抄本，[2] 希望他能帮助"校录一番，以为刊刻之地"，并提到"若汝无工夫，又乏人抄写，则后次封回，免致失落也"。[3]

《读律私笺》最后的刊行可能是家刻与坊刻的结合。王樵一生著述丰富，在其给子侄的书信中，可以看到王家雇佣刻工在家镌刻书板的情况。比如在王樵给侄子王墅的信中提到已经付给刻工黄安朝银子二两，嘱咐买梨木以为书板，各房供应饭米无缺；又说黄安朝"性

1　［明］王樵：《方麓集》卷 9，第 281 页。
2　参见［明］王樵：《方麓集》卷 9，第 286 页。
3　［明］王樵：《方麓集》卷 9，第 287 页。

不耐淡而又善挨工，须时时一查督之"。[1]《读律私笺》的书板可能也是在家里雇刻工刻成的。王樵在给侄子王尧封的信中提道："《律笺》若欲付坊中，则刻过板有几块，并以与之，亦省约有二两许，余抄者日下将完，经吾再订正一过付侄。"[2] 信中提到将已经刻好的书板交于书坊，则书板在家里已经刻成，交于书坊完成印刷。王樵与书坊关系密切。王樵在给儿子王肯堂的信中提及自己《虞书》《四书》两书的刊印，指出："缘书坊见《绍闻编》士大夫多喜之者，新刻《书记》又盛行，故竞来求此二书。"[3] 但是王樵在将律注书板交给书坊一事上略见犹豫："诚恐其众力不齐，视非己物，不无损坏耳；若无此患，则付之刷印，以酬其协成之劳，理固宜然，勿停刷可也。"[4] 他主要是担心书坊会对刻好的书板有所损坏。家刻与坊刻结合，费用比直接由书坊刻板印刷要节省；书板质量既有保证，印刷的时间和数量相对也都比较机动。王樵在给侄子王尧封的一封信中提到"《律笺》县中急须三五部，烦不拘何纸，印装付来人为嘱"[5]，也说明书板已备，通过书坊印刷的便利和及时。王樵于万历二十七年（1599 年）辞世。万历四十年（1612 年），王樵之子王肯堂再刊律注，题名《大明律附例》。[6] 该书卷首有王肯堂所撰序言，他提到当时看到的王樵《读律私笺》，"仅存坊刻，讹不可读"[7]。则除王樵亲自督促完成的家刻

1　参见［明］王樵：《方麓集》卷 9，第 279、280 页。

2　［明］王樵：《方麓集》卷 9，第 282—283 页。

3　［明］王樵：《方麓集》卷 9，第 313 页。

4　［明］王樵：《方麓集》卷 9，第 284 页。

5　［明］王樵：《方麓集》卷 9，第 284 页。

6　该书版心题《律例笺释》，卷首收入王肯堂所撰序言，也称《律例笺释自序》。

7　［明］王肯堂：《律例笺释自序》，载［明］王樵、王肯堂：《大明律附例》卷首，第 1 页下。

与坊刻结合的《读律私笺》之外，可能也有书坊独立刊刻印行的版本。

二、关于条例

隆庆年间，刑部尚书毛恺曾经提道："事变无穷，律文有限，则有不应得为而为之律，盖成法也；事有情重律轻者，则难以照常发落；罪有律无正条者，则比附律条奏请，亦成法也。"[1] 确实，《大明律·名例律》内设"断罪无正条"，该律条规定："凡律令该载不尽事理，若断罪而无正条者，引律比附。应加应减，定拟罪名，转达刑部议定奏闻。若辄断决，致罪有出入者，以故失论。"[2] 即在无律条可以引用的情况下，可以引用符合类似情况的律条，并根据实际罪情调整刑等，上达刑部议定，奏闻皇帝，作出最后的决定，即比附上请。比附上请为《大明律》缺失的条文而定，但是需要对已有《大明律》相关律文有充分的理解，才能提出合适的比附；如果比附涉及的案件具有代表性，在比附上请的基础上则形成条例。可以看到，比附上请不仅是阐释律条的过程，也为明代条例的形成提供了制度途经。

比如《大明律·刑律》"亲属相奸"条[3]惩治同宗无服亲、五服

1　《明穆宗实录》卷28，隆庆三年正月己巳，第751页。

2　［明］高举：《大明律集解附例》卷1，第370—371页。

3　律条规定："凡奸同宗无服之亲及无服亲之妻者，各杖一百。若奸缌麻以上亲，及缌麻以上亲之妻，若妻前夫之女，及同母异父姊妹者，各杖一百，徒三年；强者，斩。若奸从祖祖母姑、从祖伯叔母姑、从父姊妹、母之姊妹及兄弟妻、兄弟子妻者，各绞；强者，斩。若奸父祖妾、伯叔母姑姊妹、子孙之妇、兄弟之女者，各斩。妾各减一等，强者，绞。"参见［明］高举：《大明律集解附例》卷25，第1845—1846页。

内亲之间发生的奸情，但是对于亲属之间相奸未成的情况则没有明确的规定。明初以来，亲属相奸未成者，均比附"亲属相奸"条定罪，奏请定夺，其间或充军，或斩或绞处断不一，影响司法稳定。成化六年（1470年）四月，经刑部尚书陆瑜等题准，"今后法司问拟亲属相奸囚犯，务要推究真情，不分成与未成，俱依律拟议绞斩罪名，仍将未成缘由奏请定夺"[1]，将以前临时临事比附上请的做法题准而确定成为条例。这一条例经过简单的改动，进入弘治《问刑条例》，内容如下："亲属犯奸至死罪者，不分成奸与未成奸，俱依本律科断，仍将未成缘由奏请定夺。"[2] 这一条例对比附程序予以了确定，但最后定罪则仍需临时定夺。嘉靖七年（1528年），亲属相奸未成到底如何处断，再次进入中央司法部门的视野。大理寺提出，解决这一问题首先涉及对《大明律》"犯奸"卷下首条律条"犯奸"条重要性的认识及其律意的理解。大理寺认为"亲属相奸"这一律文中之所以没有说明相奸未成的情况，是因为《大明律》"犯奸"条已经明确规定，"强奸者绞，未成者杖一百流三千里"。"犯奸"条"实为诸条总要"，所以其中有关相奸成与未成的规定不仅仅针对常人，也适用于亲属之间强奸未成："故亲属相奸者，不载未成之文，以其载于首条，故本条不复重出。"这样，按照"犯奸"条的律意，亲属相奸，成与未成，"其罪不容无间"，在定罪上需要做出区分。"若奸而未成，皆坐绞斩，其已成者当加入于凌迟矣"，说明亲属之间相奸未成而坐死罪，并不符合律意。大理寺又征引永乐以后亲属相奸未成奏请皇帝以充军定罪的事例，为此再次提议，亲属相奸未成，不能定拟死罪。法

1　［明］戴金：《皇明条法事类纂》卷43，第733页。
2　［明］白昂等：《问刑条例》，第262页。

司会议，刑部题请，圣旨定："今后亲属犯奸未成的，都依律问罪，发边卫充军。著为定例。"[1] 嘉靖重修《问刑条例》，此条收入："凡亲属犯奸至死罪者，若强奸未成，依律问罪，发边卫充军。"万历再修《问刑条例》，此条例承继不变。[2] 可以看到，比附上请不仅涉及对"亲属相奸"这一律条的理解，也涉及对《大明律》"犯奸"条甚至"犯奸"一卷总体设计的理解。同时，比附上请也成为相关条例形成的重要途径。

1. 刑部与条例的形成及整编

《大明律》"断罪无正条"明确规定了刑部在比附上请中的核心地位，也由此规定了刑部在律条解释与条例形成中的核心地位。以上有关"亲属相奸"未成的讨论，虽然由大理寺的官员提出，但是经过法司会议之后，均由刑部形成题本奏请而形成定例。换言之，包括大理寺在内的其他司法部门均可能对律条的行用以及比附律条的问题提出建议，但是须在刑部的主持下进行会议，并将会议结果题请皇帝。弘治六年（1493 年）大理寺左少卿屠勋应诏陈言，其中也提到"亲属相奸"条比附中存在的问题。为此"乞敕刑部通行两京内外问刑衙门，今后遇有人犯罪无正律应该比附者，务要斟酌情罪相当，必使罪合律条，方才奏请定夺。至于比拟死罪之际，尤不可不慎，而摘引律文，亦要详究律意所在，不可妄自摘拟比附，庶几刑不枉滥而和

1　黄彰健：《明代律例汇编》卷 25，第 937—940 页。
2　参见［明］顾应祥等：《重修问刑条例》，载杨一凡等主编：《中国珍稀法律典籍集成》乙编第二册，科学出版社，1994 年，第 501 页；［明］高举：《大明律集解附例》卷 25，第 1849 页。

气可召矣"[1]。这也证明了刑部在比附上请中的职掌与地位。

　　不仅通过比附律条而形成的条例均经刑部会议题准而成，有明一代，弘治《问刑条例》的初修，嘉靖、万历间《问刑条例》的重修与再修，也均由刑部主持，最后由刑部尚书领衔上呈皇帝。比如弘治十一年（1498年），皇帝下诏三法司查议整编条例，《问刑条例》的修订工作正式开始。时任刑部尚书白昂率领刑部长官，会同都察院、大理寺长官对现行条例首先进行审核，将其中情法适中、经久可行的条例上报皇帝。孝宗皇帝命令多官协同，对这些经过选择的条例再次进行讨论。于是刑部领衔，与都察院、大理寺，会同吏、户、礼、兵、工各部尚书和左右侍郎，通政司通政使以及左右通政、左右参议，对条例进行会议。会议停当，最后由刑部尚书白昂等以题本的形式，将修订完成的《问刑条例》进呈孝宗皇帝。[2] 万历十三年（1585年）《问刑条例》再修完成，从刑部尚书舒化等所上《重修问刑条例题稿》来看，刑部尚书、侍郎在《问刑条例》的修订中有主持之功，而刑部属官包括郎中、员外郎与主事则具体从事了大量条例的查咨、审议、整编、讨论与修订工作。在《重修问题条例题稿》中，舒化追述在这一持续将近十年的巨大修订工程起到重要作用的刑部官员："万历四五等年，该原任本部尚书王崇古陆续札委原任四川清吏司郎中须用宾，湖广清吏司员外郎王贻德，河南清吏司员外郎王鏻和主事余国宾、谢良弼，山西清吏司主事周德涵，四川清吏司主事刘东星，广东清吏司主事朱衣、王泮、张一坤，山东清吏司主事高文炳、刘禹

　　1　［明］屠勋：《为应制陈言疏》，载［明］陈子龙等：《明经世文编》卷89，第799页。

　　2　参见［明］白昂等：《问刑条例》卷首，第217—219页。

谟，陕西清吏司主事张振先，云南清吏司主事沈思孝接管纂修"；
"万历六年二月内，该原任本部尚书严清札委本职及原任湖广清吏司
主事李伯春、方范将各条例及《大明令》、《大明会典》、累朝诏赦、
宗藩、军政条例、漕运议单并节年各衙门题准事例凡有关于刑名者，
各查照本律，参酌事情，逐一承堂，再三校勘"，汇集成书，而且誊
写三十余部咨送各部院衙门堂上官及该科共同酌议；万历十一年
（1583 年），"该本部仍委本职会同原任河南清吏司郎中冯孜、原任山
东清吏司郎中施梦龙重加详议"，仍誊写三十余部咨送各相关衙门，
各衙门回咨，对其中有异同者，进行修订，本部催督，"仍委本职会
同郎中王炳璿、员外郎章润、主事詹思谦再行逐条评议"，编辑之后
上呈。[1] 从中不仅可以看到舒化等刑部长官的作用，也可以看到刑部
大量官员在《问刑条例》修订中的参与。

2. 以雷梦麟《读律琐言》为例

刑部在条例整理中的核心作用对于其所属官员的注律显然具有重
要的影响。以雷梦麟《读律琐言》为例。雷梦麟，字伯仁，江西南
昌府进贤县人，嘉靖二十三年（1544 年）甲辰科进士，初授无为州
知州，迁工部员外郎，之后进入刑部为官。史称雷梦麟在刑部任职期
间"明法律、善持平"[2]。嘉靖三十四年（1555 年），雷梦麟以刑部
员外郎身份恤刑江西。[3] 嘉靖三十六年（1557 年），汪克用刊行《读
律琐言》，其卷目下署名"刑部山东清吏司郎中臣雷梦麟注"[4]。则

1　参见［明］舒化等：《重修问刑条例题稿》，载［明］姚思仁：《大明律附例注
解》卷首，第 4—24 页。
2　［清］叶舟修，陈弘绪纂：康熙《南昌郡乘》卷 37，清刻本，第 41 页下。
3　参见《明世宗实录》卷 430，嘉靖三十四年十二月壬子，第 7434 页。
4　转引自何勤华：《中国法学史》第 2 卷，第 232 页。

《读律琐言》应该是雷梦麟在其刑部员外郎、郎中任上完成的。从时间推算来看，雷梦麟在刑部任职时，正是嘉靖重修《问刑条例》展开之时，雷梦麟作为刑部官员，很可能直接参与了具体条例的整理、讨论与编撰事务。

《问刑条例》的再修作为刑部的重要事项，在雷梦麟的律注中留下了深刻的印记。雷梦麟《读律琐言》卷首收入《御制大明律序》，之后列《大明律》总目，直接进入律条正文，卷首并无《五刑之图》等图表的收入。《读律琐言》三十卷，律文包括律内小注。律文之下，以"琐言曰"引出，阐明他本人对于律条的理解。雷梦麟在《读律琐言》的律条注释之后，以《问刑条例》引出，收录条例。条例出自嘉靖重修的《问刑条例》。嘉靖重修《问刑条例》完成于嘉靖二十九年（1550 年），嘉靖皇帝于这一年十二月下旨刊发重修《问刑条例》，要求内外衙门，一体遵守。[1] 至嘉靖三十四年（1555 年），时任刑部尚书何鳌等又"奏上律例九事"，经多官议准，续入重修《问刑条例》。[2] 《读律琐言》收录的条例中包括了嘉靖三十四年（1555 年）新题定的这九条条例。[3] 上文提到，《读律琐言》在嘉靖三十六年（1557 年）就已经刊出，可见该律注对条例的收入相当及时，这显然与雷梦麟在刑部为官是密切相关的。

更重要的是，雷梦麟的《读律琐言》不仅在律条之后收录了条

1　参见［明］顾应祥等：《重修问刑条例题稿》，载［明］陈省：《大明律例》卷首，明刻本，第 10 页下—11 页上。

2　参见《明世宗实录》卷 419，嘉靖三十四年二月辛巳，第 7273—7275 页。

3　分别参见《读律琐言》卷 1 "应议者犯罪"条下两条，第 7 页；卷 2 "官员袭荫"条下两条，第 75—76 页；卷 14 "主将不固守"条下一条，第 252—253 页；卷 14 "纵放军人歇役"条下一条，第 262 页；卷 18 "白昼抢夺"条下一条，第 321 页；卷 23 "在官求索借贷人财物"条下一条，第 428 页；卷 25 "亲属相奸"条下一条，第 451 页。

例，而且也对相当一部分条例进行了注释。比如《大明律·户律》"把持行市"条下收录条例八条，其中第五条为成化十四年（1478年）十一月初四日圣旨，雷梦麟在此条例下注解："开市之法，或启边衅，今已难行矣。"[1] 同样，在《兵律》"从征守御官军逃"下，收录有关"轮操官军"条例一条，同样由宪宗皇帝钦定。雷梦麟在此条例下注解：

> 琐言曰：官旗无力纳钞者，就在原问衙门单衣决打。若有力，仍令纳钞。初犯打七十，该钞四贯二百文；再犯打一百，该钞六贯，各赎罪。以其为操官，故宽之也。国初未有京操之事，律无正条，故宪庙特为著此例也。如有犯者，仍问不应，引例断之。[2]

在现存明代律注中，《读律琐言》是第一部对条例进行注释的律注。

《读律琐言》在三十卷正文之后有附录，收录《原行赎罪则例》《徒限内老疾收赎则例》《官司故失出入人罪增轻减重例》《奏行时估例》《服制》《题奏之式》《行移之式》《招议之式》。在现存官员撰著的《大明律》律注中，《读律琐言》是第一部设有附录的律注。雷梦麟直接说明，附录部分条例的收录与刑部修订《问刑条例》这一背景有关。比如在《原行赎罪则例》下，雷梦麟解释如下：

1　［明］雷梦麟：《读律琐言》卷10，第203页。
2　［明］雷梦麟：《读律琐言》卷14，第265页。

琐言曰：以上赎罪则例，系原行者，轻重适当，经久可行。其后虽有节年题准事例，如稍次有力，则过于轻；如每徒一年折银十两，每米一石折谷二石，则过于重。其户部等衙门有因救荒而题者，有因助边而题者，各轻重不等，要非适中之例，虽一时暂行，而不可以久远。故今重修《问刑条例》，特为开示，止照原行则例拟断，不许妄引别例，庶几较若画一，而无彼此异同之患，轻重适平，而为经久可行之政矣。若夫纳钞赎罪之法，止于答、杖而不及徒、流者，罪重而钞轻故也。[1]

《读律琐言》附录部分的《行移之式》收录刑部与其他各衙门之间有关司法事务往来的行移，共十二式文书，[2] 分别为刑部题本请旨参提武职和五品以上文职的《参提武职官员》《参提文职五品以上官》；刑部行文五城兵马司，送在押犯人指认相关嫌疑人犯，或者催提相关人犯的《行城从人》《行城催提》；为刑名事务行文顺天府的《行府提人》《添提人犯》；刑部行文大理寺，将审过人犯文书送大理寺审录的《审录定发》《审录定发　粘招与原发》；刑部行文司礼监的《内官犯罪送司礼监发落》；刑部行文都察院与其他各部，落实刑部题准事宜的《咨都察院并各部》。此外，《行移之式》下还收录《例该本审人犯》，将刑部应该直接审理的人员列举如下：

军职犯答罪，参问。招前不序功，议后不请旨，仍用本审。
内外文武职官及一应冠带人

1　［明］雷梦麟：《读律琐言》，第 526 页。
2　［明］雷梦麟：《读律琐言》，第 576—581 页。

公侯驸马伯子孙

内外文武官、命妇及未受封军职正妻

内外僧道官

凡应请旨发落人犯

应军民徒流死罪强盗

文武官员人等，革前犯徒罪，革后拟罪免科，仍用本审。

又有《例该牒审人犯》，包括：应军民杖罪以下；军职正妻再醮者，革职官；文武官员为事做工在逃者，或虽不在逃而在别事取问者，亦无本审。

附录部分的内容丰富且具有实用性，而且与刑部事务密切相关，《读律琐言》对这些司法文书的收录，既与雷梦麟在刑部任职有关，也与他参与相关条例的归类整理有相当的关系。

《读律琐言》完成之后，很快得到刊印与流传。现存明刊本有嘉靖三十六年（1557 年）庐州府知府汪克用刻本和嘉靖四十二年（1563年）徽州府歙县知县熊秉元重刊本。[1] 汪克用、熊秉元与雷梦麟均为江西人，其中汪克用，字子才，江西广信府永丰县人，与雷梦麟为同科进士，初授浙江海宁知县，之后任庐州知府、湖广按察司副使等职，"所至多善政"[2]。熊秉元，字仁卿，江西南昌府丰城县人，与雷梦麟同属南昌府，嘉靖己未科，即嘉靖三十八年（1559 年）进士，初授南直隶徽州府歙县知县。在其知县任上，政绩突出，之后升刑部主事。[3] 史

1　参见怀效锋：《点校说明》，载［明］雷梦麟：《读律琐言》，第 2—3 页。

2　［清］连柱纂修：乾隆《广信府志》卷 17，清刻本，第 29 页上。

3　参见［清］张佩芳修，刘大櫆纂：乾隆《歙县志》卷 4，清刻本，第 16 页上。

称雷梦麟"尝奏进所著《读律琐言》"[1]，可见雷梦麟本人对律注所视甚重。确实，《读律琐言》在《大明律》律注方面的成就也得到时人很高的评价。唐枢专门指出《读律琐言》在条例方面的成就："并载后先定修之例，又详释而互述，欲检以应用，甚便。"[2] 隆庆元年（1567 年）巡按湖广监察御史陈省刊《大明律》律注，在其后序《恭书律例附解后》中提到当时律注十数家，"然窥天之管见，终不尽丰城雷梦麟氏，乃会粹诸家解，研思而融释之，著成《读律琐言》，议狱者多尚其说"[3]。从中可以看到《读律琐言》在当时的影响力。万历年间王圻著《续文献通考》，在其中的《经籍志·法律》部分，列举的《大明律》注释只有《读律琐言》《律条疏议》《读律管见》和《律解辩疑》四种，《读律琐言》位居其首，也可以看出《读律琐言》在当时的地位和影响。[4]

三、"买休卖休"律的讨论与注释

更值得关注的是刑部官员对律条的注释。

1. 隆庆三年之争

隆庆三年（1569 年），大理寺少卿王诤上言，指责刑部对《大明律》"买休卖休"一节理解不当、引用混乱。王诤提道：

1　［清］叶舟修，陈弘绪纂：康熙《南昌郡乘》卷 37，第 42 页上。
2　［明］唐枢：《木钟台集·法缀》，第 49 页。
3　［明］陈省：《恭书律例附解后》，载［明］陈省：《大明律例附解》后序，明刻本，第 1 页下。
4　参见［明］王圻：《续文献通考》卷 177，第 10703—10704 页。

律文犯奸条下所谓买休卖休和娶人妻者，本指用财买求其夫，使之休卖其妻而因以娶之者言也，故律应离异归宗，财礼入官；至若夫妇不合者律应离异、妇人犯奸者律从嫁卖则后夫凭媒用财娶以为妻者，原非奸情，律所不禁矣。今则概引买休卖休和娶之律，悉令离异，财礼入官。臣尝驳之，则又执称买休卖休和娶人妻，原不系奸情，然则何为载于犯奸条下也？

王净上言之后，时任刑部尚书毛恺作出回应，指出："买休卖休及本夫卖无罪之妻为义绝，本妇从嫁卖之命为失节；买休人娶有夫之妇为苟婚，故彼此俱罪，本妇归宗也。若犯奸自有正律，不当傅此。"[1]

隆庆皇帝下令由都察院左都御史王廷主持"公议以闻"。王廷随后上疏公议结果：首先，《大明律》"纵容妻妾犯奸"中的"买休卖休"部分虽"止曰本夫本妇及卖休之人，原无奸字"，但"买休卖休"律分列"犯奸"条下，上承"纵容抑勒通奸"之条，下接"用计逼勒休弃"之罪，"会议明属奸情"。王廷指出，刑部认为"夫妇大伦，不可辄卖，当一切裁之以法。则用正条罪难概拟"。因此，刑部主张"图财嫁卖者问以不应"，并"量追财礼入官"；"贫病嫁卖"出于无奈，后夫用财买娶，可以不坐。即对买妻卖妻的具体情境进行区分处断。这在都察院王廷等官员看来太过繁复，"于情虽便，颇属纷更"。王廷将公议上呈，请求皇帝裁夺。隆庆皇帝下旨："买休卖休本属奸条，今后有犯非系有奸情者不得引用。"[2]

1　《明穆宗实录》卷 28，隆庆三年正月己巳，第 749—751 页。
2　《明穆宗实录》卷 28—29，隆庆三年正月甲戌，第 754 页。原文为"今后有犯罪系有奸情者不得引用"，根据《明穆宗实录校勘记》（卷 28，第 263 页）改正。

王㥄，字子孝，号竹严，浙江永嘉人，嘉靖二十九年（1550年）进士，曾任知县、监察御史等职，隆庆二年（1568年）三月升任大理寺左少卿。[1] 毛恺，字达和，号介川，浙江江山人，嘉靖十四年（1535年）进士。[2] 隆庆元年（1567年）五月任刑部尚书，隆庆四年（1570年）二月辛丑从刑部尚书任上致仕。[3] 隆庆三年（1569年）王㥄与毛恺有关"买休卖休"问题的争论，除了两人在律意理解方面意见不合，也有刑部和大理寺权力不同的背景。有明一代，刑部审理的案件由大理寺复核，但刑部尚书是正二品，大理寺正官是正三品，大理寺驳回的案件，经常会受到刑部的抵制。弘治年间大理寺评事鲁永清也曾无奈地提道："虽经本等驳行，而依驳者十无一二。"[4] 在上述"买休卖休"律文的引用问题上，王㥄也认为这是刑部官员"不能输心服善，多务求胜"的结果。他说刑部"掌刑名"，大理寺"评审之"，"本以相济而非以相病也"，但是刑部官员"每每违背律例，独任意见"。[5]

但是三法司通过讨论，对律条律意及其应用进行阐明，也是朝廷制度的设定。明朝廷未曾颁布统一的、官方的《大明律》注解，当某一律条的律意出现不同的理解，在行用中出现不同的问题时，朝廷一般交由刑部、都察院和大理寺三法司官员进行讨论，将讨论结果上报皇帝批准之后，成为确定的对该律条的理解，从而起到厘清律意、统一司法的目的。

1　参见《明穆宗实录》卷18，隆庆二年三月己卯，第520页。

2　参见［清］张廷玉等：《明史》卷214《毛恺传》，第5666页。

3　参见《明穆宗实录》卷8，隆庆元年五月戊午，第223页；卷42，隆庆四年二月辛丑，第1034页。

4　［明］戴金：《皇明条法事类纂》卷46，第862页。

5　《明穆宗实录》卷28，隆庆三年正月己巳，第749页。

2.“买休卖休”的问题

“买休卖休”的问题其实由来已久。《大明律·刑律》“犯奸”卷下有“纵容妻妾犯奸”条，这一律条包括“买休卖休”的内容，具体规定如下：

> 若用财买休卖休和娶人妻者，本夫、本妇及买休人各杖一百，妇人离异归宗，财礼入官。若买休人与妇人用计逼勒本夫休弃，其夫别无卖休之情者，不坐；买休人及妇人各杖六十，徒一年。妇人余罪收赎，给付本夫，从其嫁卖。妾减一等，媒合人各减犯人罪一等。[1]

这一律条中提到的“休”是指休妻，“买休卖休”因此是指他人用财买某丈夫休妻，丈夫受财休妻，他人娶所休之妻的行为。一方面，“纵容妻妾犯奸”置于《大明律·刑律》“犯奸”卷下，位列此律条之前的是“犯奸”条，位列此律条之后的是“亲属相奸”条，则“买休卖休”条惩治的似乎应该也是奸情。但是另一方面，从上引律文可以看到，“买休卖休”一节中，律文本身并没有出现“奸”字，即律文未以“奸夫”“奸妇”指称买休人与妇人，而以“本夫”“本妇”指代，则这一律文惩治的似乎又只是买休卖休这一行为本身。休妻本有律法、礼法的规定，[2] 如果用财买休卖休，即买妻卖妻，则这一律文惩治的又应该是买妻卖妻的行为。

1　［明］高举：《大明律集解附例》卷 25，第 1840 页。
2　《大明律》中有关“出妻”的规定，可参见［明］高举：《大明律集解附例》卷 6，第 712—713 页。

从明初以来，律家对"买休卖休"这一律文进行注解，意见不一。正统年间张楷在其律注中解释，"买休卖休者，状同纵奸"，因此虽然这部分律文中没有"奸"字，却类同纵容妻妾犯奸。[1] 解释比较模糊，但是"状同"一词，则说明在张楷看来，这一律条并不只适用于涉及奸情的买休卖休行为。正德年间胡琼在注解这一律条的时候，则更关注这一律条"犯奸"的内涵："奸夫买其夫以离嫁其妻，本夫受奸夫之财而离嫁其妻，故曰买休卖休。"[2] 嘉靖年间雷梦麟《读律琐言》有关这一部分律条的注解与张楷的思路类似，但更为具体。雷梦麟首先指出"妇人从一而终，虽有犯夫之状，可出而不可卖也"。他解释道："律本奸条，不言奸夫而言买休人，不言奸妇而言本妇，则其买休卖休，固不全因于奸者，但非嫁娶之正，凡苟合，皆为奸也。故系载于奸律。"雷梦麟认为，"买休卖休"这一律条并不是专为涉及奸情的买休卖休行为而设的；但即使是没有实质奸情的买休卖休，也非嫁娶之正，所以虽不涉及奸情，也"皆为奸"，因此列于《大明律》之"犯奸"条下。雷梦麟还具体指出，如果买休人与妇人用计逼勒本夫休弃，则"买休人与妇人，纵无奸情，必先有悦从之心矣"，所以买休人与妇人各受惩罚，妇人要从夫嫁卖。[3] 雷梦麟的这一说法解决了"买休卖休"律置于"犯奸"条下，但律文内又不涉及"奸"字的问题。他拓展了张楷"状同"的解释，同时更明确地表明了"买休卖休"这一律条惩治的重点是买休卖休行为以及相应的买妻卖妻行为，而不全是奸情。稍后王樵在《读律私笺》

1　参见［明］张楷：《律条疏议》卷25，第5页上。

2　［明］胡琼：《大明律集解》卷4，明刻本，第50页下。

3　参见［明］雷梦麟：《读律琐言》卷25，第448—449页。

中也明确指出，"买休卖休和娶之与奸事，事异而情同，故二事共条焉"[1]，也是认为，买休卖休可能涉及奸情，也可能不涉及奸情，但无论是否涉及奸情，均非嫁娶之正，因此均有"奸"的性质，是"事异而情同"，所以"二事共条"。

王樵提出的"二事共条"触及了《大明律》"买休卖休"问题的核心。清末薛允升指出，关于"买休卖休"到底是否涉及奸情，"聚讼纷纷，迄无一定"，这是《大明律》修订中存在的问题，是"律文未尽明晰"的表现。他指出，《唐律》有关和娶人妻及嫁之这一问题，集中出现在《户婚门》下，不论有奸、无奸一体科断，更为清楚。而《大明律》"舍而不用，另纂律文两条，一在户律，一在刑律，意在求胜于《唐律》，而反有互相抵牾之处"，认为这是《大明律》修改《唐律》而不及《唐律》之证明。薛允升又指出，元代相关律法分为两条：一条列《户婚门》下，规定"诸夫妇不相睦，卖休买休者，禁之。违者，罪之。和离者不坐"；另一条则列入《奸匪门》，规定"和奸同谋，以财买休却娶为妻者，各杖九十七，奸妇归其夫"。[2] 则将涉及奸情的买休卖休和不涉及奸情的买休卖休分别立法科断。在薛允升看来，无论是《唐律》的归一还是元代律法的明确分立，均可以避免《大明律》"买休卖休"理解中的混乱。

隆庆三年（1569 年）大理寺王净与刑部毛恺争论的仍是以上问题。王净认为这一律条设置和惩治的核心是奸情，只适用于与奸情有关的买休卖休行为；因此，不涉及奸情的买妻卖妻行为，比如夫妇不合者律应离异，妇人犯奸律从嫁卖而后夫凭媒买娶，这些行为就不应

1　［明］王樵：《读律私笺·刑律》，第 2 页上。
2　［清］薛允升：《唐明律合编》，中国书店，1990 年，第 262—263 页。

该引用这一律条予以惩治。毛恺则认为，"买休卖休"一条本与犯奸无关，该律条惩治的重心是买休卖休和买妻卖妻行为本身。刑部认为买妻卖妻的罪行虽然均得惩治，但是情节有别，惩治应有差异。如果买卖中有设计和事先图谋的情况，则引用"纵容妻妾犯奸"条中的"买休卖休"；如果只是图财嫁卖，则引用《大明律》"不应为"条；如果实在是因为贫病而卖妻，则不予惩治。总之，以毛恺为首的刑部认为"买休卖休"这一律条并不是完全惩治奸情的条目。

在隆庆三年（1569年）刑部和大理寺有关"买休卖休"律的讨论中，刑部对于该律条的理解和引用在公议之下被否定，王诤的意见得到肯定，隆庆皇帝的圣旨为这一讨论画上了句号："买休卖休"律只适用于涉及奸情的案例，不涉及奸情的买休卖休不以此律科断。

王藻，隆庆二年（1568年）进士，初授礼部祠祭司主事，万历二年（1574年）四月升广东道监察御史，万历五年（1577年）二月巡按山东。[1] 万历六年（1578年）四月，以"巡按山东监察御史"署名，刊刻《大明律例》。[2] 在"纵容妻妾犯奸"条下，王藻录《续题事例》一款："隆庆三年五月内，该都察院题，奉穆宗皇帝圣旨：买休卖休，本属奸条。今后有犯，非系有奸情者，不得引用。钦此。"[3] 可以看到这一圣旨在律注中的样貌。

3. 郑汝璧与冯玫的律注

上一章提到，刑部郎官郑汝璧注解《大明律》，时间就在隆庆年

1　分别参见《明神宗实录》卷24，万历二年四月己巳，第625页；卷59，万历五年二月丙寅，第1356页。

2　参见［明］王藻：《大明律例》卷30，明刻本，第6页下。关于王藻的《大明律例》在本书第六章有讨论，可参见。

3　［明］王藻：《大明律例》卷25，第6页上。

间。郑汝璧为隆庆二年（1568 年）进士，初授刑部江西司主事，后升职为刑部云南司郎中，正是以上议律事件的亲历者。郑汝璧曾明确提到刑部尚书毛恺"命律解"，则郑汝璧与毛恺之间关系也密切。郑汝璧的律注在万历二十二年（1594 年）刊印。现存明刻本《大明律解附例》卷末注明"万历二十二年仲春月校刊"[1]，即是郑汝璧在山东巡抚任上刊印的版本。

在《刑律》"纵容妻妾犯奸"条下，有关"买休卖休"一节，郑汝璧注释如下：

> 买休卖休一节，律系奸条，必为先奸后娶者而设，然其不专言奸夫而曰卖休人，不专言奸妇而曰本妇，亦可见买休卖休固有不因奸而犯者，亦宜照此律科断，不然典雇妻女者有罪，将妻妾妄作姊妹嫁人者有罪，若谓卖妻者律无文而不禁，是果律遗之哉？正以卖妻与人，既坏夫妇之伦，又非嫁娶之正，有类于奸，故即系犯奸条下而诸条不及言耳，附此以俟奏请定夺。[2]

郑汝璧的注解充分继承了雷梦麟的相关说法，但是对于"买休卖休"这一律条惩治买妻卖妻的实质进行了更明确的说明。雷梦麟提出"但非嫁娶之正，凡苟合，皆为奸也。故系载于奸律"，但对于什么是"非嫁娶之正"，什么是"苟合"，并无说明。郑汝璧在继承雷梦麟此句解释的同时，明确加上了"卖妻与人"，说明"卖妻与人"，"有类于奸"。此外，郑汝璧又对律法有关卖妻事宜进行了阐

1　［明］郑汝璧：《大明律解附例》卷30，明刻本，第5页下。
2　［明］郑汝璧：《大明律解附例》卷25，第3页下—6页上。

释，进一步确定"买休卖休"律正是为惩治买妻卖妻的行为而设。郑汝璧提到《户律》"婚姻"目下有"典雇妻女"条，[1] 规定对受财而将妻妾典雇与人为妻妾，将妻妾妄作姊妹嫁人的情况进行惩治；那么，《大明律》又如何会缺失对卖妻进行惩治的律条？他认为"买休卖休"这一律条的设置目的正在于此。这与毛恺和刑部的意见相当一致。郑汝璧在该注释之首句提到"律系奸条，必为先奸后娶者而设"，但未指出这是隆庆皇帝之诏令。在这之后，以"然"字引出，对这一说法进行了多方的驳斥。在注释的最后，郑汝璧有"附此以俟奏请定夺"之词，说明这一问题仍有进一步讨论的必要。可以看到，郑汝璧实际上否定了隆庆诏令对"买休卖休"律适用的规定。

郑汝璧于刑部注律的同时，刑部郎官冯孜也在研习和注解《大明律》。冯孜与郑汝璧为同科进士，并同时进入刑部为官。冯孜的律注完成之后，也未有刊行。直至万历十九年（1591 年），大理寺官员刘大文恤刑江南，在南直隶安庆府刊刻该律注，题名《大明律集说附例》，卷目下署名："桐乡原泉冯孜著，博州彬予刘大文编，汝南纫兰赵寿祖阅，广安斗垣王德光校。"[2] 《大明律集说附例》在"纵容妻妾犯奸"条下，对其中的"买休卖休"一节有详细的律注如下：

> 此条专定纵抑奸休之罪，所以正纲常，维礼义也。休，离也，和娶，承买休卖休说，总是一意。盖夫妻居五伦之一，朝廷立法以礼教民，凡妻犯义绝应离，或不相和谐而愿离及有应出之

1　《大明律》中有关"典雇妻女"的规定，可参见［明］高举：《大明律集解附例》卷 6，第 650 页。

2　［明］冯孜、刘大文：《大明律集说附例》，第 1 页上。

状，许听离，出，归宗。若犯奸及背夫在逃，或逼夫休弃，方听告官断给嫁卖。又设"出妻"及"妄作姊妹嫁人"与此"买休卖休"之条，以绳治之，正所以扶植大伦，见妇人从一而终，虽有犯夫之状，可出而不可卖也。观此律文不曰奸夫而曰买休人，不曰奸妇而曰本妇，则所谓买休卖休固不全因于奸者，但非嫁娶之正，凡苟合，皆为奸也，故系载于奸律之下。或谓律本奸条，且为正规模有先奸后娶之说，故买休卖休必审有奸情，方坐此律；若无奸情而夫因贫难不能度活，将妻得受财礼，立契卖与人为妻，则不得谓之买休卖休，听之而已矣。殊不知，若恤其贫遂听废礼悖法，则不但妻可卖而受财典雇与人为妻，或勒抑纵容与人通奸，更可无禁耶。古云饿死事小，失节事大。使徒以废礼之事，为怜贫之典，要非立法本意也，此往年掌邦宪者相持论议而不能归一，嗣奉有旨买休卖休本属奸条，今后不系因奸，不许妄引。则凡因贫卖妻非有先奸后娶之情，自不得以买休卖休论矣，此律还俟再行奏请酌议之可也，但今既奉明旨，问刑者，凡遇此事，惟可临时权宜。如果因贫不能度活，出于不得已而将妻嫁卖者，原情轻恕之；若先因有奸而两下私通，或逼勒而卖者，俱从买休卖休律科断，庶可以尽法中之情，而与新例亦无碍矣。[1]

冯孜的注解显然比郑汝璧的要更委婉求全。冯孜在律注的最后加入了隆庆三年（1569 年）的圣旨，并说明司法中只有涉奸的买妻卖妻行为，才可以引用"买休卖休"一条，才能与"新例"无碍。但

1　［明］冯孜、刘大文：《大明律集说附例》卷 8，第 4 页上—5 页下。

是，审视冯孜的律注，则可以看到其主要的篇幅其实是在表达与刑部和毛恺一致的意见，对王埁和圣旨的规定则颇见不平。冯孜的律注也继承了雷梦麟的说法，"所谓买休卖休固不全因于奸者，但非嫁娶之正，凡苟合，皆为奸也，故系载于奸律之下"，认同"买休卖休"律并不一定只适用于涉奸的买妻卖妻行为；另外，和郑汝璧一样，冯孜也相当明确地指出"买休卖休"律以惩治买妻卖妻为核心，只是立论的角度略有不同。冯孜认为，妻不可卖，即使因为贫困而卖妻，也是违法的行为。如果因为贫困而可以卖妻，那么也可以因为贫困而典雇妻女，也可以因为贫困而纵容妻女与人通奸，而《大明律》对此两项是明文予以禁止的。很明显，和郑汝璧一样，冯孜也认为"买休卖休"适用于一般的买妻卖妻行为，而不是必须在有奸情的情况下才适用。此外，冯孜的律注中虽然引用了隆庆圣旨，但是又提到"此律还俟再行奏请酌议之可也"；在处断时，注释说到"既奉明旨，问刑者，凡遇此事，惟可临时权宜"。"再行奏请酌议"和"临时权宜"明显表达出冯孜对隆庆圣旨及其司法应用的犹疑。

郑汝璧与冯孜对"买休卖休"的注解是颇值得关注的。两人在刑部任职，在对"买休卖休"这一律条的理解上与尚书毛恺的意见一致，本可以理解，但是在隆庆皇帝以圣旨的方式对"买休卖休"的理解和行用确定之后，郑汝璧和冯孜在其律注中仍对自己的不同意见进行充分的阐述，则意味深长。首先，郑汝璧与冯孜虽然是私人注律，律注是其个人研习《大明律》的成果，代表了个人对《大明律》律条的理解，但是郑汝璧、冯孜是朝廷的官员，是刑部的官员，在其律注中对皇帝的圣旨表达不同的意见，既以朝廷在这一领域提供足够的自由空间为背景，也说明他们对于自己的律法知识有强烈的自信并因此而予以坚持。其次，郑汝璧与冯孜对"买休卖休"的理解，受到雷梦麟律注的深刻影响。从上文对雷梦麟律注的讨论来看，雷梦麟不仅也在刑部任上完成其《大明律》律注，而且其《读律琐言》一书在隆庆初年已经广为流传，并获颇多好评，在律法领域具有相当的权威。无论是刑部的意见，还是雷梦麟的影响，郑汝璧与冯孜坚持的其实是律法的专业性，因此，从某种程度上说，他们的律注是以律法的专业性挑战了皇帝的圣旨。如果说刑部对其属官在通晓律意上有养成之功，这或许是养成之功的最要害之处：刑部官员对于律条、律意本身的追求，或者说对于刑名知识专业性的重视和坚持。

而就"买休卖休"这一问题而言，这一专业性律注的影响力也得到了充分的验证。冯孜和郑汝璧的律注均在万历中期刊印，其中郑汝璧律注的影响力十分显著。万历二十四年（1596 年），以都察院左都御史等官员署名的《大明律集解附例》，即本书在第三部分要具体讨论的衷贞吉本《大明律》律注得到刊印，其中关于"买休卖休"一节的注释与郑汝璧律注完全相同。[1] 此后，有关"买休卖休"这一律文的注解开始趋同，以官刊本论，万历三十八年（1610 年）高举巡抚浙江期间刊印《大明律集解附例》，关于"买休卖休"一节的注释，与郑汝璧的律注一致。[2] 以私刻的律注论，万历四十年（1612 年），王樵之子王肯堂刊刻《大明律》律注。这一律注是在王樵《读律私笺》的基础上拓展而成的，在"买休卖休"一节的注释中，首先录用了王樵的注释，其后则完整地收录了上述郑汝璧的律注。[3] 而书坊本《大明律》律注，在此律条下的注释主要采用的则是雷梦麟

1　参见 ［明］衷贞吉：《大明律集解附例》卷 25，第 5 页下—6 页上。

2　参见 ［明］高举：《大明律集解附例》卷 25，第 1844—1845 页。

3　参见 ［明］王樵、王肯堂：《大明律附例》卷 25，第 3 页下—4 页上。

《读律琐言》的注释，比如万历年间福建建阳安正堂刊行的《全补傍训便读龙头律法全书》，在《刑律》"纵容妻妾犯奸"条下，关于"买休卖休"有律注称："此不言奸夫而言买休人，不言奸妇而言本妇，则其买休卖休固不全因于奸，但非嫁娶之正，凡苟合，皆为奸也。"[1] 崇祯序刊本《临民宝镜》中有关"买休卖休"的注释与此完全相同。[2] 则无论是官府刊刻，还是私家刊刻，抑或书坊刊行的律注中，到万历后期，沿袭的多是雷梦麟、郑汝璧这一说法，即"买休卖休"律惩治的并不是奸情，而是买妻卖妻行为，因此无论是否涉奸，均可以引用。隆庆三年（1569 年）的圣旨似未得到普遍落实。

沈家本对上述隆庆三年（1569 年）毛恺与王诤有关"买休卖休"律的争论和皇帝最后的裁定曾有讨论，称此为"更定买休卖休律"[3]。从以上的讨论可以看到，隆庆圣旨既没有改变《大明律》律文，甚至连律文之注释也未予以确定。通过刑部官员在《大明律》律注中的坚持，最终流传的还是刑部的主张。

小　结

上一章提到，刑部不仅对其属官提出了通晓律意的要求，而且还是其通晓律意的养成之所。刑部的养成之功不仅体现在将通晓律意落实在职掌和案牍中，为刑官注律提供独特的"幸无多事"和相处融洽的环境，还体现在对刑部官员律注的影响上：刑部对律条的讨论，

1　［明］贡举：《全补傍训便读龙头律法全书》卷 7，明刻本，第 37 页下。
2　参见［明］苏茂相：《临民宝镜》卷 9，明刻本，第 18 页上。
3　［清］沈家本：《沈寄簃先生遗书》，第 483 页。

深刻地影响了其属官对于律意的理解；刑部对《问刑条例》的修订，也影响了这一时期刑部官员律注的内容；而更重要的可能还是刑部对这些刑官有关律条、律意和律注态度的影响。无论是郑汝璧、冯孜在律注中表达的对隆庆皇帝圣旨的不同意见，还是王樵对刑部尚书舒化将《大明律》和《问刑条例》合一这样做法的批评，均可以看到刑部官员在研习《大明律》基础上的自主性表达，这是一种对刑名知识的专业性的追求和表达。而刑部官员在各自的律注包括格式和内容中呈现出来的个性，也正是这种自主性的体现。换句话说，明代的刑部不仅有效地将一部分本无专门律法知识的新进官员培养成了律家；更重要的是，刑部还培养了他们对于律法知识专业性的尊重、传承与追求。而刑部官员通过律注的撰著及其流传，又使他们的律法知识以及他们对待律法知识的专业态度有效地影响了明代的司法和明代律法的发展，对"买休卖休"律条的理解是最好的证明。而这或许是刑部养成之力的最大意义。

第三部分　律法专家群体的建设

第五章
以宪府官员为律法专家

"宪府"是指明代的司法监察系统，包括中央的都察院与地方的按察司系统。明朝廷要求百官通晓律意，但是赋予宪府官员更为特殊的角色：他们是百官通晓律意的考核和监督者。有明一代，宪府官员在《大明律》律注中的积极态度和角色，与这一制度设计密切相关。

本章从张楷《律条疏议》及其在江西按察司的刊印说起，论述制度以及制度规范下的宪府官员及其在《大明律》律注编纂和刊印中的地位。

一、张楷、宋儒与《律条疏议》

在现存《大明律》律注中，张楷的《律条疏议》[1] 地位特殊。该律注刊印时间早，律意精详，是明代中后期官员研习《大明律》的重要参考之作。

1　［明］张楷：《律条疏议》，天顺五年刻本，上海图书馆善本室藏。

1. 张楷与《律条疏议》

《律条疏议》现存最早的版本为天顺五年序刊本，卷首收录江西按察司副使张整的序言，对本律注的作者、编者与刊刻缘由进行了交代。且录全文如下：

> 立法在乎简明。古者以有限之法，治无穷之情，而政清民化，此简明之效也。后世科条数万，比例愈繁，吏便其可而易于舞，民难于避而易于犯者，岂非不简不明之过乎？我朝酌古准今，著为律令，昈分汇聚，条目简明。诚万世之典常也。有官君子瘁心瘅视，熟讲而遵行之，奚敢上下其手，而自为轻重者哉？但其文义简古，包括宏远，有非浅薄之见所能推，臆度之知所能测，故四明张公式之因历官宪府，讲习之久而有得焉。遂考订始末，述沿革之由，著律文之义，设问答以辩其疑，为总说以详其意，编次成书，名曰疏议。藏之私箧，或间有一二同志者得录其本，在它人则不能遍观而尽识也。然抄写舛讹及经久磨灭，观者亦不免有以亥为豕，以鲁为鱼之叹，于是西江金宪宗鲁宋君募其写本，而憾传之弗广，询诸僚友，考其差讹，正其条理，缮录锓梓，属予识之。嗟夫，法律之书，繁简不一，汉魏以来或并包其类，或因革其名，至唐而始勒成一代之典，其防范详悉总归于唐也。迨我圣朝铨量删定，通乎人情，达乎物理，增损得宜，简明切要，又非唐律所可拟者。张公虑始学之难明，述为疏议，发其指归；而宗鲁尤虑抄录之弗遍，特锓诸梓以大其传，二公始终用心之广同一揆矣。继自今，士于入官之初而议事谳狱，得此书而

参考之，则亦未必无小补云。天顺五年岁在辛巳春三月甲子江西按察司副使云间张鏊识。[1]

《律条疏议》在该序言之后，直接进入正文。律注首先对《大明律》的卷目进行注释，比如卷二十三为《受赃》，律注首先对这一卷目本身进行考订，述其沿革之由：

> 疏议曰：昔李悝造《法经》六篇，"不廉"载于《杂律》；汉立九章，虽无其制，景帝元年诏，吏受所监临，即坐免官爵为重，是亦有其目也。晋分李悝《杂律》为请求，梁易为受赇，后魏北齐皆去其目，后周复为请求，隋又去之，以其事系职制，唐因之。国朝以赃为蠹政之由，特立其目，而于无禄、有禄，枉法、不枉法之制，尤加详密。取《唐律》"职制"下篇"有事以财行求""有事先不许财""因使受送馈率敛""监临财物挟势求索"诸条而易其目，又审其未备，增立"家人求索""风宪犯赃""尅留盗赃"等条，总名曰《受赃》。[2]

《律条疏议》录律文，包括律内小注。在律文之后，以"疏议曰"引出，对律文进行注解；在一些条目之下，在"疏议曰"之后，设"问"与"答"，从律条应用的角度对律文作进一步的阐释；再以"谨详律意"对律意予以阐发。比如《受赃》卷下"有事以财请求"条律文规定：[3]

---

1 ［明］张鏊：《律条疏议》序，载［明］张楷：《律条疏议》，第1页上—4页上。
2 ［明］张楷：《律条疏议》卷23，第1页上—1页下。
3 律文以及下文所引注释，见［明］张楷：《律条疏议》卷23，第5页上—6页上。

凡诸人有事以财行求得枉法者，计所与财坐赃论。若有避难就易，所枉重者，从重论。其官吏刁蹬用强生事，逼抑取受者，出钱人不坐。

该律条下的注解包括上述"疏议""问答"与"谨详律意"三个部分：

疏议曰：凡诸色人等，本身有事而用财请求于人者，若系枉法之事，则计其所与之财，依坐赃致罪科断，罪止杖一百徒三年。若因避难就易，所枉之事重者，从重论。假如有人原犯流三千里，用钞二百贯买求，止坐徒一年，是避流配之难，就徒役之易，计所与财坐赃论。二百贯止该徒一年半，比原犯三千里，所枉之罪重于坐赃罪也，当从原犯杖一百流三千里之重罪，故曰从重论。若人有事，初非用财行求，而承行之官吏或刁蹬留难不与定夺；或恃其势力，于本宗事外，别生异议，抑勒以取受财物者，止坐受财人罪，出钱人得依诈欺恐吓例不坐。

问曰：本条原得枉法者坐赃论，若以财行求不枉法者，作何拟断？

答曰："坐赃"条云，两相和同取与，出钱人减五等；以财请求，事不枉法，非两相和同乎？即此律也。

谨详律意：有事在官，一听于法。用财求免，是幸脱也。若所求事干枉法，坐赃以科；如所请就易避难，从其重论。官吏强取，与者不坐，以刑恐吓诈欺之比也。

这就是张鎣在序言中提到的"著律文之义，设问答以辩其疑，为总说以详其意"，各有侧重。律注中提到的"坐赃致罪""坐赃"，同属《受赃》卷，该律条规定："凡官吏人等，非因事受财坐赃致罪，各主者通算折半科罪，与者减五等。"律下原有小注："谓如被人盗财，或殴伤，若倍偿及医药之外，因而受财之类，各主者并通算折半科罪。为两相和同取与，故出钱人减受钱人罪五等。又如擅科敛财物，或多收少征钱粮，虽不入己；或造作虚费人工物料之类，凡罪由此赃者，皆名为坐赃致罪。"[1]《律条疏议》征引同卷律条及律内注解，对"有事以财请求"的理解和应用进行了说明与阐释。

《律条疏议》以上的注解方式殊具特色。正如张伯元所提到的，"疏议""问答"这样的律条注解方式在以前就存在，"谨详律意"则是张楷的独创。[2]

《律条疏议》三十卷，无跋，无附录。

张鎣在序言中提到"四明张公式之因历官宪府，讲习之久而有得焉。遂考订始末，述沿革之由，著律文之义，设问答以辩其疑，为总说以详其意，编次成书，名曰疏议"；又指出"张公虑始学之难明，述为疏议，发其指归"。则认为张楷注解《大明律》有两个方面的原因：其一，张楷长期担任宪府官员，对《大明律》多有研究，所以才有能力完成律注；其二，张楷认为对于初学者，比如初入仕途的官员而言，理解律意并不容易，则这一律注的完成有帮助后学之目的。

张楷，字式之，号介庵，祖籍浙江宁波府慈溪县，后徙居宁波府

1　　［明］张楷：《律条疏议》卷 23，第 3 页下—4 页上。
2　　参见张伯元：《张楷〈律条疏议〉考》，载韩延龙编著：《法律史论集》第 3 卷，法律出版社，2001 年，第 545 页。

鄞县，因此史籍记载其或为慈溪人，或为鄞县人。史载张楷"少颖异，读书过目成诵"，在少年时代就已经是一位异于常人的才子。[1] 张楷为永乐二十二年（1424 年）甲辰科进士，进入仕途不久即入职为南京江西道监察御史，申冤理枉、知律明刑，在刑名事务的处理上颇显锋芒。应天府江宁县夏三伪印案、应天府上元县刘姓兄弟殴人致死案等，均赖张楷复审才得以案情大白。人以为神明宽恕。[2] 宣德五年（1430 年）八月，张楷弹劾南京刑部渎职，导致十数位官员被罢，更是震动朝廷的大事。[3] 张楷也因此"一时名声赫甚"[4]。张楷在南京监察御史任上起码有十几年的时间，[5] 直至正统五年（1440 年）升任陕西按察司佥事、副使。正统十二年（1447 年）升任都察院右佥都御史。随后监军征福建邓茂七、浙江叶宗留等起义。正统十四年（1449 年）十月回朝受到弹劾，被称在监军期间，不仅有矫刻印章之事，还有妄报军功、贪赃等罪，[6] 故被罢职为民，从此居家十年。张楷在天顺元年（1457 年）屡次申诉，希图复职，天顺二年（1458 年）五月朝廷恢复张楷右佥都御史之职，令其致仕。同年七月命其督理陕西军饷。[7] 但是张楷再度入朝时间不长，天顺四年（1460 年）十一月因朝贺卒于京邸。

1　参见［明］李逢申、姚宗文等：天启《慈溪县志》卷 7，明刻本，第 16 页上—17 页上。

2　参见［明］杨守陈：《杨文懿公文集》卷 7，《四库未收书辑刊》第 5 辑 17 册，第 458 页；［明］李贤：《南京都察院右佥都御史张公楷神道碑》，载［明］焦竑：《国朝献征录》卷 64，第 2813 页。

3　参见《明宣宗实录》卷 69，宣德五年八月戊子，第 1624—1625 页。

4　［明］杨守陈：《杨文懿公文集》卷 7，第 458 页。

5　参见［明］李贤：《南京都察院右佥都御史张公楷神道碑》，第 2813 页。

6　参见《明英宗实录》卷 184，正统十四年十月壬子，第 3618 页。

7　分别参见《明英宗实录》卷 291，天顺二年五月戊子，第 6209—6210 页；《明英宗实录》卷 293，天顺二年七月庚戌，第 6266 页。

关于张楷本人,《明英宗实录》评价:"为人垣夷,滨老力学犹不倦,性喜吟诗,日不绝口。其征闽浙亦坐是玩寇,故遭罢斥,李杜诗唐音悉赓和之,然居官纵弛不检,所至无廉能声,其复见用又因睞近幸而得,士论薄之。"[1] 对其好学以及在诗文方面的成就予以了充分的肯定,但是对其为官为人评价不高。张楷去世之后,翰林院官员、张楷的同乡杨守陈和内阁大学士李贤为其撰写行状和神道碑,其中对监军期间张楷的作为多有辩驳,认为张楷受到弹劾而被罢职是因为朝中有人嫉妒其功而对他进行的诬陷。在传记中,杨守陈和李贤均强调了张楷的博学多才、为人热忱,比如杨守陈在行状中提到张楷学问博大,"其学自经史至天文、医卜、小说、释老之书无不涉猎,文章浩瀚无涯",而其诗文"常口占走笔,顷刻数首或数百言,群莫能逐而壮豪瞻丽,新意溢出";李贤也在传记中指出,"公好奖引士类,见人有善必延誉之,遇患难者必拯济之,尤笃于友道。其学浩瀚",但是对张楷的政绩则未有评价。[2]

从以上张楷的生平来看,除了初入仕途曾经试职兵部,张楷一直都为宪府官员,从监察御史到按察司官员到都察院右佥都御史,特别是他在南京监察御史任上长期任职,有丰富的司法经验,对律法可能也有相当的研究,但是以上杨守陈和李贤的传记中,只简单提到张楷一生著述丰富,对张楷注律的时间和背景并没有交代。

但是杨守陈、李贤传记均提到张楷有《大明律解》《律条撮要》两种律学著述。[3] 这应该是张楷本人去世之后,关于其律注作品最早

1　《明英宗实录》卷 321,天顺四年十一月己卯,第 6669 页。

2　参见 [明] 杨守陈:《杨文懿公文集》卷 7,第 458—460 页;[明] 李贤:《南京都察院右佥都御史张公楷神道碑》,第 2813—2814 页。

3　参见 [明] 杨守陈:《杨文懿公文集》卷 7,第 460 页;[明] 李贤:《南京都察院右佥都御史张公楷神道碑》,第 2814 页。

的记载。其中并不见《律条疏议》的记载。天启年间刊行的《慈溪县志》则提到张楷著有《大明律解》和《律条疏要》。[1] 清初张廷玉等撰修的《明史·艺文志》中录张楷《大明律解》十二卷；[2]《千顷堂书目》也在张楷名下著录《大明律解》《律条撮要》两书，[3] 显然均有所本。清末沈家本指出《明史·艺文志》有关张楷所著律注题名有误，[4] 张伯元也认为"《明志》之误是显然的"[5]，可能对杨守陈与李贤传记所及未有关注。

但是张鋐在上述的序言中提到，张楷的律注题名《疏议》。张鋐作序的时间在天顺五年（1461 年）三月，则《疏议》一名的出现应该在《大明律解》和《律条撮要》之后。张鋐又提到，张楷的律注完成之后，曾经有少量的手抄本流传，而且流传过程中已经出现了鲁鱼亥豕的问题，这样的问题可能在律注的题名上也会有所体现；而张鋐在序言中提到宋宗鲁对张楷律注的整理，则或许与这一律注题名的由来关系更为密切。

2. 宋儒与《律条疏议》

宋儒，字宗鲁，浙江宁波府鄞县人，为张楷的同乡，正统七年（1442 年）壬戌科进士，曾任刑科给事中，[6] 之后则长期任江西按察司佥事一职。黎淳，字太朴，号朴庵，湖广岳州府华容县人，天顺元年（1457 年）丁丑科状元。成化元年（1465 年），黎淳在京师见到

1　参见［明］李逢申、姚宗文等：天启《慈溪县志》卷 7，第 17 页上。
2　参见［清］张廷玉等：《明史》卷 97《艺文二》，第 2399 页。
3　参见［清］黄虞稷：《千顷堂书目》卷 10，第 262 页。
4　参见［清］沈家本：《沈寄簃先生遗书》，《寄簃文存》卷 7，第 980 页。
5　张伯元：《张楷〈律条疏议〉考》，第 536 页。
6　参见［明］姚夔：《姚文敏公遗稿》卷 4，载《四库全书存目丛书》集部 34 册，第 499 页。

宋儒，当时宋儒在江西按察司佥事任上已经经过两考六年，到北京述职，"课最第一"，说明宋宗儒在按察司任上政绩突出。黎淳提到，宋儒"肃政有暇，则表章群籍，为后学开入道之门"[1]，指出宋儒在书籍的整理刊印上颇有作为。确实，除了张楷的《律条疏议》，宋儒在江西按察司佥事任上还曾刊印其他古籍，现存比较著名的包括南宋楼璹的《耕织图》以及宋人魏庆之所辑《诗人玉屑》20 卷。在天顺六年（1462 年）刊印的《耕织图》卷首，有曾任广西按察使的王增祐所撰写的序言，其中提到该《耕织图》"历世既久，旧本残缺。宋公重加考订，寿诸梓以传"[2]。同样，《诗人玉屑》也已散佚，《天一阁书目》称宋宗鲁"搜访而全，刻之"[3]。

张鎣在序言中提到宋儒在张楷律注的整理上做了很多工作，包括"募其写本"，"询诸僚友，考其差讹，正其条理，缮录锓梓"，并请张鎣为之作序。则张鎣看到的律注应该是宋儒整理之后的律注，而不是张楷律注的原貌。《律条疏议》很可能是宋儒整理张楷律注之后给予的名称。

天顺五年序刊本刊印之后，以张楷为作者的律注多以《律条疏议》为题名。中国国家图书馆藏成化七年本《律条疏议》。该书首录上述江西按察司张鎣序言，之后录云间周麟序如下：

　　《律条疏议》，都宪四明张公楷所著。剖析详明，有裨治道。

1　[明] 黎淳：《黎文僖公集》卷 11，载《续修四库全书》1330 册，第 99 页。

2　转引自王加华、郑裕宝：《海外藏耕织图的绘制、收藏与价值分析——以元代程棨、明代宋宗鲁与清康熙三版本为核心的探讨》，《艺术与民俗》2020 年第 3 期，第 30 页。

3　[明] 范钦藏，[清] 范邦甸撰：《天一阁书目》卷 4，载《续修四库全书》920 册，第 284 页。

入官之初，得而览之，了然无疑。荆门守秀水俞侯诰得之，惜其传之弗广，敬捐俸重寿诸梓，与四方共之。其嘉惠方来之意至矣。得者宜宝焉。成化七年龙集辛卯端月谷旦云间周麟识。[1]

序言直接称《律条疏议》为张楷所作。这一成化七年本《律条疏议》在卷首增加了相当部分的内容，比如《律条罪名图》等，以至于张伯元认为这是"另一种书"[2]。但是，就成化七年本留存的正文十六卷与天顺五年《律条疏议》中的相关内容比较，从卷目的解释，到律条的解释，内容一致。

此外，张伟仁《中国法制史书目》还提到成化三年（1467年）王迪刊印张楷律注，该王迪刊本在成化七年（1471年）重刊，题为《大明律疏义》，南京承恩寺对住史氏刊印，似为坊刻本。嘉靖二十三年（1544年），南京福建道御史黄严、符验刊印《律条疏议》，张伟仁认为这是以王迪刊本为基础的，[3] 则成化三年（1467年）的这一王迪刊本可能也以《律条疏议》为名。清代学者孙星衍在其《平津馆鉴藏记书籍》中著录《律条疏议》三十卷，从摘录序言的内容看，可能就是天顺五年（1461年）张鎣的序文，则孙星衍收藏的这一《律条疏议》可能就是天顺五年刊本，或者是这一刊本的重刊本。[4]

在《律条疏议》这一题名逐渐流行的同时，天顺五年（1461年）以后，杨守陈和李贤提到的《大明律解》和《律条撮要》这两个律

1　[明]周麟：《律条疏议》序，载[明]张楷：《律条疏议》卷首，成化七年刊本，第5页上—5页下。

2　张伯元：《张楷〈律条疏议〉考》，第537页。

3　参见张伟仁：《中国法制史书目》，第15页。

4　参见[清]孙星衍：《平津馆鉴藏记书籍》卷2，上海古籍出版社，2008年，第67页。

注题名再少有人提及，特别是《大明律解》。唐枢，嘉靖五年（1526年）进士，著有《木钟台集》，其中张楷名下列律注两种：其一为《大明律疏议》，其二为《律条撮要》。唐枢对《大明律疏议》的说明如下："本朝张公楷著《疏议》，则私所自成，故一遵朝制，不敢参附异同，乃专以今律证唐而摘刺之，其谓唐合众条而附会一例，举一律以通隶诸条，而更定轻重，补益弗迮，芟裁繁芜，则今律大为得体，乃其至切之言。中间考据沿革，详设问答，足述辨旨，皆各有所倚集，诚可谓勤矣，惟前人所未明者，尚能具而正之，不亦可哉？"[1]对于《律条撮要》，唐枢描述："此亦张公楷所集，又《疏议》之所润珠。若后律疑问答，亦每有生意，玩则得之。"[2] 则嘉靖年间，《律条撮要》一书仍有存世；且从唐枢的描述来看，《律条撮要》是张楷的原作，而不应该是《律条疏议》的删节本。[3] 此外，黄彰健认为《大明律解》为《律条疏议》"一书于重刊时更名"，而《律条撮要》疑即"《律条疏议》卷首所附《律条罪名图》，于重刊时更名"。[4] 这样的猜测可能都存在问题，从以上的论述来看，《律条疏议》这一题名的出现应该在《大明律解》和《律条撮要》之后。

总之，张楷的律注之所以能在明代产生深远的影响，与天顺五年本张楷《律条疏议》的刊印有密切关系，而天顺五年本《律条疏议》则是宪府官员张楷和宋儒合作的成果。

这也是宪府官员张鏊在《律条疏议》卷首的序言中试图说明的重要问题。张鏊，字廷器，号简庵，南直隶松江府华亭县人，正统十

1　[明]唐枢：《木钟台集·法缀》，第47页。

2　[明]唐枢：《木钟台集·法缀》，第47页。

3　张伯元认为《律条撮要》是《律条疏议》的删节本。参见张伯元：《张楷〈律条疏议〉考》，第536页。

4　黄彰健：《明代律例汇编序》，第115页。

三年（1448年）戊辰科进士，曾任监察御史、江西按察司副使等职，成化十八年（1482年）至二十二年（1486年）间担任刑部尚书。[1]张鎣在序言中对张楷注律、对江西按察司佥事宋儒整理刊印律注进行了交代，但张楷到底为何注律，宋儒出于怎样的目的对律注进行整理，史料并无明确的记载。因此，张鎣的这一序言充分表达的其实是他自己作为江西按察司副使对宪府官员和律法关系的理解。

张鎣首先提到本朝律法简明，足以为"万世之典常"；而司法官员既能通晓律意，也能遵法行事，即所谓"有官君子瘁心瘝视，熟讲而遵行之，奚敢上下其手，而自为轻重者哉"。其间虽有冠冕之词，但也可以看到他作为宪府官员的自信。在张鎣看来，《大明律》文义简古，包括宏远，并非常人所能理解。在《大明律》最后的版本颁行六十多年之后，他也认为《大明律》需要注释，这样才能方便常人理解律条，并在司法中予以落实。而张楷完成《大明律》注解，则与他宪府官员的身份密切相关。在张鎣看来，张楷作为宪府官员，对于律法既多研究，又有实践，因此颇有心得，是律法的专家；与此同时，张楷还有清晰的传播这些律法知识的意识，是在考虑到初学者对《大明律》律文理解存在难度的背景下完成这一律注的。

同样，在张鎣的笔下，江西按察司佥事宋儒刊印《律条疏议》也有传播律法知识的明确目标。张楷注律，并未刊行，因此只以手抄本在小规模内流传；此外，因为手抄，所以在流传过程中有字词的错讹、磨灭，影响了律注的影响力。张鎣在序言中特别提到，江西按察司佥事宋儒对律注流传不广这一事实颇觉遗憾，"尤虑抄录之弗遍"，"憾传之弗广"，因此"特锓诸梓以大其传"。因此在张鎣看来，宋儒

1　参见［清］张廷玉等：《明史》卷111《七卿年表一》，第3431—3432页。

与张楷用心一致，都是为了后学者能够更好、更方便地理解律意："士于入官之初而议事谳狱，得此书而参考之，则亦未必无小补云。"张銮在序言中虽然没有对宋儒作为按察司佥事的职掌予以专门的强调，但是他以"西江金宪宗鲁宋君"称呼宋儒，他自己以江西按察司副使的身份为该律注撰写序言，则也是对宪府官员与《律条疏议》的关系进行了强调。

总之，江西按察司副使张銮在序言中予以充分表达的是，在《大明律》研习和律法知识的传播中，宪府官员具有独特的地位，张楷注律与宋儒对《律条疏议》的整理刊印均可以印证。

二、宪府官员为律法专家

确实，有明一代，宪府官员在以《大明律》为核心的刑名知识的形成和流通中地位特殊，而这与明朝廷对这一群体在司法格局中的制度设计密切相关。

1. 宪府官员及其职掌

明代的都察院一方面总领监察事务，同时又与刑部、大理寺并列成为明代国家的三法司，在国家的司法体系中占据重要的位置。《明史·职官志》称，都察院"都御史职专纠劾百司，辩明冤枉，提督各道，为天子耳目风纪之司"[1]。都察院设正官左、右都御史两员，左、右副都御史两员，左、右佥都御史四员。都察院领十三道监察御史，与十三布政司相对应，比如浙江、江西、山东、河南等道每道监

1　［清］张廷玉等:《明史》卷73《职官二》，第1768页。

察御史十员，云南道监察御史十一员，湖广、陕西、山西等道每道监察御史八员，其余广东等道每道监察御史七员，总计人员一百一十名，分别处理对应布政司以及带管在京衙门和直隶府州县的一应事务。[1] 监察御史一年一代，定期出巡各自的监察区域。监察御史出巡，称为巡按御史。洪武《诸司职掌》记载监察御史职掌，包括纠劾百司、问拟刑名、出巡、刷卷、追问、审录各项；[2]《明史·职官志》指出：监察御史出巡，则"必先审录罪囚，吊刷案卷，有故出入者理辩之"[3]，监察百官之外，司法是其主要职掌。

以都察院为内台，明代的提刑按察使司则被称为外台。[4] 和都察院一样，按察司官吏对本省管辖的百司官吏进行纠举；同时，"按察名提刑，盖在外之法司也"[5]，具有司法的功能。所以《明史·职官志》总结按察使的职能为"掌一省刑名按劾之事。纠官邪，戢奸暴，平狱讼，雪冤抑，以振扬风纪，而澄清其吏治"[6]。各提刑按察使司设按察使一员，正三品。按察司副使，正四品；按察司佥事，正五品。各按察司的副使、佥事的员数不定。万历《大明会典》记载当时各提刑按察司副使的情况为：福建三员、贵州四员、广西五员，广东、浙江、江西、河南各六员，四川七员，湖广、云南各八员，山西十员，山东十三员，陕西十六员。佥事的数目各省也有不同。万历间，广西、贵州各二员，江西、陕西、云南各三员，浙江、广东各四

1　参见［明］李东阳、申时行等：《大明会典》卷209，第2787页。

2　参见《诸司职掌·刑部卷之五》，载《皇明制书》，第243—251页。

3　［清］张廷玉等：《明史》卷73《职官二》，第1768页。

4　参见王天有：《明代国家机构研究》，北京大学出版社，1992年，第220—221页。

5　［清］张廷玉等：《明史》卷94《刑法二》，第2306页。

6　［清］张廷玉等：《明史》卷75《职官四》，第1840页。

员，福建、河南、山东、山西各五员，湖广、四川各六员。[1] 因为副使、佥事的数目不同，明朝各省按察司的规模大小也各有差别。

宪府官员的刑名职掌，内容丰富，[2] 但其中最主要的责任是对案件的复核，特别是重大案件的复核。《大明律·刑律》下"辩明冤枉"一条规定："凡监察御史、按察司辩明冤枉，须要开具所枉事迹，实封奏闻，委官追问得实，被诬之人依律改正，罪坐元告元问官吏。"明人在此条下注解云："此条专谓御史及按察司官而设，谓其职专伸理冤抑也。"[3] 这也充分说明宪府官员在案件复核中的核心作用。

宪府官员的案件复核主要分以下三个部分。首先，是对地方府州县初审案件的详谳。洪武末年定制，天下府州县问拟刑名，除了笞杖罪地方司法可以自行处断，徒、流、死罪案件需要按察司和巡按御史详谳，再报刑部复核。[4] 正统四年（1439 年）以后定，死罪案件必须上报刑部复核，而徒、流罪经按察司、巡按御史复核之后可以"就便断遣"，则给予按察司与巡按御史更多的司法决定权。[5] 宪府官员在复核中，发现案情不明、证据不足、引用律法不当、情罪不适的案件，或驳回原问衙门重审，或者发其他衙门再审。比如对于充军这样的重刑，朝廷规定宪府官员在详谳中要"虚心参酌，必须法当其罪，方允定卫发遣。如与例有牵合，即便驳回，改拟照常发落"[6]。

1　参见［明］李东阳、申时行等：《大明会典》卷 4，第 93—94 页。

2　关于宪府官员的刑名职掌，可参见吴艳红、姜永琳：《明朝法律》，第 96—101、115—120 页。

3　［明］高举：《大明律集解附例》卷 28，第 2000—2001 页。原文律目为"辨明冤枉"，律条内又作"辩明冤枉"。

4　参见《诸司职掌·刑部卷之五》，载《皇明制书》，第 216 页。

5　参见［明］李东阳、申时行等：《大明会典》卷 177，第 2444 页。

6　［明］顾应祥等：《重修问刑条例》，第 505 页。

对于死罪案件则更为审慎。明末广州府推官颜俊彦刻有《盟水斋存牍》，收录其审语的同时，还比较详细地收录了各上级司法官员对这些审理结果的批复，其中包括巡按御史与按察司官员的复核文字。比如《盟水斋存牍》之《谳略》一卷收录强盗谭起元一案，广州府重新审理这一陈年旧案时，发现盗犯钟亚小名下之赃只有妇人耳环，而钟亚小还执称耳环并非赃物；案卷中，失主潘孔政也承认他并不认识钟亚小。基于以上原因，广州府以"强盗已行不得财之律"，将原定大辟之罪的钟亚小改拟徒罪。按察司下属兵巡道首先对该案件进行审核，认为广州府这样的改拟不妥，要求广州府理刑厅重新审理。广州府理刑厅重新审理之后，再次上报，坚持认为不能依据不确定的证据而定钟亚小为死罪，为此维持原来的审理意见，认为钟亚小仍应该改拟成徒罪。兵巡道将以上意见一起转详给巡按御史，巡按御史批复："钟亚小赃无的据，情有可矜，姑改配。"巡按御史支持理刑厅的审理，强调赃物确认在强盗案件中的重要性。[1]

其次，"决囚会审"。天顺三年（1459 年）以后定制，每年霜降以后，也就是在开始处决罪犯之前，都察院会集刑部、大理寺以及其他各部的大臣，在承天门外，对京师的死囚进行再次审理。审录之时，"原问原审并接管官员，仍带原卷听审，情真无词者，覆奏处决。如遇囚番异称冤有词，各官仍亲一一照卷陈其始末来历，并原先问审过缘由，听从多官从公参详。果有可矜可疑，或应合再与勘问，通行备由奏请定夺"[2]。地方对死囚的审录，最早见于正统四年（1439 年）颁行的《宪纲》，其中一条规定"在外从都司、布政司、

1　参见［明］颜俊彦：《盟水斋存牍》，中国政法大学出版社，2002 年，第 22 页。
2　［明］李东阳、申时行等：《大明会典》卷 177，第 2446 页。

按察司及巡按监察御史公同审录处决"[1]。"公同审录"即指在处决犯人之前，对其案件进行再次复核。"弘治二年，令法司每年立秋时，将在外监候一应死罪囚犯，通行具奏，转行各该巡按御史，会同都、布、按三司，并分巡分守；南北直隶行移差去审刑主事，会同巡按御史，督同都司府卫，从公研审。除情真罪当者，照例处决外；果有冤抑者，即与辩理；情可矜疑者，径自具奏定夺。"[2]

对于决不待时的死囚，处决之前，也需要宪府官员对案件进行最后的审核。万历十六年（1588年）正月三法司题准，强盗罪犯必须赃证明确，而且是"当时见获"，则照例处决。如果赃迹不明，或者为其他强盗招扳被拿，中间存在疑问的，即使奉有决单，宪府官员也要予以再审。[3]

最后，宪府官员出巡，对疑狱重案进行审录。巡按御史每至所巡地面，"必先审录罪囚，吊刷案卷，有故出入者理辩之"[4]。同样，提刑按察司副使、佥事等官员每年分道巡察，巡察的目标在于"务使一路风清弊绝，所部事理民安"[5]。其中冤狱的平反仍是巡察的主要任务之一。嘉靖年间，葛廷章升任江西按察司副使，分道巡察南昌。南昌"簿牒填委，讼狱诡健"。葛廷章防范甚严，处理刑名事务尤为精当，所以"奸欺内息、请谒外屏"，"以故疑谳竞白，平反无冤"，顷刻之间，南昌地区面貌为之一新。[6]

1　《宪纲》，载《皇明制书》，第306页。

2　［明］李东阳、申时行等：《大明会典》卷177，第2448页。

3　参见［明］高举：《大明律集解附例》卷18，第1351—1352页。

4　［清］张廷玉等：《明史》卷73《职官二》，第1768页。

5　［明］吕坤：《实政录》卷1，载《续修四库全书》史部753册，第229页。

6　参见［明］许毂：《江西副使葛公廷章墓志铭》，载［明］焦竑：《国朝献征录》卷86，第3693页。

2. 以特殊的选拔制度为保障

为落实以上职掌，明朝廷从一开始就对宪府官员的选拔予以特殊关注。"洪武元年诏：御史台监察御史、提刑按察司，耳目之寄，肃清百司。今后慎选贤良方正之人，以副朕意。"[1] 之后，在宪府官员的选拔中，逐渐形成特殊的规定，刑名知识和经验成为选拔的突出要求。正统四年（1439 年）《宪纲》颁布，其中一条明确规定："凡都察院各道监察御史并首领官，按察司官并首领官，自今务得公明廉重，老成历练之人奏请除授。不许以新进初仕及知印、承差、吏典出身人员充用。"[2] 宪府官员不得以新科进士选授，而需要一定的从政经历。具有一定的从政经历，自有习练政体的考虑，同时也有积累一定刑名知识的需要在内。弘治初年，吏部尚书王恕复议左都御史马文升陈言，其中涉及按察司官的选拔。马文升在陈言中指出，之前旧例，"按察司官有缺，于法司属官内推补；其知府、同知、推官、知州、知县有原系法司出身及曾在法司办事者，亦得推补。如苏州府知府林鹗推补江西按察使，宝坻县知县叶淇推补广西佥事"。王恕就此题请如马文升所言，按察司官的选拔中，优先"法司相应属官推补；其知府、同知等官，果有谙练刑名，政声卓异者，亦得量才推举"[3]。正是因为具有如此的选拔标准，弘治后期已经升任吏部尚书的马文升在讨论地方官吏的律学素养时，承认"在外惟按察司官出自法司，颇知律意"[4]。

在监察御史的选拔中，律法知识的要求体现得更为明显。成化年

1　[明] 李东阳、申时行等：《大明会典》卷 209，第 2793—2794 页。

2　《宪纲》，载《皇明制书》，第 307 页。

3　[明] 王恕：《王端毅奏议》卷 8，载《文渊阁四库全书》427 册，第 597—598 页。

4　[明] 马文升：《马端肃奏议》卷 11，第 817 页。

间确定，行取制度成为监察御史的选拔制度，即从官员群体中行取符合标准的个人，经过考选试职而成为监察御史。明中期以后，知县、推官和行人成为主要的行取对象，尤其是知县和推官，成为监察御史的主要候选人。为了保证资历，行取对象一般在年三十以上、五十以下。为了保证候选人的政绩，监察御史的候选人一般需要进士出身，考满称职，或者"考语优异，政绩著闻的，虽未经考满、旌荐"，也可以进入候选范围。[1] 明代推官职专刑名；而知县掌一县之事，其中听狱讼是重要职掌。以具有一定资历的推官、知县为监察御史的主要候选群体，刑名知识的积累显然是重要因素。

以上候选人到京之后，由吏部主持考试，吏部和都察院会同拣选。考试的内容有面试和笔试。明代《吏部职掌》之"考选仪节"描述考试经过如下："本部堂上出题，不拘疏议论策一篇，司官于堂上看摆桌定，照名散卷毕，齐赴后堂，候部院堂官坐定，本司开具与选官折子各送一本，除年岁未及三十并五十岁以上者，例不选取，其年貌相应与查访堪任者，拟议该科该道，或才堪别用，俱本部正堂执笔，于各名下注定。"[2] 这只是对于监察御史的初选。

吏部考试合格后，吏部和都察院共同拟定的监察御史的候选人，要再送都察院试职一年或者理刑半年。候选人在都察院试职或理刑结束之后，由都察院正官对其进行考察，即"满日听本院考察，各注考语"。都察院的考语与候选人一起送到吏部，其中"谙晓刑名、堪任御史者，奏请照缺选补"[3]。这才是真正地选授监察御史。考察不合格的，则不能实授监察御史。朝廷延长这些人试职的时间，进行第

1　参见［明］李默、黄养蒙：《吏部职掌·求贤科》，第18页上。
2　［明］李默、黄养蒙：《吏部职掌·求贤科》，第26页上—26页下。
3　［明］王恕：《王端毅奏议》卷8，第597页。

二次考试。比如成化二十年（1484 年）奏准，"试监察御史一年已满，刑名未熟，再试半年，仍前考试实授"[1]；嘉靖七年（1528 年），嘉靖帝在对都察院的敕谕中重申，"御史试职一年止欲其明习律令、历练事体。旧例考得刑名疏通方准实授，否则令其重试"[2]。或者由吏部除授他职。嘉靖四十五年（1566 年），都察院右都御史王廷等人在论及监察御史的选拔时指出："御史职司风宪，自非行履端方、刑名练习者鲜克任之。请行部院将行取官员多方体访，慎加遴选。既选之后，仍限以讲读律令及历代名臣奏议，满岁复考，称职者实授，不称者黜之。"[3] 在明代的官员群体中，只有监察御史的选拔才有这样繁复的过程。

可以看到，虽然科举考试是明代官员选拔和授职的主要依据，但是宪府官员，特别是其中监察御史的选授则在科举之外有另一重的标准，在这一标准中，律法知识的准备起到重要的作用。如果说科举考试是第一次选拔，那么监察御史则是在这一基础上通过第二次选拔而产生的官员群体。

再从宪府官员的考核来看。洪武十年（1377 年），天下各道按察司官来朝，朱元璋在告谕中明确指出，按察司官员要"以公正为心，廉洁自守。国家法律，必务精详"[4]。宣德初年，江西按察司佥事党忠被降职为两浙盐运司副使，因为巡按御史言其"不谙法律"[5]。景泰年间，湖广按察司佥事黄润玉被巡抚右都御史李寔考劾为"不谙

1　［明］李东阳、申时行等：《大明会典》卷 209，第 2794 页。
2　［明］祁伯裕等：《南京都察院志》卷 1，明刻本，第 50 页上—50 页下。
3　《明世宗实录》卷 565，嘉靖四十五年十一月丙子，第 9054 页。
4　《明太祖实录》卷 116，洪武十年十二月癸酉，第 1903 页。
5　《明宣宗实录》卷 27，宣德二年四月庚午，第 715 页。

刑名也",因此被降职为直隶合州含山县知县。[1] 虽然李寔对黄润玉的考察以及黄润玉之后的降职,与黄、李之间的个人恩怨有一定的关系,但是黄润玉对于李寔指责其不谙刑律,"弗辨也"[2];而李寔能以刑名知识不足为理由弹劾黄润玉,致使其从按察司佥事降职至含山县知县,也足以说明明朝廷对于按察司官员有刑名知识的要求。

都察院的官员也一样。明代都察院设置的条约规定,"律令条约乃国朝典章,为宪臣者尤宜熟读讲明,庶身能律人,行无过举"[3],对所属官员提出了要求。嘉靖初年,名臣胡世宁曾经短暂地主持过都察院,其间曾上《申明职掌以清刑讼疏》,其中提到都察院"专以纠劾百司,辩明冤枉"为职,他认为落实这一职掌的根本在于宪府官员的培养与考察。胡世宁请求对试职理刑官的训练要具体化:"各道本状多者,每日各分与一二件,令其照前参看开详具帖送堂,臣欲缘此日见其刑狱用心能通与否,后考实授,亦有所据。"而对巡按御史的考察,则不仅要看其努力用心的态度,审视其对刑名知识的掌握,更要将考察与刑名政绩直接联系。他提道:"各道御史多系新任,刑名未练,臣欲缘此观其用心,能通刑名与否,其若如此不肯用心,刑名不能疏通,以后历任更无大建白,及兴革激扬有益国家者,考满之日断难书以'称职'。"胡世宁提议,"其巡按、分巡官所至地方见监重囚,俱要逐一亲审,有冤者即与伸辩,不许避嫌、推调不理,巡按岁满回京,各要将辩过冤枉名数事迹开报本院,以凭查考"。[4] 嘉靖

1　参见［明］孙承泽:《春明梦余录》卷48,第1046页。

2　［明］杨守陈:《湖广等处提刑按察司佥事南山黄公润玉墓碣铭》,载［明］焦竑:《国朝献征录》卷88,第3834页。

3　［明］祁伯裕等:《南京都察院志》卷35,第14页上。

4　［明］胡世宁:《胡端敏奏议》卷7,第677—678页。

十三年（1534年）定《巡按御史满日造报册式》，一共二十八条。这是监察御史出巡结束，"回道考察"，朝廷对其出巡期间的政务进行考核的具体规定。其中涉及刑名者占据四分之一，有七条，包括"会审过罪囚若干起""追过赃罚若干数""禁约过非法用刑官若干员"等等。其中，在会审过罪囚项下，更设置具体的细节，"如审允、转详、处决及辩理过原拟罪名，俱将各犯略节招由开报"[1]。

从以上讨论来看，明代国家虽然要求百官通晓律意，但是对不同群体的官员实际上有不同的设定。宪府官员是一个特殊群体，他们以监察和司法为职掌，就司法而言，则主要担任重案、要案的复核，辨明冤枉。为落实这一职掌，朝廷对这一群体设置了特殊的选拔制度，其中对刑名知识和刑名经验进行了强调。与考核等制度一起，保证了这一群体相对比较整齐地具有一定的律法知识。成化年间，刑科给事中王铨上书提议，御史历任三年以上，谙晓法律者方许差遣为巡按。都察院复议，指出"御史俱拔自科目，选于行人知县等官，或试职一年，或历任半年，本院考其谙晓刑名者方得实授"，因此认为，监察御史不需要历任三年才得差遣为巡按。题准。[2] 也就是说，都察院认为御史的选拔制度足以保证御史的刑名能力。正是在这样的制度保障下，宪府官员成为明朝廷的律法专家。

三、宪府官员与百官通晓律意

与此相应，朝廷明确规定了宪府官员在百官通晓律意中的作用。

---

1 ［明］李东阳、申时行等：《大明会典》卷211，第2817—2818页。
2 参见《明宪宗实录》卷123，成化九年十二月壬申，第2362—2363页。

洪武二十六年（1393年）颁布的《诸司职掌》规定，巡按御史须保证"本府并合署官吏须要熟读详玩，讲明律意"[1]。洪武三十年（1397年），《大明律》定稿，其中《吏律》下"讲读律令"一条明确规定："凡国家律令，……百司官吏务要熟读，讲明律意，剖决事务。每遇年终，在内从察院，在外从分巡御史、提刑按察司官按治去处考校，若有不能讲解、不晓律意者，初犯罚俸钱一月；再犯笞四十，附过；三犯于本衙门递降叙用。"[2] 换言之，朝廷规定百官通晓律法，而宪府官员则是这一规定落实的监督与考校者。正统四年（1439年）《宪纲》颁布，再次明确宪府官员的这一职掌，对巡按御史和按察司官员在百官通晓律意中的责任又作了进一步的强调："凡国家律令并续降条例事理，有司官吏须要熟读详玩，明晓其义。监察御史、按察司官所至之处，令其讲读，或有不能通晓者，依律究治。"[3]

宪府官员对于以上职责是明确的，并从不同的角度予以了阐述。比如正统十三年（1448年），浙江按察使轩𫐄上言，其中提道："各处官吏不明律意，判事乖违，请令其讲读详明，时加考校，有不明者巡按御史劾奏究治，以警其惰。"[4] 成化八年（1472年），监察御史张敷上言，请求皇帝敕令"都察院移文天下问刑衙门，务将《大明律》及见行条例熟读讲究，使用刑不差"[5]。弘治元年（1488年）二月，都察院请求皇帝敕令"两京法司堂上官及在外都、布、按三司各谕所属之司刑者讲读律令，详谳刑狱，巡按及分巡官行部所至，考

1　《诸司职掌·刑部卷之五》，载《皇明制书》，第247页。
2　[明] 高举：《大明律集解附例》卷3，第469—470页。
3　《宪纲》，载《皇明制书》，第307页。
4　《明英宗实录》卷167，正统十三年六月甲申，第3240页。
5　《明宪宗实录》卷100，成化八年正月戊戌，第1931页。

察其不通律意者，黜之"[1]。

1. 宪府官员署名的《大明律》律注

为落实职掌，宪府官员在通晓律意上显然有所用心。以王肯堂为例。王肯堂，字宇泰，万历十七年（1589年）进士，入职翰林院。王肯堂的父亲即是前文提到的王樵，对律法颇有研究，有《读律私笺》这一律注完成。王樵从嘉靖年间开始注律，到万历中期刊行，中间长达三十多年的时间，期间关于书稿的抄写、刊印多委托侄子王尧封协助，最后也将律注书稿留给了王尧封。王樵几次提到王肯堂对《读律私笺》并无兴趣。王肯堂自己也提到他之前对《大明律》律注以及《读律私笺》无所作为，在其他的原因之外，也与其职掌有关。王肯堂提到自己"己丑登第，进学词林，又以文史为职。虽法曹致律例，礼曹致会典，而翰墨鞅掌，不能读也"。但是王肯堂最后不仅重新开始阅读其父王樵的《读律私笺》，而且在此基础上又完成了《大明律附例》，其主要的原因则是他认为他将外任按察司官："铨曹有藩宪之推，念当弹压一方，其具不可不豫究，始发箧取律读之。"[2]这一任命最终没有落实，则王肯堂当时只是听说自己有可能出任按察司的官员，他因此而开始对《大明律》进行研究。也可以看到时人对宪府官员和通晓律意关系的认识。

有明一代，宪府官员在《大明律》律注撰著、纂辑、刊印中地位突出。现存《大明律》律注中，宪府官员刊印的律注数量集中，仅笔者所见的律注就有以下十七种，占现存《大明律》律注的将近

1　《明孝宗实录》卷11，弘治元年二月壬寅，第246页。
2　［明］王肯堂：《律例笺释自序》，载［明］王樵、王肯堂：《大明律附例》卷首，第1页上—1页下。

一半。列表如下：

表1　宪府官员刊印的《大明律》律注

律注名称	刊印者官职	刊印时间
张楷《律条疏议》	江西按察司佥事（宋儒）	天顺
胡琼《大明律集解》	巡按贵州监察御史	正德
范永銮《大明律》	河南按察使	嘉靖
王楠《大明律集解》	巡按河南监察御史	嘉靖
陈省《大明律例附解》	巡按湖广监察御史	隆庆元年
李邦珍《大明律疏附例》	河南巡抚	隆庆二年
梁许《大明律例》	巡按直隶监察御史	万历元年
王藻《大明律例附解》	巡按山东监察御史	万历六年
孙旬《大明律例附疏》	巡按江西监察御史	万历十三年
陈遇文《大明律附解》	巡按直隶监察御史	万历二十年
陈遇文《大明律解》	巡按直隶监察御史	万历二十一年
李天麟《律例辨疑》	巡按湖广监察御史	万历二十一年 [1]
郑汝璧《大明律解附例》	山东巡抚	万历二十二年
袁贞吉等《大明律集解附例》	都察院左都御史等	万历二十四年
应朝卿校增《大明律例附解》	巡按直隶监察御史	万历二十九年
董汉儒等《大明律》	湖广按察司管司事右布政使等	万历三十七年
高举《大明律集解附例》	浙江巡抚	万历三十八年

---

[1]　该律注收入［明］李天麟：《淑问汇编》。中国国家图书馆藏有该书的两种版本，其一卷首收录万历二十一年九月沈一中序。两种版本在律注卷末均收录新题例，其中包括万历二十一年六月题定条例。而万历二十二年二月，李天麟已经升任河南按察司副使（《明神宗实录》卷270，万历二十二年二月甲子，第5015页），则可推定该律注刊印的时间在万历二十一年。

以上宪府官员刊印的律注，或系宪府官员自己早年的著作，如郑汝璧的《大明律解附例》；或系宪府官员编纂的成果，如胡琼的《大明律集解》、陈省的《大明律例》、李天麟的《律例辨疑》；或系对既有律注的重刊，比如梁许、王藻、应朝卿等刊印的都是以陈省《大明律例》为原本的律注，其中梁许是原本重刊，王藻和应朝卿则在原本上有所增修。比较来看，宪府官员作为律注的编纂和刊印者的比重更大，作为律注撰著者的情况较少，与刑部官员主要是律注撰著者的情况形成差别。

2. 编纂与刊印的目的

无论是编纂还是重刊，宪府官员在律注的序、跋中所表达的主要有两个方面的内容：其一，这些官员本身对于《大明律》颇有研究；其二，他们认识到自己在律法知识流通中的职责，需要为百官特别是其所巡地面的官员提供律法知识，保证其通晓律意。这与天顺五年（1461 年）江西按察司副使张鏊为《律条疏议》撰写的序言内容一脉相承。

比如正德年间巡按监察御史胡琼编撰、刊印《大明律集解》，卷末收录胡琼《律解附例序》，全文如下：

> 近时疏解律者无虑十余家，率繁文剿说，至于隐义则略而不明。如《辩疑》《解颐》《疏义》《集解》，最称明备，又各有所长，莫之能一也。余故有此志，乃今叨按贵阳，见诸司决狱多戾，问之，或人曰律文深奥，退方乏书俭，凡疏解之类皆吏胥所未见。间有携至者，又品汇浩繁，艰于传写，欲并刊之，则财用罔周故耳。余曰有是哉？因于听政之暇，取诸家之说，折衷之，

删繁节要，略其所易知，补其所未备，而以条□附焉，名曰《律解附例》。□卷帙□，与《疏义》等，而众说略备，将以资遐陬吏胥传写讲读之便，非敢为大方赘言也。偶藩贰□君、□君辈欲梓以代钞，余辞不获，遂书所自于末简。时正德辛巳仲春望日延平胡琼书。[1]

正德辛巳年为正德十六年（1521年）。胡琼，字国华，号九峰，福建南平人，正德六年（1511年）辛未科进士。初任慈溪知县，以政绩突出而行取为监察御史，巡按贵州、浙江等多有作为。丁母忧，嘉靖初年因大礼议上疏哭谏受廷杖，卒于官。[2]

胡琼在以上后序中，对自己编纂律注的动机有明确的交代：首先他对《大明律》有自己的研究，对当时存世的律注有自己的评判，一直就有编纂律注的想法，即所谓"余故有此志"；而直接促使他开始编纂律注的原因则是他作为监察御史出巡贵州，发现当地官员对于律注的需求。正如他在序言中提到的，他在巡按贵州时，发现司法当中存在很多问题；而当地官员告诉他这些司法问题与"律文深奥"，而"凡疏解之类皆吏胥所未见"有关。胡琼因此而编纂律注，在序言中明确提到"将以资遐陬吏胥传写讲读之便，非敢为大方赘言也"，即以方便所巡地面的官员讲读律令、通晓律意所用为目的。

隆庆元年（1567年），监察御史陈省巡按湖广，编纂刊刻《大明律例附解》这一律注，其背景与胡琼所描述的一致。而陈省则更为明确地提到，自己编纂律注，"以求刑罚之中，弼盛世之教，仰副皇

1　［明］胡琼：《律解附例序》，载［明］胡琼：《大明律集解》，明刻本，第89页下—90页下。

2　参见［清］张廷玉等：《明史》卷192《胡琼传》，第5101页。

祖列圣慎刑重民命之心，而省执宪一方之责，庶其少塞焉"。陈省提到"执宪一方之责"，自然也包括了监督、考校所属官员通晓律意的职责。换言之，和胡琼一样，巡按监察御史陈省编纂律注，与落实其宪府官员的职掌有关，律注编纂与刊印的目的在于"贻诸有司，使读而绎思焉"[1]，让所巡地面的官员在通晓律意时有所参考。

万历二十一年（1593年），同为湖广巡按监察御史的李天麟，在巡视快结束时，刊印《淑问汇编》一书，其中收录《风宪约》《律例辨疑》《招拟体式》《检验事宜》和《听断衡鉴》。在《律例辨疑》卷首，李天麟也明确说明自己编纂律注，是为"嘉与诸司习之"。他对自己编纂的律注颇有信心，认为当地官员研读《律例辨疑》之后，律例大义平畅通顺，依法行用，情罪适宜，以此而可"共成宁一之治"。而这部律注的编纂与刊印，在李天麟看来，也是"以酬圣天子所为任使至意"[2]。

同在万历二十一年（1593年），陈遇文作为直隶监察御史巡按江南，刊印律注《大明律解》，卷首收录陈遇文序言。序言落款"万历癸巳九月之吉巡按直隶监察御史河东陈遇文书于吴之观风亭"[3]。陈遇文在序言中对《大明律》律注以及司法官员对待律注的态度进行了十分详尽的剖析。陈遇文对当时存世的律注显然不甚满意，他指出："自昔解者，人持一家训，往往甲可乙否，互有抵牾，诸不具论，即最著如《管见》《琐言》等集，梗概近是，究其奥义，亦多驳驳未粹。"而另一方面，司法官员对待《大明律》律解的态度也有问题，

　　1　［明］陈省：《恭书律例附解后》，载［明］陈省：《大明律例》卷末，第2页上—2页下。

　　2　［明］李天麟：《淑问汇编》之《律例辨疑》卷首，明刻本，第1页下。

　　3　［明］陈遇文：《大明律解序》，载［明］陈遇文：《大明律解》卷首，明刻本，第1页上—6页上。

在陈遇文看来，其中鲁莽之士，"遇所听理，率任喜怒爱憎，尝试漫为，以夸能力而不暇解"；而那些聪明才辨、夙娴世故之官员则认为律解为"文具尔"，讼狱当前，只需"按成书折之，将立断焉，则常沾沾自喜而不屑解"；至于孤陋寡闻之辈，"内乏定衡、外鲜通识"，只会观望"附会迎合为充位计"；至于猾胥舞智阴行其私，对于《大明律》，则"莫之解"。陈遇文对两类自认对《大明律》有独到理解的官员进行了批评。一类官员"绝请孤立，廉倨剀核"，"动以熏大豪轹巨室，明己得意，且恃深文巧诋以为善解"；而另一类官员则软弱而无操守，姑息从事，甚至以权谋私、干扰法纪，却"博宽平声而托之乎心解"。陈遇文因此认为，他在所巡地面看到的种种司法问题，并不是司法官员故意违背律法，而是对《大明律》缺乏真正的理解所致，即他所谓的"岂敢于悖律之故，而不解于律之过也"。陈遇文在序言中总结说，先王"酌于情与理之中而立之法以示天下，律己律人也"，因此，对《大明律》的律解，若"协于理而不协于情，未谓能解；顺于情不顺于理，未谓能解；可以律人不可以律己，未谓能解"。最后陈遇文说他"刻律解"，是为"与夫世之行法君子共之"，则刊印律注的目的，既为自己，也为天下刑名官员通晓律法之大义，并因此而能公正司法。

因为与其职掌相关，宪府官员刊印的《大明律》律注多为官刊，即动用官银在地方衙门刊刻。比如表 1 所列隆庆二年（1568 年）河南巡抚李邦珍[1]刊印《大明律疏附例》，卷首序言中明确提到，"动支官银"，将律注校正，"责令高手匠役翻刊成书送院，以凭分发所属

1　从《明督抚年表》看，隆庆二年河南巡抚为李邦珍，隆庆二年三月至隆庆四年十月在职。参见［清］吴廷燮：《明督抚年表》卷 4，中华书局，1982 年，第 418 页。

掌印官"，"完日仍将用过银两数目呈院查考"。[1] 比如万历十三年（1585 年）巡按江西监察御史孙旬刊印律注，虽然没有明确提到动用官银，但是在序言中，明确要求按察司等官员将律注"订正明白"，"选令吏役誊写"，"督匠刊印成书"，"径自分发各该司道及府州县卫所等衙门并各府理刑官人各一部，朝夕讲读"，[2] 则可以看到律注的刊印是由巡按御史主持，由地方衙门的官员合作完成的。

从表 1 可以看到，与按察司官员比较，都察院巡抚和巡按监察御史在《大明律》律注的刊印中更为活跃。明前期，按察司在刊印《大明律》律注中还颇有独立的作为，比如江西按察司刊印张楷的《律条疏议》；嘉靖十二年（1533 年），范永銮以新任河南按察使名义刊印《大明律》律注。此后，在宪府官员刊印的律注中，主持刊印的一般都是巡抚和巡按监察御史，按察司官员一般以副手的角色出现，担任参阅、校对等职。上述万历十三年（1585 年），巡按江西监察御史孙旬刊印《大明律例附疏》，江西布政司右参政戴燿、江西按察司副使宋尧武为"校刊"[3]；万历二十二年（1594 年），郑汝璧刊印《大明律解附例》，署名"巡抚山东都御史前刑部郎中郑汝璧纂注"，布政司左布政使王藻、右布政使田畴，按察司按察使夏良心、赵钦汤、陈文衡，左参政王士性、杨德政、梅淳，右参政汪应蛟、沈九畴，副使詹思虞、吴之龙、尹应元、徐成位、赵寿祖，佥事周应治、邵以仁等 17 人"同校刻"[4]；万历三十八年（1610 年），高举作

1　参见［明］著者不详：《大明律疏附例》序，明刻本，第 2 页上—4 页上。

2　［明］孙旬：《巡按江西监察御史为发刊律疏以便讲读事》，载《大明律例附疏》卷首，明刻本，第 1 页上—2 页上。

3　［明］孙旬：《巡按江西监察御史为发刊律疏以便讲读事》，载《大明律例附疏》卷首，第 2 页上。

4　［明］郑汝璧：《大明律解附例》目录，第 16 页上—16 页下。

为都察院右佥都御史巡抚浙江，刊刻《大明律集解附例》，参与人员名录如下：巡按浙江监察御史郑继芳、巡按浙江等处监察御史韩浚、巡按浙江等处监察御史张惟任订正；浙江布政使司左布政使洪启睿、右布政使吴用先、右参政萧近高、右参政兼佥事王道显、右参政兼佥事王在晋、右参议江灏、右参议兼佥事魏珫如，浙江按察使司按察使窦子偁、副使毕懋良、副使兼右参议宁瑞鲤、佥事丁鸿阳同校。[1]

小　结

从以上的讨论可以看到，明代官员在通晓律意方面的机会、程度是不一样的。宪府官员，即同时具有监察和司法之职的都察院和按察司官员，是一个特殊的群体。朝廷从选拔制度上对这一群体的刑名知识和司法经验提出了要求，从考核制度上对这一要求予以再度落实，从而保证这一群体律法专家的地位。明朝廷规定百官通晓律意，而赋予宪府官员监督和考校的职责。正是在这样的制度框架下，明代宪府官员成为编纂、刊印《大明律》律注的主要群体。天顺五年（1461年），江西按察司副使张銮为《律条疏议》的刊行撰写序言，其中指出宪府官员如张楷有专门的律法知识，所以能完成《律条疏议》这样的律注；张楷与江西按察司佥事宋儒均有传播律法知识的意图，所以才有《律条疏议》的刊行。张銮以后，宪府官员群体内部权力有所变化，但是作为一个群体，张銮有关宪府官员与《大明律》律注关系的说法，在明代中后期宪府官员刊印的律注中得到不断的呼应和表达。

1　参见［明］高举：《大明律集解附例》卷首，第39—40页。

第六章
集解与重刊

与刑部官员一样，宪府官员署名的律注也多有特点：律注以集解和重刊为主。集解是指汇集各家所长而融会贯通；重刊是指对原本的重新刊印，或者是对已有律注的内容进行整理予以再次的刊印。与刑部官员主要是律注的撰著者不同，宪府官员主要是律注的编纂者和刊印者。这些律注在署名和格式上更为统一。而从刊印过程上看，宪府官员署名的律注多是官员"同订正""同校刊"的成果，刊印过程迅疾。本章及下一章具体讨论这些特点及其与制度的关系。

一、从胡琼到王楠

1. 胡琼的《大明律集解》

《贵州通志》记载，胡琼巡按贵州的时间在正德十三年（1518年）。[1] 到正德十六年（1521年），胡琼编纂的律注已经完成并得到

1　［明］王耒贤等：万历《贵州通志》卷 2，明刻本，第 34 页下。

刊印。胡琼撰写后序，对这一律注的编纂过程进行了交代。其中明确提到，他是在到达贵州以后，"于听政之暇"完成的律注。而对律注的编纂，则采取了"集解"的方式："取诸家之说，折衷之，删繁节要，略其所易知，补其所未备，而以条□附焉，名曰《律解附例》。□卷帙□，与《疏义》等，而众说略备。"[1] 换言之，是胡琼基于自己对《大明律》律条的思考，而对当时存世的《大明律》律注内容进行了选择、综合、融会贯通。因此在卷目下，胡琼标明"监察御史臣胡琼集解"[2]。

胡琼在序言中对当时可见的律注进行了评论："近时疏解律者无虑十余家，率繁文剿说，至于隐义则略而不明。如《辩疑》《解颐》《疏义》《集解》，最称明备，又各有所长，莫之能一也。"[3] 即便是这些最为明备的律注，也各有所长，而不能提供最全面的参考，这也为其以"集解"的方式编纂《大明律》律注提供了合理性。

胡琼编纂律注的初衷本是为贵州地区他所巡行地区的官员利用，但是律注刊印之后，流传很广，并得到相当迅捷的重刊。上引胡琼撰写的后序注明时间为"正德辛巳仲春望日"[4]，至正德十六年（1521年）十一月，该律注可能已经在云南重刊，由云南巡抚何孟春主持刊印。现藏中国国家图书馆胡琼名下的律注《大明律集解》，可能就是何孟春重刊本。

该律注录《大明律》律条，律条之下，以"解"字引出对律文的注解。比如《吏律》"讲读律令"条下：

1　[明] 胡琼：《律解附例序》，载 [明] 胡琼：《大明律集解》卷末，明刻本，第89页下。

2　[明] 胡琼：《大明律集解》卷1，第1页上。

3　[明] 胡琼：《律解附例序》，载 [明] 胡琼：《大明律集解》卷末，第89页上。

4　[明] 胡琼：《律解附例序》，载 [明] 胡琼：《大明律集解》卷末，第90页上。

解："初犯""再犯""三犯"，俱就考校不晓上说。"递降"如知府降同知之类。"罚俸钱"，盖俸有米有钱，今只罚其月所支之钱也。每俸一石钱一百文，见《大明令》。"过失""因人连累"，乃不系为恶自取之罪。此上尚有别项罪名，乃独曰"事干谋反逆叛不用此律"者，盖此俱以干连而言，故因谋反叛逆之故而干连则不免耳。"变乱成法"即谓律令成法也，此斩罪，秋后处决。[1]

因为是"集解"，注释中对前人成果多有参考。比如《刑律》"官吏听许财物"条规定：凡官吏听许财物，虽未接受，事若枉者，准枉法论；事不枉者，准不枉法论，各减一等。所枉重者，各从重论。此条下注解云：

解：听许以事发时尚未接受而有显迹者言之，此必许有数目方坐，不然难科此罪。至死者亦只减一等。《疏议》问曰：准不枉法、准枉法论，各减一等。准字至死，本该罪止杖一百流三千里，又得减一等，杖一百徒三年否？答曰：各减一等，但指未满贯赃而言。至于满贯死罪，止减一等，杖一百流三千里。若依前议，则是通减二等矣。[2]

这是直接引用了《律条疏议》的注解以说明律文"事若枉者，准枉法论；事不枉者，准不枉法论，各减一等"的行用。

1　［明］胡琼：《大明律集解》卷3，第12页下。
2　［明］胡琼：《大明律集解》卷23，第40页上。

律注在对律条的注解之后以"例"字引出，收录条例，条例主要来自弘治十三年《问刑条例》，个别律条下有收录弘治十三年之后题定的条例。比如《名例律》"应议者之父祖有罪"条下，收录王府事例十二条，其中包括了弘治十八年正月二十四日圣旨一条。[1]

在正文三十卷之后，收录序文两篇。其一为上引胡琼撰写于正德十六年（1521年）春的《律解附例序》。在胡琼序言之后则又收录了《书九峰胡侍御律解后》，署"正德十六年辛巳十一月庚申郴何孟春在云南巡抚都察院书"。其中提道：

> 律，圣人制刑，刑官以用法之书也。律不明则上之仁义隐，而滋下之弊，低昂其手一惟吏，罹辜者之手足无措矣。故律，皇祖有命，百司官吏不可不读，读斯求以明之，谁谓明刑法律非吾儒事哉？我皇祖钦定律，大抵承用晋唐旧文，文深而旨奥，士大夫乍读，或有所不逮，而况于诸吏胥，故学士丘文庄公尝言，律须得儒臣通法意者为之解释，必使人人易晓，不待思索考究而自悉，则愚民各知所守，奸吏不得容情卖法。春窃感其言，欲取《疏义》等作，从通法意者相讨论，弗果，就日来滇，得大巡虞山陈原习所刻以资刑官书相示而未及为之序，乃因原习所刻者广编为《恤刑书》十二卷，配□过《备荒书》，统名曰《体民存录》。《录》成，序之，原习已代去，至今未有以答吾原习也。今乃得见九峰侍御贵阳所刻《律解》，为之跃然，凡可以资刑官用之书盖于是乎备，而深者睹、奥者露，原习之所属自兹无用

1 ［明］胡琼：《大明律集解》卷1，第34页上。

乎？余言使丘公有知于地下，当为此书抚掌，为斯民幸。而九峰自序顾曰以资退陬吏胥传写讲读之便，是岂独一方三尺告而已邪？何言谦也。[1]

本律注题名《大明律集解》，版心则有"律解附例"字样。律注卷首收录《大明律》总目的上半部分，即从《名例律》至《礼律》，另一部分的目录则收于卷十三《兵律》部分开始之前。[2] 律注正文三十卷，但是页码则不按三十卷计，而按照版心《律解附例》四卷计页。则可以看到这一云南重刊本对贵阳本在题名和卷目上所做的调整。胡琼在贵阳刊出的律注题名应该是《律解附例》，这与其后序题名《律解附例序》也相呼应。贵阳本应该共计四卷，前两卷从《名例律》至《礼律》，后两卷从《兵律》至《工律》，目录也相应地分为上、下。云南本重刊快，所以虽然改名为《大明律集解》，且析正文为三十卷，但是贵阳本的格式在其中仍有遗留。

何孟春，字子元，弘治六年（1493 年）进士，正德年间以右都御史巡抚云南。[3] 从何孟春的序言来看，他自己作为宪府官员，对于《大明律》及其律注也颇有研究，不仅一直有"欲取《疏义》等作，从通法意者相讨论"的愿望，而且在同僚陈原习刊刻作品的基础上，完成了《恤刑书》的编纂。陈原习，即陈察，弘治十五年（1502 年）进士，正德年间以监察御史出巡云南，与何孟春共事。从序言看，陈

1　［明］何孟春：《书九峰胡侍御律解后》，载［明］胡琼：《大明律集解》卷末，第 91 页上—93 页上。

2　参见［明］胡琼：《大明律集解》卷 13，卷首，第 1 页上—8 页下。

3　参见［清］张廷玉等：《明史》卷 191《何孟春传》，第 5065 页。

察在巡按云南期间也有"有资刑官"的读物刊印。

此外，台湾"中央研究院"傅斯年图书馆收藏有胡琼名下律注两种。其一题名《大明律解附例》，内封页注明"《律解附例》，明胡琼集解"。卷首收录《大明律》总目、细目以及《五刑之图》《狱具之图》《丧服总图》《本宗九族五服正服之图》《妻为夫族服图》《妾为家长族服之图》《出嫁女为本宗降服之图》《外亲服图》《妻亲服图》《三父八母服图》《例分八字之义》《六赃图》。在图表之后收录何孟春《书九峰胡侍御律解后》。[1] 律注正文三十卷，每卷目下，署名为"监察御史臣胡琼集解"，录律文，在律文后以"解"字引出对律文之注释，附加相关条例。从注释内容和所引条例来看，与上述国图本《大明律集解》相同。这一律注正文已经分设三十卷；卷首收录何孟春序言，但是没有收录胡琼本人的序言，何孟春的序言在律注中的位置也有调整，则可能是胡琼律注云南本的另一重刊本。

其二为《大明律解附例》，是胡效才增附本。这一增附本在卷首收录《御制大明律序》以及各种图表。值得注意的是，卷一还收录了《为政规模节要论》和《刑名启蒙心妙总集》。在正文部分的卷目下，则署名为"巡按浙江监察御史臣胡琼集解，巡按河南监察御史臣胡效才增附"[2]。胡效才增附本正文三十卷，收录律条，在律条下以"解"字引出对律条的解释，在相关条目下收录条例。内容与上引国家图书馆藏《大明律集解》相同。但是胡效才本在一些条目下列有"增附"，比如《刑律》"辩明冤枉"条下，除对律条的解释、

1　参见［明］胡琼：《大明律解附例》，明刻本，卷首。

2　［明］胡琼、胡效才：《大明律解附例》卷1，明刻本，第1页上。

附录条例之外，"增附"下列"嘉靖七年十月十五日节该兵部题准事例：内外问刑衙门今后奏诉冤枉，如果曾经法司及抚按问结，事有冤枉，俱要就近隔别问理。若已调问明白，仍前诉扰，并各衙门未曾问结事情，俱立案不行。若内系有真犯死罪者，再行后调衙门查勘一次，但经三次奏辩无冤，仍前诉扰，再□□理"[1]。胡效才增附本未收录胡琼与何孟春的序。

胡效才，字汝愚，南直隶淮安府沭阳县人。正德十二年（1517年）进士，初任浙江东阳县知县，嘉靖元年（1522年）行取为监察御史。[2] 在嘉靖八年（1529年）左右，胡效才出巡河南。[3] 从胡效才增附本所增附的内容看，此增附本刊行的时间应该在嘉靖七年（1528年）底之后，与胡效才出巡河南时间相符合。胡效才增附本是在胡琼律注的基础上，增加了正德十六年（1521年）以后的新例而进行的重刊。

2. 王楠的《大明律集解》

此外，嘉靖年间，巡按河南监察御史王楠刊印《大明律集解》，该律注现存美国国会图书馆。律注卷首收录《御制大明律序》、洪武七年（1374年）刑部尚书刘惟谦等《进大明律表》以及《大明律总目》《大明律目录》《五刑之图》《狱具之图》《丧服总图》《本宗九族五服正服之图》《妻为夫族服图》《妾为家长族服之图》《出嫁女为本宗降服之图》《外亲服图》《妻亲服图》《三父八母服图》《例分八字之义》《附六赃图》。其中卷首部分的《大明律目录》也只收录从

1　［明］胡琼、胡效才：《大明律解附例》卷28，第84页下。
2　参见《明世宗实录》卷11，嘉靖元年二月丁酉，第413页。
3　嘉靖八年（1529年），工部题准令巡按河南监察御史胡效才兼理修治漕河。参见《明世宗实录》卷100，嘉靖八年四月己卯，第2375页。

《名例律》到《礼律》部分的目录，与国家图书馆所藏胡琼《大明律集解》卷首内容一致。

王楠《大明律集解》正文三十卷，收录律文，以"解"引出对律文之注释。比如《吏律》"讲读律令"条下：

> 解："初犯""再犯""三犯"，俱就考校不晓上说。"递降"如知府降同知之类。"罚俸钱"，盖俸有米有钱，今只罚其月所支之钱也。每俸一石钱一百文，见《大明令》。"过失""因人连累"，乃不系为恶自取之罪。此上尚有别项罪名，乃独曰"事干谋反逆叛不用此律"者，盖此俱以干连而言，故因谋反叛逆之故而干连则不免耳。"变乱成法"即谓律令成法也，此斩罪，秋后处决。[1]

这与国家图书馆藏胡琼《大明律集解》"解"字引出的文字一致。黄彰健先生经过比对，指出王楠《大明律集解》中对律文的注释完全来自胡琼的《大明律集解》。[2]

但是王楠本《大明律集解》只有对律条的注解，没有收录条例。[3] 此外，王楠本《大明律集解》的版心已经与题名一致，为《大明律集解》，也与国家图书馆藏《大明律集解》所显示的不同。则可

1　［明］王楠：《大明律集解》卷2，明刻本，第9页下。从目录看，《吏律》之"公式"目在卷三，但是正文部分该卷目开始，仍署"《大明律》卷第二"，而且页码和前一卷相连。

2　参见黄彰健：《明代律例汇编序》，第20页。

3　黄彰健认为王楠在胡琼《大明律集解》的基础上，吸收其律解，而将条例删除的原因与世宗即位诏有关。明世宗即位，有将弘治十三年以后条例一并删除的规定，而胡琼的律注中，有将弘治十三年以后条例一并收入的情况。参见黄彰健：《明代律例汇编序》，第20页。

以看到，王楠本《大明律集解》是对胡琼《大明律集解》内容进行调整之后的重刊。

王楠本《大明律集解》卷末注明："河南等处承宣布政使司左布政使臣曾钧、右布政使高世彦校正，东通吏臣徐登瀛，西通吏臣谢志仁誊录，令史臣陈添祐督工重刊。"[1] 则王楠本《大明律集解》是河南布政司的官刊本。值得注意的是，美国国会图书馆所藏王楠《大明律集解》，与嘉靖《重修问刑条例》同装一函。这一嘉靖《重修问刑条例》卷首收录刑部尚书顾应祥嘉靖二十九年《重修问刑条例题稿》，之后分七卷收录条例。从"犯奸"等目下收录的条例来看，嘉靖三十四年（1555 年）刑部尚书何鳌题定的九条条例还未收录在内。[2] 则刊印的时间当在嘉靖二十九年（1550 年）以后三十四年（1555 年）之前。此外，函封上注明"大明律集解""附问刑条例六册""嘉靖间河南布政司刊"。则有可能王楠《大明律集解》刊印之时，河南布政司也一并刊印了嘉靖《重修问刑条例》作为附录。如果是这样，则王楠《大明律集解》刊印的时间应该也在嘉靖二十九年（1550 年）之后三十四年（1555 年）以前。

王楠，山东文登人，嘉靖二十三年（1544 年）进士，与《读律琐言》的作者雷梦麟为同科进士。王楠在其律注中没有提及胡琼的名字，也未收录胡琼和何孟春的序，而是在该律注卷一目下直接署名"巡按河南监察御史臣王楠编集"[3]。

1　［明］王楠：《大明律集解》卷 30，第 5 页下。
2　参见［明］王楠：《大明律集解》附录，嘉靖《重修问刑条例》卷 6，第 23 页下。
3　［明］王楠：《大明律集解》卷 1，第 1 页上。

二、从陈省到梁许、王藻与应朝卿

1. 陈省的《大明律例附解》

隆庆元年（1567年），监察御史陈省巡行湖广，编纂刊刻《大明律》律注《大明律例附解》。该律注的最后收录陈省撰写于隆庆元年（1567年）夏的《恭书律例附解后》。全文如下：

> 夫律法铨也，例，律之辅也。圣王弼教为治之大典也。顾自隆古布宪，中世铸书，代沿人述，程则日繁，乃其制文尚古，含义实精，酌情比理，窥测匪易，仕者多以粗心浮见议之，故常不惟立法者之旨，怒或比重，喜或纵失，罕能得其中矣。孔子曰：刑罚不中则民无所措手足，斯诛之徒繁且激之使乱矣，岂刑期无刑之意哉？洪惟我太祖高皇帝革元建极，弘敷德礼，而顽民夷习，盖尝峻法以治之，斯古者刑乱国用重典之义也。已乃命大臣会众律以协厥中，奏上，亲洒宸翰删定，凡二十四年始颁行之，是知我皇祖慎刑重民命之盛心，肫肫乎至矣。二百年来，寓内享治平之福，律之所赐实多。顾臣下往往以文古而衍解之，不啻十数家，然窥天之管见，终不尽丰城雷梦麟氏，乃会稡诸家解，研思而融释之，著成《读律琐言》，议狱者多尚其说。省按湖南，检核案牍，失者常什八九，深病夫粗心浮见者之祸斯民甚矣，乃取内本律重校刻之；列圣典例凡可辅律者，咸以类列；分注《琐言》于次，而余姚杨简氏《集解》、遂昌应槚氏《释义》、祥

符陆柬氏《管见》于《琐言》有互相发明、补所未备者采而附之，贻诸有司，使读而绎思焉，以求刑罚之中，弼盛世之教，仰副皇祖列圣慎刑重民命之心，而省执宪一方之责，庶其少塞焉。于戏，皋陶喑而为理，则议狱者不惟其言矣，故曰非佞折狱，惟良折狱。程伯子曰史臣大赞尧舜，曰罪疑惟轻，与其杀不辜，宁失不经，异乎后世刻核之论矣。读律者尚知此意哉？隆庆元年孟夏之吉巡按湖广监察御史臣陈省谨书。[1]

陈省，字孔震，号幼溪，福建福州府长乐县人，嘉靖三十八年（1559 年）进士，初任浙江金华府推官，以政绩突出，行取为监察御史。[2] 在隆庆元年（1567 年）四月《明穆宗实录》的相关记载中，陈省仍以巡关御史的身份出现，隆庆元年（1567 年）六月，陈省已经以湖广巡按监察御史的身份上奏。[3] 则陈省出任湖广巡按监察御史的时间不会早于隆庆元年（1567 年）四月。陈省为其编集刊刻的《大明律例附解》撰写后序时间在隆庆元年（1567 年）孟夏，可见和胡琼一样，陈省在到达所巡地面不久就开始着手编纂《大明律》律注，而且在比较短的时间内完成并予以了刊印。

从序言来看，与胡琼一样，陈省到达所巡地面，发现诸多司法问题，他认为这主要是司法官吏的律法知识不足，即所谓"粗心浮见"所致。如果司法官吏以"粗心浮见"对待律法，则很难体会、秉持

1　［明］陈省：《恭书律例附解后》，载［明］陈省：《大明律例附解》后序，第 1 页上—2 页下。

2　参见朱保炯、谢沛霖：《明清进士题名碑录索引》，第 2543 页；《明世宗实录》卷 515，嘉靖四十一年十一月乙未，第 8461—8462 页。

3　参见《明穆宗实录》卷 7，隆庆元年四月丙午，第 211 页；《明穆宗实录》卷 9，隆庆元年六月乙酉，第 241 页。

立法者之宗旨，"怒或比重，喜或纵失，罕能得其中矣"。

陈省的《大明律》律注显然也采用了"集解"的形式，与胡琼稍有不同的是，陈省在编纂中以雷梦麟《读律琐言》中的律注为主，同时以"余姚杨简氏《集解》、遂昌应槚氏《释义》、祥符陆束氏《管见》于《琐言》有互相发明、补所未备者采而附之"。陈省在《大明律例附解》卷目下署名"巡按湖广监察御史臣陈省校梓"[1]，也是对他以"集解"方式完成律注的说明。

陈省《大明律例附解》卷首收录《御制大明律序》，洪武七年（1374 年）刑部尚书刘惟谦《进大明律表》，嘉靖二十九年（1550年）刑部尚书顾应祥《重修问刑条例题稿》，《大明律总目》，之后收录《五刑之图》《狱具之图》《六赃图》《丧服总图》《本宗九族五服正服之图》《妻为夫族服图》《妾为家长族服之图》《出嫁女为本宗降服之图》《外亲服图》《妻亲服图》《三父八母服图》《例分八字之义》《在京纳赎诸例横图》《在外纳赎诸例横图》《收赎钞图》等图表。

律注正文三十卷，录律文，在律文后首先以"琐言曰"引出雷梦麟《读律琐言》对此条的注解；在一些律条下，"琐言曰"之后以"集解曰""管见曰"等引出其他律注对这一律条的注解以补充"琐言"之不足。[2]

注解之后收录《大明令》《大明会典》《宗藩条例》《卧碑》《大诰》等与此律文相关的内容。这部分内容不见于《读律琐言》，但可

1　［明］陈省：《大明律例附解》卷 1，第 1 页上。

2　比如《名例律》"职官有犯"条下，见［明］陈省：《大明律例附解》卷 1，第 44 页下—45 页下；《兵律》"申报军务"条下，见［明］陈省：《大明律例附解》卷 14，第 21 页下。

能也不是陈省的原创。《大明律例附解》在《刑律》"起除刺字"条下，于律条注解之后收录《大明令》相关内容，在此《大明令》条下，则收录了"管见曰"的注解。则可见《管见》在此律文下也曾收录《大明令》相关内容并有注解，陈省《大明律例附解》收录《大明令》等法规政书的相关条文，可能也是对《管见》等律注内容的承继。[1]

《大明律例附解》以"问刑条例"引出，收录条例。从内容看，条例出自嘉靖二十九年（1550年）《重修问刑条例》，而嘉靖三十四年（1555年）刑部尚书何鳌题定的九条事例还未整合进《重修问刑条例》。这九条事例以"续题事例"引出，收录在"问刑条例"引出的条例之后。比如《名例律》"应议者犯罪"条下收录嘉靖二十九年（1550年）修订《问刑条例》五条，而何鳌题准的有关宗室出城越关出京事例一条、有关宗室讦奏一条则均以"续题事例"引出，附录于后。[2] 与雷梦麟《读律琐言》收录条例略有不同。此外，《大明律例附解》又以"附例"[3]"续例"[4]"嘉靖条例"[5]"吏部职掌"[6]"军政条例"[7] 等引出，收录其他条例。其中"续题事例"引出的条例有晚至嘉靖四十一年（1562年）的事例。[8] 此外，前文提到，雷梦麟《读律琐言》对部分条例也曾予以注解，《大明律例附解》对这

1　参见［明］陈省：《大明律例附解》卷18，第51页上。
2　参见［明］陈省：《大明律例附解》卷1，第40页上—43页下；也可参见《刑律》"亲属相奸"条下收入两条条例的编排，见［明］陈省：《大明律例附解》卷25，第58页上—58页下。
3　［明］陈省：《大明律例附解》卷1，第49页上，第51页上—51页下。
4　比如［明］陈省：《大明律例附解》卷4，第91页下—92页上。
5　［明］陈省：《大明律例附解》卷1，第66页上—68页上；卷13，第9页下。
6　比如［明］陈省：《大明律例附解》卷2，第32页下—34页上。
7　比如［明］陈省：《大明律例附解》卷4，第80页下—82页上。
8　参见［明］陈省：《大明律例附解》卷1，第95页上—95页下。

些注解也有收录。[1]《大明律例附解》也收录了《管见》对部分条例的注解。[2]

《大明律例附解》卷末有附录。附录总目列："《律例类抄》《比附律条》《官司故失出入人罪增轻减重例》《有禄无禄人》《奏行时估则例》《为政规模节要论》《金科玉律赋》《律难引用》《问囚则例》《听问招议次第》《题奏之式》。"[3] 其中《律例类抄》包括弘治十年（1497 年）奏定《真犯杂犯死罪》，《大明律》内有关充军之律文，以及嘉靖二十九年（1550 年）奏定《重修问刑条例》中的死罪、各等次充军条例。[4] 值得注意的是，在其中"附近卫"目下，已经收录"奸缌麻以上亲及缌麻以上亲之妻，若妻前夫之女，同母异父姊妹者"一条。[5] 这是嘉靖三十四年（1555 年）刑部尚书何鳌题定的九条事例之一。则《律例类抄》所依据的《重修问刑条例》是已经包括了嘉靖三十四年（1555 年）增补九条事例后的版本。可以看到，附录部分的内容与正文内容出处又存在差异，说明陈省在编纂的过程中，可能有不同的参考。此外，律注附录部分的《官司故失出入人罪增轻减重例》《奏行时估则例》《题奏之式》与雷梦麟《读律琐言》附录部分内容相同，《听问招议次第》内容较雷梦麟《读律琐言》附录中的《招议之式》内容更多。《问囚则例》收录 46 条，则与《大明律直引》附录内容接近。可以看到，《大明律例附解》附录部分的内容也应该是陈省吸收各律注之长的结果。

1　比如 ［明］陈省：《大明律例附解》卷 2，第 18 页上。
2　比如 ［明］陈省：《大明律例附解》卷 8，第 69 页下—70 页下。
3　［明］陈省：《大明律例附解》附录，第 1 页上—1 页下。
4　参见 ［明］陈省：《大明律例附解》附录，第 2 页上、16 页上。
5　参见 ［明］陈省：《大明律例附解》附录，第 32 页下。

2. 梁许的翻刻

和胡琼的律注一样，隆庆元年（1567 年）陈省《大明律例附解》刊印以后，在宪府系统中得到多次重刊。万历元年（1573 年），巡按直隶等处监察御史梁许刊印《大明律例》三十卷。[1] 梁许，河南孟津县人，隆庆二年（1568 年）进士，隆庆五年（1571 年）擢监察御史。[2] 梁许《大明律例》在卷尾收录上述陈省撰于隆庆元年（1567 年）的《恭书律例附解后》一文，同时收录陈省撰于万历元年（1573 年）的《重刻大明律跋》，说明重刊的缘由。在《重刻大明律跋》中，陈省明确指出，"先是，省尝刻之湖广，乃兹御史梁君又请原本翻刻之大都，令民易避难犯，且使议狱者知是书非深文之资，而寡过之资也"，强调该书重刻，"其于盛治有重裨矣乎"。该跋文署名"万历元年上元日都察院右金都御史协理院事臣陈省谨书"[3]。

陈省的跋文有以下几个方面值得关注。首先，梁许在"大都"翻刻律注，与其巡按直隶监察御史的身份有关，和陈省当年在湖广刊印律注一样，梁许也在其出巡的地面刊印律注，既为百姓知法避祸；也为本处官员理解律意提供参考，避免刑狱冤滥。其二，梁许本《大明律例》是对《大明律例附解》原本的翻刻。翻刻之前，曾"请"于陈省。万历元年（1573 年）陈省已经升任"都察院右金都御史协理院事"。这一"请"的对象既可能是作为律注作者的陈省，也可能是作为都察院长官的陈省；但陈省在湖广刊印《大明律例附

1　该书现藏中国国家图书馆，题录为"明万历元年梁许刻本"。

2　参见《明穆宗实录》卷 61，隆庆五年九月戊寅，第 1488 页。

3　［明］陈省：《重刻大明律跋》，载［明］梁许：《大明律例》卷末，明刻本，第 20 页上—20 页下。

解》是官刊，梁许对其进行原本翻刻，也是官刊，则"请"于都察院长官陈省的可能性较大。此外，陈省以都察院官员署名为该律注刊印撰写跋文，也可以看出梁许之"请"具有更多官方的性质。

中国国家图书馆藏梁许《大明律例》缺第一册，该律注卷首部分内容不可见，但是从可见的内容来看，确实是陈省《大明律例附解》原本的翻刻。其中"续题事例"引出的条例时间最晚的仍是嘉靖四十一年（1562 年）题准事例。[1] 陈省律注中的附录，包括陈省在隆庆元年（1567 年）刊印律注的后序，梁许《大明律例》均一并收录。值得注意的是，与上述王楠重刊胡琼的律注一样，梁许《大明律例》正文卷一下署名"巡按直隶等处监察御史臣梁许校梓"[2]。除了律注最后的序和陈省的跋，其余地方均未出现陈省的署名。

3. 王藻的增补再刊

梁许在北直隶刊印《大明律例》不久，万历六年（1578 年），巡按山东监察御史王藻刊刻《大明律例附解》。[3] 王藻，北直隶真定卫人，隆庆二年（1568 年）戊辰科进士，与梁许为同科进士。[4] 王藻本《大明律例附解》在卷首有"巡按山东监察御史臣王藻重刊"[5]字样。在正文三十卷卷末有"万历六年四月日，巡按山东监察御史臣王藻校"[6] 的说明。可见王藻不是律注的撰著者，而是校订和重刊

1　参见［明］梁许：《大明律例》卷 1，第 39 页上。

2　［明］梁许：《大明律例》卷 1，第 1 页上。

3　参见［明］王藻：《大明律例附解》，明刻本。该律注题名《大明律例附解》，但是具体卷目和版心均为《大明律例》。

4　参见朱保炯、谢沛霖：《明清进士题名碑录索引》，第 2553 页。

5　［明］王藻：《大明律例附解》卷首，第 2 页下。

6　［明］王藻：《大明律例附解》卷 30，第 6 页下。

者。黄彰健比对王藻与陈省的律注，指出两者"行款"同，王藻刊本的注释中同样引用雷梦麟、杨简、应欈、陆柬四家之说。[1] 确实，除此以外，陈省在律条注解之后收录如《大明令》等相关法规政令；以"问刑条例""续题事例""附例"等引出所收条例。这样的安排，在王藻《大明律例附解》中也得到了承继。[2] 王藻《大明律例附解》卷首和卷末附录的内容也与陈省《大明律例附解》基本一致。

但是，与梁许的原本翻刻不同，王藻本《大明律例附解》对陈省《大明律例附解》有重要补充：第一，增加了律内注。比如《兵律》"私卖军器"条：

> 凡军人关给衣甲枪刀旗帜一应军器，私下货卖者，杖一百，发边远充军。军官私卖者罪同，罢职充军。民间买者，笞四十。民间所买若系应禁兵器，如人马甲傍牌火筒、火炮旗纛号带之类者，民间以私有应禁军器论罪一件杖八十，每一件加一等，罪止杖百流三。所买军器价钱并入官并字兼应禁、不应禁两下说。军官军人买者勿论不分应禁、不应禁，俱不坐罪，亦不追入官。[3]

以上引文中大号字体文字为律文内容，小号字体的文字则是对律文的注解。本书第一章提到，《大明律》最初颁行时，包括了一部分律内注，但是内容简单且容量较小。以上"私卖军器"条，本没有律内注，则王藻本《大明律例附解》此条中的律内注是新添加的。

1　参见黄彰健：《明代律例汇编序》，第35—36页。

2　参见［明］王藻：《大明律例附解》卷1，第14页下、17页上、20页下。

3　［明］王藻：《大明律例附解》卷14，第23页下—24页上。

第二，在律条的注解部分，在收录陈省《大明律例附解》中的内容之前，增加了以"按"字引出的注解。比如上述《兵律》"私卖军器"条，该律文之后首先有以"按"引出的解释："按此条盖采《疏议》《辩疑》，参以己见。所注与《直引》所云同。又按《疏议》云，官军杖百则同，充军则异，以有贵贱之分。"之后内容与陈省本律注同，即以"琐言曰"引出雷梦麟对此律条的注解，并在此后收录来自《大明会典》的洪武二十五年令。[1]

"按"字引出的注解，多引用《直引》《疏议》《辩疑》的内容，所以也有"集解"的特征。《刑律》"斗殴"条下"按"云"此条乃猎涉诸法家言，择其纯者以注"[2]，对这一集解的过程说得十分明确。而从上述"私卖军器"条的注解看，这一集解中也有律注者自己的创见。

此外，与陈省《大明律例附解》不同，王藻律注还参照张楷《律条疏议》的内容，对各律目，比如《吏律》下的"职制""公式"等进行了注解。[3] 而在"续题事例"部分，王藻《大明律例附解》也有更新。上文提到陈省律注所附条例最晚至嘉靖四十一年（1562年），而王藻刊本所附例则增加了嘉靖四十一年（1562年）以后至万历六年（1578年）的条例。[4]

总之，从王藻《大明律例附解》的内容来看，这一律注是以陈省《大明律例附解》为基础，对律文注释和条例均做了增修、补充而成的。这些增修和补充，可能是王藻本人所为；也可能在万历六年

1　参见［明］王藻：《大明律例附解》卷14，第24页上—24页下；［明］陈省：《大明律例附解》卷14，第40页上—40页下。

2　［明］王藻：《大明律例附解》卷20，第4页上。

3　分别参见王藻：《大明律例附解》卷2，第1页上；卷3，第1页上。

4　参见黄彰健：《明代律例汇编序》，第35—36页。

（1578 年）之前，陈省《大明律例附解》已经出现了这样的补充本，而王藻在其巡按监察御史任上对这一补充本予以了重刊。

4. 应朝卿的《大明律例附解》

王藻之后，万历二十九年（1601 年），巡按直隶监察御史应朝卿刊印律注《大明律例附解》，从题名到内容，均可以看出其与陈省《大明律例附解》之间的承继关系。[1] 该律注第一册封面标注："万历丙申年都察院重修，辛丑年两淮察院校增。"[2] 丙申年为万历二十四年（1596 年），辛丑年即万历二十九年（1601 年）。应朝卿，字行叔，浙江仙居人，万历十七年（1589 年）进士，万历二十七年（1599 年）任两淮巡盐御史。[3] 则万历二十九年（1601 年），应朝卿刊印该律注时，还在两淮巡盐御史任上。

应朝卿明确提到，这一律注以万历二十四年（1596 年）都察院重修的律注为本"校增"而成。但是从内容来看，主要继承的则是陈省的《大明律例附解》。应朝卿本《大明律例附解》卷首内容与陈省本律注相同，只是在卷首最后列《大明律例目录》，下署"巡按直隶监察御史臣应朝卿校增"[4]。之后列附录总目："《律例类抄》《比附律条》《官司故失出入人罪增轻减重例》《有禄无禄人》《奏行时估则例》《为政规模节要论》《金科玉律赋》《律难引用》《问囚则例》《听问招议次第》《题奏之式》。"目录和所收录的内容均与陈省律注

1　参见［明］应朝卿：《大明律例附解》，明刻本，中国国家图书馆藏。该律注具体卷目和版心均为"大明律例"。

2　［明］应朝卿：《大明律例附解》，封面。

3　参见朱保炯、谢沛霖：《明清进士题名碑录索引》，第 2571 页；《明神宗实录》卷 339，万历二十七年九月丁未，第 6277 页。

4　［明］应朝卿：《大明律例附解》目录，第 30 页上。

附录部分的内容一致。[1]

应朝卿《大明律例附解》收录律文，律文后的律注主体部分与
陈省《大明律例附解》一致，即以"琐言曰"引出出自雷梦麟
《读律琐言》的注释，在部分条目下有"集解曰""管见曰"引出
的注解。在律条注解之后，收录《大明令》《大明会典》等法规政
书中与律文相关的内容，与陈省《大明律例附解》一致。但应朝卿
依据的底本可能不是陈省隆庆元年（1567 年）的刊本，在《兵律》
"私藏应禁军器"条下，以"琐言曰"引出注解，这部分与陈省律
注同；而在"琐言曰"之后，应朝卿本还收录了以"按"字引出
的解释，则与王藻《大明律例附解》该条下"按"字引出的注解
相同。[2]

应朝卿在陈省《大明律例附解》基础上完成的"校增"，主要体
现在条例部分。从格式来看，应朝卿本只以"问刑条例"引出，收
录条例，陈省律注中的"续题事例""附例""嘉靖条例"等已经被
删除；从内容来说，应朝卿本《大明律例附解》收录的条例与陈省
和王藻本均不完全一致。以《刑律》"亲属相奸"条为例，陈省与王
藻本均在此律条下列条例两条：一条以"问刑条例"引出，规定
"凡亲属犯奸至死罪者，若强奸未成，依律问罪，发边卫充军"；另
一条以"续题事例"引出，则是嘉靖三十四年（1555 年）刑部尚书
何鳌题定的九条条例之一，文字内容与嘉靖重修《问刑条例》收录

1　参见［明］应朝卿：《大明律例附解》目录，第 46 页上；具体附录内容参见应
朝卿：《大明律例附解》附录，第 1 页上—82 页下。

2　分别参见应朝卿：《大明律例附解》卷 14，第 22 页上—22 页下；［明］陈省：
《大明律例附解》卷 14，第 42 页上；［明］王藻：《大明律例附解》卷 14，第 26 页上—
26 页下。

内容一致。[1] 应朝卿本《大明律例附解》在此律文下，以"问刑条例"引出，收录这两条条例，但是后一条文字略有不同：

一　凡犯奸内外缌麻以上亲及缌麻以上亲之妻，若妻前夫之女、同母异父姊妹者，依律拟罪，奸夫发附近卫充军。
琐言曰：奸缌麻以上小功、大功在内，各依本律杖一百徒三年。[2]

不仅条例内容文字有差异，而且在条例下还增加了"琐言曰"，似乎为条例做注解。但是雷梦麟《读律琐言》此条例下并无注解，应朝卿本律注上述"琐言曰"是从雷梦麟《读律琐言》为该律条所做的注解中总结而来的。《读律琐言》在"亲属相奸"这一律文下注解详尽，其中提道："若奸同宗及外姻缌麻以上亲，及缌麻以上亲之妻，言缌麻以上，则小功、大功亲及小功、大功亲之妻，皆在其中矣，亦不问和奸、刁奸，有夫、无夫，各杖一百，徒三年。"[3]

应朝卿本《大明律例附解》虽然校增于万历二十九年（1601年），但是所收条例并不出自万历十三年（1585年）朝廷再修之后的《问刑条例》。比如《名例律》"职官有犯"条下，应朝卿本《大明律例附解》仍收录条例十一条，内容与嘉靖二十九年（1550年）《重修问刑条例》收录内容一致，只是前后编排次序不同。而万历十三年（1585

1　条例规定："今后凡犯奸缌麻以上亲及缌麻以上亲之妻，若妻前夫之女，同母异父姊妹者，依律拟罪，奸夫发附近卫分充军，妇女离异归宗，并听夫嫁卖。"分别参见〔明〕陈省：《大明律例附解》卷25，第58页上—58页下；〔明〕王藻：《大明律例附解》卷25，第9页上；〔明〕顾应祥等：《重修问刑条例》，第501页。
2　〔明〕应朝卿：《大明律例附解》卷25，第6页上—6页下。
3　〔明〕雷梦麟：《读律琐言》卷25，第450页。

年）再修《问刑条例》，与此律文相关的条例只收录了九条。[1]

应朝卿本《大明律例附解》最具特色的是在页眉添加了条例。比如在《名例律》"工乐户及妇人犯罪"条下，以"问刑条例"引出，收录条例十条，最后一条关于妇人犯罪，还收录了雷梦麟《读律琐言》的注解。但是在第四条关于太常寺、光禄寺厨役逃回，第五条有关犯罪乐户的处理之间的页眉处，则收录条例如下：

> 条例：一太常寺厨役，但系讦告词讼及因人连累问该笞杖罪名者，纳钞，仍送本寺着役。徒罪以上及奸盗诈伪并有误供祀等项，不分轻重，俱的决做工，改拨光禄寺应役。[2]

这一条例未收入嘉靖《重修问刑条例》之中，但是被包括进了万历十三年（1585年）再修的《问刑条例》。[3] 页眉还收录了万历十三年（1585年）以后题准的事例。比如《吏律》"讲读律令"条，页眉录："万历十六年奏准：各省直理刑有司官，律例生疏，引拟乖谬，致有冤民。轻则附过，重则不时参劾罚降。巡按御史复命，各分巡道将所属理刑有司官分别精疏，呈送巡按荐劾，吏部行取推官、知县，亦以刑名为优劣。"[4] 所收条例最晚的为万历二十五年（1597年）题准事例。[5]

1　分别参见［明］应朝卿：《大明律例附解》卷1，第13页下—16页上；［明］顾应祥等：《重修问刑条例》，第439—441页；［明］高举：《大明律集解附例》卷1，第197—202页。

2　［明］应朝卿：《大明律例附解》卷1，第43页上—45页下，43页下。

3　参见［明］高举：《大明律集解附例》卷1，第272—273页。

4　［明］应朝卿：《大明律例附解》卷3，第1页下。

5　参见［明］应朝卿：《大明律例附解》卷18，第22页下，页眉录"万历二十五年恩诏"。

应朝卿本《大明律例附解》在正文三十卷之后又收入两组条例，其一为万历十四年（1586年）两条，万历十六年（1588年）和万历十八年（1590年）各一条；另一组则是万历二十一年（1593年）七月刑部尚书孙丕扬题准事例，共计七条。版心显示"部题"，"卷之三十一"。律注卷末署名"万历辛丑秋巡盐两淮监察御史臣应朝卿校增，扬州府知府臣杨洵同校"。[1] 从应朝卿律注的内容，特别是律条的注解部分来看，这一律注仍是在陈省的《大明律例附解》基础上的"校增"本。

万历三十七年（1609年），湖广按察司主持刊印律注《大明律》，这应该是应朝卿本律注的校增、重刊本。[2] 该律注卷末署名"万历己酉夏湖广按察司管司事右布政使臣董汉儒，清军驿传道右参政兼金事臣王士琦，盐法水利道右参政兼金事臣高则益，提督学校副使臣王在晋，分巡武昌道副使臣陈于王，下江防道右参议兼金事臣韩孙爱同校刊"，并有"板藏巡道公者""刻字匠头吴世藩、徐文光"这样的标注。[3] 但是在卷一下仍有署名"巡按直隶监察御史臣应朝卿校增"。从律注、页眉所附条例、卷末所附两组条例来看，则应该是应朝卿本的重刊。只是在重刊之时，对条例有进一步的补充，比如在《名例律》最后一条附录了万历三十四年（1606年）所定条例。[4] 黄彰健认为董汉儒本《大明律》页眉中的条例，是万历三十七年（1609年）时添加的，是本律注的新创。但从以上的论述来看，这一新创应该出自更早刊出的应朝卿本《大明律例附解》。

1　［明］应朝卿：《大明律例附解》卷31，条例见第1页—6页下；署名见第7页上。

2　［明］董汉儒等：《大明律》，明刻本，现藏台湾"中央研究院"傅斯年图书馆。

3　［明］董汉儒等：《大明律》卷30，明刻本，第7页上—7页下。

4　参见黄彰健：《明代律例汇编序》，第49页。

总之，和胡琼编纂律注一样，陈省也以集解的方式编纂了《大明律例附解》；这一律注也与胡琼的律注一样，得到广泛的流传与重刊。仅从目前可见的律注来看，梁许、王藻、应朝卿、董汉儒等署名的律注均是以陈省的律注为底本的重刊，可能是原本的重刊，比如梁许署名的律注；也可能是对原本的内容进行了增补后的刊印，比如王藻、应朝卿、董汉儒等署名的律注。

三、《大明律例附疏》与《大明律疏附例》

1. 孙旬刊印《大明律例附疏》

万历十三年（1585 年），巡按江西监察御史孙旬刊行《大明律例附疏》。[1] 孙旬，山东莱阳人，万历二年（1574 年）进士。[2] 万历八年（1580 年）行取为监察御史，直至万历十七年（1589 年）任顺天府丞，之后又入职大理寺，成为大理寺最高长官大理寺卿。[3] 孙旬对律法颇有研究。万历十二年（1584 年）孙旬曾经主持刊印《皇明疏钞》，其中包括《刑狱》二卷，收录有明一代名臣如丘濬、马文升、何乔新、唐枢、毛恺等官员有关律例刑名的奏疏。[4] 万历十三年（1585 年）主持刊印《大明律例附疏》之后，万历十五年（1587

1　参见［明］孙旬：《大明律例附疏》，明刻本，台湾"中央研究院"傅斯年图书馆藏。

2　参见朱保炯、谢沛霖：《明清进士题名碑录索引》，第 2557 页。

3　分别参见《明神宗实录》卷 101，万历八年六月丙辰，第 2000 页；卷 209，万历十七年三月癸丑，第 3910 页；卷 222，万历十八年四月，第 4135 页。

4　杨一凡编《中国律学文献》第 3 辑第 2 册专门将此《刑狱》二卷收入，可参见。

年），孙旬曾经上疏申明律例十六款，其中强调问刑官对颁行的律例须用心讲究明白，遵照拟断，不许妄自引用而致罪有出入，人有冤滥，刑部题覆奏准。[1]

孙旬在江西巡按御史任上刊印的《大明律例附疏》卷首收录《御制大明律序》《御制大诰序》《御制大诰续编序》《御制大诰三编序》和洪武七年（1374年）刑部尚书刘惟谦等《进大明律表》，以及序言《巡按江西监察御史为发刊律疏以便讲读事》，全文如下：

> 近奉都察院勘札，准刑部咨，该本部题奉钦依，刊印律例书册送院，转行各省直巡按御史一体遵奉施行等因到院，奉此，依奉通行遵守外，照得，按属衙门审问一应罪犯情法允孚者固多，而议拟欠当者亦不能无。盖缘各该有司多因律意不明，以致情法未协。本院自筮仕时购得律疏一部，中间引经断狱，剖析精透，至于充类至义之尽，尤发前人所未发，诚老吏之断案，法家之著鉴也。虽经镂刻于中州，而江右原无字板相应刊布，以广其传。为此，仰司呈堂，照案事理，即将发去律疏一部，会同按察司订正明白，附入新颁律例之中，选令吏役誊写，督匠刊印成书，径自分发各该司道及府州县卫所等衙门并各府理刑官，人各一部，朝夕讲读。凡遇问断，务要查核精详，情与律各不得妄行引拟，致有出入，庶刑罚得中而治理有裨矣。俱毋违错未便，抄案依准呈来。万历十三年十月二十六日。[2]

1　参见《明神宗实录》卷193，万历十五年十二月乙亥，第3632—3633页。
2　［明］孙旬：《大明律例附疏》卷首，第1页上—2页上。

万历十三年（1585 年），《问刑条例》再修之后，条例正式附入律文之下，《大明律》首次出现官方的律例合刊本《大明律附例》。《大明律附例》中的律文经过了重新的校勘；"弘治十年题准真犯杂犯罪名"及"节年题准见行纳赎事例并收赎钱钞"，"一并附刻"。万历十三年九月初二日，刑部尚书舒化等将这一新修订的《大明律》呈送御览，并题准将此《大明律》"颁布中外"，规定"中外问刑衙门今后问拟刑名，俱要照依今次所刻律例以昭画一之法"[1]。这就是孙旬在上引发刊律疏序言中提到的刑部题奉钦依之事。从孙旬序言来看，刑部题准之后，这一新的官版《大明律附例》通过都察院系统的巡按监察御史下达各地方，九月刑部题准，十月，巡按江西监察御史孙旬就已经开始落实新版《大明律》的刊印，也可以看到巡按监察御史在监督考校百官讲读律令方面的职责与努力。

从序言来看，江西巡按监察御史孙旬正是在落实颁行官方新版《大明律》的过程中，刊印了律注：他将自己私藏的一部律疏下发布政司，要求布政司与按察司一起校订内容，将律注内容附入新颁的《大明律》中，刊印之后分发所巡地面的相关官员，"各该司道及府州县卫所等衙门并各府理刑官，人各一部"，官员们需"朝夕讲读"，以便为司法断案提供参考。与前文所及巡按监察御史胡琼、陈省一样，孙旬对所巡地面存在的司法问题表达了忧虑，并认为官员在司法问断中拟议欠当、情法未协的主要原因在于官员们对《大明律》律条缺乏很好的理解。律注的刊印以此现象为背景。

孙旬在上述发刊律疏的序言中明确提到他发往布政司的律疏并不

1　［明］舒化等：《进新刻大明律附例题稿》，载黄彰健编著：《明代律例汇编》卷首，第 19 页。

是他自己的撰著，而是进入仕途之初购自书肆。他对这一律疏有相当高的评价，认为足以为所巡地面的司法官员提供参照；而且他明确提到该律注在中州已经有过刊印，也足以证明这一律注的价值。

孙旬《大明律例附疏》在以上发刊序言之后，收录《大明律总目》、《五刑之图》等图表、万历十三年（1585 年）四月刑部尚书舒化等《重修问刑条例题稿》、万历十三年（1585 年）九月刑部尚书舒化等《进新刻大明律附例题稿》、《大明律目录》、弘治十年（1497年）奏定《真犯杂犯死罪》。《大明律例附疏》正文三十卷，无跋。

2.《大明律疏附例》

值得注意的是，中国国家图书馆、美国普林斯顿大学图书馆等均藏有隆庆二年（1568 年）序刊本《大明律疏附例》，该律注卷首收入《御制大明律序》以及隆庆二年（1568 年）九月河南李巡抚的序言，全文如下：

> 钦差巡抚河南等处地方都察院右佥都御史李 为讲读律令事。查得《大明律》内一款，凡国家律令，参酌事情轻重，定立罪名，颁行天下，永为遵守。有司官吏务要熟读，讲明律意、剖决事务，每遇年终，在内从察院，在外从分巡御史、按察司官按治去处考校，若有不能讲解律意者，初犯罚俸钱一月，再犯笞四十附过，三犯于本衙门递降叙用等因，由此观之，国家原有令典，特久不申明耳，是以迩来援例输银吏典，徒取备数，质以法律，忙然无知；及至临事，不免假手主文，随其舞弄，以致一切招详往往舞文重轻，出入人罪。吏不谙律，其弊乃至于斯，岂非后车之鉴。且本院自筮仕时购得律疏附例一部，不知出自何所，亦无刊订姓

氏。中间引经断狱，剖析精透，至于充类至义之尽，尤发前人所未发，诚老吏之断案，法家之著龟也。开卷有益，谳狱宜明。为此案仰本府官吏照依案验内事理，即将发去抄誉律疏附例一部，再加校正，动支官银，责令高手匠役翻刊成书送院，以凭分发所属掌印官。以后将吏典人役务令熟读明讲，定立课程，每月朔望背诵若干条，候该道巡历所至，抽签考校。如不能诵，量加责治，庶吏知专业而舞文者不得作奸矣。完日仍将用过银两数目呈院查考，毋得违错未便，抄案依准呈来。隆庆二年九月 日重刊。[1]

从《明督抚年表》看，隆庆二年（1568 年）河南巡抚为李邦珍，隆庆二年（1568 年）三月至隆庆四年（1569 年）十月在职。[2] 李邦珍，山东肥城人，嘉靖二十九年（1550 年）庚戌科进士。[3]《明穆宗实录》记载，隆庆二年（1568 年）三月，升大理寺左少卿李邦珍为都察院左佥都御史，巡抚河南。[4]

如果比对孙旬与李邦珍刊印律注的序言，则可以看到两者在描述所刊印的律注，特别是关于这一律注的来源以及对律注的评价方面，内容几乎一致。孙旬在序言中提到"虽经镂刻于中州"，也印证了李邦珍在河南刊印这一律注的事实。正因为如此，沈家本在清末见到《大明律疏附例》一书，认为该书虽然与孙旬所刻律注题名不同，但两者可能是同一种律注。[5] 黄彰健先生将两书做过比对，也指出孙旬刊印的《大明律例附疏》"系据隆庆二年重刊本《大明律疏附例》重

1　［明］著者不详：《大明律疏附例》序，明刻本，第 2 页上—4 页上。
2　参见［清］吴廷燮：《明督抚年表》卷 4，第 418 页。
3　参见朱保炯、谢沛霖：《明清进士题名碑录索引》，第 2534 页。
4　参见《明穆宗实录》卷 18，隆庆二年三月丁丑，第 519 页。
5　参见［清］沈家本：《沈寄簃先生遗书》，《寄簃文存》卷 7，第 979 页。

刊",只是律文、律后所附条例以及卷首的《纳赎例图》均为万历十三年(1585年)舒化进呈的《大明律附例》新刻本。[1] 这也和孙旬的序言相吻合,即在新版《大明律》中加入了对律条的注释。换言之,孙旬私藏的律注应该就是隆庆二年(1568年)李邦珍的河南重刊本律注《大明律疏附例》,孙旬在他所巡地面刊印律注时,不仅收录了《大明律疏附例》中对律条的注释,而且对李邦珍在该律注卷首的序言也有部分的抄录。

李邦珍在序言中直接引用《大明律》中"讲读律令"一条,强调宪府官员在监督、考校百官熟读律令、通晓律意,以剖决事务方面的职掌。在他看来,"国家虽有令典,特久不申明",对宪府官员的这一职掌强调不够,以至于官吏特别是吏员缺乏律法知识;本应由吏员执笔的司法公文比如招详等,落入职官体系之外的主文之手,并由此而出现出入人罪,司法冤滥。这里,李邦珍与之前提到的胡琼、陈省、孙旬的叙述是一致的:所巡地面司法存在问题;其原因在于当地官吏对律法理解不足;所以需要刊印律注,为其参考,辅助并督促其通晓律意。

李邦珍在序言中提到他在任官之初"购得"《大明律疏附例》,当时就已经"不知出自何所,亦无刊订姓氏"。他对于该律注评价甚高:"中间引经断狱,剖析精透,至于充类至义之尽,尤发前人所未发,诚老吏之断案,法家之蓍龟也。"这也为他重刊此律注提供了合理性,即在他看来,这一律注的重刊对于他所辖地面的刑名官吏会有相当的助益,也就是他在序言中说的"开卷有益,谳狱宜明"。

李邦珍《大明律疏附例》在以上序言之后收录《五刑之图》等

1　参见黄彰健:《明代律例汇编序》,第43—44页。

图表，以及《在京诸赎罪例》《在外诸赎罪例》和目录。律注正文三十卷，录律文，收律内注，但是律文与律内注字体及大小相同，因此两相混合，难以区分。律文后低两格以"谨按"引出对律文的注解。注解中不见对其他律注的直接引用。注解详尽，比如《吏律》下"讲读律令"条后注释如下：

> 《记》云：凡制五刑，必即天伦，邮罚丽于事。故我国家制置律令，一皆参酌人事情理轻重定立罪名，颁行天下，与万世臣民永为遵守。其内外百司官吏务要熟读详玩，讲明律意，剖决事务，使无冤滥。每遇年终，在内直隶军民衙门从察院，在外从分巡御史、提刑按察司官按治去处考校，若有不能讲解其词，不晓律意者，初犯罚俸钱一月；再犯笞四十，附过还职；三犯于本衙门照依见设员额递降叙用。其百工技艺及军民诸色人等，有能熟读讲解、通晓律意者，若犯有过误之事，及因人连累致罪，凡于律得从赦原者，不问事情重轻，并免其罪一次，以劝能者。其虽因人连累，但事干谋反逆叛如法应缘坐之人，并知情故纵隐藏及知而不首者，不免。故云，"不用此律"。若百司官吏人等，其有怀挟私诈，欺罔公道，腾喙鼓唇，妄生异议，故将律令擅为更改而变乱国家已成之法者，斩。《王制》所谓"析言破律以乱政，杀"是也。或谓律称罚俸，如照刷文卷、祭享、失仪、奏对失序，皆止言职官，此兼吏典云何？按国初凡有司惟设司吏，额有定数，皆请俸，其司吏许保贴书二名，即今典吏是也。如议罪则罚俸在杖笞之后，虽有《大诰》不减等。[1]

1　[明]著者不详：《大明律疏附例》卷3，第1页下—2页上。

注释引经据典，对律文涉及的几个方面均有详细说明，并自设问答，对律文细节予以进一步的阐明，内容十分详尽。

再如《刑律》"犯赃"条下，注释将本律条与《名例律》"文武官犯私罪"、《刑律》"窃盗"等条目比对说明，并对官员以外的衙门人员如何区分有禄人、无禄人进行了罗列和阐述。[1] 比较来看，《大明律疏附例》律注对律文文字说明更多，对律条大义的阐发相对有限。律注之后，在部分律条下，录《会典》《大明令》《宪纲》及洪武诏令进一步对律文进行补充说明。

《大明律疏附例》收入条例，条例内容可以分几个部分。在律文的注解之后，首先以"问刑条例"为名收录弘治十三年《问刑条例》。在部分律条下，在《问刑条例》之后，又有"续例附考"。律注作者对"续例"有所说明："凡正德年间事例，已悉停革，间有题行于弘治十八年以前可以参酌遵行者，兹附载备考。"[2] 在《兵律》部分，在《问刑条例》之后，也以"军政条例"为名，引入条例。[3] 在部分律条之后，又收有"新例"。"新例"所收均为嘉靖年间条例，其中明确标明时间的条例，最晚的为嘉靖二十二年（1543 年）四月二十日刑部题准条例两条，一条系于《刑律》"盗印信"条下，一条系于"诈伪制书"条下。[4]

《大明律疏附例》在正文三十卷之后为"附录"。"附录"部分收录弘治十年（1497 年）定《真犯杂犯死罪》，"丧服次第"，不同笞杖罪人犯、徒流人犯、杂犯死罪人犯等的发落，不同人犯的纳纸，等等。

1　参见［明］著者不详：《大明律疏附例》卷 23，第 2 页下—8 页上。

2　［明］著者不详：《大明律疏附例》卷 1，第 16 页上。

3　参见［明］著者不详：《大明律疏附例》卷 14，第 10 页上—11 页上。

4　参见［明］著者不详：《大明律疏附例》卷 18，第 7 页上—8 页上；卷 24，第 2 页下—3 页上。

在"附录"之后，以吏、户、礼、兵、刑、工分类，收录《新例补遗》，收录嘉靖条例，最早的为嘉靖元年例，最晚的则为嘉靖二十四年六月例。[1] 则李邦珍隆庆二年（1568年）重刊的《大明律疏附例》成书时间应该在嘉靖二十四年（1545年）之后。李邦珍为嘉靖二十九年（1550年）进士，他提到自己在入仕之初购得此书，时间上也比较吻合。

小　结

从以上的论述来看，宪府官员在《大明律》律注的编纂刊印方面呈现出鲜明的特征。巡抚、巡按一般在到达所巡地面之后，就开始着手《大明律》律注的编纂和刊印。梁许重刊陈省的《大明律例》是在万历元年（1573年），即其出任巡按直隶监察御史之初；李邦珍在隆庆二年（1568年）三月任河南巡抚，《大明律例附疏》的重刊就在隆庆二年（1568年）。即便是宪府官员编纂修订的律注，也在很短的时间内完成并得到刊印。前文提到，陈省出任湖广巡按监察御史的时间不会早于隆庆元年（1567年）四月，而其律注完成后，他为律注撰写后序的时间就在隆庆元年（1567年）孟夏，其间只有几个月的时间。与刑部官员花费几年甚至十几年注律，或者律注完成之后经过几十年才予以刊印的情况形成差别。

形成这一差别的原因在于，刑部官员是在研习《大明律》的基础上完成对《大明律》的注解，多具原创性；而宪府官员署名的《大明律》律注，则多是集解与重刊。集解或融汇各家，博采众长，

1　参见［明］著者不详：《大明律疏附例》之《新例补遗》，第7页上、5页上。

比如胡琼的做法；或以一家的注解为主，采用其他各家予以补充，比如陈省的做法。重刊的情况形式更多，或是原本的翻刻，比如梁许翻刻陈省的律注，李邦珍翻刻不知名作者的《大明律疏附例》；或以原本为主体，增加新的律注，比如王藻以陈省律注为主体，增加了新的律注；或以原本为主体，增加新的条例，比如应朝卿本律注；或直接移植律注，比如孙旬刊印律注，直接将《大明律疏附例》中的律注摘出，加入新刊的《大明律附例》之中。总之，宪府官员署名的律注以对当时既有律注的整理、编辑、增订、汇编为主。

"集解"被认为是明代律注文献的特点之一，既往研究从文献学的角度认为这是中国古代经注传统在法律范畴中的延伸；从社会史的角度认为"集解"容许不同意见的存在，与明代士人思想解放有关。[1]从本章的讨论来看，宪府官员对《大明律》律注的集解和重刊，则主要和制度有关。首先，宪府官员对百官的通晓律意有监督、考校之责；在明朝廷未曾刊发统一的、标准的《大明律》注解的背景下，宪府官员在所巡视的辖区内刊印律注，以为当地官吏作为参考，成为其落实职掌的一种努力。宪府官员出巡时间有限，快速、便捷、精良就成为其律注编集刊印的原则。其次，从以上论述来看，宪府官员在所巡地面选择何种《大明律》律注进行刊布，拥有很大的自主权。即朝廷给予宪府官员这样的权力，宪府官员个人的选择，可以决定一地的官员参考何种律注。宪府官员虽然也为这样的选择提供合理性，比如胡琼、陈省等在编纂律注时，对当时存世的律注进行评论；李邦珍、孙旬重刊律注，对本律注的内容予以高度评价，但朝廷对于宪府

1　参见张伯元：《〈大明律集解附例〉"集解"考》，《华东政法学院学报》2000 年第 6 期，第 36—40 页。

官员的信任主要是以对这一群体的选拔和考核制度为依托的。

　　无论是集解还是重刊，宪府官员多会在卷首或者卷目下标注自己作为宪府官员的身份和名字。比如王楠刊印的律注虽然以胡琼的律注为原本，但是卷目下署名"巡按河南监察御史臣王楠编集"；梁许的律注是对陈省《大明律例附解》的原本翻刻，但是卷目下署名"巡按直隶等处监察御史臣梁许校梓"。学界对明代刻书中存在的盗印、切头割尾的翻刻、抄袭多有批评，[1] 宪府官员律注的集解与重刊，特别是署名的问题，很容易被认为是这一现象在律学著作中的体现。但如果从宪府官员集解和重刊《大明律》的制度背景来看，这一署名问题或许可以有不同的解释：宪府官员以官刊的形式在所巡地面刊印律注，为当地官吏提供通晓律意的参考，他们宪府官员的身份和名字，是其在当地刊印律注的制度基础，是让当地官员接受这一律注的基础，也是这一律注正当性、合法性的来源。

　　在集解和重刊中，宪府官员也对当时存世的各种律注进行了一定的格式化，因此宪府官员刊印的律注在格式上相对规范。律注卷首一般列洪武三十年（1397 年）《御制大明律序》，次列洪武七年（1374年）刘惟谦等《进大明律表》，部分律注会收录嘉靖二十九年（1550年）刑部尚书顾应祥的《重修问题条例题稿》以及万历十三年（1585 年）刑部尚书舒化等所上《重修问刑条例题稿》和《进新刻大明律附例题稿》。在这些表文、题稿之后，一般列《大明律》总目。之后列各种图表，虽然排列顺序可能会有微小的差异，但内容基本一致，这些图表包括：《五刑之图》《狱具之图》《丧服总图》《本宗九族五服正服之图》《妻为夫族服图》《妾为家长族服图》《出嫁女为

　　1　　参见李明杰：《中国古代图书著作权研究》，社会科学文献出版社，2013 年。

本宗降服之图》《外亲服图》《妻亲服图》《三父八母服图》《例分八字之义》《六赃图》《纳赎例图》《在外纳赎诸例图》《收赎钞图》等。卷末一般都收录万历再修《问刑条例》的最后一条:"条例申明颁布之后,一切旧刻事例未经今次载入,如比附律条等项悉行停寝。凡问刑衙门敢有恣任喜怒,妄行引拟,或移情就例,故入人罪,苛刻显著者,各依故失出入律坐罪,其因而致死人命者,除律应抵死外,其余俱问发为民。"[1]

可以比较王樵的《读律私笺》和王肯堂在此基础上完成的《大明律附例》。前文提到王樵《读律私笺》刊行在万历十三年(1585年)之后,但是这一律注不收律文正文,也不收条例,颇具个性。而王肯堂在刊印《大明律附例》时,已经具有相当的格式化的痕迹,不仅在正文中收入律文和条例,而且在卷首收录《御制大明律序》、《律例笺释自序》、刑部尚书舒化等《进新刻大明律附例题稿》、《五刑之图》等各种图表、弘治十年奏定《真犯杂犯死罪》以及《大明律》总目和目录,在三十卷卷末收录万历再修《问刑条例》最后一条条例。王肯堂提到自己开始研究并编纂《大明律》律注的背景为"铨曹有藩宪之推"[2],则这一律注的格式上留下了宪府官员刊印《大明律》律注的特征,可能也与此背景有关。

1　[明]高举:《大明律集解附例》卷30,第2069—2070页。
2　[明]王肯堂:《律例笺释自序》,载[明]王樵、王肯堂:《大明律附例》卷首,第1页下。

第七章
关于衷贞吉本《大明律集解附例》

本章以万历二十四年（1596 年）衷贞吉本《大明律集解附例》为例，一方面再次阐述宪府官员署名的《大明律》律注具有集解和重刊的特点；同时，结合前两章的论述，讨论宪府官员编纂和刊印律注过程中的团体性特征及其与制度的关系。

一、衷贞吉本《大明律集解附例》

在留存至今的所有明代《大明律》律注中，衷贞吉本《大明律集解附例》殊具特色。该书卷首录《御制大明律序》，在收录《大明律集解附例总目》《大明律集解附例目录》之后，即有详细的、规模可观的纂注者名单：都察院掌院事左都御史衷贞吉、协理院事左副都御史张养蒙、协理院事左佥都御史郭惟贤"同纂注"；掌京畿道监察御史连标、巡视京营监察御史陈惟芝、提督学校监察御史李尧民、巡按顺天监察御史陈遇文、掌河南等道监察御史高举、掌浙江等道监察御史王明、掌山东等道监察御史严一鹏、掌江西等道监察御史牛应元、掌山西等道监察御史林寅宾、掌陕西等道监察御史吴礼嘉、巡盐两淮监察御史杨光训等11人"同校刊"。[1]

该律注随后收录《例分八字之义》《六赃图》《纳赎例图》《在外纳赎诸例图》《收赎钞图》《五刑之图》《狱具之图》《丧服总图》《本宗九族五服正服之图》《妻为夫族服图》《妾为家长族服图》《出嫁女为本宗降服之图》《外亲服图》《妻亲服图》《三父八母服图》等图表。在图表之后收录《大明律集解名例》，其中内容主要为"服制"，详细列举从"斩衰三年"到"缌麻三月"的具体关系。[2]

衷贞吉本《大明律集解附例》正文三十卷，录律文，在律文后则分别以"纂注""按""备考"等文字引出对律条的解释、对本律条的评论以及对与本律条相关内容的补充。以《大明律·名例律》"军官有犯"条为例，该条目下先列律文：

> 凡军官犯罪，从本管衙门开具事由，申呈五军都督府奏闻请旨取问。若六部察院按察司并分司及有司见问公事但有干连军官及承告军官不公不法等事，须要密切实封奏闻，不许擅自勾问。若奉旨推问，除笞罪收赎明白回奏，杖罪以上须要论功定议，请旨区处。其管军衙门首领官有犯，不在此限。

律文之后低两格以小一号不同字体，以"纂注"两字引出对律条的解释如下：

1　参见［明］衷贞吉等：《大明律集解附例》，明刻本，第16页上—16页下。
2　参见［明］衷贞吉等：《大明律集解附例》卷首，第7页上—13页下。

纂注：察院乃监察御史之衙门，以国初未有都察院也。有司指布政司府州县言，干连军官谓公事系干连及合当提问者。此言内外军职犯罪，各衙门不得专擅问断，盖军官世有勋迹，所宜优待，故事在本管衙门，则申呈五府奏请取问；事在六部等衙门，则密切实封奏闻。曰密切曰实封，明非本管，防不虞也。若奉旨推问此句，承上本管及六部等衙门而言，除公私笞罪律该收赎者招前不必叙功，明白回奏外，杖罪以上须要叙其父祖及本身功次、升袭缘由，论功定议，请旨区处。其管军衙门首领官虽掌军务，不系有功应议之人，或有所犯，如系京卫，参问发落；外卫径自提问，不在军职有犯奏请之限。

纂注之后以"按"字引出文字如下："内外军职见为事及守哨立功未满，若充军为民者，有犯径自提问，不必论功请旨。其在外致仕优给退职借职笃废残疾者，虽奏题，不论功定议。"

另起一行，平行，以"备考"引出文字如下："文武官犯罪应奏请上议而不奏请上议者，以事应奏不奏律论。"

"纂注""按""备考"并不是每一律条皆备，有些律条无"纂注"，有些律条则无"按"、无"备考"。"按"有时候又作"按记曰"。[1] 在上述"军官有犯"这一律条下，"按"字引出的文字与"纂注"文字并入一处。在其他一些律条之后，"按"字引出的文字单列，与"纂注"文字平行。[2]

衷贞吉本《大明律集解附例》注释中直接引用其他各家注释的

1　参见［明］衷贞吉等：《大明律集解附例》卷1，第81页上等。
2　参见［明］衷贞吉等：《大明律集解附例》卷1，第96页上等。

少，以融会贯通直接表达为主，但其中也会引用、提及具体的律注题名比如《辩疑》《疏议》《律解》《琐言》《管见》《释义》等，以对相关律文注解进行评论。比如《户律》"转解官物"条下，"纂注"最后指出："此说本《辩疑》说，得'亦'字切当。《疏议》较泛。"[1]部分条目下的注解还与《唐律》进行对比。比如在《刑律》"造妖书妖言"条下，"按"引出的文字为："唐律不及众者流三千里，今不同。"[2]

　　衷贞吉本《大明律集解附例》在律条解释之后，附入条例。条例分两个部分。其中以"条例"两字引出的是万历十三年《问刑条例》的内容。衷本《大明律集解附例》正文三十卷卷末附条例注明："条例申明颁布之后，一切旧刻事例未经今次载入，如比附律条等项悉行停寝。凡问刑衙门敢有恣任喜怒，妄行引拟，或移情就例，故入人罪，苛刻显著者，各依故失出入律坐罪，其因而致死人命者，除律应抵死外，其余俱问发为民。"[3] 这是万历十三年《问刑条例》再修之后的最后一条条例。另一部分条例以"新题例"三字引出，是万历十三年《问刑条例》再修之后新增加的条例。"新题例"主要集中在《刑律》部分，总计八条。其中最晚的是万历二十年二月题准事例，系于《刑律》"常人盗仓库钱粮"条下。[4]

　　衷贞吉本《大明律集解附例》在正文三十卷之后标明"万历二十四年仲春月校刊"[5]。之后附录弘治十年（1497年）奏定《真犯杂犯死罪》以及万历十三年（1585年）奏定并新续题之《真犯死罪充

1　［明］衷贞吉等：《大明律集解附例》卷7，第39页下。
2　［明］衷贞吉等：《大明律集解附例》卷18，第7页下。
3　［明］衷贞吉等：《大明律集解附例》卷30，第5页下。
4　参见［明］衷贞吉等：《大明律集解附例》卷18，第22页上—22页下。
5　［明］衷贞吉等：《大明律集解附例》卷30，第5页下。

军为民例》。[1]

二、与陈遇文、郑汝璧律注的关系

衷贞吉本《大明律集解附例》虽然有三位都察院长官署名"同纂注"，11 位监察御史署名"同校刊"，但却不是原创的作品，而是在既有律注上的重刊。黄彰健指出衷贞吉本《大明律集解附例》与郑汝璧刊本全同，又认为衷贞吉本《大明律集解附例》之"纂注亦钞陈遇文《大明律解》"[2]。

1. 陈遇文刊印的律注

陈遇文，山西平阳府解州安邑县人，万历五年（1577 年）丁丑科进士。[3] 初任陕西镇原县知县，因为政绩突出，"两令关西"之后，万历十一年（1583 年）"入拜御史台"[4]，直至万历二十四年（1596 年）衷贞吉本《大明律集解附例》刊布之时，一直任监察御史。万历二十二年（1594 年）七月，左都御史孙丕扬考察陈遇文之评语为"心地过实，宪体略疏"，存在比如"苏州越狱当报不报"等问题，陈遇文因此受到"罚俸"的处置。[5] 但是陈遇文对律法多有研究，在刑狱方面也多有政绩，万历二十二年（1594 年）四月辛未，南直隶

1　参见［明］衷贞吉等：《大明律集解附例》卷末，附 1—40 页。

2　黄彰健：《明代律例汇编序》，第 47 页。

3　参见龚延明主编，毛晓阳点校：《天一阁藏明代科举录选刊 登科录下》，宁波出版社，2016 年，第 568 页。

4　［明］陈遇文：《大明律解序》，载［明］陈遇文：《大明律解》卷首，第 4 页下。

5　参见《明神宗实录》卷 275，万历二十二年七月己丑，第 5095—5096 页。

金坛等县逆犯赵州平等私蓄兵器妖书，被巡按陈遇文擒获。[1] 陈遇文也提到，自己任职监察御史多年，"熟察间阎枉纵所繇、俗吏出入轻重所系"[2]。

万历二十年（1592 年）至二十一年（1593 年）间，陈遇文作为直隶监察御史巡按江南，曾有两种律注刊刻。其一题名《大明律附解》。该书卷首有《大明律解序》一文，陈遇文在序言中首先对当时存世的律注表达了不满，他指出："自昔解者，人持一家训，往往甲可乙否，互有抵牾，诸不具论，即最著如《管见》《琐言》等集，梗概近是，究其奥义，亦多驳驳未粹。"与此同时，他对司法官吏对待《大明律》和通晓律意的态度也进行了批评。陈遇文指出"听讼之吏，才品识见又各不同"，其中有"任喜怒爱憎，尝试漫为，以自夸能者"；"有挟其聪明才辨、夙娴世故，为讼狱当前，吾折之将立断焉，则常沾沾自喜者"；"有俯仰观望附会迎合，甚至猾胥舞智阴行其私者"；"间有愉快于武健，绝请孤立，廉倨剋核"，"动以熏大豪轹巨室，明己得意，且恃深文巧诋者"；"抑或煦煦焉姑息从事，辄以交私扰法保奸活爱，博宽平声者"。陈遇文感叹："刑罚不中，手足靡错，弊可胜道哉！"他认为这些司法问题的存在，并不是因为司法官员故意违背律法，而是因为他们对《大明律》缺乏真正的理解，即他所谓的"岂敢于悖律之故，而不解于律之过也"。

陈遇文继而指出本律注刊刻的背景："万历壬辰岁，余受命按江南，虑属吏之或蹈前弊，爰取律解梓之，通行颁布。俾常目在之，不

1　参见《明神宗实录》卷 272，万历二十二年四月辛未，第 5051 页。
2　［明］陈遇文：《大明律解序》，载［明］陈遇文：《大明律附解》卷首，第 4页下。

谬于律，庶几乎刑期无刑，辟以止辟，而民可全其生矣。"该序言落款"巡按直隶监察御史安邑昆吾陈遇文书"[1]。则其刊印律注，与上一章讨论的宪府官员刊印律注有同样的背景：为所巡地面官员通晓律意提供可资参考的律条注释。

《大明律附解》的编排也符合宪府官员所刊印律注的特点：编排规范，附录图表全面。在上述序言之后，《大明律附解》列总目，总目之后列《大明律》详目。在详目之后，列《五刑之图》《狱具之图》《丧服总图》《本宗九族五服正服之图》《妻为夫族服图》《妾为家长族服图》《出嫁女为本宗降服之图》《外亲服图》《妻亲服图》《三父八母服图》《六赃图》《纳赎例图》《律例钱钞图》《收赎钞图》。之后收录《大明律解名例》，其内容则主要为《服制》《例分八字之义》以及弘治十年奏定《真犯杂犯死罪》。此外，收录《徒限内老疾收赎则例》《官司故失出入人最增轻减重例》。[2]

《大明律附解》正文三十卷，收录律文，律文之后有注解；在一部分律条下，在注解之后，又以"按"引出文字，对律条进行进一步的阐释；再以"补遗"引出的文字对律条进行补充说明。比如《名例律》"军官有犯"条下，注解和"按""补遗"引出的文字如下：

> 察院乃监察御史之衙门，以国初未有都察院也。有司指布政司府州县言，干连军官谓公事干系连及合当提问者。此言内外军职犯罪，各衙门不得专擅问断，盖军官世有勋迹，宜所优待，故事在本管衙门，则申呈五府奏请取问；事在六部等衙门，则密切

1　[明]陈遇文：《大明律附解》，明刻本，台湾"中央研究院"傅斯年图书馆藏；陈遇文：《大明律解序》，载[明]陈遇文：《大明律附解》卷首，第1页上—5页上。

2　参见[明]陈遇文：《大明律附解》卷首。

实封奏闻。曰密切曰实封，明非本管，防不虞也。若奉旨推问，此句承上本管及六部等衙门而言，除公私笞罪律该收赎者招前不必叙功，明白回奏外，杖罪以上须要叙其父祖及本身功次，升袭缘由，论功定议，请旨区处。其管军衙门首领官虽掌军务，不系有功应议之人，或有所犯，如系京卫，参问发落；外卫径自提问，不在军职有犯奏请之限。

按：内外军职见为事及守哨立功未满，若充军为民者有犯，径自提问，不必论功请旨。其在外致仕优给退职借职笃废残疾者，虽奏题，不论功定议。

补遗：文武官犯罪应奏请上议而不奏请上议者，以事应奏不奏律论。[1]

一些律条下，则只有注释，没有"按"和"补遗"。如《刑律》"不应为"目下，只有注释如下：

凡理之所不可为者，谓之不应为，从而为之，是亦罪也。在律令虽无正条，事理各有轻重，或笞或杖，所以补诸律之未备也。故曰：一部律条无检处，看来都是不应为。按不应无首从，若同犯一事则为首者杖八十，为从者笞四十；若为从之人各有所犯而同为不应者，难分轻重。[2]

《大明律附解》未收录条例。卷末无附录，无跋。《大明律附解》

1　[明] 陈遇文：《大明律附解》卷1，第6页上—7页上。
2　[明] 陈遇文：《大明律附解》卷26，第10页上。

刊印于万历二十年（1592 年），此时《大明律》和条例的合刊本《大明律附例》已经成为官方的通用本。此外，陈遇文有详尽的序言讨论律注的重要性，但是对于刊印律注的来源却没有交代，而只提到"爰取律解梓之"。则陈遇文的《大明律附解》可能是既有律注的重刊，而不是他本人的编撰成果。

值得注意的是，在《大明律附解》刊印之后的次年，即万历二十一年（1593 年），陈遇文又在苏州刊印律注，题名《大明律解》。《大明律解》卷首录《大明律解序》，序言落款"万历癸巳九月之吉巡按直隶监察御史河东陈遇文书于吴之观风亭"[1]。癸巳为万历二十一年（1593 年）。陈遇文在序言中所表达的主题和内容与上述《大明律附解》所录序言基本一致，局部叙述比《大明律附解》的序言更为完善。比如其中对职在刑名的官员对待律注的态度做了更具体的描述：鲁莽之士，"遇所听理，率任喜怒爱憎，尝试漫为，以夸能力而不暇解"；而那些聪明才辩、夙娴世故之官员则认为律解为"文具尔"，讼狱当前，只须"按成书折之，将立断焉，则常沾沾自喜而不屑解"；至于孤陋寡闻之辈，"内乏定衡、外鲜通识"，只会观望"附会迎合为充位计"；而猾胥舞智阴行其私，对于《大明律》，则"莫之解"。此外，《大明律解》所录序言交代了本律注不同的刊刻背景："盖余两令关西，入拜御史台，先是按江以北矱务，乃今按江以南，熟察间阎枉纵所繇，俗吏出入轻重所系。"陈遇文说他"刻《律解》"，是"与夫世之行法君子共之"，以昭示律法律己律人之旨归。

《大明律解》在序后即进入正文八卷，分别为名例一卷，吏、

　　1　［明］陈遇文：《大明律解序》，载［明］陈遇文：《大明律解》卷首，第 1 页上—6 页上。

户、礼、兵、工各一卷，刑律二卷。其中《名例》卷卷首收录《服制》《徒限内老疾收赎则例》《官司故失出入人罪增轻减重例》。[1]《大明律解》不收律文，而直接在律条的名目下附律文注释，在一些律条下，注释之后，以"按"引出文字，对律条进行进一步的阐释；再以"补遗"引出的文字对律条进行补充说明。比对来看，律条注释内容和格式均与前述《大明律附解》同。

《大明律解》卷末收录《大明律解跋》，落款"万历二十一年九月望日直隶苏州府知府卢大顺谨跋"。卢大顺，字子达，直隶广平府永年县人，万历八年（1580 年）进士。[2] 卢大顺在跋文中，对陈遇文作为巡按御史巡行当地用心刑狱予以了充分的颂扬。他提到陈遇文"仁心为质，惟刑之恤"，刑名处理审慎精当，淹滞案件断决如流，所巡地面"刑既以平"而"民咸自谓不冤"。卢大顺对《大明律解》从《名例律》到《工律》各部分的注释均予以了具体而充分的评论，比如"职制公式阐绎罔漏""户口程课出纳督司惟察惟法"等。他总结道："……笺疏详尽，一辞一义皆凛若履冰，严犹师保。奸蠹无敢潜匿而老吏亦无所措其手足；豪滑屏息，期不敢犯于有司。而法之昭垂若揭日月而行之，无不户晓家喻而从，是可几刑措哉？"卢大顺提到，陈遇文巡行当地，已经"惠于郡邑无穷"，又以"《律解》梓之以传"，则"使律义载释，焕若神明，临之在上，为我郡邑有所凭借，乌有极哉？"[3]

从序、跋的内容来看，陈遇文应该是在万历二十年（1592 年）

1　参见［明］陈遇文：《大明律解》卷首。

2　参见朱保炯、谢沛霖：《明清进士题名碑录索引》，第 2562 页。

3　参见［明］卢大顺：《大明律解跋》，载［明］陈遇文：《大明律解》卷末，第 1 页上—5 页上。

出巡江南，万历二十一年（1593 年）九月《大明律解》刊印时，出巡已经完成。比对内容来看，《大明律解》应该是《大明律附解》的原本。很可能是陈遇文在巡按江南之初，在《大明律解》的基础上，补充了卷首的图表，重新编定了卷目，以更符合宪府体制的格式刊印了《大明律附解》。次年，则又将《大明律解》原本进行了刊印。

与《大明律附解》序言一样，在《大明律解》所录序言中，陈遇文也只是提到"刻《律解》"；在跋文中，卢大顺也只是说陈遇文将《律解》"梓之以传"。对于《大明律解》到底是不是陈遇文自己编撰的律注，均无明确说明。黄彰健认为陈遇文只是《大明律解》的发刊人，而非该律注之作者。[1] 陈遇文刊印的两种律注均是重刊。

万历二十四年（1596 年）袁贞吉本《大明律集解附例》与陈遇文刊印的《大明律附解》《大明律解》关系密切。首先，袁贞吉本卷首所附以"服制"为内容的《大明律集解名例》与《大明律附解》和《大明律解》卷首所附"服制"相同。而从律注部分来看，袁贞吉本《大明律集解附例》与陈遇文刊印的两种律注内容也基本相同。比如上文所引《名例律》"军官有犯"条的注解，两者格式基本相同：在陈遇文的律注中，直接注律，再以"按"和"补遗"予以补充；在袁贞吉本中，则以"纂注"引出对律注的注解，再以"按"和"备考"予以补充。两相比较，除了两处词语顺序有所调整，其余内容均相同。

再如《刑律》"不应为"目下，袁贞吉本《大明律集解附例》注释如下：

1　参见黄彰健：《明代律例汇编序》，第 47 页。

纂注：凡理之所不可为者，谓之不应为，从而为之，是亦罪也。在律令虽无正条，事理各有轻重，或笞或杖，所以补诸律之未备也。不应无首从，若同犯一事则为首者杖八十，为从者笞四十；若为从之人各有所犯而同为不应者，难分轻重。[1]

比陈遇文的《大明律附解》和《大明律解》只少了"故曰：一部律条无检处，看来都是不应为"一句，其余部分内容完全一致。则衷贞吉本《大明律集解附例》与陈遇文刊印的律注确实颇有渊源。

2. 郑汝璧的《大明律解附例》

另一方面，万历二十二年（1594年），郑汝璧在山东巡抚任上刊印律注，题名《大明律解附例》。郑汝璧《大明律解附例》卷首录《御制大明律序》，在总目、细目之后，列编纂刊行人员，之后收录《六赃图》《五刑之图》《狱具之图》《丧服总图》《本宗九族五服正服之图》《妻为夫族服图》《妾为家长族服之图》《出嫁女为本宗降服之图》《外亲服图》《妻亲服图》《三父八母服图》《例分八字之义》和《在京纳赎例图》《在外纳赎诸例图》《收赎钞图》以及弘治十年奏定《真犯杂犯死罪充军律》、万历十三年奏定并新续题《真犯死罪充军为民例》。[2]

《大明律解附例》正文三十卷，收录律文，律文后以"纂注"引出对律条的注释，在部分条目下，还有以"按""备考"引出的对律文的补充说明。

《名例律》"军官有犯"条下，因为缺页，"纂注"部分主体不可

1　［明］衷贞吉等：《大明律集解附例》卷 26，第 15 页上—下。

2　参见［明］郑汝璧：《大明律解附例》卷首，明刻本，附录。

见，但是末尾部分与以"按""补遗"引出的文字如下：

> ……职有犯奏请之限。
>
> 按：内外军职见为事及守哨立功未满，若充军为民者有犯，径自提问，不必论功请旨。其在外致仕优给退职借职笃废残疾者，虽奏题，不论功定议。
>
> 备考：文武官犯罪应奏请上议而不奏请上议者，以事应奏不奏律论。[1]

再比如《刑律》"不应为"条下：

> 纂注：凡理之所不可为者，谓之不应为，从而为之，是亦罪也。在律令虽无正条，事理各有轻重，或笞或杖，所以补诸律之未备也。不应无首从，若同犯一事则为首者杖八十，为从者笞四十；若为从之人各有所犯而同为不应者，难分轻重。[2]

《大明律解附例》在律解之后附有条例。所附条例分为两个部分。第一部分条例以"条例"两字引出，收录万历十三年（1585 年）修订的《问刑条例》；[3] 另一部分则以"新题例"三字引出，收录万

1　［明］郑汝璧：《大明律解附例》卷 1，第 18 页上。

2　［明］郑汝璧：《大明律解附例》卷 26，第 15 页上—15 页下。

3　本律注在正文三十卷之后列有一条规定如下："条例申明颁布之后，一切旧刻事例，未经今次载入，如比附律条等项，悉行停寝。凡问刑衙门，敢有恣任喜怒，妄行引拟，或移情就例，故入人罪，苛刻显著者，各依故失出入律坐罪。其因而致死人命者，除律应抵死外，其余俱伺发为民。"［明］郑汝璧：《大明律解附例》卷 30，第 5 页下。这是万历十三年再修《问刑条例》包括的最后一条内容。

历十三年（1585 年）之后题准的新例。比如《刑律》"监守自盗仓库钱粮"条下，列万历《问刑条例》两条之后，在"新题例"下收录万历十五年（1587 年）正月题准事例一条。[1] 在《刑律》"强盗""窃盗"等律条下，收录万历十六年（1588 年）正月题准事例，在《刑律》"检验尸伤不以实"条下，录万历十八年（1590 年）三月题准之事例；在《刑律》"常人盗仓库钱粮"条下，收录万历二十年（1592 年）题准之事例。[2] 总计八条，最晚的就是万历二十年（1592 年）题准之事例。《大明律解附例》无跋，无附录。

两相对比，衷贞吉《大明律集解附例》对郑汝璧《大明律解附例》的承继殊为明显。从律注部分而言，"纂注""按""补遗"部分，两者内容与格式完全一致；律文后附入条例相同。唯一的不同在卷首和附录部分：郑汝璧《大明律解附例》卷首的一部分内容，即弘治十年奏定《真犯杂犯死罪充军律》、万历十三年奏定并新续题《真犯死罪充军为民例》在衷贞吉本律注中被放置在卷末附录部分。其中《真犯杂犯死罪充军律》改名为《真犯杂犯死罪》，内容一致。此外，郑汝璧《大明律解附例》卷首图表的位置在衷贞吉本律注卷首有所调整，并加入了以服制为主要内容的《大明解集解名例》。也就是说，除了以服制为内容的《大明律集解名例》，衷贞吉《大明解集解附例》与郑汝璧《大明律解附例》内容相同。

前文提到郑汝璧在隆庆年间刑部任上注解《大明律》。明人孙鑛提到郑汝璧"素明法家言，在西曹有《律解》，人争传录之，后□山

1　［明］郑汝璧：《大明律解附例》卷 18，第 18 页下—20 页上。

2　分别参见郑汝璧：《大明律解附例》卷 18，第 26 页上—26 页下、37 页下；卷 28，第 40 页下—41 页上；卷 18，第 22 页上—22 页下。

东刻行"[1]。郑汝璧的律注在隆庆末万历初完成，但是万历二十二年（1594 年）郑汝璧在山东刊印这一律注时，主体部分收录的是万历十三年（1585 年）再修之《问刑条例》，且已经包括了晚及万历二十年（1592 年）的条例，则郑汝璧《大明律解附例》中的条例是在万历二十年（1592 年）左右附加的。郑汝璧在刑部任上完成的律注，可能并未附条例，甚至可能没有收录律文。比如王樵在嘉靖后期完成《读律私笺》，其中未收录律条，也未收录条例。如果是这样，则郑汝璧在当时完成的律注可能就是《大明律解》，陈遇文在万历二十一年（1593 年）刊印的律注，可能就是郑汝璧律注正式刊印之前的流传本。这一流传本在格式上仍带有鲜明的刑部官员注律的特点，比如附录内容少，分卷比较特殊；比如不收录律条、条例等。陈遇文在万历二十年（1592 年）刊印《大明律附解》时，则在此基础上增加了律条，在卷首增加了图表，以更接近宪府官员刊印的律注格式。

　　郑汝璧在刑部任上完成律注，该律注流传广泛，在流传过程中，注释部分的文字上也出现了一些小的变化，比如个别字句顺序的变化，包括一些类似通俗评论的插入、一些附加内容的收录等。前者如陈遇文刊印的《大明律解》和《大明律附解》"不应为"条下注解中，均有"故曰：一部律条无检处，看来都是不应为"一句。此句不见于郑汝璧的律注，而在现存洪武刻本《律解辩疑》中有出现。《律解辩疑》在《刑律》"不应为"条下以"议曰"引出注释提道："故刑统赋而扬清击之以诗曰：一部律条无检处，看来都是不应为。"[2] 后者

　　1　［明］孙鑛：《兵部右侍郎兼都察院右佥都御史郑公汝璧墓志铭》，载［明］焦竑：《国朝献征录》卷 58，第 2456 页。
　　2　［明］何广：《律解辩疑》，明刻本，卷 26，第 155 页下。

比如"服制",起码在雷梦麟《读律琐言》的附录部分就已经出现。[1]

黄彰健和张伯元均提到衷贞吉本《大明律集解附例》与陈遇文、郑汝璧律注之间的关系。比如黄彰健认为衷贞吉本《大明律集解附例》与郑汝璧本律注完全相同,其律注部分又抄陈遇文的律注;张伯元认为陈遇文《大明律解》中的律注是郑汝璧和衷贞吉律注的来源。但是对于陈遇文、郑汝璧和衷贞吉本律注之间的关系未及明晰。[2] 从以上的讨论来看,可能是郑汝璧在隆庆年间刑部任上完成《大明律解》,陈遇文在万历二十年(1592 年)将其略作补充,以《大明律附解》刊出;万历二十一年(1593 年),又将《大明律解》刊出,这一《大明律解》可能最接近当年郑汝璧在刑部完成的律解原貌。万历二十二年(1594 年),郑汝璧在其编撰的《大明律解》的基础上,附入最新条例,以《大明律解附例》刊出,成为万历二十四年(1596 年)衷贞吉本《大明律集解附例》依据的原本。

三、高举刊印《大明律集解附例》

万历三十八年(1610 年),浙江巡抚高举主持刊印《大明律集解附例》。高举,字鹏程,号东溟,山东淄川县人,万历八年(1580 年)进士,初授广东蒲圻县知县,因政绩突出,万历十四年(1586 年)行取为监察御史,后在大理寺任职,万历三十七年(1609 年)

---

1 参见黄彰健编著:《明代律例汇编》卷首,第41页。
2 参见黄彰健:《明代律例汇编序》,第47页;张伯元:《〈大明律集解附例〉"集解"考》,《华东政法学院学报》2000年第6期,第36—37页。

升金都御史巡抚浙江。[1]

高举本《大明律集解附例》全书无序无跋。卷首首录《御制大明律序》，其次分列《大明律集解附例总目》《大明律集解附例目录》。目录之后列举编撰者名录如下："巡抚浙江等处都察院右金都御史高举发刻，巡按浙江监察御史郑继芳、巡按浙江等处监察御史韩浚、巡按浙江等处监察御史张惟任订正；浙江布政使司左布政使洪启睿、右布政使吴用先、右参政萧近高、右参政兼金事王道显、右参政兼金事王在晋、右参议江灏、右参议兼金事魏珩如，浙江按察使司按察使窦子偁、副使毕懋良、副使兼右参议宁瑞鲤、金事丁鸿阳同校。"[2] 在署名结构上殊为典型：由中央官员发刊，而地方官员协助刊行。只是高举作为浙江巡抚，他将三位巡按监察御史也纳入了"订正"者之列。

之后，律注列《六赃图》《例分八字之义》《纳赎例图》《在外纳赎诸例图》《收赎钞图》《五刑之图》《狱具之图》《丧服总图》《本宗九族五服正服之图》《妻为夫族服图》《妾为家长族服图》《出嫁女为本宗降服之图》《外亲服图》《妻亲服图》《三父八母服图》。之后收录《大明律集解名例》，以"服制"为其内容，详细列举从"斩衰三年"到"缌麻三月"的具体关系。高举的律注在卷首部分的最后收录弘治十年奏定《真犯杂犯死罪》以及万历十三年奏定并新续题《真犯死罪充军为民例》。[3]

高举《大明律集解附例》正文三十卷，录律条，在律条之后，

1　参见朱保炯、谢沛霖：《明清进士题名碑录索引》，第 2563 页；《明神宗实录》卷 454，万历三十七年正月辛丑，第 8572 页。

2　［明］高举：《大明律集解附例》卷首，第 39—40 页。

3　参见［明］高举：《大明律集解附例》卷首，第 75—88、115 页。

分别有"纂注""按""备考"引出的文字，对《大明律》律条进行
注释、讨论和相关内容的补充。

比如《名例律》"军官有犯"条，"纂注""按""补遗"引出的
文字如下：

> 纂注：察院乃监察御史之衙门，以国初未有都察院也。有司
> 指布政司府州县言，干连军官谓公事系干连及合当提问者。此言
> 内外军职犯罪，各衙门不得专擅问断，盖军官世有勋迹，所宜优
> 待，故事在本管衙门，则申呈五府奏请取问；事在六部等衙门，
> 则密切实封奏闻。曰密切曰实封，明非本管，防不虞也。若奉旨
> 推问，此句承上本管及六部等衙门而言，除公私笞罪律该收赎者
> 招前不必叙功，明白回奏外，杖罪以上须要叙其父祖及本身功
> 次，升袭缘由，论功定议，请旨区处。其管军衙门首领官虽掌军
> 务，不系有功应议之人，或有所犯，如系京卫，参问发落；外卫
> 径自提问，不在军职有犯奏请之限。

> 按：内外军职见为事及守哨立功未满，若充军为民者，有犯
> 径自提问，不必论功请旨。其在外致仕优给退职借职笃废残疾
> 者，虽奏题，不论功定议。

> 补遗：文武官犯罪应奏请上议而不奏请上议者，以事应奏不
> 奏律论。[1]

一些律条下，则只有"纂注"，没有"按"和"补遗"。如《刑
律》"不应为"目下，"纂注"如下：

1　［明］高举：《大明律集解附例》卷1，第203—205页。

凡理之所不可为者，谓之不应为，从而为之，是亦罪也。在律令虽无正条，事理各有轻重，或笞或杖，所以补诸律之未备也。不应无首从，若同犯一事则为首者杖八十，为从者笞四十；若为从之人各有所犯而同为不应者，难分轻重。[1]

高举《大明律集解附例》在律条后附有条例。条例分三个部分，分别以"条例""新题例"以及"新颁条例"引出。其中"条例"两字引出的是万历十三年（1585 年）重修《问刑条例》包括的条例。"新题例"引出的，则是万历十三年（1585 年）之后题定的条例，共计八条，均收于《刑律》，题定时间从万历十五年（1587 年）至万历二十年（1592 年）不等，其中五条为万历十六年（1588 年）题定。比如《刑律》卷二十《斗殴》"奴婢殴家长"条下，收录万历十六年（1588）正月题准有关雇工人的新例等。[2] 《刑律》卷十八"常人盗仓库钱粮"条下，收录万历二十年（1592 年）二月题准条例。[3] 此外，高举《大明律集解附例》收录"新颁条例"，共计 15 条，这些条例中有标明时间的，最早的为万历十四年（1586 年），最晚的为万历三十五年（1607 年），主要集中在《名例律》和《刑律》，其中《名例律》部分收入五条，《刑律》部分收入七条。比如上引《大明律·名例律》"军官有犯"条，在律文之后，以"纂注""按""备考"引出对律条的注解；之后以"条例"引出出自万历《问刑条例》的条例六条；之后，以"新颁条例"引出题准事例如下：

1　［明］高举：《大明律集解附例》卷 26，第 1891—1892 页。

2　参见［明］高举：《大明律集解附例》卷 20，第 1598—1599 页。

3　参见［明］高举：《大明律集解附例》卷 18，第 1343—1344 页。

一题为议处轻犯军职以省文移以广天恩事。该福建司呈，本部题，本部今后军职有犯，除立功罪名以上照旧参题外，其余轻小罪名，或无赃私，或止斗殴，或遇牵连，查非重情，姑免参奏，散拘到官，照依抚按官陈言边务旧例，量罚本色囚粮，自一石起至十五石止，该司年终造册，送委别司查验出入等因，具题。奉圣旨，既有旧例，着照例行。钦此。[1]

高举本《大明律集解附例》在正文三十卷之后附条例注明："条例申明颁布之后，一切旧刻事例未经今次载入，如比附律条等项悉行停寝。凡问刑衙门敢有恣任喜怒，妄行引拟，或移情就例，故入人罪，苛刻显著者，各依故失出入律坐罪，其因而致死人命者，除律应抵死外，其余俱问发为民。"这是万历十三年《问刑条例》再修之后的最后一条。在条例之后，该书标明为"万历三十八年仲夏月重刊"，下署承行典吏姚世俊、张之潮磨对。[2] 从卷首署名与卷末的说明来看，高举《大明律集解附例》是官刊本，也是既有律注的重刊本。

如果将高举本《大明律集解附例》与袁贞吉本《大明律集解附例》进行比对，则两者题名相同；卷首、卷末部分附录的内容相同，只是顺序略见差异，比如高举本在卷首列《真犯杂犯死罪》和《真犯死罪充军为民例》，袁贞吉本则将这部分内容列于律注正文三十卷之后；就律注的编排与内容而言，两种律注均以"纂注""按""备考"等引出对律条的解释、评论，以及对与本律条相关内容的补充。

1　［明］高举：《大明律集解附例》卷 1，第 205—209 页。
2　参见［明］高举：《大明律集解附例》卷末，第 2070 页。

除了个别字词，内容则基本一致。

高举本《大明律集解附例》与衷贞吉本《大明律集解附例》最大的不同在于所附条例部分。衷贞吉本只有"条例"和"新题例"引出的两个部分。高举本律注将这两部分条例全部收入，并在此外又收录"新颁条例"15 条。值得注意的是，上文提到，"新题例"收入的条例，其题准的时间在万历十六年（1588 年）至万历二十年（1592 年）之间；而高举本律注收录的"新颁条例"，题定的时间则从万历十四年（1586 年）至万历三十五年（1607 年）不等。换言之，"新颁条例"并不是"新题例"的后续条例，而是在"新题例"之外，对万历十三年（1585 年）以后新定条例的再次收集。

综上所述，可以看到高举本《大明律集解附例》应该是万历二十四年（1596 年）衷贞吉本《大明律集解附例》的重刊，只是在重刊之际，高举本《大明律集解附例》又在衷贞吉本律注的基础上增加了"新颁条例"15 条。

以衷贞吉本《大明律集解附例》为中心，从郑汝璧到陈遇文，从衷贞吉本《大明律集解附例》到高举本《大明律集解附例》，可以看到宪府官员重刊《大明律》律注的典型过程。

四、"同校刊"与"同纂注"

另一方面，衷贞吉本《大明律集解附例》卷首列都察院三位最高长官为"同纂注"，列 11 位监察御史作为"同校刊"，充分彰显这一律注为都察院的集体成果，则具有宪府官员编纂、刊印《大明律》律注典型的团体性特点。

1. 地方官员"同校刊"

本书第五章已经论及，宪府官员在集解和重刊《大明律》律注的过程中，团体性特征是很明显的。到明代中后期，宪府官员刊印律注已经清晰地呈现出由都察院出巡官员包括巡抚和巡按监察御史主持，由地方衙门官员包括按察司官员协作完成这样的模式。前者提供经其集解或选定的《大明律》律注，下发刊印律注的命令，交代相关注意事项；后者一起对律注进行整理、参阅、校刊。律注刊印完成，交给巡抚或巡按御史审核，再由地方各长官下发所属官员阅读，或直接发放各该衙门。比如上一章提到万历十三年（1585 年）巡按江西监察御史孙旬刊印律注，在序言中明确说明："仰司呈堂，照案事理，即将发去律疏一部，会同按察司订正明白，附入新颁律例之中，选令吏役誊写，督匠刊印成书，径自分发各该司道及府州县卫所等衙门并各府理刑官，人各一部，朝夕讲读。"序后署名"巡按江西监察御史臣孙旬发刊，江西布政司右参政臣戴燿、江西按察司副使臣宋尧武校刊"[1]。万历二十一年（1593 年），监察御史李天麟巡按湖广即将结束，念及巡行期间所见各种司法不公、断狱不当，主持刊印《淑问汇编》，其中包括《风宪约章》《律例辨疑》《招拟体式》《检验事宜》《听断衡鉴》。他在《巡按湖广监察御史李　为明法纪慎刑狱以饬吏治以重民命事》这一下发地方官员的公文中，特意明确："为此，牌仰万推官，即便会同徐同知、杜推官，将本院发去《淑问汇编》一书，逐一细加查看，中间应添改者添改，应发明者发明。……陆续马上差人送院核正转发刊刻，以便申饬施行。"公文末

1　［明］孙旬：《大明律例附疏》卷首，第 1 页下—2 页上。

尾再次提道："不惟本院一念及于苍赤，而各官群策毕集，皆大有造于楚邦矣。限一月内具书以报，毋得草率迟延未便。"[1] 对自己与地方官员的有效协作予以强调。《淑问汇编》包括的五种文书中，《风宪约章》为吕坤的著作。其余四种应该都是李天麟纂辑的，因此在这些文书的卷目下均有署名"巡按湖广监察御史李天麟编辑，荆州府推官万建崑参阅，荆州府同知徐万仞、承天府推官杜日章校刊"[2]。上文提到万历二十二年（1594 年）郑汝璧刊印《大明律解附例》，同校刻者多达 17 人；万历三十八年（1610 年），高举重刊《大明律集解附例》，参与校正的人数也相当可观。这些都是宪府官员署名律注刊印中团体性这一特点的体现。

巡抚或者巡按监察御史作为都察院的出巡官员，在所巡地面并无属官，刊印律注必须依靠当地的官员。从技术层面来看，地方官员的"同校刊"保证了律注的有效整理、校对和及时刊印，确保了在巡抚、巡按有限的巡视时间内，向当地官员提供精良的《大明律》注解作为参考；同时，参与"校刊"的地方官员将这一律注下发至各所属官员，并督促所属官员阅读律注，从而保证这一律注在当地的实际行用。此外，宪府官员刊印《大明律》律注一般由地方衙门动支官银完成，具有官刊的性质，则布政司、按察司官员共同参与校刊，也具有各衙门协作，共同落实朝廷政务的特征。

这一"同校刊"的群体活动，可能也为地方官员的通晓律意提供了一个独特的途径。前文提到，明代中后期，巡抚和巡按监察御史的政治地位已经高居地方官员之上，在司法领域，随着行取制度的确

1　［明］李天麟：《淑问汇编》卷首《宪牌》，第 1 页上—5 页下。
2　比如［明］李天麟：《淑问汇编》卷 2，第 1 页上。

立，监察御史作为律法专家的地位逐渐得到承认。在这样的背景下，"同校刊"成为中央和律法专家向地方和一般官员提供律法知识，地方和一般官员通过共同协作接受律法知识的过程；换言之，"同校刊"实际上也促成了地方衙门官员与中央律法专家之间的互动。比如万历年间，大理寺官员刘大文审录南直隶，驻扎安庆，在安庆府刊印《大明律集说附例》。该律注署名中，刑部官员冯孜为原著，大理寺刘大文为编者，安庆府知府赵寿祖"阅"，安庆府推官王德光"校"，即赵寿祖与王德光均参与了律注的具体刊印。其中王德光作《律例集说后序》，提到自己作为推官"斤斤奉三尺，日程古而惧亡效"。刘公审录当地，不仅平枉理冤，而且以律注一部"属不佞寿梓"，"不佞受而卒业"，"见其森严若步伐，精切若针砭。旁引曲喻，歼悉搜罗，若武库亡所不具"。王德光认为该律注之刊印"所以寄三尺于不穷，惠至深远也"。[1] 赵寿祖也一样。赵寿祖，字山甫，河南汝宁府汝阳县人，万历八年（1580 年）进士，曾在刑部任职。[2] 赵寿祖为《大明律集说》作序，对于《大明律》和条例及其注释的意义，均有深入讨论。他提到当时律注之混乱："即二百年来法家拂士，字训句解，昭若发蒙而甲是乙非，卒无定论。司刑者将何所恃而称平哉？"他指出自己当年在刑部任职，"心窃患苦之久矣"。因此，大理寺刘公出律注且刊印，他"所欣慕焉"。他认为"凡我同志，果率是编而行之，则广皇仁于环海之外，而纳斯世于刑措之

---

1 ［明］王德光：《律例集说后序》，载［明］冯孜、刘大文：《大明律集说附例》后序，第 1 页下—3 页上。

2 朱保炯、谢沛霖：《明清进士题名碑录索引》，第 2562 页；赵寿祖在下引序言最后署名"赐进士出身中顺大夫直隶安庆府知府前刑部广东清吏司郎中汝南赵寿祖"。［明］赵寿祖：《大明律集说叙》，载［明］冯孜、刘大文：《大明律集说附例》卷首，第 5 页上—5 页下。

风，且暮可立睹也"。[1] 从中可以看到王德光、赵寿祖在参与律注刊印的过程中，如何受益于刘大文、冯孜对律注的理解。宪府官员在地方刊印律注，应该也有类似的效果。

地方官员参与"同校刊"，可能是奉命从事，也可能是出于对律法的兴趣。上述王德光和赵寿祖均表达自己对律法的用心。万历二十二年（1594 年）郑汝璧刊印《大明律解附例》，同校刊的官员中，左布政使王藻、按察司副使赵寿祖均有刊印或者参与刊印律注的经历。这样，巡抚、巡按在地方刊印律注，也促进了地方衙门官员之间围绕着律注的互动。律注的刊印吸引了当地衙门对律法有兴趣的人的参与；甚至律注刊印本身就是当地衙门官员支持和推动的结果。就如上引李天麟所说，"不惟本院一念及于苍赤，而各官群策毕集"。

2. 衷贞吉本《大明律集解附例》的"同校刊"与"同纂注"

衷贞吉本《大明律集解附例》署名的情况，则与上述模式又有不同。本律注参与同校刊的 11 人均为监察御史，他们是都察院的同僚，彼此之间关系密切。

表 2　衷贞吉本《大明律集解附例》同校刊人进士及第时间表 [2]

万历二年进士	李尧民
万历五年进士	陈遇文、严一鹏 [3]

1　［明］赵寿祖：《大明律集说叙》，载［明］冯孜、刘大文：《大明律集说附例》卷首，第 2 页上—4 页下。

2　本表参考朱保炯、谢沛霖《明清进士题名碑录索引》制成。

3　严一鹏，字化卿，常州府无锡人。先姓赵，后恢复严姓。参见［明］牛若麟等：崇祯《吴县志》卷 44，明刻本，第 46 页下。

万历八年进士	高举、王明、吴礼嘉、陈惟芝
万历十一年进士	连标、林寅宾、牛应元
万历十四年进士	杨光训

从表 2 可以看到，这 11 位监察御史中，除了李尧民的时间较早，杨光训的时间较晚，其余 9 位进入仕途的时间则相对比较集中。换言之，在成为同僚之前，他们之间也有同年同科因此而同时观政的经历。此外，陈遇文与王明均为山西平阳府解州人。两人虽然分别在万历五年（1577 年）和万历八年（1580 年）进入仕途，但是他们同时为万历四年（1576 年）山西癸酉科的举人，[1] 则应该在进入仕途之前，两人就有交往。又，万历十七年（1589 年），御史何出光开始编撰有明一代监察御史名录，这就是之后刊刻成书的《兰台法鉴录》。此书完成部分之后，陈遇文、毕三才等曾为之润色；万历二十三年（1595 年），高举曾刊发其中部分内容；万历二十四年（1596 年），陈遇文又详加校阅，力督成事；最终该书于万历二十五年（1597 年）完成。[2] 则围绕《兰台法鉴录》的修订，监察御史陈遇文、高举之间可能有来往。

此外，这 11 位监察御史有相对接近的仕宦经历。从下表 3 可以看到，首先，这 11 位监察御史都是通过行取制度进入都察院的，则他们都经由考选、试职这样的选拔过程。事实上，因为资历相近，这 11 人参加考选和试职的时间也比较接近。比如万历十四年（1586

1　参见［明］李维桢：万历《山西通志》卷 22，明刻本，第 11 页下、57 页上。

2　参见［明］何出光、陈登云合辑，喻思恂续撰：《兰台法鉴录》卷首，北京图书馆古籍珍本丛刊 16，书目文献出版社，1990 年，第 4 页。

年）十月，陈惟芝、高举等一起参加考选，同时进入都察院试职，陈惟芝试职广西道，高举任河南道。[1] 万历十七年（1589 年）十月，王明、牛应元、吴礼嘉、林寅宾一起参加了考选，并同时在都察院试职。[2] 而在行取之前，这 11 位监察御史中有 8 位曾任知县，均因为在知县任上政绩突出而得到行取。则这些监察御史中又有共同的为官经历，包括主持刑名事务的经历。

表 3　袁贞吉本《大明律集解附例》同校刊人行取表 [3]

姓名	行取时间	行取之前	行取之后
陈遇文	万历十一年	镇原知县	山东道监察御史
李尧民	万历十三年	永年知县	江西道监察御史
高举	万历十四年	蒲圻知县	河南道监察御史
陈惟芝	万历十四年	洛川知县	广西道监察御史
连标	万历十六年	行人	山东道监察御史
严一鹏	万历十六年	行人	贵州道监察御史
王明	万历十七年	密云知县	山东道监察御史
牛应元	万历十七年	光山知县	四川道监察御史
吴礼嘉	万历十七年	瓯宁知县	广东道监察御史
林寅宾	万历十七年	行人	广西道监察御史
杨光训	万历二十三年	阆中知县	山东道监察御史

这 11 人中，王明、高举和陈遇文均曾明确表达过对律注的重视。之前提到，万历十九年（1591 年）夏，大理寺官员刘大文在安庆府

1　参见《明神宗实录》卷 179，万历十四年十月辛巳，第 3340—3341 页。

2　参见《明神宗实录》卷 216，万历十七年十月戊戌，第 4046 页。

3　本表根据［明］何出光、陈登云等撰，喻思恂续撰：《兰台法鉴录》卷 19、卷 20，第 494—519 页制成。

刊印冯孜编撰的律注《大明律集说》，万历二十年（1592 年）刊成。卷首同时收录了巡按直隶监察御史王明、巡按直隶监察御史高举的序言。王明在序中提到他作为巡盐御史，驻守当地，与刘大文"同事旦夕"；高举也提到他作为巡按御史，与录囚当地的刘大文"相与后先共事"。在各自的序言中，他们均强调了《大明律》律注的意义。王明指出，一方面，《大明律》律文包括之后增加的条例，"文简义奥"，不是轻易就能理解透彻的；另一方面，初入仕途的官员缺乏法律知识，"经生辞章句而受事，莫观旨所向"。[1] 所以一部精良的《大明律》律注是保证初入仕途的地方官员理解律法大义、有效公正司法的关键。比较来看，高举对于律注意义的讨论则更为深入。高举首先指出，国家律令乃"圣人治太平书也"，"其书与六籍同功，其用尤与春秋同体，而其说不可令一日不明"，则将律令与儒家经典并论，指出阐释律意的重要性；其次，高举又从司法实用的角度出发，说明律解之意义：

> 筮仕者，以意为政；老吏者，以法府奸。拆谰者意出，仇怼者意入；出摽其浅，入务其深。祥鸾匪乏，而有浚浚如苍鹰乳虎，人毋匪鲜，而有密密如凝脂刻木。愤而决之，如推绝涧，猝而急之，如跻重渊，有起而矫之者，尤废格巧脱，往往不平，而圣人之精意寝以不明，是律说所为集也。[2]

1　参见［明］王明：《大明律集说序》，载［明］冯孜、刘大文：《大明律集说附例》卷首，第 1 页下—2 页下。

2　［明］高举：《刻大明律集说序》，载［明］冯孜、刘大文：《大明律集说附例》卷首，第 2 页上—3 页上。

高举罗列官吏对待律条、对待司法的种种态度，说明这些官吏对于律条疏于理解，对于司法缺乏尊重；这样一来，《大明律》内容中的圣意大义得不到展现，司法冤滥不能避免。与万历二十年（1592年）、万历二十一年（1593年）陈遇文刊印《大明律附解》《大明律解》时，在其序言中的表达殊为契合。高举在《刻大明律集说序》中对该律注进行了充分的肯定，从其评论也可以一窥高举本人对于《大明律》律注的研究与修为："玉律金科瞭若指掌，……法自为出，人不得以意出；法自为入，人不得以意入。宁独指南法家，大圣人平治天下精意将世世焉赖。"[1]

总之，从衷贞吉本《大明律集解附例》"同校刊"的这一群体来看，他们不仅仅是都察院的同僚，而且还因为进入仕途的时间、进入监察御史系统的途径以及成为监察御史之前的仕宦经历比较接近，他们在通晓律意，在律注的重要性这些问题上可能具有更多的共识，因此对于本群体共同身份的认识可能也更为明确。

除了"同校刊"，衷贞吉本《大明律集解附例》还列有"都察院掌院事左都御史衷贞吉、协理院事左副都御史张养蒙、协理院事左佥都御史郭惟贤同纂注"。宪府官员之前刊印的律注中，"同校刊"可能有多人，"纂注"下的署名则多为宪府官员本人。在笔者所见明代留存的《大明律》律注中，衷贞吉本《大明律集解附例》是唯一由都察院三名长官署名"同纂注"的律注。

在万历二十三年（1595年）至万历二十四年（1596年）之间，衷贞吉、张养蒙、郭惟贤共同主持都察院，为都察院最高长官。衷贞

1　［明］高举：《刻大明律集说序》，载［明］冯孜、刘大文：《大明律集说附例》卷首，第4页下—5页上。

吉，江西南昌人，嘉靖三十八年（1559 年）进士，与同里陈道亨、邓以讚被称为"江右三清"。[1] 万历二十二年（1594 年）八月由工部尚书改任都察院左都御史，万历二十四年（1596 年）卒于任，[2] 领衔都察院的时间不到两年。协理院事左副都御史张养蒙，字泰亨，山西泽州人，万历五年（1577 年）进士，[3] 有《张毅敏公集》十卷行世，其中收录其任职都察院期间所著《都宪疏草》共计 18 篇，但是其中并未提及《大明律集解附例》的编纂。张养蒙对刑狱之事本多关注。万历初，张养蒙任职刑科给事中期间，对于恤刑和大理寺臣分担职务等事多有建言。《张毅敏公集》的"附录"部分收录明臣李三才为张养蒙撰写的墓志铭、张养蒙门人乔胤所撰张养蒙行状以及文震孟所写《张毅敏公传》，对张养蒙的一生均有描述，特别是乔胤所撰行状，描述最为细致。根据乔胤所述，张养蒙为都察院左副都御史、协理院事期间，确实与衷贞吉共事，也有作为，但是行状中也没有提到张养蒙编纂《大明律集解附例》一事。张养蒙于万历二十二年（1594 年）九月升都察院左佥都御史，协理院事；万历二十三年（1595 年）夏升左副都御史，万历二十三年（1595 年）秋履任。[4] 协理院事左佥都御史郭惟贤，字哲卿，福建晋江人，万历二年（1574 年）进士。《明神宗实录》记载，郭惟贤升都察院左佥都御史、协理院事的具体时间在万历二十三年（1595 年）十一月。[5] 关于衷贞吉和郭惟贤的资料都相当有限，其中均不见他们编纂《大明律》律注的记载。

1　参见［清］张廷玉等：《明史》卷 241《陈道亨传》，第 6275 页。

2　参见［清］张廷玉等：《明史》卷 112《七卿年表二》，第 3480—3481 页。

3　参见［清］张廷玉等：《明史》卷 235《张养蒙传》，第 6122—6125 页。

4　参见［明］乔胤：《正议大夫资治尹户部右侍郎赠户部尚书元冲张公行状》，载［明］张养蒙：《张毅敏公集》卷 10，明刻本，第 61 页上—62 页上。

5　参见《明神宗实录》卷 291，万历二十三年十一月，第 5391 页。

实际上，前文论述，衮贞吉本《大明律集解附例》只是一个重刊本，其所依据的是郑汝璧的律注，所以并无编纂的任务。此外，郑汝璧的律注在此之前两年刊出，刊印之时动用了 17 位地方官员进行校刊，校对刊印颇为用心，刊印的质量应该比较上乘，则衮贞吉本《大明律集解附例》在刊印时校刊的任务也不会太重。从现存衮贞吉本《大明律集解附例》来看，其内容反而还存在明显的瑕疵。比如在《刑律》部分，"常人盗仓库钱粮"这一律目缺失。[1] 则衮贞吉本《大明律集解附例》中有关"同纂注"与"同校刊"的署名可能更具有象征意义。该律注极力要彰显的就是，这是一部由都察院官员共同主持编纂校刊完成的《大明律》律注。

上一章讨论到胡琼的集解和胡效才、王楠的重刊，陈省的集解和梁许、王藻、应朝卿等在陈省律注基础之上的重刊，李邦珍、孙旬刊印同一种律注等；本章论及衮贞吉本《大明律集解附例》的来历、特征与重刊。从中已经可以看到宪府官员在编纂和刊印《大明律》律注的过程中，因为相同的目的、共同的职掌以及类似的知识背景和仕宦经历，对于同为宪府官员的律注有更多的关注和承继，亦即宪府官员已经开始从本群体内部获取资源，以更方便、有效地落实自己的职掌。

万历二十四年（1596 年）衮贞吉本《大明律集解附例》刊印之前，都察院官员在完成这一任务时，仍具有相当的个人色彩：是否在巡视地方刊印律注以及刊印怎样的律注，都是巡抚或巡按监察御史自己的决定。这样，与出巡官员对律注的重视和本身的律学修为有关，不同地域的官员获得的律注质量有高下，甚至律注的内容都有出入。

1　参见［明］衮贞吉等：《大明律集解附例》卷 18，第 20 页上。

以本书第四章曾经讨论过的"买休卖休"律为例。第四章提到，万历二十二年（1594年）郑汝璧在山东刊印律注，其中表达的主要是刑部的意见，强调买休卖休并不专门针对犯奸；但是此前一年，李天麟在湖广刊印律注，强调的却是隆庆皇帝的圣旨，明确指出：此律条"特附犯奸条而不系婚姻类，则明指先奸后娶言矣"。李天麟提到隆庆三年（1569年）刑部与大理寺之争，在注释中详细说明："奉明旨，买休卖休本属奸条，今后不系因奸，不许妄引。此法明，一时不决之疑遂有定论。问刑者遇此自当原情议罪，必系先奸后娶，方从买休卖休律科断。如贫乏势难存活及迫于不得已而将妻嫁卖者，从轻发落，斯为情法得中，律例无悖矣。"[1] 在这样的背景下，以都察院集体的名义，从某种程度上说，也是以宪府官员群体的名义，刊印一部《大明律》律注可能是解决问题的途径。因此，衷贞吉本《大明律集解附例》"同纂注"和"同校刊"的署名虽然多具有象征性，却也代表了宪府官员群体为更有效地落实职掌，以更便捷的方式，为各巡区的官员提供更为统一的律学知识的一种努力。

衷贞吉本《大明律集解附例》由都察院官员集体完成，在当时显然也造成了一定的影响。万历三十年（1602年），刑部官员徐昌祚在注解《大明律》时，于卷首"凡例"中专门提道："条例查自正德以后，节经题请，有行有革。此刻中一切照都察院近刻衷都御史题准条款，乃目今见行事例，一字不刊，悉为录入，此外不敢参入一条。"[2] 在卷首收录《五刑之图》等图表之后，收录以服制为内容的

1　［明］李天麟：《淑问汇编》卷3《律例辨疑》，第73页下—74页上。
2　［明］徐昌祚：《刻大明律例添释旁注凡例》，载［明］徐昌祚：《大明律例添释旁注》卷首，第4页上—4页下。

《大明律例添释旁注名例》，[1] 显然对衷贞吉本《大明律集解附例》是有所参考和借鉴的。

但是衷贞吉本《大明律集解附例》并不是朝廷统一颁行的律注，即使在都察院所属官员中可能也不具有强制性，该律注刊行之后，巡抚、巡按监察御史在自己的出巡地面刊印律注，仍具有一定的独立和自主性。监察御史应朝卿在万历二十九年（1601 年）刊印《大明律》律注，虽然在封页上标注了"万历丙申年都察院重修辛丑年两淮察院校增"，但是上一章已经提到，应朝卿本律注的内容主要依据的是陈省的律注，而不是衷贞吉的《大明律集解附例》。而万历三十八年（1610 年），高举以浙江巡抚的身份重刊《大明律集解附例》显然与其曾经参与衷贞吉本《大明律集解附例》的校刊有关。

但值得注意的是，万历三十八年（1610 年）以后，宪府官员在出巡地面刊印律注的情况很少再出现，以至于高举本《大明律集解附例》被清末沈家本称为"所见明律最后之本"[2]。高举本《大明律集解附例》之后，私刻和坊刻的《大明律》律注仍有出现，比如姚思仁《大明律附例注解》和王樵、王肯堂的《大明律》注释，均在之后得到刊刻；但是就官刊的《大明律》律注而言，高举本《大明律集解附例》之后，确实再无其他版本刊刻，就笔者目力所及，目前存世的以官银在各级衙门刊刻的《大明律》注解中，高举本《大明律集解附例》确实是最后一本。高举本《大明律集解附例》成为清初顺治朝修律的依据，[3] 应该也与此有关。换言之，衷贞吉本《大

1　参见［明］徐昌祚：《大明律例添释旁注》卷首，第 18 页上—23 页上。

2　［清］沈家本：《沈寄簃先生遗书》，《寄簃文存》卷 6，第 954 页。

3　参见［日］岛田正郎：《清律之成立》，载刘俊文主编：《日本学者研究中国史论著选译》第 8 卷，第 461—521 页。

明律集解附例》在万历二十四年（1596 年）刊印的时候，影响可能有限，但是作为都察院集体的成果，经过十几年的时间，特别是高举的重新增修刊印，可能最终达到了衷贞吉本律注最初刊印的目标。

小　结

明代宪府官员编纂和刊印《大明律》律注，具有集解和重刊的特点；在刊印过程中，团体化的特点明显，比如宪府官员署名的律注，一般都具有由中央宪府官员编纂与选择刊印的律注、地方官员"同校刊"这样的特征。衷贞吉本《大明律集解附例》也具有重刊的特点，但是其卷首以当时都察院三位长官署名共同纂注，以都察院十一位监察御史署名共同校刊，则具有相当的特殊性。衷贞吉本《大明律集解附例》"同纂注"和"同校刊"的署名情况可能并不反映事实，而更具有象征性，且是编纂与刊印者极力彰显的象征意义。从以上的讨论来看，通过"同纂注"与"同校刊"，衷贞吉本《大明律集解附例》试图以都察院集体完成的律注形象面世。这一方面具有实用的目的，各宪府官员如果因此而认可其权威性，并因此而在各巡视地面进行刊印，则不仅方便宪府官员，也更有利于各地官员对律法知识的统一理解，即可以更好地帮助宪府官员落实其与通晓律意有关的职掌。另一方面，这一集体特征的强调，也充分反映了宪府官员群体对于自身共同特点的认识，即与都察院官员的自我认同有密切的关系。若将宪府官员群体与刑部官员比较，前者的群体性、团体性更为明显：朝廷与刑部对刑部官员有养成之力，但是在通晓律意的问题上，对其并无明确的制度规定，因此在律学知识和《大明律》律注的研读与撰著方面，刑部官员内部比较参差；宪府群体因为有选拔制度的保障，在通晓律意方面具有明确的职掌，则群体内部更具有同质性，群体自我认同的特点因此也更为明显。

　　总体来说，明朝廷通过特定的选拔制度，在百官之中选建了以监察御史为主体的律法专家群体。因为在选拔中专门对律法知识和刑名能力进行了强调，这个群体被认为具有通晓律意的能力，并因此而在百官的通晓律意中被赋予特殊的职责。在明朝廷未刊布统一的、标准的《大明律》律注的背景下，这些律法专家编纂、刊印《大明律》律注，成为其监督、考校百官律法知识这一重要职掌的落实。换言之，明代宪府群体在《大明律》律注中的特殊地位，其律注编纂与刊印的特点，均是以明朝廷有关这一群体的制度设计及其落实为依托的。

第四部分　律法知识领域的拓展

第八章
百官习律

明朝廷要求百官通晓律意，鼓励官员研习《大明律》，但是对于刑名之外的官员编撰《大明律》律注，也并不限制。就明代现存的律注来看，孙存编撰《大明律读法》时任赣州知府、长沙知府和荆州知府；汪宗元在福建布政司和江西布政司任职期间研习并刊印《大明律》律注；姚思仁《大明律附例注解》刊印之时虽以"大理寺左少卿"标明官职，但是注律之时，则以行人之职在乡守制；王肯堂刊印他和父亲王樵共同署名的律注时，在"南京礼部精膳司郎中"[1] 任上，均未就刑名之职。本章以孙存与《大明律读法》的编撰为中心，讨论这一部分官员对《大明律》律注的编撰和传播及其与制度之间的关系。

1　王肯堂官职的署名全称为"南京礼部精膳司郎中前翰林院检讨"，参见［明］王樵、王肯堂：《大明律附例》卷1，第1页上。

一、孙存与《大明律读法》

孙存，字性甫，号丰山，南直隶滁州人，正德九年（1514 年）甲戌科进士。[1] 明人称孙存天性英敏，美姿容，多才艺，善戏谑。"落笔千言，倚马可就。"[2] 孙存一生著述甚丰，其弟孙孟整理其遗稿四十卷，以《丰山集》为名刊刻。[3]

1. 孙存编撰《大明律读法》

孙存对律法刑名颇有研究，明名臣文徵明在其为《丰山集》所作的序中专门提到，孙存"析律详明，刻廉操切之声洽于中外，莫不以为法家健吏"[4]。明人胡松为孙存作传，对孙存在刑名方面的能力也颇有称道，"十余岁滞讼一览而决"，并对其编撰《大明律读法》这一律注有详细的交代。[5]

按照孙存自己的说法，他对律法和刑名早有兴趣，这主要来自其父亲孙序的影响。孙存的父亲孙序曾任福建建宁府推官，史载"性峭直不狗，理积讼有声"[6]。孙存出生于孙序建宁任上，并从学于闽。孙存描述自己年幼之时即见其父亲与老吏"讲律论难多至夜分"，因此"稍知读律之难"。正德年间，孙存初入仕途，在礼部任职，孙序

1　参见朱保炯、谢沛霖：《明清进士题名碑录索引》，第 2501 页。

2　［明］戴瑞卿、于永亨：万历《滁阳志》卷 12《列传》，明刻本，第 23 页上。

3　［明］孙存：《丰山集》，明刻本，现存苏州图书馆。

4　［明］文徵明：《〈丰山集〉序》，载［明］孙存：《丰山集》卷首，第 3 页。

5　参见［明］胡松：《河南左布政使孙公存行状》，载［明］焦竑：《国朝献征录》卷 92，第 3983—3986 页。

6　［明］戴瑞卿、于永亨：万历《滁阳志》卷 12《列传》，第 23 页上。

尝戒之曰："律者，民命所关，用世所需也。汝尽心焉。"[1]

嘉靖元年（1522 年）冬，孙存升职江西赣州府知府，嘉靖二年（1523 年）到任。知府并不以刑名为专职，但是主持一府之政，"宣风化，平狱讼，均赋役，以教养百姓"[2]，刑名事务仍在其职掌之内。胡松专门提到赣州府"府治严险"，"多盗贼且健讼"，"事繁剧"，而孙存"明于听断而广设方略，狱讼与盗贼咸为衰戢"。[3]

在赣州知府任上，孙存开始了对《大明律》律注的编撰。孙存提到"赣自宋有讼名"，他因此而"惕厉于律学"；而赣州府可资参考的《大明律》律注又颇为粗糙："见书房板行直引、例解舛杂。"为此，"爰取高皇帝《御制大诰》诸编，敬皇帝钦定条例，与注刑书者数种，汇集二十册"[4]。这一类似资料汇编的工作未及完成，孙存便因为父亲孙序去世而离职回乡。

嘉靖六年（1527 年），孙存守制结束起复，任湖广长沙府知府。其在赣州任上开始的资料整编仍有继续。孙存提到，长沙"讼甲于楚"，因此与赣州一样，使得他对刑名事务有特别的关注。此外，孙存提到自己在长沙任知府期间，因为对"故杀义子图赖人者"断罪太轻一事不平，欲著一说上奏，而按察使周期雍告诉他朝廷已有这方面的条例，不必再上书讨论此事。孙存因此觉得自己读例未详，对最新的条例了解不足，故对律例的研究更为用心。[5]

嘉靖八年（1529 年），监察御史张禄巡按湖广。张禄，字原学，

1　[明] 孙存：《丰山集》卷 4，第 3 页。

2　[清] 张廷玉等：《明史》卷 75《职官四》，第 1849 页。

3　[明] 胡松：《河南左布政使孙公存行状》，载 [明] 焦竑：《国朝献征录》卷 92，第 3983 页。

4　[明] 孙存：《丰山集》卷 4，第 3 页。

5　参见 [明] 孙存：《丰山集》卷 4，第 3—4 页。

号西津，山东平原人。[1] 与其他宪府官员一样，张禄到达巡视地面之后，"方与他守议订此书，以为用刑者资"，即筹划如何在当地刊印律注，为当地官员提供司法的参考。孙存在赣州府时期开始的律法资料汇编此时正好完成，张禄知道以后，遂告嘱孙存："宜终其业，盖有益于长人者。"于是孙存在资料汇编的基础上，完成《大明律》律注三十卷，题名《大明律读法》。孙存提到，巡按监察御史张禄不仅鼓励他完成《大明律》律注，而且在其编撰律注的过程中，张禄一直有关注、指正和监督："凡再易稿，以就正，（张禄）辄有指授。"[2]

孙存《大明律读法》今已不存，但是孙存在《丰山集》中对这一律注的内容有详细的交代：

> 盖以律之全文大书于前，凡御制诸书有所发明于律者特书次之，钦定条例分类附书又次之，诸家注解删繁取要，与正德新例、法司见行事件可备参考者，皆细书分注其后。仍为三十卷，题日《大明律读法》。呜呼，御制诸书知来而藏往，极天下之至神者也，读律而不参之，何以识感通之微？解律诸家，征显而阐幽，发天下之至精者也，读律而不参之，何以通极深之志？钦定诸例，彰往而察来，尽天下之至变者也，读律而不参之，何以成研几之务？故读制书，如读六经，而理之会通可观也；读诸解如读传，而经之指归可疏也；读条例如读史，而行事之实可征也。谓之日读法，期与读之者法之耳。[3]

1　参见［明］张钦：《大同府志》卷7，明刻本，第15页下。
2　［明］孙存：《丰山集》卷4，第4页。
3　［明］孙存：《丰山集》卷4，第4—5页。

从以上的描述来看，《大明律读法》在律文之后主要包括以下三个部分的内容：其一，御制诸书比如《大明令》《御制大诰》中与律文相关的条目。其二，诸家律解可资参考者。孙存在诸家律解中专门提到的是胡琼的律注，他说："得前御史臣胡琼所刊《律解附例》，见其例或误附而新旧未别，其解若太繁然，乃以臣所集本更互考正，始克成编。"[1] 胡琼在贵州刊印律注的时间大概在正德末年，在嘉靖前期的湖广地区，孙存已经能够看到这一律注，也可以看出胡琼律注流传之广。其三，条例，包括弘治十三年（1500 年）修订的《问刑条例》、正德新例以及嘉靖初年的法司见行事例。嘉靖即位，其登极诏书一款规定："近年条例增添太繁。除弘治十三年三月初二日以前曾经多官奉诏会议奏准通行条例照旧遵行外，以后新增者悉皆革去。"[2] 将弘治十三年《问刑条例》修订之后以及正德年间新增条例一并革去不用。嘉靖七年（1528 年）闰十月，巡抚保定都御史王应鹏上奏，指出正德年间新增问刑条例四十四款，皆深中情法，宜会官编入。刑部复核后题请，得旨："内外问刑衙门但依《大明律》及弘治十三年条例行，不必再行编集。"[3] 重申了之前对于前朝条例的态度。孙存解释自己将弘治十三年（1500 年）以后直至嘉靖初年的条例一并收入的原因如下：孝宗皇帝将列圣所著之条例集大成，则武宗所增之例，也正需要嘉靖皇帝"酌其中正"，整理汇编，以为世用。且正德条例中"有出于孝宗之旨而定于武宗之朝者，有定于武宗之朝而合于祖宗之法者"，在他看来，这些条例均应得到保留。[4]

1　[明] 孙存：《丰山集》卷 4，第 4 页。

2　《明世宗实录》卷 1，正德十六年四月壬寅，第 27 页。

3　《明世宗实录》卷 94，嘉靖七年闰十月戊寅，第 2179 页。

4　参见 [明] 孙存：《丰山集》卷 4，第 6—7 页。

《大明律读法》完成之后，孙存首先呈送给巡按御史张禄，张禄"许其刊布"，并确定刊刻的费用"取之赎金"，即从官银中支取刊印费用。嘉靖九年（1530年），孙存调任荆州府知府之后，《大明律读法》刊刻完成。[1] 可见，巡按御史张禄不仅鼓励、支持孙存编撰律注，在内容上有所指导，而且首肯了《大明律读法》在地方衙门通过官刊的方式进行刊印。正是在这一意义上，孙存经常提到他是受张禄之委任而有《大明律读法》之编撰与刊印。比如孙存将刊印完成的《大明律读法》呈送张禄本人时，指出"向蒙案委刊布律解，今已刊完"[2]；孙存将律注呈送权臣张璁，在所附之书信中，提到"今因平原张大巡之委，汇刊律例一部"[3]；孙存将《大明律读法》一部呈送权臣桂萼，在所附书信中也提到"今因巡按委刊律例全帙"[4]。

　　孙存也曾将《大明律读法》赠送给对律法有兴趣的上司与同僚，比如盛仪。盛仪，字德章，弘治十八年（1505年）乙丑科进士，嘉靖五年（1526年）二月升任湖广按察使，[5] 之后又任湖广左布政使，直至嘉靖十年（1531年）六月升任太仆寺卿，[6] 所以是孙存的同僚和上司。史称盛仪用心律法，任湖广按察使期间，"久滞之狱，剖决如流；守令虽远在数千里，悉廉其才否，以公举刺"[7]。孙存可能因此而将盛仪引为同类和知己。孙存在给盛仪的信中提道：

1　参见［明］孙存:《丰山集》卷4，第5—6页。

2　［明］孙存:《丰山集》卷40，第31页。

3　［明］孙存:《丰山集》卷35，第24页。

4　［明］孙存:《丰山集》卷35，第27页。

5　参见《明世宗实录》卷61，嘉靖五年二月庚申，第1429页。

6　参见《明世宗实录》卷126，嘉靖十年六月辛巳，第3016页。

7　［明］崔桐:《太仆寺卿蜀冈盛先生仪传》，载［明］焦竑:《国朝献征录》卷72，第3102页。

"具律解一部，笺纸二百叶，殊不足取，特表芹诚耳。"[1]

嘉靖十一年（1532 年）四月，湖广荆州府知府孙存向嘉靖皇帝进呈《大明律读法》一书，同时呈上的还有《大明律读法奏记》一文，对这一律注的来由与内容予以说明，并借此向皇帝表达忠心。他指出本律注是其倾力而为的成果，因此虽然"自知愚陋，考订不精"，但"力止是矣"。他指出自己"昔官礼曹，惭无建白；今居民牧，敬以圣断之见诸折狱者，备载列圣律例之后，以与刑官共守之"，则在孙存看来，编撰《大明律读法》，也是其为官之政绩。[2]

嘉靖皇帝对《大明律读法》表达了强烈的不满，以"《大明律》乃圣祖钦定，孙存等乃敢擅自增释，辄行刊刻，以紊成典"为理由，将孙存及其荆州府同僚同知李章、通判吴望、推官朱黼等下巡按御史究问，《大明律读法》书板被毁。[3] 清初万斯同著《明史》，在《刑法志》部分提到这一事件，指出"孙存集刊《大明律读法》，兼诸家注解与正德新例、法司见行事件上之，帝览之弗悦也"[4]。

需要指出的是，孙存及其僚属虽然被究问，但是政治后果似乎并不严重。嘉靖十一年（1532 年）之后，孙存由荆州府知府转任浙江处州府知府，嘉靖十六年（1537 年）升任陕西按察司副使[5]，二十一年（1542 年）升河南右布政使[6]。政治前途似未受到明显的影响。此外，《大明律读法》虽然书板被毁，该书的价值仍得到承认。胡松为

1　［明］孙存：《丰山集》卷 35，第 22 页。

2　参见［明］孙存：《丰山集》卷 4，第 6—7 页。

3　参见《明世宗实录》卷 137，嘉靖十一年四月丙申，第 3229 页。

4　［清］万斯同：《明史》卷 126《刑法上》，载《续修四库全书》史部 326 册，第 149 页。

5　参见《明世宗实录》卷 205，嘉靖十六年十月己未，第 4281 页。

6　《明世宗实录》卷 262，嘉靖二十一年闰五月庚午，第 5215 页。

孙存作传，其中对《大明律读法》一书有详细的介绍，并指出"其书虽未公行，至今司刑者窃以为便"[1]。万历《滁阳志》对孙存这一地方名贤多有褒赞，其中也将《大明律读法》作为孙存的重要成就予以收入："（孙存）精于法比，尝集本朝典制与诸疏例互相发者附于律，名曰《读法》。"[2]

2. 范永銮的《大明律》

值得注意的是，在距离嘉靖帝下令毁《大明律读法》书板不久，嘉靖十二年（1533 年）左右，范永銮以《大明律》为题刊印律注，在卷一下署名为"江西等处承宣布政使司左参政今升河南按察使范永銮重刊"[3]。范永銮，字汝和，号苏山，湖广桂阳人，正德九年（1514 年）甲戌科进士。[4] 初授江西贵溪县知县，行取为御史道御史，巡视长芦盐政、巡按四川，升任福建提学副使、陕西兵备副使，江西布政司左参政等职，"所至有声"[5]。嘉靖十二年（1533 年），《明世宗实录》记载"升江西左参政范永銮为河南按察使"[6]，则范永銮重刊《大明律》律注当在嘉靖十二年（1533 年）。另外，署名中明确标明该律注是"重刊"，则这一律注并不是范永銮本人的编撰成果。此外，在一些卷末，比如卷一的末尾标明"通吏邹正卿督工"[7]，则这一律注应该是在地方衙门刊印的官刊本。

　　1　［明］胡松：《河南左布政使孙公存行状》，载［明］焦竑：《国朝献征录》卷 92，第 3984 页。

　　2　［明］戴瑞卿、于永亨：万历《滁阳志》卷 12，第 23 页上。

　　3　［明］范永銮：《大明律》卷 1，载《四库全书存目丛书》史部 276 册，第 486 页。

　　4　参见朱保炯、谢沛霖：《明清进士题名碑录索引》，第 2502 页。

　　5　［清］邓显鹤：《沅湘耆旧集》卷 15，岳麓书社，2007 年，第 282 页。

　　6　《明世宗实录》卷 152，嘉靖十二年七月乙巳，第 3456 页。

　　7　［明］范永銮：《大明律》卷 1，第 520 页。

范永銮重刊的这一律注，无序无跋。卷首收录的内容比较丰富，包括洪武三十年《御制大明律序》、洪武七年刘惟谦《进大明律表》、弘治十三年三月初二日弘治定例诏旨、正德十六年四月二十二日嘉靖皇帝登极诏书关于革去弘治十三年三月初二日以后新增条例的规定，以及《御制大诰序》《御制大诰续编序》《御制大诰三编序》《御制大诰武臣序》。[1] 此后收录各种图表，包括《六赃图》《五刑之图》《狱具之图》《丧服总图》《本宗九族五服正服之图》《妻为夫族服图》《妾为家长族服之图》《妻亲服图》《三父八母服图》《出嫁女为本宗降服之图》《外亲服图》《例分八字之义》以及《在京纳赎诸例横图》《在外纳赎诸例横图》。[2]

该律注首先在格式编排上颇多创意。在以上图表之后，律注列《大明律读法引用诸书》与《大明律读法凡例》。其中《大明律读法引用诸书》列举书目如下：《皇明祖训》《大诰前编》《大诰续编》《大诰武臣》《大诰三编》《大明令》《卧碑》《宪纲》《大明会典》，低下一格再列举《见行条例》《军政条例》《发落便览》《律条疏议》《洗冤录》《直引》《法家要览》《律解附例》。[3]

而《大明律读法凡例》则条列如下：

> 一，此书以《大明律》为主，而附以见行条例，俱备录全文，一字不刊其旧，本例或误附者、重出者俱改正。
> 一，凡国朝御制如《大诰》等书凡有关于刑名者俱引载律条之后，互相发明，仍以本书名冠之。

1　参见［明］范永銮:《大明律》卷首，第469—478页。
2　参见［明］范永銮:《大明律》卷首，第479—484页。
3　参见［明］范永銮:《大明律》卷首，第485页。

一，正德新例虽奉诏停止，中间有题行于弘治十八年以前者，以后续例亦有可以遵行不悖者，今俱小书分注于各条之下，以备参酌。其新旧例之重出当互见者，亦注其后，曰某例见某条下，总曰附考。

一，嘉靖元年以后法司所议我皇上所定著于令甲者，皆大书于弘治条例之后，表曰嘉靖新例。

一，凡解律诸书人所易晓者，不复重出，惟隐奥难知者，各采择简明数语随律分注，标曰"集解"。[1]

正如"凡例"所列，范永銮律注正文三十卷，先收录《大明律》律文，律文包括律内注，以小一号字体标出；律文后以"集解"两字引出对该律文的注解；在一部分律条的注解之后，再附以《大明令》《大明会典》《御制大诰》《宪纲》《卧碑》等御制文书中与该律文相关之内容，对律文作进一步补充说明；之后再以《问刑条例》为题，收录条例。在部分条例之下，也有以"集解"引出的解释。在《问刑条例》之后，在一些律条下，再以"附考""嘉靖新例"为名收录条例。正如"凡例"所解释的，"附考"部分收录的是弘治十三年（1500年）以后至嘉靖以前的条例；而"嘉靖新例"则是嘉靖朝新颁之条例。从有具体标明时间的条例看，所收嘉靖新例最晚的为嘉靖八年（1529年）十月题定之事例，涉及军职犯奸事。[2] 在部分"嘉靖新例"下，也有以"集解"引出的注释。

1　［明］范永銮：《大明律》卷首，第485—486页。
2　参见［明］范永銮：《大明律》卷25，第699—700页。

范永銮本律注在内容上颇见编撰者对律文、条例的深入研究和独到理解。比如《吏律》"职制"目下，律注直接录《皇明祖训》一节予以注解，独具特色：

> 自古三公论道，六卿分职，并不曾设立丞相。自秦始置丞相，不旋踵而亡，汉唐宋因之，虽有贤相，然其间所用者，多有小人专权乱政。今我朝罢丞相，设五府六部都察院通政司大理寺等衙门，分理天下庶务，彼此颉颃，不敢相压，事皆朝廷总之，所以稳当。以后子孙做皇帝时，并不许立丞相。臣下敢有奏请设立者，文武群臣即时劾奏，将犯人凌迟，全家处死。[1]

而从律注对律文所附条例的安排来看，作者对律文和条例的理解也颇为深入。弘治《问刑条例》修订之后，以单行本的形式出现；嘉靖重修《问刑条例》，虽然仍是单行本，但是在条例下已经注明，该条例应该收于某律文之下，则条例与律文的对应关系已经比较明确。对比来看，在弘治十三年（1500 年）以后至嘉靖三十四年（1555 年）以前刊行的《大明律》律注中，在条例与律文的对应关系上，仍可见到律注编撰者的思考。以"内外僧道官犯罪"这一条例的安排为例。该条例规定了对在京在外的僧、道官员所犯一定罪行的惩治，收于弘治十三年《问刑条例》。[2] 因为与职官有关，正德年间胡琼注律，将此

1　［明］范永銮：《大明律》卷 2，第 521 页。
2　条例全文如下："僧道官，系京官，具奏提问；在外，依律径自提问。受财枉法满贯，亦问充军。及僧道有犯奸、盗、诈伪、逞私争讼、怙终故犯，并一应赃私罪名，有玷清规，妨碍行止者，俱发还俗。若犯公事失错，因人连累，及过误致罪，于行止戒规无碍者，悉令运炭、纳米等项，各还职为僧为道。"参见［明］白昂等：《问刑条例》，第 222 页。

条例的一部分附于《名例律》"职官有犯"条下；[1] 之后嘉靖重修《问刑条例》，也明确说明该条例"附'职官有犯'条后"。[2] 范永銮《大明律》则将此条条例系于《名例律》"除名当差"条下，并在《名例律》"职官有犯"条下以"附考"的形式予以注明。[3] 在律注者看来，此条例虽涉及职官，但是与"除名当差"这一律条更为相关。《名例律》"除名当差"条规定："凡职官犯罪罢职不叙、追夺除名者，官爵皆除；僧道犯罪，曾经决罚者，并令还俗；军民匠灶各从本色发还原籍当差。"重点讨论的是职官被褫夺官职以及僧道还俗的情况，与"内外僧道官"这一条例在内容上确实更为接近。而且在此条例下，编撰者还以"集解"引出，对条例进行解释："僧道为争田产告实者不还俗；若状内牵扯涉虚，即系逞私争讼，讦人阴私，仍还俗。"[4] 其重点也在讨论"僧道还俗"如何落实，与律文"除名当差"的律意是一致的。

范永銮律注不仅对律条有"集解"，对部分条例也有"集解"。律注甚至对一些御制诸书比如《大明令》《大明会典》的内容也有"集解"。比如《名例律》"以理去官"条下，在对律文的"集解"之后，录《大明令》一条予以补充说："五年，令应授诰敕官员未受之先曾犯赃罪已经赦宥者，悉免追夺，若授诰敕之后犯赃罪，虽经赦宥，皆追夺。"其后有"集解"云："一内外军职为事，例该永远充军为民并降至旗役并追夺诰命，其子孙得袭替者俱不追。"[5] 大致

1　参见［明］胡琼：《大明律集解》卷1，第28页上。

2　参见［明］顾应祥等：《重修问刑条例》，第441页。

3　参见［明］范永銮：《大明律》卷1，第493页。

4　律文、条例及注解等，参见［明］范永銮：《大明律》卷1，第501页。

5　［明］范永銮：《大明律》卷1，第500页。

看来，虽然均为"集解"，但律文的"集解"是对律文的注释，而对御制诸书与条例的"集解"则多引用相关条例予以补充说明。

从以上论述来看，范永銮刊印的这一律注与孙存本人以及他人对《大明律读法》的描述多有吻合。此外，隆庆元年（1567年）巡按湖广监察御史陈省刊印《大明律例附解》，在其中《兵律》"直行御道"条下，引《管见》之注释如下："管见曰，按《读法》，在外衙门陈设龙亭仪仗有犯者，当依此科断。"比较范永銮律注"直行御道"条下"集解"云："在外衙门龙亭已设，仪仗已陈，有犯者，亦准直行御道律科。"[1] 两者主旨一致，文字基本相同。又，范永銮《大明律》虽然刊印于嘉靖十二年（1533年），但是其中收录的嘉靖新例最晚在嘉靖八年（1529年）十月，而孙存《大明律读法》最后完成和刊印的时间则正是嘉靖九年（1530年）左右。还有，从孙存自己对《大明律读法》的介绍来看，"附考"及其收录的内容是其特色之一。黄彰健指出，将纳赎诸例图附于明律卷首，也始于孙存所编《大明律读法》。[2] 范永銮《大明律》中收录"附考"内容，以及在卷首收录《在京纳赎诸例横图》《在外纳赎诸例横图》，也都可以看到该律注与《大明律读法》之间的密切关系。而两者之间更直接的联系则是，范永銮《大明律》在收录以上图表时，页面中缝直接出现"大明律读法"的字样；卷首直接出现《大明律读法凡例》以及《大明律读法引用诸书》，并在收录这些内容的页面中缝出现"大明律读法"。因此，清末沈家本认为，范永銮所刊《大明律》就是孙存的《大明律

1　分别参见［明］陈省：《大明律例附解》卷13，第10页下；［明］范永銮：《大明律》卷13，第606页。类似的情况还可参见［明］陈省：《大明律例附解》卷16，第78页上；［明］范永銮：《大明律》卷16，第634页；［明］陈省：《大明律例附解》卷18，第45页上；［明］范永銮：《大明律》卷18，第658页。

2　参见黄彰健编著：《明代律例汇编》卷首，第147页。

读法》，并就此指出《明史·艺文志》把孙存《大明律读法》与范永銮《大明律》记录为两种不同的律注，是错误的。[1] 谭家齐也指出范永銮的律注与孙存《大明律读法》关系密切，谭家齐认为范永銮或者参与了孙存《大明律读法》的编撰，或者在编撰《大明律》这一律注时对《大明律读法》有参照和借鉴，或者"协助将全书在江西或河南重新出版"[2]。

范永銮对刑名事务颇为用心。《沅湘耆旧集》"范布政永銮"条下，称范永銮一生著述丰富，其中包括《律例解》一书。[3] 从乾隆《桂阳县志》的记载来看，范永銮所撰虽然与律例有关，但可能不是对《大明律》的注解。[4] 但即便如此，也可以看到范永銮对律法颇有探究。范永銮任河南按察使，在任时间不长，但是"河南人皆以范城隍呼之，盖俗以城隍之神为至公至明，故于官之至公至明者亦呼以是云"[5]，也可见范永銮在刑名事务上的能力。但是范永銮刊印的《大明律》既明确说明是"重刊"，则应该不是范永銮本人的著述。此外，李濂，字川父，河南开封府祥符县人，与范永銮为同科进士和好友。范永銮在嘉靖十二年（1533年）任职河南按察使时，李濂正乡居于开封。嘉靖十三年（1534年）正月李濂主持同年之会，其中即有范永銮，他们彼此有诗歌唱和，"聊叙年谊离合之情"[6]。同年四

1　参见［清］沈家本：《沈寄簃先生遗书》，《寄簃文存》卷7，第978页。

2　谭家齐：《律以载道：范永銮与明代嘉靖朝的律学潮流》，载谭家齐：《明中晚期的法律史料与社会问题》，香港浸会大学近代史研究中心专刊4，万卷楼图书，2020年，第19页。

3　参见［清］邓显鹤：《沅湘耆旧集》卷15，第282页。

4　参见［清］凌鱼、黄文理等：乾隆《桂阳县志》卷10，清刻本，第12页下。

5　［明］毛伯温：《毛襄懋文集》卷6，载《四库全书存目丛书》集部63册，第298页。

6　［明］李濂：《嵩渚文集》卷8，载《四库全书存目丛书》集部70册，第422页。

月，范永銮在任上辞世，李濂有《祭范宪使文永銮》一文。[1] 在李濂对范永銮的相关描述与记载中，均未提及律注一事。

前文提到，孙存完成《大明律读法》之后，曾有较为广泛的赠送之举。范永銮与孙存为同科进士。此外，从毛伯温为范永銮所撰《四川右布政使范公墓志铭》等材料来看，嘉靖十年（1531年）范永銮"复起浙江副使"之前，有大约四年居家的时间，乡居于长沙以南的郴州府桂阳县。而正是在这几年中，时任长沙知府的孙存最后完成了《大明律读法》的编撰。范永銮对刑名律法又颇有研究，则孙存很可能曾将《大明律读法》赠送范永銮。因此，范永銮这一署名为《大明律》的律注，很可能就是孙存《大明律读法》的重刊本。

孙存将《大明律读法》呈送御览，嘉靖十一年（1532年）四月得罪，《大明律读法》书板被毁，而范永銮刊刻《大明律》这一律注的时间在嘉靖十二年（1533年）七月前后，且在内容上留下了诸多《大明律读法》的痕迹，则一方面显示朝廷对于孙存及其《大明律读法》的惩治并不严格；另一方面也说明范永銮对于《大明律》及其律注有自己的判断，即在他看来，这仍是值得刊刻的律注。还有，范永銮刊印《大明律》这一律注时，将"河南按察使"一职予以注明，可能不仅仅是因为刊印之时，正好有河南按察使这一任命，更是因为按察使作为宪府官员，在《大明律》律注刊印中具有独特的地位，这一点可能对于署名具有重要的意义。

如果范永銮刊印的《大明律》即是孙存的《大明律读法》，则从范永銮《大明律》的内容可以看到，时人称孙存"精于法比"，名不

1　参见［明］李濂：《嵩渚文集》卷100，载《四库全书存目丛书》集部71册，第393页。

虚传。他对于《大明律》的律文、条例，以及与律、例相关的政书，均有深入的研究和独特的见解。在《大明律》律注的格式上增加了"引用书目"和"凡例"，也颇有创意，这些都可以看到孙存虽然不专职刑名，但是在通晓律意方面有颇为深厚的造诣。

3. 汪宗元的《大明律例》

嘉靖三十三年（1554 年），江西布政使汪宗元刊印律注《大明律例》。汪宗元，字子允，湖广武昌府崇阳县人，嘉靖八年（1529 年）进士。汪宗元出生于官宦之家，其父汪文盛嘉靖十六年（1537 年）已经官至都察院都御史。汪宗元初授行人，嘉靖十四年（1535 年）升任南京工科给事中，嘉靖十六年（1537 年），因为其父任职都御史，为回避计，改授为兵部武选司主事。[1] 汪宗元官至通政司通政使，《国朝献征录》收录《通政使汪公宗元传》一文，其中提到汪宗元出任福建布政司任参政、右布政使期间，政绩突出，之后升任江西左布政使，"治如闽，政化大行"[2]。汪宗元对于条例以及朝廷政书颇多关注。其在任南京太仆寺卿期间，曾经编撰《马政条例》；在任太常寺卿期间，曾修《太常志》。此外，还曾编撰国朝名臣奏议集《经济考》，且有《皇明文选》《春谷集》行世。《通政使汪公宗元传》并未提及汪宗元对于律法的关注和《大明律例》的刊刻。

汪宗元《大明律例》卷末收录时任江西布政司右布政使潘恩所撰《恭题新刻大明律例卷后》，时间为嘉靖三十三年（1554 年）秋八月望日。序言指出：

1　以上分别参见《明世宗实录》卷 181，嘉靖十四年十一月辛未，第 3868 页；卷 197，嘉靖十六年二月丁巳，第 4158 页。

2　［明］不著撰人：《通政使汪公宗元传》，载［明］焦竑：《国朝献征录》卷 67，第 2929 页。

夫例所以通时变，制重轻，辅律所不及者也。自洪武定律后，暨列圣继承，时有章条以新民耳目。弘治间，删次成编，遵行至今，盖五十有余年矣。我皇上睿圣统天，神几先物，节年钦定事例，布在有司，犹虑未有成书，奉行者未至也。爰命臣工绪正，播兹宽简，惠我民黎，奇请它比，一切停罢，此问刑条例所重修也。夫律以辅政，例以辅律，圣主统之以弼教，臣民循之以寡过，监司执之以平法，司寇总之以考成，至明且备，无以复加，均之不可一日废于天下也。春谷汪先生，楚通儒也，明习当世之宜，为右辖闽中，乃取新例分附诸律文之下，以类相从，萃为一帙，以便览观。既刻传矣，无何，进左辖，至豫章，复欲刻之，分布郡若县，使广其传，乃请于抚院五山陈公、巡院初泉吴公，咸报可焉。……刻成，春谷先生属余序，恩不佞，谨书数语于卷末，思与在位诸贤图敬守焉。[1]

潘恩，字子仁，号湛川，又号笠江，南直隶松江府上海县人，嘉靖二年（1523 年）进士，嘉靖三十九年（1560 年）官至刑部尚书，之后以左都御史致仕。[2] 上引序言以《刻大明律例后序》为名收入其文集，内容一致。[3] 文集同卷还收录他为汪宗元《皇明文选》所作序言《皇明文选序》。[4]

潘恩的这一序言重点讨论《大明律》与条例的关系，并提到弘

1　［明］潘恩：《恭题新刻大明律例卷后》，载［明］汪宗元：《大明律例》卷末，明刻本，第 1 页下—4 页上。

2　参见［清］张廷玉等：《明史》卷 202《潘恩传》，第 5342 页。

3　参见［明］潘恩：《潘笠江先生集》卷 8，载《四库全书存目丛书》集部 81 册，第 278—279 页。

4　参见［明］潘恩：《潘笠江先生集》卷 8，第 276—277 页。

治《问刑条例》的编订与嘉靖二十九年（1550年）《问刑条例》的重修。在这一背景下，潘恩也强调汪宗元《大明律例》这一律注的特色在于条例。他提到汪宗元在福建布政司任上编撰并予以刊印的《大明律》律注，即是"取新例分附诸律文之下，以类相从"。到江西布政司任上，汪宗元意欲再刻，"分布郡若县，使广其传"。潘恩在后序中没有谈到汪宗元的这一律学著作在律条注释方面的成就，说明律条注释可能不是汪宗元的成果。

潘恩在序言中明确提到，该律注的刊印得到了巡抚五山陈公与巡按初泉吴公的首肯。五山陈公即陈洙，字道源，号五山，浙江上虞人，嘉靖八年（1529年）进士，嘉靖三十三年（1554年）三月巡抚江西。[1] 初泉吴公即吴遵，字公路，号初泉，浙江海宁人，嘉靖二十六年（1547年）进士。[2]《大明律例》每卷目下署名"江西等处承宣布政使司左布政使臣汪宗元，右布政使臣潘恩重刊"[3]；潘恩在后序也提到希望自己恪遵律例，则上不负圣意，也可以无负"诸君子刻布之盛心"[4]，可以看出此次重刊是以江西布政司的名义刊印的官刊本。

汪宗元《大明律例》卷首收录《御制大明律序》、洪武七年刘惟谦《进大明律表》、弘治十三年三月初二日弘治定例诏旨、正德十六年四月二十二日嘉靖皇帝登极诏书关于革去弘治十三年三月初二日以后新增条例的规定、《嘉靖定例诏旨》即嘉靖二十九年刑部尚书顾应

1　参见《明世宗实录》卷408，嘉靖三十三年三月庚申，第7127页。

2　关于陈洙、吴遵进士题名情况，参见朱保炯、谢沛霖：《明清进士题名碑录索引》，第2517、2532页。

3　[明] 汪宗元：《大明律例》卷1，第1页上。

4　[明] 潘恩：《恭题新刻大明律例卷后》，载 [明] 汪宗元：《大明律例》卷末，第4页上。

祥等题准再修问刑条例事宜，以及《御制大诰序》《御制大诰续编序》《御制大诰三编序》《大诰武臣序》。之后收录《五刑之图》《狱具之图》《六赃图》《丧服总图》《本宗九族五服正服之图》《妻为夫族服图》《妾为家长族服之图》《妻亲服图》《三父八母服图》《出嫁女为本宗降服之图》《外亲服图》《例分八字之义》。

《大明律例》在以上图表之后列《大明律例引用诸书》和《大明律例凡例》。所列引用诸书包括：《皇明祖训》《大诰前编》《大诰续编》《大诰武臣》《大诰三编》《大明令》《卧碑》《宪纲》《大明会典》《见行条例》《军政条例》《发落便览》《律条疏议》《洗冤录》《直引》《法家要览》《律解附例》。《见行条例》以及之后的书目低两格排列。

《大明律例凡例》则仅列两条：

    一　此书以《大明律》为主，而附以见行条例，俱备录全文，一字不改其旧，本例或误附者、重出者俱改正。

    一　凡国朝御制如《大诰》等书凡有关于刑名者俱引载律条之后，互相发明，仍以本书名冠之。

此后，再列《在京纳赎诸例横图》《在外纳赎诸例横图》。

仅从卷首收录的内容来看，汪宗元的这一律注与上述范永銮《大明律》之间的密切关系就显而易见：汪宗元律注增加了嘉靖二十九年定例诏旨；将范永銮《大明律》中的《大明律读法引用诸书》与《大明律读法凡例》改为《大明律例引用诸书》与《大明律例凡例》；其中"凡例"部分，汪宗元律注则只收录了范永銮《大明律》

卷首所录《大明律读法凡例》的前两条。此外，其他内容完全一致。

汪宗元《大明律例》正文三十卷，附录一卷，总计三十一卷。正文首录律文；在律文之后，以"集解"两字引出对律文的解释；在"集解"之后，在相关律条下，引用《大明令》《会典》《宪纲》《卧碑》等相关内容进行补充说明。比如《吏律》"讲读律令"条律文之后，"集解"解释律文相对简单："俸有米有钱，罚俸只是罚钱，每俸一石钱一百文，见《大明令》。免罪与不用皆指因人连累致罪言。"后录《会典》内容："成化四年奏准，各处有司每遇朔望诣学行香之时，令师生讲说《大明律》及御制书籍，俾官吏及合属人等通晓法律伦理，违者治罪。"[1] 无论是"集解"还是律条后所附御制诸书的相关内容，均与范永銮《大明律》一致。[2]

范永銮《大明律》中对部分御制诸书的"集解"以及对部分《大明律》律目的说明，在汪宗元《大明律例》中也得到了继承。比如《名例律》"军官有犯"条下，对所引《大明令》内容的"集解"。[3] 比如上文提到的《吏律》"职制"目下，直接录《皇明祖训》一节予以注解等。[4]

汪宗元《大明律例》与范永銮《大明律》主要不同之处在于条例。《大明律例》在律条、律解与御制诸书的引用之后，以《问刑条例》为名，收录条例。上文提到，潘恩在后序中已经提到嘉靖二十

1　［明］汪宗元：《大明律例》卷3，第1页下—2页上；［明］范永銮：《大明律》卷3，第539页。

2　比如两者在《刑律》"检验尸伤不以实"下均收入篇幅较大的《洗冤录》内容等。参见［明］范永銮：《大明律》卷28，第719—722页；［明］汪宗元：《大明律例》卷28，第15页上—20页下。

3　参见［明］汪宗元：《大明律例》卷1，第24页上。

4　参见［明］汪宗元：《大明律例》卷2，第1页上—1页下。

九年（1550 年）重修《问刑条例》，在《大明律例》的卷首也收录了嘉靖二十九年（1550 年）重修《问刑条例》的诏旨，则《大明律例》收录的条例应该是嘉靖二十九年（1550 年）题定的《问刑条例》。比如《刑律》"亲属相奸"条下，只收有"问刑条例"一条："凡亲属犯奸至死罪者，若强奸未成，依律问罪，发边卫充军。"[1] 这是在嘉靖七年（1528 年）题定的新例，收入嘉靖二十九年（1550年）重修《问刑条例》。[2] 汪宗元《大明律例》刊印于嘉靖三十三年（1554 年），所以嘉靖三十四年（1555 年）刑部尚书何鳌题准增入重修《问刑条例》的九条未有收入。

汪宗元《大明律例》取消了范永銮《大明律》中"嘉靖新例"这一名目；"附考"部分中"增例"的内容也基本取消。比如范永銮《大明律》在《兵律》"从征守御官军逃"条下，收录部分《军政条例》内容予以补充说明，在《军政条例》内容之后列"附考"。"附考"内容包括两个部分：其一，说明其他相关条例所附之律文，比如"买卖官军子孙"一款见《刑律》"略卖人"下；其二，收录弘治十三年（1500 年）以后以及正德年间题定"增例"四条。在汪宗元的《大明律例》本律条下，"附考"中只收录了第一部分的内容，增例部分已经全部去除，与范永銮《大明律》中所包括的"附考"内容已经有很大的差别。

对条例本身进行调整的同时，汪宗元《大明律例》对范永銮《大明律》中条例下的"集解"也进行了取舍。比如范永銮《大明

1　［明］汪宗元：《大明律例》卷 25，第 4 页下—5 页上。

2　弘治十三年《问刑条例》的相关规定为："亲属犯奸至死罪者，不分成奸与未成奸，俱依本律科断，仍将未成缘由，奏请定夺。"参见［明］白昂等：《问刑条例》，第 262 页；［明］顾应祥等：嘉靖重修《问刑条例》，第 501 页。

律》"职官有犯"条下收录的第一条条例关涉有关文职官吏、监生、生员、冠带官、知印、承差、阴阳生、医生但有职役者，犯赃犯奸并一应行止有亏罪行，条例下有"集解"，以生员犯罪的惩治为内容；汪宗元《大明律例》删除了这一集解。汪宗元《大明律例》在《名例律》"军官有犯"条下，包括条例十一条，其中第八条规定："凡由将军历升千百户，犯该徒罪以上，行止有亏者，革去见任，冠带闲住。"此条下有"集解"云：

> 西北边卫沿海卫武职犯罪，俱照京卫军职事例。若监守常人盗、受财枉法不满贯，求索科敛财物入己，私役操军，办纳月粮及诓骗徒流以下罪名，俱照常例发落，复职管事。一，内外军职问发守哨、立功未满，若再犯，径自提问，不必奏请。其致仕、优给、退职、借职、笃疾、残疾，止奏提，不论功定议。[1]

这第八条条例是在嘉靖二年（1523 年）闰四月十三日大理寺奏准事例的基础上形成的。在范永銮《大明律》"军官有犯"条下，这一事例收入"嘉靖新例"目下，且有"集解"。"集解"的内容与上录汪宗元《大明律例》所见"集解"相同，即汪宗元对这一条例的集解予以了保留。

则可以看到，即便是条例部分，汪宗元《大明律例》对范永銮《大明律》的内容也仍多有保留。前文提到范永銮《大明律》中，将僧道官犯罪这一条例附入"除名当差"条下，与一般附入"职官有

1　［明］汪宗元：《大明律例》卷 1，第 13 页下—14 页上。与范永銮《大明律》同，第 495 页。

犯"条下的做法不同。汪宗元《大明律例》对此条条例也有同样的处理：在"职官有犯"条下，以"附考"注明"条例内外僧道官犯罪一款见'除名当差'"[1]。在《名例律》"除名当差"条下，附入僧道官犯罪条例，并以"集解"引出，对条例进行解释："僧道为争田产告实者不还俗；若状内牵扯涉虚，即系逞私争讼，讦人阴私，仍还俗。"[2]

汪宗元《大明律例》第三十一卷为附录，包括《为政规模节要论》、《六赃歌》、《准赎死罪律》、《有禄无禄人》、《凌迟斩绞决不待时秋后处决》、《金科玉律》、《刑名启蒙》（附检尸）、《问囚则例》、《时估则例》、《比附律条》等内容。[3] 从以上内容来看，汪宗元嘉靖三十三年（1554 年）刊出的《大明律例》，应该是以范永銮《大明律》为基础，在条例部分进行了调整，并在卷末增加了附录而成的。

汪宗元编纂律注，虽然对范永銮《大明律》多有继承，但是和孙存一样，汪宗元对《大明律》和条例显然存在兴趣，并有所研习。从福建布政司任上到主持江西布政司期间，汪宗元曾致力于《大明律》律注和条例的整理和刊印。而从范永銮《大明律》到汪宗元《大明律例》，也可以看到孙存《大明律读法》的影响力：这一被朝廷下令禁毁书板的律注，经由按察司官员的重刊，重新获得生命；通过汪宗元等官员的研习和再刊，在律法领域发挥重要的影响力。此后，《明史·艺文志》《千顷堂书目》均将孙存《大明律

1　［明］汪宗元：《大明律例》卷 1，第 10 页下。
2　［明］汪宗元：《大明律例》卷 1，第 26 页下。
3　参见［明］汪宗元：《大明律例》卷 31，第 1 页上—1 页下。

读法》收入。[1] 18 世纪日本从中国购买的图书清单中，也包括《大明律读法》。[2]

二、姚思仁《大明律附例注解》[3]

姚思仁编撰《大明律附例注解》，其背景与孙存有相似之处，即注律之时，姚思仁也并非为刑名官员。姚思仁，字善长，号罗浮，浙江嘉兴秀水县人，万历十一年（1583 年）癸未科进士，初授行人一职，次年即回乡守制，直至万历二十年（1592 年）服阕考选任江西道监察御史。在这七年多的时间中，姚思仁"读礼之暇，念律法不明，民多滥入，手注大明律例解，苦心思索，至霹雳破树亦不闻，其书迄为法家司南"[4]。则姚思仁注解《大明律》的具体时间大致在万历十二年（1584 年）至万历二十年（1592 年）之间。

现存姚思仁《大明律附例注解》卷目下署名"大理寺左少卿臣姚思仁谨注解"[5]。姚思仁在万历三十五年（1607 年）进入大理寺，任右少卿；万历三十六年（1608 年）六月任左少卿。[6] 之后姚思仁谢病归乡，直到万历四十二年（1614 年）起原官，万历四十四年

1　参见［清］张廷玉等：《明史》卷 97《艺文二》，第 2399 页；［清］黄虞稷：《千顷堂书目》卷 10，第 263 页。

2　参见大庭脩：《正德年间以前明清法律典籍的输入》，徐世虹译，载《中国古代法律文献研究》第 2 辑，中国政法大学出版社，2004 年，第 258 页等。

3　［明］姚思仁：《大明律附例注解》，北京大学出版社，1993 年影印本。

4　［明］钱士升：《赐余堂集》卷 9，载《四库禁毁书丛刊》集部 10 册，第 536 页；《明神宗实录》卷 253，万历二十年十月庚戌，第 4714 页。

5　［明］姚思仁：《大明律附例注解》卷 1，第 109 页。

6　分别参见《明神宗实录》卷 436，万历三十五年七月辛卯朔，第 8239 页；卷 448，万历三十六年七月丙申，第 8486—8487 页。

（1616 年）任应天府府尹。[1] 姚思仁在《大明律附例注解》卷目下署"大理寺左少卿"，则该书刊行的时间应该在万历三十六年（1608 年）至万历四十四年（1616 年）之间。

姚思仁律注无序无跋。卷首收录《御制大明律序》、万历十三年（1585 年）刑部尚书舒化等所上《重修问刑条例题稿》以及《大明律总目》《大明律目录》《五刑之图》《狱具之图》《丧服总图》《本宗九族五服正服之图》《妻为夫族服图》《妾为家长族服之图》《出嫁女为本宗降服之图》《外亲服图》《妻亲服图》《三父八母服图》《六赃图》《纳赎例图》《收赎钞图》和弘治十年（1497 年）奏定《真犯杂犯死罪》。

《大明律附例注解》正文三十卷，在页面布局上有特色。此前官员编撰、纂辑和刊印的律注，一般以整页出现，姚思仁《大明律附例注解》则将页面分上下两栏，上栏占页面的约五分之一，下栏占五分之四。下栏录《大明律》律条，律条后收录万历十三年《问刑条例》，之后收录万历十三年（1585 年）之后题定的条例，以不同字体收录，个别条例以"新题例""新题条例"标出。[2] 个别条例有重复。比如万历十六年（1588 年）正月题准有关雇工人规定之事例既系于《户律》"立嫡子违法"条下，又系于《刑律》"奴婢殴家长"条下。[3] 姚思仁律注收录万历十三年（1585 年）之后题定的条例总计 26 条，以万历十五年（1587 年）、十六年（1588 年）题定的事例为主，时间最晚的为万历二十三年（1595 年）题定事例。[4] 从中也

1　参见［明］钱士升：《赐余堂集》卷 9，第 537 页。
2　参见［明］姚思仁：《大明律附例注解》卷 18，第 649、661 页。
3　参见［明］姚思仁：《大明律附例注解》卷 4，第 317—318 页；卷 20，第 746 页。
4　参见［明］姚思仁：《大明律附例注解》卷 27，第 892 页。

可以看出姚思仁注释《大明律》的时间远在其出任大理寺官员之前，而且在律注刊印之前并没有及时的更新。

姚思仁对律文的注释分两部分。一部分在下栏，为律内注，注重律内文字的阐释；一部分在律条对应的上栏，偏重于律条的应用。比如《名例律》"断罪无正条"。本律条全文及律内注如下："凡律令该载不尽事理，若断罪而无正条者，援引他律比附，应加应减定拟罪名，申合干上司转达刑部议定奏闻。若辄断决致罪有出入者，以故失论。"而在此律条对应的上栏，则有注解如下："比附律不奏闻，若罪无出入者，以应奏不奏论。"[1] 比如《吏律》"讲读律令"条对应的上栏中只注曰："俸钱依《大明令》钱米相兼，惟罚俸只罚俸钱，每俸一石折钱一百文。"[2] 律内无加注。《刑律》"纵容妻妾犯奸"条下"买休卖休"一节曾经在隆庆初年经过刑部与大理寺、都察院的讨论。姚思仁在对应的上栏加注云："奉旨：买休卖休本属奸条，今后不系因奸不许妄引。则凡因贫卖妻，非有先奸后娶之情自不得以买休论。"律条之内的注解，可以其中一节为例："若用财与人买休其妻，本夫受财卖休其妻和娶人妻者，本夫本妇及买休人各杖一百，妇人离异归宗，财礼入官。"[3] 本书第四章提到，对"买休卖休"的解释在万历二十四年（1596年）袁贞吉本《大明律集解附例》刊印之后，逐渐趋同。姚思仁对此律条的注释，也说明这一律注完成在万历二十四年（1596年）之前。

上栏也有对条例的注解。比如《名例律》"应议者犯罪"条下收入有关禁止宗室出城的条例，姚思仁在上栏说明："禁宗室出城见此，

---

1 ［明］姚思仁：《大明律附例注解》卷1，第229页。律内注以小一号字体出现。
2 ［明］姚思仁：《大明律附例注解》卷3，第283页。
3 ［明］姚思仁：《大明律附例注解》卷25，第860页。

《祖训》中无此禁。"[1]《刑律》"亲属相奸"条下列条例:"犯亲属犯奸至死罪者,若强奸未成,依律问罪,发边卫充军。"这是嘉靖《重修问刑条例》在弘治《问刑条例》基础之上修订的条例,在万历《问刑条例》中得到继承。[2] 姚思仁在上栏注解此条例:"《律》言强奸者不论已成未成,似太重,故列出强奸未成充军之例以宽之。"[3]

洪武三十年《大明律》颁行时,原有一部分律内注,姚思仁所用《大明律》包括了这些律内注,他再以律内注注律,很容易与原本的律内注相混淆。姚思仁同乡后学朱彝尊在其《静志居诗话》中提道:"公以律文简而易晦,乃用小字释其下,本朝颁行《大清律》,实依公所注本也。"[4] 对姚思仁的律注有褒扬之意。但是清末律家沈家本则对《大明律附例注解》颇有微词。比如上述"断罪无正条"的注解,沈家本认为姚思仁在"律字上注一他字实非原定此律之意"。沈家本依据王樵、王肯堂对本条的注释"事同方许比附",认为引用"大多于本门律内上下比附",而不能引"他律"进行比附。如果引用他律比附,则"其事未必相类,其义即不相通,牵就依违,狱多周内,重轻任意,冤滥难伸",认为姚思仁"此一字之误,其流弊正有不可胜言者矣"。[5]

姚思仁对《大明律》有研究的兴趣,有自己独到的理解;但是,作为新入仕途不久的官员,对于政务特别是对于刑名事务并无经验。姚思仁《大明律附例注解》在内容上存在的问题或许与此有关。

1　条例与注解参见姚思仁:《大明律附例注解》卷1,第124—125页。

2　分别参见〔明〕白昂等:《问刑条例》,第262页;〔明〕顾应祥等:《重修问刑条例》,第501页。

3　〔明〕姚思仁:《大明律附例注解》卷25,第862页。

4　〔清〕朱彝尊:《静志居诗话》卷15,人民文学出版社,1990年,第462页。

5　〔清〕沈家本:《沈寄簃先生遗书》,第776页。

姚思仁律注分上下栏编排的做法，与当时书坊出品的律注颇有相似之处。姚思仁的这一律注可能并不是官刊本。这与王肯堂的情况比较类似。与姚思仁一样，从王肯堂在《律例笺释自序》中的表达来看，他整理、修订、补充、刊印《大明律》律注，颇具个人的特征。在刊印上，他明确提到，是他"与虞倩来初捐俸流通之"[1]，则显然也是非官方的刊本。虞倩来初，即虞大复，字元见，号来初，南直隶镇江府金坛县人，即王肯堂的同乡，万历三十五年（1607年）丁未科进士。[2]

小　结

嘉靖十一年（1532年），孙存将其所著律注《大明律读法》呈送御览时，嘉靖皇帝斥责其"擅自增释，辄行刊刻，以紊成典"，孙存等人被问罪，《大明律读法》书板被毁。从有明一代百官讲律的情况看，这一事件的出现多出偶然，并不能作为朝廷限制非刑名官员注释《大明律》的证据。实际上，从孙存、汪宗元、姚思仁、王肯堂等研习《大明律》并撰著《大明律》律注的经历来看，朝廷对于非刑名官员研究、注释《大明律》持开放态度。确实，《大明律》"讲读律令"条明确规定百官均需讲读律令，则刑名职掌之外的官员研究和注释《大明律》存在制度依托。换言之，对于刑部官员对《大明律》的研究，明朝廷在制度层面予以培养；对于宪府官员在《大明律》

1　［明］王肯堂：《律例笺释自序》，载［明］王樵、王肯堂：《大明律附例》卷首，第3页下。

2　参见朱保炯、谢沛霖：《明清进士题名碑录索引》，第2587页。

注释与刊印方面的活动，明朝廷给予制度的规定；对于百官在《大明律》方面的研习与撰著，明朝廷在制度层面给予了鼓励。

孙存和汪宗元动用官银刊印律注，属于官刊，他们均向出巡本地的巡按，或者巡抚和巡按进行了题请，在得到允许的情况之下进行刊刻，可见官刊《大明律》律注的权力仍由宪府官员控制。孙存的《大明律读法》受到朝廷的责难，书板被毁，但是在不到一年的时间内，范永銮以新任按察使的名义，刊印律注，其中留下诸多《大明律读法》的痕迹，也可以看到在刊印《大明律》律注方面，朝廷给予了宪府官员较大的制度空间。

当然这一限制主要是针对官刊。如果是私刊，无论是家刻还是坊刻，则相对自由。姚思仁和王肯堂的律注编撰和刊印可为证明。但值得注意的是，姚思仁大概在万历二十年（1592年）之前就完成了律注，但是刊印时署名"大理寺左少卿"；王肯堂刊印律注，他自己的署名为"南京礼部精膳司郎中前翰林院检讨"，而排在其署名之前的是其父亲王樵，官职为"南京都察院右都御史刑部右侍郎大理寺卿王樵"，王肯堂注明，该律注由王樵"私笺"，王肯堂"集释"。[1] 则虽然私刊《大明律》律注具有一定的自由，但是刑名官员的署名，显然仍有助于提高律注的权威性。

1　参见［明］王樵、王肯堂:《大明律附例》卷1，第1页上。

第九章
儒生与书坊的参与

明太祖朱元璋制定律法，不仅在《大明律》中明确鼓励"百工技艺诸色人等"熟读律令、通晓律意，在政策层面也多有落实。万历末年，王肯堂对此有过总结："士子应举必试五判，以观其明律与否；百工技艺诸色人等，有能熟读讲解，通晓律意者，得以免罪一次；郡县里社岁时行乡饮酒礼，亦惟读律令为兢兢，盖于金科玉条，人人提耳而教之，唯恐其不知而误犯，以伤我好生之德者。"[1] 以此为制度背景，有明一代，在官员群体之外，儒生也成为《大明律》注解的重要编纂群体。

本章讨论明代前后儒生群体编纂与刊印《大明律》律注的不同特征，及其对官员通晓律意的意义。

1　[明] 王肯堂:《律例笺释自序》，载 [明] 王樵、王肯堂:《大明律附例》卷首，第 2 页上—3 页上。

一、何广与《律解辩疑》

现存何广《律解辩疑》卷末收录洪武十九年（1386年）二月四明卻敬后序，其中提到何广在当时注解《大明律》，并有《律解辩疑》一书完成。因此，虽然学界关于现存《律解辩疑》的版本仍有异议，但是何广在洪武年间曾经注解《大明律》则是共识。从时间上来说，何广的《律解辩疑》是明代最早完成的律注。

1. 何广

何广，字公远，初为华亭人，后迁上海。史称何广"宽容多识，博学有才"[1]，未仕之前曾经在当地教授生徒，"强记博览，于载籍无所不综而尤邃于经学"[2]，在当地颇有声名，所以得荐举而入仕途。

关于何广入仕的时间，各种记载不一。明天启年间成书的《南京都察院志》介绍何广如下："何广，字公远，华亭人。以知县擢御史，至陕西按察副使。宽厚有容，博学多识，尤精于律学。时，变乱成法者当大辟，法家因仍，凡一政令改易辄以傅议。广曰，嘻，若是则大辟者踵相接矣。此但为改定律令者言之，盖禁于所不犯也。大学士解缙览而是之……有《律解辩疑》行于世。"[3] 解缙任大学士始于

1　［明］颜洪范等：万历《上海县志》卷9，明刻本，第4页下。

2　［明］何三畏：《云间志略》卷7，第301页。

3　［明］祁伯裕等：《南京都察院志》卷39，第57页下—58页上。《四库全书存目补编》73—74册收入《南京都察院志》，为日本内阁文库所藏明天启刻本的影印本，署名施沛。从该书卷首序言和纂注人署名来看，该书是由当时南京都察院长官祁伯裕等领衔，近二十位监察御史参与编纂完成的著作。施沛名列最末，低监察御史的署名一格，为"陕西道历事监生"（第11页）。以施沛为《南京都察院志》的作者恐有误。

永乐初年。《明太宗实录》也明确记载，永乐二年（1404 年）三月壬戌，何广由知县升迁为监察御史。[1] 则何广入仕的时间应该在洪武后期或建文年间。明人何三畏则将何广入仕的时间定在永乐初年，他提道："迨永乐初年，遂荐举明经科，授江西上饶令。"[2] 而与何三畏同宗的何良俊则将何广出仕的时间定在洪武更早的时期，认为何广在太祖时即为御史，甚至"尝佐太祖参定律令"[3]。何三畏与何良俊均为华亭人，同为何广族裔。比较来看，《南京都察院志》与《明太宗实录》的记载可能更为可信。

如果何广入仕的时间在洪武后期或者建文年间，则洪武十九年（1386 年）何广完成《大明律》注释时还只是儒生。这与现存《律解辩疑》卻敬后序所描述的也更为一致。卻敬后序明确提出，"何公名儒，书通律意"，在"未仕之暇"，究心《大明律》法，完成《律解辩疑》一书。[4] 上述何三畏也提道："公未贵时，最究心于律，常以为士君子读万卷而不读律者往往有之，于是著《律解辩疑》一书。"[5] 均说明何广注律是在其入仕之前。

何广博学多才，对《大明律》有所用心，有《律解辩疑》成书也是自然。但明代后期何良俊则对此有补充解释。何良俊提到，何广有长兄何廉，何良俊称其为雷州公。何广与何廉在当时的刑名领域均有声望："何氏当国家草昧时，雷州与御史公以法家之言遭遇明圣，

1　参见《明太宗实录》卷 29，永乐二年三月壬戌，第 520—521 页。
2　[明] 何三畏：《云间志略》卷 7，第 301 页。
3　[明] 何良俊：《何翰林集》卷 25，载《四库全书存目丛书》集部 142 册，第 202 页。
4　[明] 卻敬：《律解辩疑后序》，载 [明] 何广：《律解辩疑》卷末，第 1 页下。
5　[明] 何三畏：《云间志略》卷 7，第 301 页。

拟议法比，垂一王之法，盖亦可谓不后于一时矣。"[1] 之后，何廉一支留在华亭，何广一支迁往上海。所以何良俊对于作为自己直系先祖的何廉有更为直接的赞颂。比如在何良俊为其父亲撰写的行状中，开篇即指出"何氏华亭人也，其先有讳廉者"；何廉"博学详赡，宽仁无害，能通法家语。元至正中授雷州判官，在郡甚著威德"。何良俊称"雷州公有弟广，少雷州公三十余岁，实父事雷州公。雷州公教以法家之学，后亦以精核校练知名"。何良俊明确提到，何广"有所著《律解辩疑》行于世，即雷州公所授意也"。[2]

与何良俊的以上叙述有关，明臣顾璘在为何良俊撰写的墓志铭中，直接将何良俊及其兄弟的文采气度归于雷州公："余前耕秦淮之阳，闻华亭柘林有两何生出，曰良俊、良傅，文词灿然如晋二陆氏，四方惊且艳之。余曰柘林下里安得生异材如此乎？华亭人曰：何氏故法家，胜国末有名某者判雷州，国初其弟广为御史，有声殿中，归徙去上海，余子孙留华亭陶宅里。"[3] 从万历《雷州府志》的记载来看，洪武年间雷州府推官名录中确有何廉在列，[4] 但这一推官何廉是否为何广兄长，何广著《律解辩疑》是否为何廉授意，则已难确认。

综上所述，可以确定的是何广在洪武年间注解《大明律》，注解之时并未出仕，因此是以儒生的身份注律。他对于《大明律》的研究一方面来自个人的兴趣，另一方面也可能受到其颇有刑名经验的长兄何廉的影响。何广之后曾任知县、监察御史，陕西按察司副使等职，在刑名事务上多有政绩。史载其"释冤狱、出重囚，按验多所

1　［明］何良俊：《何翰林集》卷25，第199页。
2　［明］何良俊：《何翰林集》卷24，第192页。
3　［明］顾璘：《息园存稿文》卷5，载《文渊阁四库全书》1263册，第518页。
4　参见［明］欧阳保等：万历《雷州府志》卷6，明刻本，第6页下。

平反，声闻蔚起"[1]。与前引《南京都察院志》记载何广在律法方面有独到的理解相呼应，这些可能都得益于何广入仕之前对律法的研究。

2. 国图本《律解辩疑》

现中国国家图书馆藏《律解辩疑》，题录注明为洪武年间刻本。[2] 美国普林斯顿大学藏《律解辩疑》，为缩微胶卷，也标明为洪武年间刻本，该书卷末有"国立北平图书馆藏"字样。[3] 比照内容，与国家图书馆藏《律解辩疑》内容一致。黄彰健编著《明代律例汇编》，其中《明代律例刊本钞本知见书目》首列《律解辩疑》，其下注明："不分卷。明何广撰。国立北平图书馆藏明永乐以后刊本。"[4] 可能也是这一版本。

《律解辩疑》卷首收录署名为"松江何广谨序"的序言，其中提道："刑部尚书刘惟谦采摭诸条，删繁就简，类编为大明律令，颁行天下，使民知所畏而不敢犯。"序言说明注释律文的原因："然其律法简古，文义□远，治狱之吏，非老于案牍者，则未尽知耳。苟或法司狱成，定拟之际，失于详明，误乖律意，致有轻重出入之非，而况罪诬于人□则终身之玷而死……"[5] 序文文字多处漫漶不清。

序言之后收录《律条目总□歌》《例分八字西江月》《本宗九族五服歌》《妻为夫族服之歌》《妾为家长族服歌》《出嫁女为本宗降服歌》《外亲服之歌》《妻亲服之歌》《三父八母服之歌》《六赃总类

1　[明]何三畏：《云间志略》卷7，第301页。

2　[明]何广：《律解辩疑》，明刻本。

3　普林斯顿大学图书馆藏。题录明何广撰，明洪武间刻本。

4　黄彰健：《明代律例汇编序》，第115页。

5　[明]何广：《律解辩疑》序，第1页上—2页下。

歌》《二死三流通为一减》《金科一诚赋》《照刷文卷罚俸例》《大明律内五刑条目》以及《大明律□条款》。其中《金科一诚赋》下每句都有解释。《照刷文卷罚俸例》下有论刑文字一段，其中提道：

> 太祖高皇帝龙飞淮甸，肇造区夏，特命刑部尚书刘惟谦取诸律之协于中者，目条具以闻，宸翰亲为裁正，颁布天下，为万世法，且著于公式，令百司官吏熟读讲明，岁终考校，不晓律意者，初犯罚钱，再犯答，三犯降。百工技艺能熟读讲明者，免过失一次。□迪之意，恩至渥也。其要使人知畏而不犯而已。今之黎庶读者益□；法官用律固无差戾。然于立法之精意，钦恤之□用，或未讲究焉。某尝伏读，潜心讲解，欲求其义而未能。常念忝属秋官，专于棘寺，有年于兹而衰老及之，非惟无益于时，抑且愧于职。是用讲明律之疑难，粗得一二，萃为一篇，题曰《律解辩疑》，实所以遵奉讲明律条之意，非敢自以为当，与同志共商确之。[1]

《大明律内五刑条目》包括"迁徙""加减罪例""加罪法""减罪法""诬告""杂犯折杖则例""五徒""三流□……""反坐所剩""徒五等赎法""妇人犯罪"。而《大明律□条款》则包括了"丧服总图""丧礼之称""丧服条内□……"以及"例分八字问何"。其中"丧服总图"目下并无图，而以"讲曰"提出问题，比如"五服内大功小功何谓之功也？可得闻欤？"，接以"解曰"引出回答。同样，

1　[明]何广：《律解辩疑》卷首，第10下—11上。

"丧礼之称"目下也以"问曰"提出问题，而以"谓"引出解答。[1]

《律解辩疑》正文三十卷，与洪武三十年（1397 年）五月颁行的《大明律》格式一致。律注对类目也有注解，比如在《吏律》"职制"类下，注解云"百官职任之制度也"[2]。《律解辩疑》收录《大明律》律文的情况不一，一些律条录有全文，甚至包括了律内小注。比如《刑律》"违令"条与"不应为"条；[3] 一些律文则只录律文条目，目下无律文，比如《户律》下"赋役不均"和"丁夫差遣不平"等条目，则均不录律文。[4] 而最多的情况是，律文只是节文，而不是全文。比如《吏律》"讲读律令"条下，所录律文为："凡国家律令，参酌事情轻重，定立罪名，颁行天下，永为遵守止三犯于本衙门递降叙用"；"其百工技艺诸色人等有能熟读讲解通晓律意者，若犯过失及因人连累者止不用此律"。[5] 即律文只录开头与结尾，中间以小字"止"连接。

《律解辩疑》主要以"议曰""讲曰"和"解曰"提起，对《大明律》律条进行解释。其中"议曰"是直接对律条的解释，而"讲曰"和"解曰"则是问和答，对律条的应用进行说明。一些律条中只有"议曰"，比如上述"讲读律令"条，在两节律文之下，均有"议曰"分别进行解释。一些律条中则以"问曰""答曰"代替了"讲曰"与"解曰"。比如《刑律》"妻妾骂故夫父母"条下，问曰："奴婢骂旧家长者以凡人论，何也？"答曰："奴婢者，贱隶驱使之役

1　参见［明］何广：《律解辩疑》，第 12 页上—24 页下。

2　［明］何广：《律解辩疑》，第 43 页下。

3　参见［明］何广：《律解辩疑》，第 155 页上—155 页下。

4　参见［明］何广：《律解辩疑》，第 57 页上。

5　［明］何广：《律解辩疑》，第 48 页下。

也。三使奴婢不□，又受财卖与他人为奴婢，此恩绝义断。若有相骂旧家长，故以凡人论。"[1]

在以上律注中，《律解辩疑》引用了出自《疏议》《唐律》《唐律疏议》《周礼》等的内容。[2] 而在一些具体条目中，则提到"注云"，比如《名例律》之《以理去官》条下，在"议曰"内，引用"注云"说明问题。[3]《户律》"私创庵院及私度僧道"条下，则引宋代《事物纪原》。[4] 其中《唐律疏议》的影响最为明显。在《刑律》"杀一家三人"条中，有"问""答"如下："问曰：假有部曲奴婢杀别人部曲奴婢一家三人或支解，于律有犯，合准良人，合入十恶论否？答曰：部曲奴婢虽与良人有殊，至于同类杀三人及支解者，不可别为差等，坐同良，还入十恶。"[5] 这一条的解释，与《唐律疏议》"杀一家三人支解人"同。[6] 又《刑律》"宫内忿争"条下"议曰"："宫殿之内，致敬之所，战兢不暇，惟恐失仪，焉敢忿争；清乖共肃，人皆凛然，而况敢于相殴乎？……宫内忿争者笞五十，谓承天门以内为宫内。"[7] 若与《唐律疏议》对此条的注解进行对比，则可以看出《律解辩疑》对《唐律疏议》的模仿。《唐律疏议》曰："宫殿之内，致敬之所，忽敢忿争，情乖恭肃，故宫内忿争者，笞五十。嘉德等门

1　[明] 何广：《律解辩疑》，第 138 页下。

2　参见 [明] 何广：《律解辩疑》，第 24 页下—27 页下。

3　参见 [明] 何广：《律解辩疑》，第 30 页上。

4　参见 [明] 何广：《律解辩疑》，第 55 页上。

5　[明] 何广：《律解辩疑》，第 116 页上。

6　长孙无忌等《唐律疏议》此条下有问曰：假有部曲若奴，杀别人部曲奴婢一家三人或支解，依例"有犯各准良人"，合入十恶以否？答曰，部曲奴婢虽与良人有殊，至于同类杀三人及支解者，不可别为差等，坐同良人，还入十恶。参见刘俊文：《唐律疏议笺解》，中华书局，1996 年，第 1285 页。

7　[明] 何广：《律解辩疑》，第 126 页上。

以内为宫内。"[1]

《律解辩疑》三十卷之后，收录洪武十九年（1386 年）二月四明卻敬所撰后序，文字相对清楚。序文首先讨论刑政之重要："盖礼乐者为治之具，刑政者辅治之法。"此后赞叹《唐律》之精详，"上合天理，下合人心；赏不遗遗，罚不滥溢"，认为"为治者能求唐律以为准则，则几乎开元贞观之风"。序言继而论及本朝"命良臣采择唐律"，而定一代大法之盛举。后序指出，何广"于我圣朝律内潜心玩□，深究其理，参之于疏议，疑者而解之，惑者……释之，……名曰《律解辩疑》。辩明则不惑于行矣，□何子之用心亦仁矣哉，保爱斯民于生道而已。庶几乎官明于治，民明于守，吏明于刑罚当于罪，则人人畏服而知禁，期保斯民不犯于有司，则刑期于无刑复见于今日矣"[2]。

《律解辩疑》页码连续，从第 1 页至卷尾 171 页下止。

3. 关于《律解辩疑》的讨论

黄彰健将国图本《律解辩疑》所录律条与《大明律直解》《大明律集解附例》比较，并比对《实录》，认为《律解辩疑》所载明律，是"洪武十八、十九年所行用的"。以《大明律》"亲属相奸"等为例，他认为《律解辩疑》收录的律文为洪武三十年（1397 年）之前的版本，与洪武三十年（1397 年）最后确定的《大明律》内容不同。《律解辩疑》在《刑律》"亲属相奸"条中有"若奸义女者，加一

1　刘俊文：《唐律疏议笺解》，第 1496 页。
2　［明］卻敬：《律解辩疑后序》，载［明］何广：《律解辩疑》卷末，第 1 页上—1 页下。

等"的内容。[1] 这是洪武十七年（1384 年）十二月经刑部尚书题准的"亲属相奸"条，是对奸义女一节的廓清。同样已经被确定为成书于洪武三十年（1397 年）之前的《大明律直解》，在这一条目下，也包括了"若奸义女者，加一等"的内容。而以洪武三十年律为主要内容的《大明律集解附例》则不包括这一内容。[2] 弘治四年（1491 年）七月，礼部上言中提道："又观刊行已久《律解辩疑》本条下亦有奸义女一节，其《律条疏议》本条下又无奸义女一节，如此不同，未知前项律本，何为官降，何为私刑？或原载该有，或重刊脱落？恐因新刊者字样明亮，人多取用，行之年久为无奸义女本条，比照奸妻前夫之女为例。"为此奏请皇帝敕令法司查明校正，以使罪名归一。[3] 可以看到，起码就"奸义女"这一问题而言，弘治年间存世的《律解辩疑》与国图本相同。

但是，国图本《律解辩疑》卷首《照刷文卷罚俸例》下论刑文字一段中出现了"太祖高皇帝"字样，则这一律注到底刊行于何时，值得再做考量。黄彰健认为有关"太祖高皇帝"这一段文字系后来增刻，他认为《律解辩疑》书板本身仍刻于洪武时期，但是国图本《律解辩疑》则可能"系永乐洪熙宣德时的印本"[4]。杨一凡也认为国图本《律解辩疑》"系明初刻本应该说是可以肯定的"[5]。但是国图本《律解辩疑》卷首何广的序言中已经提到"律法简古"，似与洪

1　参见［明］何广：《律解辩疑》，第 150 页上。

2　参见黄彰健：《律解辩疑、大明律直解及明律集解附例三书所载明律之比较研究》，载黄彰健：《明清史研究丛稿》，台湾商务印书馆，1977 年，第 229 页。

3　参见［明］戴金：《皇明条法事类纂》卷 43，第 727—728 页。

4　黄彰健：《律解辩疑、大明律直解及明律集解附例三书所载明律之比较研究》，第 210 页。

5　杨一凡：《洪武法律典籍考证》，第 224 页。

武十九年（1386 年）明代律法还在不断调整之中这样的现实有所出入。此外，《照刷文卷罚俸例》下论刑文字一段还提道："常念忝属秋官，专于棘寺，有年于兹而衰老及之，非惟无益于时，抑且愧于职。是用讲明律之疑难，粗得一二，萃为一篇，题曰《律解辩疑》，实所以遵奉讲明律条之意，非敢自以为当，与同志共商确之。"何广未曾在刑部或者大理寺任职，注律时还未曾入仕，显然与以上作者的自我描述有所差别。则《律解辩疑》还有另外的作者，且该作者曾长期任职刑名。张伯元因此认为国图本《律解辩疑》是明代中后期的坊刻本，律家杨简、魏铭等均可能是何广《律解辩疑》的重编、重刊者。[1]

1994 年，刘海年、杨一凡等主编《中国珍稀法律典籍集成》，在乙编第一册中收录《律解辩疑所载律文》，卷首有序，乃根据《信吾是斋》本《刑名启蒙例》补足《律解辩疑》何广自序中不可辨识之文字而成，其中包括内容如下：

> 然其律法简古，文义深邃，治狱之吏非老于案牍者，则未尽知耳。……广（日尝读律玩味，采摘疑难）之句，申之以律疏，解其义拟，然未敢擅注于律。对款分条，编成别集，名之曰《律解辩疑》。其待识见高明之士观之者，尚冀校正无谬，以使迷惑涣然冰解，怡然理顺，岂非希升堂必自开（户牖矣）。凡（莅）官君子于议刑决判之间，庶望（尽心慎求），以（辅）圣

1　参见张伯元：《律解辩疑版刻考》，《上海师范大学学报（哲学社会科学版）》2008 年第 9 期，第 166—140 页。

化，而至于无刑之效，斯亦是编之□□□。[1]

这一按照《刑名启蒙例》补足的《律解辩疑》何广序，说明《律解辩疑》的内容"申之以律疏，解其义拟"，"未敢擅注于律"，"对款分条"，"编成别集"；与国图本所见《律解辩疑》之内容显然存在差异。此外，如果将这一序言与国图本《律解辩疑》卷末所附洪武十九年（1386 年）郤敬之序对比，其间也存在出入。从郤敬后序来看，何广著《律解辩疑》，玩味律法，深究其理，以《唐律疏议》为参照，对《大明律》条目中有疑有惑者进行解释，与国图本《律解辩疑》的内容更为符合。

《中国珍稀法律典籍集成》乙编第一册的附录部分还收入了《刑名启蒙例》一卷。卷首有《新录刑名启蒙议头序》[2]，内容与何广《律解辩疑》的自序基本相同，只是把其中的《律解辩疑》换成了《启蒙议头》。如果单看《刑名启蒙例》的序，则何广也是该书的作者，且编辑该书的原因、过程和内容与《律解辩疑》相同。

此外，明人叶盛在其文集《菉竹堂稿》中还曾经提到《大明律分类条目》一书："此书出高皇帝所命，治教之心至夫，今有刻本在大同，但为妄人节改，何广《律解辩疑》序实之于首，宜去之。"[3]叶盛，正统十年（1445 年）乙丑科进士，[4] 藏书丰富，阅读广泛，

1　杨一凡等主编：《中国珍稀法律典籍集成》乙编第一册，科学出版社，1994 年，第 277 页。括号内为根据《刑名启蒙例》添加的文字。

2　［明］不著撰人：《新录刑名启蒙议头序》，［明］不著撰人：《刑名启蒙例》卷首，载杨一凡等主编：《中国珍稀法律典籍集成》乙编第一册，第 649 页。

3　［明］叶盛：《菉竹堂稿》卷 8《书大明律分类条目后》，载《四库全书存目丛书》集部 35 册，第 317 页。

4　朱保炯、谢沛霖：《明清进士题名碑录索引》，第 2448 页。

博学多才，曾任职于山西大同。从引文来看，叶盛在山西任职期间看到《大明律分类条目》一书，卷首有何广《律解辩疑》序言。叶盛认为《大明律分类条目》成书于洪武年间[1]，该书卷首收录何广《律解辩疑》序言，则是"妄人"所加。

此外，万历年间，何三畏对何广《律解辩疑》的内容曾有以下描述：

> 其说大都谓皋陶始制律，而汉萧何为律九章，唐房玄龄为律十三章，凡盗贼、囚捕、厩库、户婚、官卫、职业、斗讼、诈伪、逃亡等名已多添入，而后世增为几百几千条，又何烦冗可厌。故除死刑以外，第列为三十则，欲人兢兢自守以不罹于罪，而无犯于刑，岂非仁人长者之用心哉。[2]

何三畏描述的《律解辩疑》显然与国图本《律解辩疑》不同，与太祖朱元璋下令编纂的《律令直解》却似乎相似，即选取死刑以外的有关律条三十则，以使百姓知律而不触刑宪为目的。从形式来看，具有分类列目的特征。

综上所述，虽然现存国图本《律解辩疑》到底刊印于何时，何广在洪武年间除了《律解辩疑》一书，是否还编辑过其他与律学有关的著述，即《大明律分类条目》等是否是何广的著述，仍然存疑；

1　《明史·艺文志》记录，《大明律分类目录》四卷，作者陈廷琏。参见［清］张廷玉等：《明史》卷 97《艺文二》，第 2399 页。陈廷琏为成化二年（1466 年）丙戌科进士。参见朱保炯、谢沛霖：《明清进士题名碑录索引》，第 2461 页。如果《大明律分类条目》是洪武年间的作品，则陈廷琏不可能是原作者；如果是陈廷琏的作品，则《大明律分类条目》不可能是洪武年间的著述。存疑。

2　［明］何三畏：《云间志略》卷 7，第 301 页。

但可以确定的是，何广以儒生的身份注解《大明律》，有《律解辩疑》一书完成，在有明一代影响深远。《刑名启蒙例》《大明律分类条目》等卷首出现与何广和《律解辩疑》相关的序言；《律解辩疑》的内容被传抄、重编，在明代中后期有重刊，均是该书广泛流传的证明。万历年间王圻著《续文献通考》，在其中的《经籍志·法律》部分，列举的《大明律》注释只有四种，《律解辩疑》在列。[1] 何广这一儒生的律注，也为明代官员研习和编撰《大明律》律注提供了重要的参考。前文提及正德年间监察御史胡琼编纂《大明律》律注，隆庆年间监察御史陈省纂辑《大明律例附解》，均对《律解辩疑》一书有所参考。隆庆年间，刑部官员郑汝璧注律，对《律解辩疑》也多有引用。万历年间巡按湖广监察御史李天麟编纂律注，以《律例辩疑》为名，其中对何广的律注也有引用和评论。[2]

何广注律，虽然可能有家庭的影响，但是有明一代，以儒生身份研习《大明律》的应该不在少数。儒生习律一方面为应对科举制度；另一方面，明朝廷明文规定，百官需讲读律令、通晓律意。这样的规定，对于以进入仕途为目标的儒生来说，也有重要的制度影响力。

二、儒生与书坊的参与

明万历以后，儒生在律法领域的努力具有了新的特征。他们编纂律注，与书坊关系密切：他们或将编纂成果交由书坊刊印；或直接受

---

1 参见［明］王圻：《续文献通考》卷177，第10703—10704页。
2 参见［明］李天麟：《淑问汇编》卷2，第50页下—51页上等。

书坊雇佣，在书坊编纂律注刊印；一部分书坊主如刊印了《三台明律招判正宗》的余象斗本身就是儒生。儒生与书坊在当时的律法领域参与积极，从本书附录一和附录二可以看到，儒生编纂、通过书坊刊印的律注占现存《大明律》律注的四分之一左右。

1. 周萃、贡举、余象斗与彭应弼

比如《大明律例祥刑冰鉴》的编纂者周萃。《大明律例祥刑冰鉴》又称《大明律例注释祥刑冰鉴》，卷首标明"万历己亥春月南都嘉宾堂刊"[1]。万历己亥年为万历二十七年（1599 年），南都嘉宾堂属南京周氏书坊。周氏是金陵坊刻的大族，张秀民列明代金陵周氏书坊 14 家，其中包括嘉宾堂。[2] 嘉宾堂书坊主周竹潭，字宗孔。杜信孚、杜同书《明代分省分县刻书考》之《江苏省卷》列周竹潭刻书 11 种，首列《大明律例注释祥刑冰鉴》三十卷，"周萃辑"，是所列周竹潭书坊刻书中最晚完成的唯一与《大明律》有关的作品。[3]

《大明律例祥刑冰鉴》卷目之下并未开列编纂人姓名。该律注开篇收录《序祥刑冰鉴首》，由"豫章扩菴董裕撰"。序言中明确提到《大明律例祥刑冰鉴》一书为南京国子监周生所作：周生"以读书之暇，辄捧阅之，爱体明圣好生之心，敦请明允注释，或参语，或审词，博采附录，镌成，颜曰祥刑冰鉴。以粉梓旧雅，属余序"。序言对周生及其律注予以赞叹："周生殆草茅中羽翼圣化者耶。"[4]

董裕，字惟益，号扩菴，江西乐安人，隆庆五年（1571 年）辛

1　[明]周萃：《大明律例祥刑冰鉴》卷首，明刻本，第 1 页下。
2　参见张秀民：《中国印刷史》，上海人民出版社，1989 年，第 344—345 页。
3　参见杜信孚、杜同书：《明代分省分县刻书考》2，线装书局，2001 年，第 12 页。
4　[明]董裕：《序祥刑冰鉴首》，《大明律例祥刑冰鉴》卷首，第 2 页上—4 页上。

未科进士。[1] 曾任广东东莞县令，因为政绩突出而擢为御史，后曾任职大理寺，万历二十五年（1597 年）任刑部右侍郎，万历三十三年（1605 年）任刑部尚书。[2] 董裕现存《董司寇文集》[3]，包括序三卷，其中并无《序祥刑冰鉴首》。因此以上序文是否出自董裕似仍待考，但是序言所及周萃为国子监生，因为对《大明律》有探研之热情，对《大明律》进行注释，并在相关条目之下附以条例、参语、审词汇集刊行，可能是事实。序言提供了一条有关周生的额外信息，即他曾经"校刻艺苑"，则周生与金陵书坊周家的关系殊为密切。

在《祥刑冰鉴》前后刊印的《龙头律法全书》（全名《全补傍训便读龙头律法全书》），总计十一卷，正文八卷，其余三卷为附录。正文八卷卷目下署名"蜀资阳贡举纂集，闽双松刘朝瑄绣梓"[4]。双松刘朝瑄为福建建阳著名书坊安正堂之书坊主。安正堂从明宣德到清康熙，存世二百多年。前期著名的刻书家为刘宗器，后期著名的刻书家中就有《龙头律法全书》的刊刻者刘双松。[5]

《龙头律法全书》的编纂者贡举，四川成都府资阳县人，与上述周萃一样，是对律学有所研究的儒生。《龙头律法全书》封页上对该律注推广如下：

此律达廷氏所纂。达廷见坊肆刊律，封面类云精制，及观其

1　参见朱保炯、谢沛霖：《明清进士题名碑录索引》，第 2555 页。

2　董裕于万历三十三年（1605 年）四月升任刑部尚书，仍管左侍郎事，该年十二月致仕。参见［清］张廷玉等：《明史》卷 112《七卿年表二》，第 3484 页。

3　［明］董裕：《董司寇文集》，《四库未收书辑刊》第 5 辑 22 册。

4　［明］贡举：《全补傍训便读龙头律法全书》（以下简注为《龙头律法全书》）卷 1，明刻本，第 1 页上。

5　参见方彦寿：《建阳刻书史》，中国社会出版社，2003 年，第 253 页。

中，大相矛盾，不无遗议。惟是编为此集，第见其自始至终，不惟训释详明，递异诸律，抑且事类皆全，甚便检阅，□者获此，将□奉天经民之际，听断剖决难明等事，不越此律而得之矣。鉴之，自知予言之不谬　谨识。[1]

又《龙头律法全书》首录任甲第所撰《镌大明龙头律法全书序》。任甲第，字子荐，四川成都府资阳县人，万历二年（1574 年）甲戌科进士，[2] 曾任南京户部主事、南京刑部郎中等职。在该序言中，任甲第交代了《龙头律法全书》的编纂原因，并总结道："此蜀馆达廷贡子纂要便读之意，因乞余言以为之序云。"[3] 可以看到贡举为任甲第的同乡，"达廷"或为其字。

余象斗三台馆刊印的《三台明律招判正宗》，卷下署名："大同宣府开平卫经历方山余员注招，江西赣州府定南县典史鲁斋叶伋示判，福建建邑书林双峰堂文台余象斗梓行。"[4] 但余象斗本人可能就是这一律注的编纂者。余象斗，名文台，象斗为其字，号三台山人，又别号仰止子，出生在嘉靖二十七年（1548 年）左右，直至崇祯年间辞世，刻书五十余年。[5] 余象斗早年曾用力举业，为邵武县县学生员，屡试不第之后才全心经营书坊，因此是典型的儒生书坊主。方彦寿论及余象斗刻书，其中提到余象斗刊刻史部与子部书籍时，喜欢以

1　［明］贡举：《龙头律法全书》卷首。
2　参见朱保炯、谢沛霖：《明清进士题名碑录索引》，第 2558 页。
3　［明］任甲第：《镌大明龙头律法全书序》，载［明］贡举：《龙头律法全书》卷首，第 2 页下。
4　［明］余象斗：《三台明律招判正宗》卷 1，第 1 页上。
5　参见陈国军：《余象斗生平事迹考补》，《明清小说研究》2015 年第 2 期，第 209—216 页。

"品粹""正宗"入题名。"品粹"多托名人之作,"正宗"则多是余象斗自编的作品。作者列举余象斗自编的作品,包括万历二十六年(1598年)《三台馆仰止子考古详订遵韵海篇正宗》、万历二十七年(1599年)《新刻天下四民便览三台万用正宗》、万历二十八年(1600年)《仰止子详考古今名家润色诗林正宗》《韵林正宗》等,[1]如果这一规律成立,则题名《三台明律招判正宗》的这一律注有可能是余象斗的自编之作。余象斗一生所刻书籍种类繁多,其中也包括与律法相关的书籍。仅从肖东发《建阳余氏明代刻本知见录》所列可知,余象斗在万历二十六年(1598年)曾刊印《新刊皇明诸司廉明奇判公案》四卷,万历三十四年(1606年)曾刊印《新刻圣朝颁降新例宋提刑无冤录》十三卷,万历三十八年(1610年)有《新刻御颁新例三台明律招判正宗》十一卷。[2]则说明余象斗对于律法刑名书籍的刊印颇有经验,在律法知识方面或有造诣。

律注《刑书据会》刊印较晚,卷目下未曾署名,但是开卷收入序言两篇:其一为《叙刑书据会》,署名"赐进士第奉直大夫工部营缮清吏司郎中莆阳卢廷选书";其二为《刑书据会叙》,署名"南京太常寺卿江陵傅作雨撰"。两种序言均指出彭应弼为《刑书据会》的编纂者。其中《叙刑书据会》提道:"彭君良甫起文无害,屈首钻摩,历有年岁,荟萃汇葺,厥而行之。"[3]重点落实在彭应弼对《大明律》编纂注解的过程,对彭应弼本人则缺乏介绍。同样,《刑书据会叙》也交代了彭应弼编纂《大明律》律注的缘由和过程:"顾(律令)微

---

1 参见方彦寿:《建阳刻书史》,第290页。
2 参见肖东发:《建阳余氏刻书考略》(中),《文献》1984年第4期,第205页。
3 [明]卢廷选:《叙刑书据会》,载[明]彭应弼:《刑书据会》卷首,明刻本,第3页上。

词奥旨，未能家谕户晓，于是法家士互有编述，无虑数十成书，颛蒙末学，每病浩繁，迄无归指。此应弼彭子有慨于衷而肆力底理焉。穷搜博采，纤细备存，引古证今，轻重惟允，洵可发蒙启聩，一开卷而了然者。兹其用心良勤而阐绎亦云精矣。"[1] 就彭应弼对律学的研究和本律注的详明予以特别的说明，对彭应弼本人则缺乏描述。

周萃、贡举、余象斗、彭应弼以儒生的身份撰（纂）律注，除了体圣天子生民之意，且对当时坊刻律注有所不满，是否还有别的原因？上文提及《龙头律法全书》的序言，这一署名"南京刑部湖广清吏司郎中任甲第"的序言似可提供端倪：

> 夫律为法之铨，例为律之辅，本相须以为用者。稽古皋陶明五刑弼五教，而致有虞风动之化；周王命司寇建三典，而兴东周大有之业，即此而刑法之关于政体者大矣。仰荷天□，□人维贤，网罗俊义，俾抱道之士得与缙绅同升公朝也，是故在科甲之志，则穷经史而造大业；在刑名之学，则精律例而赞洪猷，夫道一而已。但从事于法家者，以律例各成一书，苦于诵读者多谓浩瀚，旨意难明者不便追求，因考《管见》《附解》《琐言》等注，言无不尽，意无不详，但书籍多而讲读厌，始见其难也。今以律刊一书，随条附例，注以诸家释意，至于假如、招拟、判告体式行移捷录，靡不备载于中，使学者随诵便观，勿劳寻究，虽不能以会其意而备其全，抑少足以省其繁而便其读矣。善学之士于其缓者而详观焉，于其要者而熟诵焉，于意之难明者而究其旨焉，

1　［明］傅作雨:《刑书据会叙》，载［明］彭应弼:《刑书据会》卷首，第2页上—3页上。

庶乎可以达本而利用也。[1]

序言开宗明义，指出刑法与政体关系之密切，提到有"科甲之志"者"穷经史而造大业"；专心"刑名之学"者"精律例而赞洪猷"，两者"道一而已"；因此，这些"抱道之士"可以"与缙绅同升公朝"。既把这些刑名学者与科甲之志者进行了区分，又指出两者各有价值，一样可以有助朝政。以上言论经由南京刑部郎中任甲第这一科甲之士之口说出，表达的可能是编纂律注的儒生群体的声音。他们借此鼓励对律法有兴趣的"学者""善学之士"；同时，这或许也是他们对自己的评价。从某种程度上说，他们也正是这样的刑名学者和"抱道之士"。

2. 书坊的角色

有明一代，书坊在《大明律》律法知识的传播中起到重要的作用。成化十五年（1479 年），明朝廷下令烧毁在京书坊出品的《大明律》刻本。该《大明律》附有《会定现行律》一百零八条。朝廷认为《会定现行律》轻重失伦，错误不少，"但恐流传四方，未免有误新进之士"[2]。在有明一代的历史上，这是少见的朝廷对书坊刊印的《大明律》和律注进行的控制。总体而言，明朝廷对书坊出品、刊印《大明律》律注的政策比较宽容。周弘祖，嘉靖三十八年（1559 年）己未科进士[3]，曾在其《古今书刻》一书中记录福建布政司刻书的情况。他在"建宁府"下专设"书坊"一目，罗列书坊所刻之书，从

1　［明］任甲第：《镌大明龙头律法全书序》，载［明］贡举：《龙头律法全书》卷首，第 1 页上—2 页下。

2　《明宪宗实录》卷 196，成化十五年闰十月甲戌，第 3457—3458 页。

3　参见朱保炯、谢沛霖：《明清进士题名碑录索引》，第 2545 页。

四书五经到史书、地理、诗文，内容庞杂，数量可观。在"史书"类下，包括了《大明律》《大明令》《问刑条例》；在"刑名类"下，则包括了《读律琐言》《读律管见》《律例附解》《律例疏议》《详刑要览》《洗冤录》《无冤录》《刑统赋》《出巡录》等。[1] 明代官员与书坊关系密切[2]，一部分官员也将其《大明律》律注交由书坊刊印，比如本书第四章论及的王樵等。均可以看到书坊在律注刊印中的积极状态。

万历以后，除了刊印官员撰著或者重刊官刊本的《大明律》律注，书坊在《大明律》律注的编纂中也开始有所参与。也就是说，书坊不仅仅是刊印律注的一个途径和所在，而且影响了所刊律注的风格与内容。确实，明代中后期，书坊不仅是书籍的刊刻和印发场所，也是重要的书籍编纂之地。书坊吸收了大量的文人儒士，以市场为导向，选编可资刊印的图书。其中相当一部分书坊主本人就是儒生。这些文人儒生由儒而商，或儒或商，周启荣对这一群体有特殊的关注，称其为"士商"阶层。[3] 儒生编纂《大明律》律注，书坊不仅仅是刊印者，而且也是积极的参与者。上文提到余象斗与《三台明律招判正宗》的编纂，即为典型的例子。

儒生编纂的书坊本《大明律》律注，均在突出的位置强调了本书坊的名目。比如《大明律例祥刑冰鉴》，卷首首先标明"万历己亥春月南都嘉宾堂刊"；同样，《龙头律法全书》也在封面内页注明"书林安正堂刘双松氏梓"。以任甲第署名撰写的序言在落款中也标

1　参见［明］周弘祖：《古今书刻》，载《中国历代书目题跋丛书》第1辑《百川书志 古今书刻》，上海古籍出版社，2005年，第365—366页。

2　参见何朝晖：《晚明士人与商业出版》，上海古籍出版社，2019年。

3　Chow, Kai-wing. 2004. *Publishing, Culture, and Power in Early Modern China.* Stanford: Stanford University Press, p. 2.

明该序言完成于安正堂。又，《龙头律法全书》十一卷，正文八卷卷目下署名"蜀资阳贡举纂集，闽双松刘朝琯绣梓"，即由编纂的儒生与刊印的书坊共同署名，但是在附录三卷中，除了最后一卷未有署名，卷九和卷十下署名均为"闽双松刘朝琯纂集"，[1] 则书坊主刘朝琯自己对于《龙头律法全书》的编纂也有直接的贡献。

再以《三台明律招判正宗》为例。该律注直接将书坊或者书坊主名号纳入律注题名，可以看到书坊本身在律注编纂和流通中的影响力。福建余氏书坊从北宋开始兴盛，到清初渐见衰落，在中国出版史上具有重要的地位。[2] 明代，福建刻书数量居全国之首，其中建阳又居福建之首，而福建余氏刻书则是建阳书坊中"规模最大、刻书最多"的。[3] 据肖东发在20世纪80年代的统计，明代福建建阳余氏刻书之知见本种数为160种，其中由余象斗三台馆刊印的则有43种[4]，从规模和刻书数量上，均具有相当的代表性。余象斗刊印的书籍或以其父亲的号，即"双峰堂"为名，或以"三台馆""余文台"等为标记，标记突出，充分体现出他对于书坊所具有的权威性的自信。余象斗还曾经在其刊印的书籍中加入自己的画像，比如"三台山人余仰止影图"等，画像中的余象斗不仅以文人自居，有砚、有茶、有几案、有文章，王重民先生甚至认为"仰止固以王者自居矣"[5]，可见余象斗对自己的认识与自信。因此，余象斗刻书，虽然也会伪托名人所作，或借助名人效应来提高所刊书籍的市场吸引力；但与此同时，

1　该律注卷九和卷十的主体部分为与律条相关的告示。

2　关于余氏刻书之历史，可参见肖东发：《建阳余氏刻书考略》（上），《文献》1984 年第 3 期，第 230—248 页。

3　参见肖东发：《建阳余氏刻书考略》（中），《文献》1984 年第 4 期，第 197 页。

4　方彦寿《建阳刻书史》统计有 50 余种，见该书第 287 页。

5　转引自肖东发：《建阳余氏刻书考略》（中），《文献》1984 年第 4 期，第 215 页。

也会如《三台明律招判正宗》这样，在编纂刊印书籍时，对本书坊名号和自己作为书坊主本身进行强调。

3. 托名刑名官员

儒生编纂的书坊本律注，与朝廷制度也有密切的连接。最典型的是，这些律注卷首经常出现刑部、宪府官员或者大理寺、推官这些在朝廷制度格局中以刑名为职掌的官员的署名。这些官员或直接被列为编、纂、校、订人员，或者以律注序言的作者出现。比如上述周莘编纂的《大明律例祥刑冰鉴》，由刑部尚书董裕作序；《龙头律法全书》首录《镌大明龙头律法全书序》，署名南京刑部湖广清吏司郎中任甲第；《刑台法律》卷一目下署名：刑部尚书雷门沈应文校正，刑科都九生萧近高注释，刑科都具予曹于汴参考，谭阳秋林熊氏种德堂绣梓；[1]《刑书据会》卷首收录的两种序言则分别由工部营缮清吏司郎中莆阳卢廷选和南京太常寺卿江陵傅作雨撰成。

这些辑、校、参、阅以及序言的署名多有托名的嫌疑。以《刑名据会》的两种序言而言。卢廷选，字铉卿，号贞常，福建兴化府莆田人，万历二十年（1592 年）进士。升工部官，期间曾回乡守制，万历三十三年（1605 年）出知南昌府。之后任江西按察司副使、江西布政司参政、湖广布政司参政等职。万历四十七年（1619 年）卒于任。史载，卢廷选对刑名事务颇为用心，因此也多有作为。初授沧州知州，"除奸摘伏，狱无滞讼"；在南昌府知府任上，则以制艺与爱书同时课士，"剖决品藻"同时讲求。[2] 傅作雨，字元化，号楚筑，湖广荆州府江陵人，万历二年（1574 年）进士，历任吏部郎中、参

1　参见［明］著者不详：《刑台法律》卷1，第1页上。

2　参见［清］宫兆麟等：乾隆《莆田县志》卷24，清刻本，第57页下。

政等职，万历二十二年（1594年）从南京光禄寺卿升任南京太常寺卿。[1] 上文提到的《刑书据会》成书应该在万历以后，可能在天启年间；卢廷选任工部郎中、傅作雨任南京太常寺卿，均在万历中期，且卢廷选在万历后期已经辞世，则他们作为序言真正作者的可能性不大。

律注《大明律例致君奇术》的署名也值得探究。该律注由福建建阳余氏余彰德萃庆堂刊印。余彰德为余象斗之堂兄弟，均是余氏著名的书坊主。[2] 萃庆堂刻书数量众多，且主题涉及经史子集各部分。[3]《致君奇术》内页又名《刻精注大明律例致君奇术》，卷首收录《御制大明律序》，之后有《致君奇术弁言》，序言提道："余不佞退食自公，方忧银海之昏，复駴亥豕之谬，爰订分章，因謀镂刻。综以公案，助识见也；结以判辞，收浮蔓也。"序末署名"刑科给士罗栋书"。[4] 罗栋，字吉甫，江西南昌府丰城县人，万历十七年（1589年）进士，曾任户科、刑科、礼科给事中等职。从序言的内容看，似乎这是罗栋乡居时期的著述。[5] 但是《大明律例致君奇术》在卷一目下署名"考中官叔理朱敬循汇辑，太理丞见修冯仲寅同校，书林萃庆堂余彰德𢌿梓"[6]，其中并不见罗栋之名。此外，朱敬循与冯仲寅署名只在《大明律例致君奇术》卷一目下出现一次，卷二至卷十一目下均无署名，卷十二收录《洗冤录》，目下列"湖南提刑宋慈惠父

　　1　参见［明］余文龙等：天启《赣州府志》卷8，明刻本，10页下；《明神宗实录》卷271，万历二十二年三月甲午，第5034页。
　　2　参见肖东发：《建阳余氏刻书考略》（上），《文献》1984年第3期，第243页。
　　3　参见方彦寿：《建阳刻书史》，第292—295页。
　　4　参见［明］罗栋：《致君奇术弁言》，载［明］著者不详：《大明律例致君奇术》卷首，明刻本，第2页上—3页下。
　　5　朱保炯、谢沛霖：《明清进士题名碑录索引》，第2571页；［清］于成龙等修，［清］杜果等纂：康熙《江西通志》卷18，清刻本，第69页上。
　　6　［明］著者不详：《大明律例致君奇术》卷1，第1页上。

编辑""闽潭城书林萃庆堂重刊"。朱敬循，字叔理，号石门，浙江山阴人，万历二十年（1592年）壬辰科进士。[1] 父亲为万历年间曾任内阁大学士的朱赓。从《明神宗实录》的记载来看，朱敬循曾经在礼部、吏部、太常寺和通政司任职。[2] 冯仲寅，不可考。张伟仁《中国法制史书目》将上述"考中官"认为是朱敬循的职官，将冯仲寅列为大理丞，其实需要更多证据。杜信孚、杜同书《明代分省分县刻书考》之福建卷中，记录萃庆堂刻书42种，其中包括《刻精注大明律例致君奇术》十一卷，署名"明朱敬循撰"[3]，也只是从卷一目下简单截取的信息。比较而言，《千顷堂书目》收录《补注明律例致君奇术》十二卷，注明"不知撰人"[4]，则可能对于罗栋、朱敬循等与该律注的关系均存怀疑，记录更为客观。

苏茂相署名《临民宝镜》的纂辑者，可能也是托名。《临民宝镜》是现存书坊本律注中刊印较晚的一种。该书中国国家图书馆藏本全名《新刻官板律例临民宝镜》，封面内页注明"振邺堂梓"。振邺堂为苏州书坊。[5] 该书在各卷目下的署名并不一致。比如卷二下署名："太子太傅刑部尚书石水苏茂相辑，大理寺卿虞廷潘士良较，理刑推官太徵郭必昌订，后学仰源郭万春注，书林振华王文灿刊。"[6] 而在其首卷上、末卷上的署名则为："刑部太子太傅尚书石水苏茂相辑，大理寺卿虞廷潘士良较，理刑推官太徵郭必昌订，后学仰源郭万

1　参见朱保炯、谢沛霖：《明清进士题名碑录索引》，第 2573 页。

2　分别参见《明神宗实录》卷 349，万历二十八年七月甲午，第 6547 页；卷 408，万历三十三年四月辛未，第 7619 页；以及卷 417，万历三十四年正月庚午，第 7867 页；等等。

3　杜信孚、杜同书：《明代分省分县刻书考》5，第 31 页。

4　［清］黄虞稷：《千顷堂书目》卷 10，第 264 页。

5　参见杜信孚、杜同书：《全明分省分县刻书考》2，第 27 页。

6　［明］苏茂相：《新刻官板律例临民宝镜》卷 1，明刻本，第 1 页上。

春注，书林少吾张钟福刊。"[1] 张钟福也是晚明苏州书坊中人[2]，有书坊"瑞云馆"，万历四十二年（1614 年）刊印过著名的刑名指南《新刻校正音释词家便览萧曹遗笔》。[3] 此外，日本内阁文库藏本题名《大明律例临民宝镜》，封内首页分左中右三栏，左上书"苏太傅手辑"，居中大字黑体书"临民宝镜"，右栏下注明"书林王振华梓"；但是在卷目下署名则为"刑部太子太傅尚书石水苏茂相辑，大理寺卿虞廷潘士良较，理刑推官太徽郭必昌订，后学仰源郭万春注，书林少吾张钟福刊"。[4] 国图本《临民宝镜》卷首首录《临民宝镜序》，序末署名"崇祯岁次壬申端阳潘士良题"[5]；内阁文库本同样首录《临民宝镜序》，但是序末署名"崇祯岁次壬申端阳潘士良题于瑞云馆"，并在之后收录署名"壬申午月清白吏谨题"之序，该序内容残缺。[6] 从以上情况来看，《临民宝镜》仅在苏州一地就可能不止一个书板。

苏茂相，字弘家，号石水，福建晋江人，万历二十年（1592 年）壬辰科进士。曾任户部主事、彰德府知府、江西提学副使、浙江巡抚、南京刑部右侍郎、户部尚书等职。天启七年（1627 年）十一月，"以太子太傅改刑部尚书"[7]。苏茂相在之后乞病回乡，崇祯三年（1630 年）卒。苏茂相在崇祯帝即位之初担任刑部尚书，虽然在刑部

1　［明］苏茂相：《新刻官板律例临民宝镜》首卷下，第 1 页上。

2　参见张献忠：《从精英文化到大众传播：明代商业出版研究》，广西师范大学出版社，2015 年，第 126 页。

3　参见尤陈俊：《法律知识的文字传播：明清日用类书与社会日常生活》，第 91 页。

4　［明］苏茂相：《新刻大明律例临民宝镜》卷首；首卷下，明刻本，第 1 页上。

5　［明］潘士良：《临民宝镜序》，载［明］苏茂相：《新刻官板律例临民宝镜》卷首，第 5 页上。

6　参见［明］潘士良：《临民宝镜序》，载［明］苏茂相：《大明律例临民宝镜》卷首，第 5 页上—5 页下。后附两页页码不清。

7　朱保炯、谢沛霖：《明清进士题名碑录索引》，第 2573 页；《崇祯长编》卷 3，天启七年十一月辛卯，第 147 页。

的时间只有三月有余，[1] 但期间与大理寺卿潘士良、都察院左都御史曹思诚等一起清理魏忠贤阉党，一时成为政坛关注的焦点，时人认为苏茂相有庇护珰孽之嫌，这可能是他很快从刑部离职的原因。苏茂相在刑部期间，对刑部的机构建设以及刑部官员的前途颇有建言，可以看到他对于刑部的事务颇为积极。[2]

苏茂相一生著述丰富。明后期《澹生堂藏书目》收录苏茂相著述三种：《先觉要言》《皇明宝善类编》与《读史韵言》；[3] 万斯同《明史》收录苏茂相著述四种：《苏氏韵辑》《临民宝镜》《皇明宝善类编》与《读史咏言》；[4] 清代《传是楼书目》系于苏茂相名下的著作共有五种，分别为：《读史韵言》《定乱纪略》《除妖公案》《宝善类编》与《苏石水集》；[5] 张廷玉等纂修《明史·艺文志》收录苏茂相著作两种，即《临民宝镜》与《名臣类编》；[6] 《千顷堂书目》系于苏茂相名下的著述五种：《苏氏韵辑》《临民宝镜》《皇明名臣类编》《读史咏言》《读史韵言》。[7] 其中《澹生堂藏书目》与《传是楼书目》中没有《临民宝镜》的收入。《澹生堂藏书目》的作者祁承爜与苏茂相为同时代人，其书目中并未收录《临民宝镜》，可能是因为《临民宝镜》的成书与刊印在《澹生堂藏书目》编成之后；但是徐乾

1　参见［清］张廷玉等：《明史》卷112《七卿年表二》，第3496页。

2　参见《崇祯长编》卷5，崇祯元年正月丁卯，第236—238页。

3　参见［明］祁承爜：《澹生堂藏书目》，载《续修四库全书》史部919册，第577、591、603页。

4　参见［清］万斯同：《明史》卷133，第293页；卷134，第345、347页；卷137，第555页。

5　参见［清］徐乾学：《传是楼书目》，载《续修四库全书》史部920册，卷2，第691、705、727页；卷5，第898页。

6　参见［清］张廷玉等：《明史》卷97《艺文二》，第2399、2401页。

7　参见［清］黄虞稷：《千顷堂书目》卷3，第98页；卷10，第266、270页；卷25，第634页；卷31，第775页。《皇明臣民类编》又记录为《明朝宝善类编》。

学编《传是楼书目》的时间则在明末清初，该书目未将《临民宝镜》列入苏茂相之名下，则值得关注。

被列为《临民宝镜》"校"者的为潘士良。潘士良，字舜佐，号虞廷，山东济宁人，万历四十一年（1613 年）癸丑科进士。曾任监察御史、太仆寺少卿等职。崇祯元年（1628 年）正月，任大理寺卿。[1] 因此与苏茂相成为三法司的同僚。以本律注"订"者署名的郭必昌，字懋丰，号太薇，福建晋江人，为苏茂相同乡。天启五年（1625 年）乙丑科进士[2]，初授杭州推官，天启七年（1627 年）升任浙江监察御史、江西参政等职。则潘士良确实曾为大理寺卿，郭必昌曾为推官，但是郭必昌任推官时，苏茂相与潘士良还未进入刑部、大理寺；苏茂相与潘士良在三法司长官任上时，郭必昌也已经离开推官一职，则三人共事，修订《大明律》律注，成为《临民宝镜》的"辑""校"与"订"者的可能性比较小。此外，《新刻官板律例临民宝镜》开篇收入《临民宝镜序》，末署"崇祯岁次壬申端阳潘士良题"[3]。序中未提及苏茂相，也未提及其他相关编订人员。[4] 从以上的讨论来看，《临民宝镜》真正的编纂者可能是署名"后学仰源郭万春注"的郭万春。苏茂相等则托名的可能性较大。

托名与获得制度内的权威性有关。上文提到余象斗三台馆刊印《三台明律招判正宗》，余象斗本人可能就是这一律注的编纂者，但

1　参见朱保炯、谢沛霖：《明清进士题名碑录索引》，第 2592 页；《崇祯长编》卷5，崇祯元年正月丁卯，第 240 页等。

2　参见朱保炯、谢沛霖：《明清进士题名碑录索引》，第 2602 页。

3　［明］潘士良《临民宝镜序》，载［明］苏茂相：《新刻官板律例临民宝镜》卷首，第 5 页上。

4　参见［明］潘士良《临民宝镜序》，载［明］苏茂相：《新刻官板律例临民宝镜》卷首，第 3 页下—5 页上。

是在这一律注的正文卷一下署名则为："大同宣府开平卫经历方山余员注招，江西赣州府定南县典史鲁斋叶伋示判，福建建邑书林双峰堂文台余象斗梓行。"[1] 余员与叶伋均不可考。瞿冕良《中国古籍版刻辞典》中提到余员为"明嘉靖间闽中地区刻字工人"[2]，但不确定与《三台明律招判正宗》中的余员是否为同一人。从上文的叙述来看，儒生编纂的《大明律》律注中，卷首署名经常出现的是中央高级官员，特别是与司法事务相关的官员，《三台明律招判正宗》以经历司经历与县衙典史署名的方式殊为特别。明代内外卫所均设经历司，下设吏户礼兵刑工六房。经历司经历从七品，一般是国子监监生或者吏员出身，是军卫武职系统中唯一的文职流官。因为武职在文墨之事上颇见欠缺，作为文官的经历负责事务繁杂，"机务之缓急、钱谷之出纳、戎器之除治，一切文书之往来"，包括刑名事务的处理，均在其职掌之内。[3] 明代都司设断事司，卫所有镇抚司，专门负责军队系统的刑狱之事。但是到明代中后期，断事司与镇抚司的司法权力均有下降，卫所系统中的经历司经历、捕盗官等在司法事务中起到更为重要的作用，与按察司、巡按监察御史等官员配合，维系军伍的司法格局。刘少华在其《明代军人司法制度研究》一书中引用了一份有关巡按山东监察御史批复各州卫所案件收发文簿的辽东档案，在总计60件批发的案件中，批发经历司经历审理的有25件，捕盗官审理的有21件，掌印官审理的为7件，批发镇抚审理的只有7件。经历在这一时期刑名事务中的作用由此可见一斑。[4] 典史则是明代县级衙门

1　［明］余象斗：《三台明律招判正宗》卷1，第1页上。

2　瞿冕良编著：《中国古籍版刻辞典》，苏州大学出版社，2009年，第384页。

3　以上参见张金奎：《明代卫所经历司制度浅析》，《故宫博物院院刊》2007年第2期，第118—126页。

4　参见刘少华：《明代军人司法制度研究》，北京燕山出版社，2014年，第151页。

的低级官员。《明史·职官志》记载："典史典文移出纳。如无县丞，或无主簿，则分领丞、簿职。"[1] 典史未入流，一般由吏员出身。典史领县衙六房书吏，是为群吏之长，专掌公牍。其中"法律文移刑名皆出素讲"[2]。明代中期海瑞在浙江淳安任知县期间，对典史有如下的描述与告诫："典史掌巡捕民间盗贼，争斗微事尽属之。"因此，海瑞要求典史小心谨慎，不能"黑白出于唇吻，曲直任其心胸"，告诫其"屈一夫、冤一妇，天之霜旱随之"。[3] 从中也可以看到典史在刑狱事务中的角色。也就是说，经历司的经历与典史具有并列的地位，他们分别为军、民系统中总领书吏的基层官员，负责文移和公牍，其中包括刑名公文。《三台明律招判正宗》以"大同宣府开平卫经历方山余员"署名为"注招"，以"江西赣州府定南县典史鲁斋叶伋"署名为本律注的"示判"，显然也有为本律注获得制度内的权威性的特征。

儒生编纂的书坊本律注流传广泛。笔者所见日本内阁文库本《三台明律招判正宗》刊印于万历三十四年（1606 年），其中卷末已经说是"重梓"，则该律注在万历三十四年（1606 年）之前应该已有刊刻；肖东发所录《三台明律招判正宗》为万历三十八年（1610 年）刊本，则该律注在万历三十四年（1606 年）之后又有再次的重刊；而日本东洋文化研究所藏的《三台明律招判正宗》则是万历四十六年（1618 年）刊本。可见这一律注的流行程度。

同样，笔者所见《刑书据会》为内阁文库所藏明刻本[4]，该本

1　［清］张廷玉等：《明史》卷 75《职官四》，第 1850 页。

2　何朝晖：《明代县政研究》，北京大学出版社，2006 年，第 14—15 页。

3　［明］海瑞：《海瑞集》，中华书局，1962 年，第 147—148 页。

4　普林斯顿大学图书馆藏。

《刑书据会》所收条例时间最晚的是万历四十年（1612年）浙江巡抚高举题准新例，共计六条，附于《兵律》"私出外境及违禁下海"这一律条之下。[1] 此外，在《刑律》"盗园陵树木"条所附条例之后，附录《皇陵列圣便览》，其中已经包括神宗皇帝，[2] 则这一版本的《刑书据会》成书时间应该在万历以后，可能是天启年间。此后，《刑部据会》也有不同版本的流行。[3] 此外，明末朱荃宰著《文通》，被后人认为是明代重要的文章学、文体学专著，以收罗文体门类丰富，强调史著对于文体学发展的重要性为特点。[4] 其中第二十七卷集中讨论史官、史论的重要性，列举古往今来重要的史官，并以"大明史材"为题，收录二百多种明代重要文献的名称，其中与律法有关系的包括大明律令、《大狱录》以及《刑书据会》。《四库全书存目丛书》收录的《文通》为天启六年（1626年）刻本。[5]《文通》收录《刑书据会》而未曾将其他律注收入，一方面可能与《刑书据会》在

1　参见［明］彭应弼：《刑书据会》卷6，第9页下—10页上。

2　参见［明］彭应弼：《刑书据会》卷7，第7页下—8页上。

3　比如沈家本记载，天一阁藏有署名为彭应弼的《大明律附例》三十卷。参见［清］沈家本：《沈寄簃先生遗书》，第485页。张伟仁《中国法制史书目》录《刑书据会》，列彭应弼辑，指出书后另附《巡方宪纲总约》一册以及《洪武礼制仪注》一册。参见张伟仁：《中国法制史书目》，第22页。黄彰健先生看到的《刑书据会》和张伟仁先生提到的应该是同一种。黄彰健不仅提到在《兵律》"私出外境及违禁下海"条附有万历四十年（1612年）浙江巡抚高举题准新例六条，而且还指出该本《刑书据会》在《名例律》"徒流迁徙地方"条末，附新例"崇祯十一年正月十四日令"一款。据此，黄彰健先生将《刑书据会》作为"崇祯朝明律刊本"。参见黄彰健：《明代律例汇编序》，第54页。崇祯十一年（1638年）的这一条例，在笔者所见《刑书据会》中没有收录，则《刑书据会》在崇祯年间又有修订和重刊。

4　参见何诗海：《〈文通〉与明代文体学》，载罗时进、黄建林主编：《记忆与再现：明清近代诗文研究论集》，苏州大学出版社，2018年，第141—148页。

5　参见［明］朱荃宰：《文通》，载《四库全书存目丛书》集部418册，第670—671页。根据王凤霞《朱荃宰〈文通〉通论》（《嘉应学院学报》2008年第26卷第2期，第77—82页）考证，《文通》编撰的时间长达数十年，最迟至天启五年（1625年）仍在编撰过程之中，于天启六年（1626年）刊刻。

天启初年刊刻有关，另一方面也可以看到朱荃宰对《刑书据会》的重视。

小　结

　　有明一代，除了官员，儒生也是律注编纂的重要群体；明代中后期，随着书坊这一商业刊刻机构的发展，儒生、书坊在律注编纂、刊印中的参与更为积极。儒生与书坊编纂的律注，卷首一般多有与中央刑名官员有关的署名，显示出儒生与书坊对刑部官员、宪府官员等在《大明律》律注编撰和刊印中核心地位的认识；表达了他们有意连接朝廷制度，借助朝廷制度提高律注权威性的努力。与此同时，儒生编纂的书坊本律注也对儒生群体表达敬意，对书坊本身有特意的说明，强调儒生、书坊在律注编纂、刊印中的独特位置；强调儒生、书坊也是《大明律》律注编纂和刊印的重要群体。

　　有明一代，朝廷本身并未颁发统一的、标准的《大明律》律注，对包括监察御史和刑部官员在内的百官，其实也未有编撰、纂辑《大明律》律注的要求。这样，刑部官员编撰《大明律》律注，监察御史纂辑《大明律》律注，其他官员比如知府孙存完成《大明律读法》，儒生（书坊）编纂与刊行《大明律》律注，均具有私人的性质。明朝廷控制这些律注的官刊本，即通过官府衙门的刊刻；对于私刻（包括坊刻），则并无明确的控制政策。从这个意义上说，明朝廷在《大明律》律注编纂和刊印方面的政策，实际上容忍、营造甚至推动了一个相对开放与宽容的律法知识领域的形成。

　　从明代官员通晓律意的角度来说，这一领域的出现，具有相当重要的意义。首先，因为儒生（书坊）的积极参与，这个领域突破了官员群体的界限，成员更为丰富，其开放与流动的特点，使得官员在研习《大明律》的过程中，具有了更多可以交流的同行。何广以儒生的身份注律，其《律解辩疑》成为有明一代官员注解《大明律》的重要参考；万历年间，刑部官员徐昌祚注律，其律注卷首的引用书目中，列举了儒生周莘编纂的《祥刑冰鉴》、儒生贡举编纂的《龙头律法全书》。[1] 从中均可以看出，通过律注，明代的官员与儒生何广、周莘、贡举等在律法知识领域进行了有效的交流。

而更重要的是，这一领域以对《大明律》律法知识的兴趣为边界，而不以政治身份为门槛。儒生（书坊）与官员在编纂《大明律》律注的过程中，虽有不同的目标与宗旨，所刊行的律注也具有不同的特色，但是在这一律法领域中，律注精良的程度仍是评判一部律注水平高下的标准，而这一精良程度强调的是律注的专业性和有效性。因此，对于明代官员而言，这一律法知识领域的存在，对其提升律法知识的专业性其实具有重要的意义。本书下一章将对这一层面作更进一步的讨论。

1　参见［明］徐昌祚：《大明律例添释旁注引用诸书》，载《大明律例添释旁注》卷首，第 1 页下—2 页下。

第十章
书坊本律注

明代中后期，由儒生编纂，通过书坊刊行的律注，本章称为书坊本律注。书坊本律注以市场为主要目标，以律注在书肆的流行为宗旨。这一商业性特征在其律注的格式与内容上均留下痕迹。但是书坊本律注的市场以明朝廷的科举制度、司法制度等为背景，因此在内容上，与官员编撰、官刊的律注也多有连接。本章讨论书坊本律注的特征，并探讨其与明代官员通晓律意的关系和意义。

一、以实用为中心

明代中后期儒生编纂的书坊本律注，原创的不多，而以汇集采择为主。以律文的解释而言，或者是以一种当时流行的律注为主，结合其他律注；或者以集解的方式，荟萃各家注解而成。比如，《三台明律招判正宗》在推广文字中专门提到以《琐言》为主要参考：

坊间杂刻《明律》，然多沿袭旧例，有《琐言》而无招拟，有招拟而无告判，读律者病之。本堂近锓此书，遵依新例，上有招拟，中有音释，下有判、告、《琐言》，井井有条，凿凿有据，阅者了然。买者可认三台为记。双峰堂余文台识。[1]

而《龙头律法全书》的序言中，则专门提及该律注"注以诸家释意"[2]，即汇集各家律注于一处，方便读者利用。同样，《刑书据会》也以"会解"两字引出对律文的注解，可以看出也有汇集各家律注注律的特点。"会解"一般不罗列各律注的出处，但是在部分律条下，会有所引律注的名目出现，比如《名例律》"共犯罪分首从"条下的"会解"中提到《琐言》《管见》《法家》等，《户律》"立嫡子违法"条下的"会解"中提到《集解》，《户律》"仓库"目下提到《直引》《辩疑》等。[3]

本书第三部分提到宪府官员署名的《大明律》律注，具有集解、整编与重刊的特点，以方便在一部律注中囊括更丰富的内容，或将当时最流行的律注进行推广。从编纂的方式来说，书坊本律注具有类似的特点。因此，雷梦麟《读律琐言》这样优秀的律注，不仅得到宪府官员的关注，也成为儒生和书坊青睐的对象。

但是，从上述余象斗关于《三台明律招判正宗》的推广信息来看，律条的注解并不是《三台明律招判正宗》这一律注的中心，推

1　转引自肖东发：《建阳余氏刻书考略》（下），《文献》1985年第1期，第241页。

2　[明]任甲第：《镌大明龙头律法全书序》，载[明]贡举：《龙头律法全书》卷首，第2页上。

3　分别参见[明]彭应弼：《刑书据会》卷1，第63页下—64页上；卷3，第6页下；卷4，第1页上；等等。

广信息强调本律注的特点在于："上有招拟，中有音释，下有判、告。"音释方便阅读，而招拟、判、告则强调律注的实用特征，即律条（包括条例）如何在具体的司法公文中得到落实。

1. 以招、判为主体

《大明律直引》与刑部街陈氏《大明律》是现存明代刊印较早的书坊本《大明律》律注，实用特征已经十分明显。两书成书的时间可以确定在弘治末年、正德初年。《大明律直引》比较常见的是嘉靖五年（1526年）的再刊本。[1] 该律注正文八卷，其中卷一至卷七分别为名例、吏、户、礼、兵、刑、工各律及相关注释等。各卷目的名目略有不同。比如卷一全名《大明律直引增注比互条例释义假如卷之一》，卷二则为《大明律直引增注比附条例释义假如卷之二》，卷六则为《大明律直引比附条例补注释义假如卷之六》，卷八为《明律直引为政规模节要比互假如论卷之八》，收录附录部分内容。该《大明律直引》收录律文，律内小注以小一号字体附入，与律文有明显的区分。律条之后，则包括三个方面的内容。第一，汇集各家注解，对律条进行注释。这些注解分别以各家律注题名引出，比如"释义""辩疑云""讲解曰""疏议""解颐""律条疏议"等，其中以"释义"两字引出的解释为主。第二，以"新增""注云"为主，部分律文下以"假如""问曰"与"答曰"引出，对律条的应用进行说明。第三，相关律条下附有条例。

再以《吏律》"讲读律令"条为例。《大明律直引》在该条律文之后包括内容如下：

1　参见［明］著者不详：《大明律直引》，载杨一凡编：《中国律学文献》第3辑第1册，黑龙江人民出版社，2006年。

释义：参酌，参详斟酌也；剖决，分剖断决也；考校，考试比较也；挟诈欺公，怀挟其奸诈之心，欺诈其公正之道；异议，别样之议论也。

疏议：诸色人匠谓之百工医卜之流，谓之技艺诸色人等，如农商渔猎之类诸般名色之人也。

解颐：递降，谓如知县三次讲读不晓律意者就降作本衙门县丞，县丞降主簿之类，降典史之类。

新增：一赵甲依挟诈欺公妄生异议擅为更改律令变乱成法者律斩，秋后处决；钱乙依官吏不能讲解不晓律意再犯者律笞四十，有《大诰》减等，钱乙笞三十，系官吏，纳米等项完日还职役。赵甲系重刑，监候请旨。

注云：仍附乙过名。若初犯者，罚俸钱一月，每俸一石折钱一石[1]文；三犯于本衙门递降叙用。其诸色人等通晓者，犯过失或因人连累，不问轻重，免罪一次。谋反逆叛者不免。[2]

可以看到，《大明律直引》对律条的注解，以汇集各家注解、采撷众长为特点。注释更注重对字词的解释，而不以律条设置之宗旨、律条大义的阐发为重点。从内容来看，《大明律直引》最明显的特点是对律条应用的强调，即"新增"与"注云"引出的内容，这部分内容的重要性超过了对律条的注解。比如《刑律》部分收录律条171条，在其中137条下，即80%的律文之后并无"释义"，或只有"新增"，或只有"新增"和"注云"引出的文字。

1　"石"应该是"百"字之误。
2　[明] 著者不详：《大明律直引》，第121—122页。

比如《刑律》"官吏听许财物"这一律条下，无"释义"；首列"新增"，再列"注云"，内容如下：

> 新增：一赵甲、钱乙俱依官吏听许才物[1]虽未接受事枉者准枉法论八十贯、赵甲有禄人罪止律，杖一百，流三千里；钱乙无□人减一等律，杖一百，徒三年；孙丙、李丁俱依官吏听□财物虽未接受事不枉法准枉法论四十贯律，孙丙有禄人，杖一百；李丁无禄人，减一等，杖九十。俱有《大诰》减等，赵甲杖一百，徒三年；钱乙杖九十，徒二年半；孙丙杖九十，李丁杖八十。赵甲、孙丙俱官，钱乙、李丁俱吏，纳米等项完日，俱行止有亏人数，革职役为民。
>
> 注云：若所枉重者，从重论；出钱人以有事以财行求问断。[2]

《大明律直引》"新增"引出的文字，是规范化的明代司法公文招拟中的"议得"部分。本书第一章提到，招拟是初审衙门将审理结果报上级司法机关详谳的文书，一般分"问得""议得"与"照出"三个部分，其中"议得"部分与律条最为相关，这一部分需要引用律条定罪，再按照相关条例发落。《大明律直引》的"新增"部分即以假设的罪犯和身份，具体展示该律条在招拟中的落实。"注云"中的内容则是对这一落实的补充。

在万历以后刊印的书坊本律注中，对律文的应用有更为详明和规

1　原本作"才物"，当为"财物"。见［明］著者不详：《大明律直引》，第501页。
2　［明］著者不详：《大明律直引》，第501—502页。

范的展示。贡举编纂的《龙头律法全书》刊印较早。[1] 总计十一卷，正文八卷。页面分上、中、下三栏，在吏、户、礼、兵、刑、工各律部分，下栏收录律文，律文包括旁注，主要为个别字词作注解，即"傍训"；律文后又以集解的方式，即融会了各家的注解，对律条进行解释。在律条之后，以"例"字引出条例。而与律条对应的上栏则收录与此律条相关的假如招拟；中栏则收录与本律条相关的判语。

仍以《吏律》"讲读律令"条为例。律文正文的"参酌""熟读讲明""剖决"等字词均有旁注。律文之后，则以小号字体对律文整体进行注释：

> 俸有钱有米，罚俸只是罚银[2]，依《大明令》每俸一石折钱一百文。住俸者只住俸粮，盖俸有钱以供蔬，有粮以备炊也。如议罪罚俸者，引用在笞罪之后；递降者，引用在笞杖之前。二项虽有《大诰》，并无减等。事干谋反逆叛，即知而不首，流徒罪者，虽能熟读讲解，不用免一次之律。连累者，如一人犯绞罪事发而藏匿在家，不行捕告，减罪人一等律，杖一百流三千里，有《大诰》减等，杖一百徒三年。缘本犯有能熟读讲解，通晓律意者，及犯因人连累致罪，不问轻重，并免一次。

对应的上栏为假如招拟：

1　徐昌祚完成律注大约在万历三十年（1602年），其引用书目中，已经列举《龙头律法全书》，则《龙头律法全书》起码在万历三十年（1602年）之前已经成书。

2　从后文来看，"银"可能是"钱"的误刊。

一赵甲依挟诈欺公妄[1]再犯者问拟。一审得：赵甲系官吏，而不遵律令，擅异论以乱旧章，非变乱祖宗成法者？厥罪非轻；钱乙系官吏，合明律意，知而故违，应笞以罪。一议得：赵甲合依擅改律令拟斩，秋后处决；钱乙依再犯不讲律令，笞四十，俱有《大诰》减等，钱乙笞三十，系官吏，纳米完日还职役。赵甲系重刑，监候请旨。

中栏则收录本律条的判语范例：

明罚敕法，易垂申兴之文；敬典恤刑，书载钦哉之训。自民风入于浇漓，而法令侈于渐滋。详属司官，刑政万民之狱，律成汉纪，章垂九法之施。今某参列缙绅，耻谈刀笔，宦邸幽闲，未见披图之意；公庭清暇，不闻开卷之思。茫然莫观，寂尔何知。守法陈言，惭素立抗君之旨；引经断狱，愧不疑叱吏之收。折狱而囚协于中，致君而终无其术。彼违画一之制，吾遵罚俸之刑。[2]

很明显，在律文的注解中，字句的解释得到更多的关注，大义的阐发相对次要。而在律文的注解之外，律条的应用成为律注内容的中心，对应每一律条，《龙头律法全书》收录了"假如招拟"和"判"。"假如招拟"与招拟中的"问得"部分和"议得"部分均有关系。招拟"问得"部分以律文为依据，阐述所犯罪行；招拟"议得"部分

1　"妄"字后似乎有遗漏文字。

2　［明］贡举：《龙头律法全书》卷2，第20页上—21页上。

依据律文定罪，两者有呼应之效果。《龙头律法全书》对应每一律条收录"假如招拟"，具体展示这一律条在招拟这一司法公文中的应用。《龙头律法全书》收录的"判"，多典故，讲求对仗，结合律文，说明审判结果。明代，招拟这样的司法公文，一般由吏员完成，格式规范；而判语则一般由主持审理的官员完成，体式更为自由，辞藻更多讲究。因为判语一般由官员完成，所以在明代科举考试中就有判语的内容，即所谓"士子应举必试五判以观其明律与否"[1]。《龙头律法全书》为每一律条提供了"假如招拟"和判语的范例，为直接处理刑名事务的官、吏，也为准备进入仕途的儒生提供了相当的便利，律注因此具有了相当的实用性。

至余象斗刊印《三台明律招判正宗》，"招、判"已经进入律注题名，"招判正宗"成为书坊营销的重点，招、判在律注中占据了更重要的位置。该律注正文部分页面分上、中、下三栏，其中下栏收律文，在每一律条之后有注解，注解之后则收录与本律条相关的"判语"与"告示"。部分律条可能没有注解，但仍有"判语"与"告示"。上栏为与律条相关的"假如招拟"，中栏则对上下栏中出现的疑难字进行注音。

仍以《吏律》"讲读律令"条为例。下栏中律文有旁注，对律文字词进行注解；律文后以"琐言"引出，对律文进行注解。"琐言"部分内容与雷梦麟《读律琐言·吏律》"讲读律令"条下注解内容一致。[2] 律文后首录判语如下：

1　［明］王肯堂：《律例笺释自序》，载［明］王樵、王肯堂：《大明律附例》卷首，第 2 页上。

2　分别参见［明］雷梦麟：《读律琐言》，第 95 页；［明］余象斗：《三台明律招判正宗》卷 2，第 29 页下—30 页上。

明罚敕法，易垂申兴之文，敬典恤刑，书载钦哉之训。自夫民风入于浇漓而法令侈于渐滋。详属周官，刑正万民之狱；律成汉纪，章垂九法之施。今某参列缙绅，耻谈刀笔，宦邸幽闲，未见披图之意；公庭清暇，不闻开卷之思，茫然莫观，寂尔何知。守法陈言，惭素立抗之旨；引经断狱，愧不疑叱吏之收。折狱而罔协于中，致君而终无其术。彼违画一之制，吾遵罚俸之刑。[1]

再收录告示如下：

巡按监察御史某为禁约事。照得：本职钦承上命，来按是邦，即遍历州县，审录人犯。其间知法而故犯者固有，其愚昧而误犯者尤多，原其所自，皆由不知律法。虽行出示晓谕，奈何律令载于方策，若不设法令民讲读，入于人心，欲其皆知畏惧而无犯法之民，难矣。为此给示前去，按属大小衙门并人烟辏集去处，晓谕民间子弟八岁以上务要令其熟读律令，解其意味，有司官每遇朔日，将社学教读，严加考较，期成实效，勿视虚文。其民间子弟纵使不为官吏，亦知谨守法度，不敢轻犯。出示之日，敢有不遵举行者，本院按临访出，定将子弟父母教读一体罪及不恕，须至示者。

而对应上栏部分则收录假如招拟如下：

假如太原县主簿赵角不谙律例，剖罪欠当一次；典史沈元律

1　［明］余象斗：《三台明律招判正宗》卷2，第30页上—30页下。

例生疏，考校三次不通；民人钱亢因被民蒋乙拖欠钱粮牵告，钱亢律甚精熟，与问官讲解办罪；县吏孙底将律例更改明白，被察院李批行太原府，作何问断？

一问得：

一名孙氏，年三十岁，系太原府阳曲县人。以农民纳拨太原县，收参刑房典吏。状招：太原县在官主簿赵角自合时常观读律例为当，不合不谙律例，剖罪欠当一次；本县在官典史沈元亦不合不行熟读，律例生疏，致被考校三次不通；比有在官民人钱亢因被在官民蒋乙不合自户施欠钱粮□连告害时，钱亢律甚精熟，与问官读解办罪。有氏自合遵照明例为当，不合将律径自更改，致被察院李查访各情，批行太原府。蒙拘氏等到府逐一研审各情明白，取讫供招在官。参审得，主簿赵角叨任县佐，罔识明宪，详属周官，刑正万民，清暇不闻律例，宜当罚以常刑；典史孙氏既承县领，宜阅律例精熟，致考不通，应拟笞刑奚枉？各情输服无词，招结是实。

一具小招：

一名赵角，年三十八岁，系山东兖州府滋阳县人，由监生任山西太原府太原县主簿。

一名沈元，年三十二岁，系陕西平凉府平凉县人，由吏员任山西太原府太原县典史。

一名钱亢，年三十岁，系山西太原府太原县人，供与孙氏供同。

一名蒋乙，年四十岁，系山西太原府太原县人，供与孙氏供同。

一取服辨。

一议得：

孙氏除不应轻罪不坐外，孙氏依官吏人等妄生异议擅为更改变乱成法者律斩，秋后处决。蒋乙依不应得为而为之事理重者杖八十。赵角、沈元俱依国家律令百司官吏务要熟读讲明律意剖决事务按治去处考校若有不能讲解、不晓律意者，赵角系初犯者律，罚俸一月；沈元系三犯者律，于本衙门递降叙用。钱亢依诸色人等有能熟读讲解通晓律意，因人连累致罪，不问轻重并免一次；蒋乙有《大诰》减等，蒋乙杖七十。赵角、沈元俱官，蒋乙、钱亢俱民，蒋乙审无力，照例招详允日，蒋乙依律的决，赵角罚俸一月；沈元于本衙递降叙用，钱亢依律免罪一次，与蒋乙俱查发宁家。孙氏系重刑，牢固监候待决。

一照出：

重刑孙氏免纸。赵角、沈元俱纳官纸各一分，每分折银一钱二分五厘。又蒋乙赎罪米每石折银五钱。俱以十分为率，二分本色买纸公用，八分与蒋乙赎罪米俱发该县收贮，听候籴谷备赈，通取实收收管缴照，余无再照。[1]

《三台明律招判正宗》的判语与《龙头律法全书》收录的判语比较接近，但是其"假如招拟"则颇具特色：一方面，这份作为范例的招拟不仅包括问得、议得、照出三个主体部分，还包括了小招、服辨，组成部分相当完整；另一方面，这一招拟将《大明律》"讲读律令"这一律文所涉及的三方面的惩治规定均包括在内，即官吏在考

1　［明］余象斗：《三台明律招判正宗》卷2，第29页下—31页下，上栏。

校中不通晓律意，百姓通晓律意在特定情况下可以免罪一次，以及官吏更改成法，且分别涉及官、民与吏。换言之，对律文可能在招拟中出现的应用均给出了范例。虽然这一假如招拟中前后明显存在错误，比如在问得部分，将孙氏与沈元相混；蒋乙作为罪犯，在小招中应该为"招同"而不是"供同"；议得部分提到蒋乙无力的决，照出部分又说其赎罪有米，但是较之《龙头律法全书》包括的招拟，这一假如招拟内容更为全面，格式更为完整。

与《龙头律法全书》不同，《三台明律招判正宗》还将告示系于律条之后。告示一般以巡按监察御史的口吻完成，展示律文如何在监察御史出巡的场合下得到落实，与假如招拟、判语范例一样，是具有实用性的范例。《龙头律法全书》在正文八卷之后，以律目为顺序，分两卷集中收录告示。《三台明律招判正宗》将告示与律文直接关联，则利用更为方便。

确实，和《大明律直引》一样，万历以后刊行的书坊本律注中，多强调律条的应用，对律条本身的解释相对简单；与律条相关的假如招拟、判语和告示范例，成为律注的主体部分。比如《致君奇术》，在律文注解之后，同样收录了与律文相应的告示、假如招拟和判语。[1]《刑台法律》也收录与律条相关的告示、判语，同时将假如招拟分成两个部分：一部分以"问曰"和"答曰"引出，展示律条在"问得"中的应用；另一部分以"具招条例"引出，展示律条在"议得"部分的落实。[2] 一些律注则在此之外，添加了律条在其他刑名文书中的应用。比如《临民宝镜》，在律文注解和说明之后，有以

1　参见〔明〕著者不详：《大明律例致君奇术》卷 2，第 21 页上—22 页上。
2　参见〔明〕著者不详：《刑台法律》卷 1，第 22 页上—23 页上等。

"参""审""议""判""断""示"等引出的公文范例,对律文的不同
应用予以了展示。

再以《吏律》"讲读律令"为例。《临民宝镜》关于这一律条的
注解很简单,但是律注之后却有相当丰富的内容来解释这一律条在不
同司法背景下的应用:

审:审得某不思读书读律将无术以致君,罔知怀德怀刑,抑
何辞而折狱。

参:参得某借口士绅,耻谈刀笔,自矜有术可以致君,妄谓
引经利于折狱。苟论临渭之因,必将赤水;若拟窃环之盗,孰肯
批鳞。合置常刑,用警其玩。

断:看得赵甲系官吏而怀奸徇私,不遵律令,擅异论以乱旧
章,坏祖宗成法,厥罪非轻;钱乙系官吏,合明律意,知而故
违,合笞以罪。

议:议得赵甲各依擅改律令拟斩,秋后处决;钱乙依再犯不
讲律令笞四十,俱有《大诰》减等,钱乙笞三十,系官吏,纳
米完日还职役。赵甲系重刑,监候请。

判:先王明刑弼教,克谨详刑。君子守法奉公,尤先考宪,
盖欲刑罚之必中,必须律令之素明。今某宫邸幽闲,未见披图之
意;公庭清暇,不闻开卷之思,法律茫然莫观,条例寂尔何知,
折狱而罔协于中,致君而终无其术。彼既违制,吾当遵刑。

示:巡按监察御史某为禁约事。照得:本职钦承上命来按一
方,即遍历州县,审录人犯。其间知法而故犯者固有,其愚昧而
误犯者犹多,原其所自,由不知律法故无畏惧。为此给示前去,

按属大小衙门并人烟辏集去处，晓谕民间子弟八岁以上务要熟读律令，解其意味，有司官每遇朔日，将社学教读，严加考较，期成实效，勿视虚文。敢有不遵举行，访出，定将子弟父母教读一体罪及不恕，须示。[1]

显然对司法中的更多文书予以了关注，并试图以各律条为例，予以具体应用的展示。

2. 从律文到条例的应用

不仅仅是对律条司法应用的强调，书坊本律注也强调条例的司法应用。书坊本律注一般都在律文之后收录条例，条例主要来自万历十三年（1585 年）修订的《问刑条例》，同时也包括万历十三年（1585 年）以后题定的新例。律注不仅对律文进行注解，同时也对收录的条例进行注解。比如《大明律例致君奇术》在《刑律》"亲属相奸"条下附条例："亲属犯奸至死罪者，若强奸未成，依律问罪，发边卫充军。"此条下有注解云："此条在奸从祖祖母至奸兄弟之女未成者，方可引此例。"[2] 同样，《大明律例祥刑冰鉴》对其收入的万历十三年（1585 年）以后的新题例也有注释。比如该律注在卷四《户律》"立嫡子违法"条下，收录万历十五年（1587 年）题定的有关雇工人的新例一条[3]，在对应的上栏予以注释："立有文券，议有年限者，

1　［明］苏茂相：《临民宝镜》卷 1，第 33 页下—35 页上。
2　［明］著者不详：《大明律例致君奇术》卷 10，第 19 页上。
3　该条例规定："今后，官民之家凡倩工作之人，立有文券，议有年限者，以雇工人论；止是短雇月日、受值不多者，依凡论。其财买义男，如恩养年久，配有室家者，照例同子孙论；如恩养未久，不曾配合者，士庶之家依雇工人论；缙绅之家比照奴婢律论。"［明］周莩：《大明律例祥刑冰鉴》卷 4，第 6 页上。

谚云长工也；止是短雇者，佣工也。财买义男，照义子过房在十五岁以下例引断。"[1] 比较来看，万历年间刊印的律注对条例的注解还相对比较零散和简单，而万历以后成书或者刊印的书坊本律注对条例的注解则更为密集。比如崇祯序刊本《临民宝镜》对条例的注解更为丰富，形式也更多样。部分条例中出现旁注，对条例的字词进行解释；也有尾注，对条例的文字和应用进行说明；甚至还附有"参""审"等字引出的内容，具体展示条例的司法应用。比如该律注在《兵律》"主将不固守"条[2]下收录三条条例，在每一条例末尾均以小号字体对条例进行重点不同的注释，其中第三条条例下则出现以"审"和"参"引出的注释如下：

> 审：审得某符分信地，职守专城，平居设备不严，临变应敌无策。登城顾望，自关厢之外，有若罔闻；出令因循，在村堡之间，不能拥敌。
>
> 参：参得某职寄责城，材非经略，不能为民死守，却乃弃城保身，生灵涂炭，市戮奚辞。[3]

1　[明]周莘：《大明律例祥刑冰鉴》卷4，第6页上。

2　该律文规定如下：凡守边将帅被贼攻围城寨，不行固守而辄弃去，及守备不设，为贼所掩袭因而失陷城寨者，斩。若与贼临境，其望高巡哨之人，失于飞报以致陷城损军者，亦斩。若被贼侵入境内掳掠人民者，杖一百，发边远充军。其官军临阵先退及围困敌城而逃者，斩。参见[明]高举：《大明律集解附例》卷14，第1106—1107页。

3　该条例规定：沿边沿海及腹里府州县与卫所同住一城，及卫所自住一城者，若遇大房及盗贼生发攻围，不行固守而辄弃去；及守备不设，被贼攻陷城池，劫杀焚烧者，卫所掌印并专一捕盗官，俱比照守将帅失陷城寨者律斩。府州县掌印并捕盗官与卫所同住一城，及设有守备官驻扎本城者，俱比照守边将帅被贼侵入境内掳掠人民律，发边远充军。其兵备守巡官驻扎本城者，罢职为民。若非驻扎处所，兵备守巡及守备官，俱降三级调用。若府州县原无设卫所，但有专城之责者，不分边、腹，遇前项失事，掌印、捕盗官照前比律处斩。兵备守巡官亦照前罢职降调，其有两县同住一城及府州县佐二首领，但分有守城信地，各以贼从所管城分进入坐罪，若无城池，与（转下页）

可以看到条例注解不仅在内容上以司法实用为主，在格式上也开始与律条的注释风格接近。

就对条例的注释而言，彭应弼的《刑书据会》颇值得一提。《刑书据会》在律文后收录条例，条例主体部分出自万历十三年（1585年）再修之《问刑条例》。该律注又以"新题例"为名引出万历十三年（1585年）之后修订的条例，所收条例中时间最晚的是万历四十年（1612年）浙江巡抚高举题准新例，共计六条，附于《兵律》"私出外境及违禁下海"下。[1]

《刑书据会》对收录的大部分条例都以"会解"两字引出，进行了注解。与之前任何一种《大明律》律注比较，《刑书据会》对条例的注释都更为系统和全面。《刑书据会》对条例的注解重在实用，即条例在司法中的行用。比如上述《刑律》"亲属相奸"条下所附条例规定，亲属相奸至死罪者，若强奸未成，则依律问罪，发边卫充军；在此条例下，"会解"引出文字如下：

> 奸从祖祖母、姑，从祖伯叔母、姑，从父姊妹，母之姊妹，兄弟妻，兄弟子妻，父祖妾，伯叔母、姑、姊妹，子孙之妇，兄弟之女，俱是至死，若未成奸，摘去后句"强"字，与凡强奸未成者，并引此例。奸异姓子孙妇及义女，不可比引此条。[2]

（接上页）虽有城池，被贼潜踪隐迹，设计越城进入劫盗，随即逃散，不系失陷者，止以失盗论，俱不得引用此例。律条"主将不固守"下列条例三条，相关条例与注释参见〔明〕苏茂相：《临民宝镜》卷4，第64页下—68页上。

　1　参见〔明〕彭应弼：《刑书据会》卷6，第9页下—10页上。

　2　〔明〕彭应弼：《刑书据会》卷10，第16页上—16页下。

对比《大明律例致君奇术》关于此条例的注解,《刑书据会》的解释要更为详细。《刑书据会》部分条例的"会解"与司法引用的关系更为直接。比如《刑律》"徒流人逃"条下,附有条例三条,最后一条涉及问发直隶延庆、保安,以及辽东自在、安乐二州犯人逃回的情况。此条例下"会解"部分,除了解释延庆、保安、自在州、安乐州的具体位置,还提到"口外为民逃回问越边关,《诰》下须云系边民,照例杖百送某处递发本处为民"[1]。这里提到的"问越边关"是指,如果按照这一条例发落,应引用律条《兵律》"私越冒度关津"条,其中有"越度缘边关塞"一节;[2] 所谓"《诰》下"是指"招拟"之"议得"部分已经成为格式化的"有《大诰》减等";"系边民",则是"议得"部分在引用条例发落之前,须要明确罪犯身份的用词。换言之,"会解"虽然以解释条例的形式出现,但这一注释其实逐一说明了该条例在招拟中的落实。

从弘治《问刑条例》的修订,到嘉靖年间重修,至万历十三年(1585年)再修,条例逐渐规范,在司法中地位更为重要,与律条的关系也更为明确。在司法公文中,特别是招拟的"议得"部分,不能直接引用条例,而是需要先引律条定罪,然后按照条例发落。一部分条例在落实时,可以引用本律;大部分条例在落实时因为无相应的本律而需要引用其他相关律文。比如上述发口外为民罪犯逃回这一条例在落实时,要引用《兵律》"私越冒度关津"条,特别是其中的"越度缘边关塞"。因此,条例在怎样的情况下应用,应用该条例时该引什么律条,成为条例在司法中落实的重要方面。《刑书据会》对

1　[明]彭应弼:《刑书据会》卷10,第33页上。
2　参见[明]高举:《大明律集解附例》卷15,第1175页。

条例的注释，在这一方面用力明显。

《刑书据会》条例下除了"会解"部分强调条例的司法应用，在一部分条例下，和律条一样，还附有"议式"。比如《名例律》"工乐户及妇人犯罪"条下，附有条例一条如下：

> 妇人有犯奸盗、不孝并审无力，与乐妇各依律决罚，其余有犯笞杖并徒流杂犯死罪该决杖一百者，审有力，与命妇、军职正妻俱令纳钞。

"会解"部分对条例内容进行了解释，又以"议式"具体展示本条例在司法中的应用：

> 【议式】一妇人赵氏与人通奸，被夫弟看见，羞忿，反将夫弟打折一肢，何断？答曰：除和奸，依妻殴夫弟减斗殴折人肢一等律，杖九十，徒二年半；《大诰》减等，系奸妇，仍尽本法，去衣，杖一百，余罪收赎。
>
> 又一妇人钱氏，犯奸被夫堂姊遇见，反殴堂姊吐血，何断？答曰：除和奸有夫，合依妻殴夫期亲以下尊长与夫卑幼殴本宗大功姊同罪律，杖七十，徒一年半，《诰》后云，钱系奸妇，仍尽本法，去衣决杖一百，余罪收赎钞六贯，完日，从夫嫁卖。愿留者听。[1]

又，《刑书据会》在《刑律》"阉割火者"条下列条例三条，其

1　［明］彭应弼：《刑书据会》卷1，第39页上—39页下。

中第二条为弘治五年十月二十四日圣旨，出自弘治十三年《问刑条例》。条例全文与"议式"如下：

> 弘治五年十月二十四日，节该钦奉孝宗皇帝圣旨：今后敢有私自净身的，本身并下手之人处斩，全家发边远充军；两邻及歇家不举首的，问罪；有司里老人等，仍要时常访察，但有此等之徒，即便捉拿送官。如或容隐，一体治罪不饶。钦此。
>
> 【议式】甲乙俱合依奉制书有所施行而违者律，甲私自净身本身，乙下手之人，各照例处斩秋，仍拘同居家口定发边远卫分充军终身。[1]

可以看到，"议式"的重点仍在于按条例发落时，如何引用相关律条。该条例本从"阉割火者"这一律条而来，但是"议式"说明，在司法公文招拟中落实这一条例，引用的相关律条应该是《大明律·吏律》"制书有违"条。该律条规定："凡奉制书有所施行而违者，杖一百。违皇太子令旨者，同罪；违亲王令旨者杖九十。失错旨意者各减三等。其稽缓制书及皇太子令旨者一日笞五十每一日加一等，罪止杖一百。稽缓亲王令旨者，各减一等。"嘉靖年间雷梦麟著《读律琐言》，在此"制书有违"条下已经指出："今问刑者，于违例之人，皆问违制，误矣。若以违条例为违制，则所谓稽缓制书者为稽缓条例，说不通矣。"[2] 万历末年，高举刊印《大明律集解附例》，在该律条下，引用《读律琐言》之说明，认为"其说当从"[3]。《刑书

1　［明］彭应弼：《刑书据会》卷 10，第 22 页上。
2　［明］雷梦麟：《读律琐言》卷 3，第 95—96 页。
3　律文及注释参见［明］高举：《大明律集解附例》卷 3，第 476 页。

据会》在"制书有违"条下，专门以"补遗"引出，收录以上《读律琐言》的内容，令"学者详之"。[1] 但是从上述条例的"议式"可以看到，在具体的司法实践中，引用"违制"这一律条以落实以上条例，仍是常用的做法。

二、"临民典则，莫不毕具"

书坊本律注在对律条进行注释的基础上，又以招、判、告示等形式对律条（包括条例）的应用予以落实和展示，律注内容丰富和全面。确实，内容的全面、丰富是书坊极力予以展示的书坊本律注的特点。比如，上述《龙头律法全书》序言提道："今以律刊一书，随条附例，注以诸家释意，至于假如招拟、判、告体式，行移捷录，靡不备载于中，使学者随诵便观，勿劳寻究，虽不能以会其意而备其全，抑少足以省其繁而便其读矣。"[2] 比如彭应弼《刑书据会》在本律注封面内页用黑体大字标出"律例大全"，并注明本书收录内容：一附《皇明祖训》，一附行移体式，一附做招规则，一附新拟招议，一附礼制仪注，一附注释洗冤，一附各样告示，一附近科判语。[3] 而《临民宝镜》则直接在序言提道："是书也，字字笺释，句句注解，加以审、参、断、议、判、示，凡临民典则，莫不毕具。"[4]

1　［明］彭应弼：《刑书据会》卷2，第23页上。

2　［明］任甲第：《镌大明龙头律法全书序》，载［明］贡举：《龙头律法全书》卷首，第2页上。

3　参见［明］彭应弼：《刑书据会》卷首。

4　［明］潘士良：《临民宝镜序》，载［明］苏茂相：《新刻官板律例临民宝镜》卷首，第3页下—5页上。

为收入更多的内容，儒生编纂的书坊本律注在页面部分均分栏呈现，或分上下栏，或分上中下三栏。一般下栏空间较大，收录律文、注释、条例等，上栏、中栏配合收录与律文相关的其他内容，包括与律文相关的判词、招拟、告示等，达到集中呈现的效果。

书坊本律注的卷首和附录部分容量也比较大。总体来看，刊印越晚的律注，卷首和附录部分的内容就越庞杂。比如周莘《大明律例祥刑冰鉴》刊印于万历二十七年（1599 年），卷首部分除了序言、目录，只收录《五服指掌》《本宗五服歌》《外姻服歌》《丧服总图》等图表；正文部分只分上下栏，卷末无附录。而后期刊印的律注比如彭应弼《刑书据会》卷首已经分为上、中、下三个部分。其中卷首上首先收录《皇明祖训》，之后收录"各衙门额设点差""吏员出身资格""官员品俸给禄米""吏员月支俸米""文官服色歌""武官服色歌"；卷首中则收录题奏本格式以及其他各衙门行移体式；卷首下收录万历十三年（1585 年）刑部尚书舒化等所上《重修问刑条例题稿》，《大明律目录》，《五刑之图》等各式图表，《招议须知》《为政规模总论》以及弘治十年（1497 年）奏定《真犯杂犯死罪》。正文之后的附录部分则收录《鼎镌大明律例附刻量田量仓算法卷之十二》《洗冤录》。《临民宝镜》也一样。崇祯五年序刊本《临民宝镜》在正文之前有首卷，正文之后有末卷，其中首卷和末卷均分上、中、下。首卷上收录《为政规模论》《例分八字之义》《金科玉律》《七杀总论》《真、杂犯死罪》《六赃总论》《六赃横图》《六赃指掌》《五刑之图》《狱具之图》《在京纳赎诸例横图》《在外纳赎诸例横图》《收赎钞图》《五服指掌》《丧服总图》《本宗九族五服正服之图》《妻为夫族服图》《妾为家长族服之图》《出嫁女为本宗降服之图》《外亲服图》《妻亲服图》《三父八母服图》以及《招议须知》。首卷中则收录在京在外各衙门行移体式、《皇明祖训》以及"官员品级""官员品俸给禄米""吏员月支俸米""文官服色歌""武官服色歌""吏员出身资格"。首卷下为《名例律》。正文之后，《临民宝镜》末卷上收录《都察院巡方总约》，而末卷中与末卷下则收录《洗冤录》等。

　　一方面，书坊本律注内容丰富全面，将诸多与司法、律法相关的信息收入一处，有方便阅读的目的。比如《龙头律法全书》全名《大明龙头便读傍训律法全书》，将"便读""全"等纳入题名，也是对这一特点的强调。另一方面，书坊本律注内容的丰富与全面也以适应更多的读者为目标。正如《临民宝镜》序言中提到的：本律注"一开阅自明，如对镜自见，此书真为镜矣。官宦必镜以断狱讼，考吏必镜以定殿最，掾吏必镜以备考试，书办必镜以供招拟，业儒必镜以科命判，蔺验必镜以洗无冤，庶民必镜以知趋避，此镜亦宝矣，其共珍之。因端其额曰宝镜"[1]，表达的就是这一层面的意思。序言指出律注对官员，包括司法官员和主持考核的吏部官员都有帮助，而且将吏员、书办、差役、儒生、庶民均包括在读者群体之内。因此律注虽以《临民宝镜》为题，序言也指出该律注"临民典则，莫不毕具"，但序言首先并没有把读者限制在"临民"的特殊群体，仵作这样的衙役、普通的庶民均在被专门列举的群体之内；其次，虽然所列各个群体，以官员为首，以庶民为尾，但是各群体之间并不存在明显的身份等级的差别，各群体之间的差异在于对律注不同目标的利用，

　　1　［明］潘士良：《临民宝镜序》，载［明］苏茂相：《新刻官板律例临民宝镜》卷首，第 3 页下—5 页上。

亦即，这些群体参考阅读《大明律》律注的目的不同，但均具有购买、阅读本律注的必要性。

这与官员在相关问题上的话语形成明显的差别。前文提到，万历年间，大理寺官员刘大文在南直隶安庆府刊印律注，律注刻成之后，河南按察司副使王之猷为其作序，其中提到，该律注刻成之后有以下"三善"：

> 我辈因文以会意，披读了然判黑白，凡昔之互相出入、互相假借、互相疑似者，断断乎知所取裁，一善也；缘史辈愚者缘之以求通，不至有误入误出之愆；奸狡者缘之以自警，不敢为上下手，罔上笼下之故智，二善也。编氓辈豁然知我以为泛常无害者而其罪如此，闾里之间可作为而载在官府不可做不可为者如此，曾闻朝廷有法令，讵知法令如此乎？三善也。[1]

这一序言中也同样将官员、吏员和百姓同时纳入律注的受益人群。但是在王之猷的描述中，官、吏、百姓不仅是不同的群体，而且存在高低差别。特别是官与吏之间，等差明显。对于王之猷而言，官员是"我辈"，律注对于"我辈"的意义在于帮助官员了解律意，以便裁决。至于吏员，则有对律条理解不足的愚者，更有在刑名事务中为奸作弊的狡诈之徒，不仅需要精良律注的帮助与约束，也需要官员的监督和防备。对吏员群体表达了鲜明的道德评判。在中国古代的官

1　［明］王之猷：《新刻大明律集说序》，载［明］冯孜、刘大文：《大明律集说附例》卷首，第3页下—4页上。

僚体系中，官与吏之间的关系颇为微妙。[1] 在官员的话语体系中，官、吏之间界限分明，在刑名领域更是如此。王之猷对于吏员的看法，在很大程度上代表了明代官员对于涉及刑名事务的吏员的态度。万历四十年（1612 年），王肯堂刊印律注，在其自序中，也同样提道："今之仕宦者……为经生时，既目不知律，及有民社之寄，又漫不经心，一切倚办吏书而已，其不任吏书者，又于原籍携带讼师罢吏，同至任所，用为主文，招权纳贿，无所不至。已多冤民矣，又况锻炼以为能，钩距以示察，草菅千百□以庄严一官者哉。"则把吏书与主文归入一类，认为如果司法官员本身缺乏对法律知识的熟悉掌握，刑名之权旁落吏员与主文，就会直接导致司法冤滥与司法的腐败。此外，王肯堂在序言中还提道："夫律意必讲而后明者，非独词旨简严奥博，不易讨究，而刑期无刑，用主不用，上帝好生之心，虞庭钦恤之意，三十卷中时隐时见，非俗吏桎梏章句者所知，是不可以不细讲也。"[2] 王肯堂认为对《大明律》律意的讲明不易。这样的刑名大意，只有用心的官员才能理解和解说，吏员、主文当不在其列。

总之，在官员看来，官、吏是两个不同的群体，前者秉承儒家道义，具有讲明律法大义的能力；后者讲明律意的重点则在于对律文文

1　关于明清时期的官吏关系，可参见李洵：《明代的官和吏》《论明代的吏》，均收入李洵：《下学集》，中国社会科学出版社，1989 年。又可参见赵世瑜：《两种不同的政治心态与明清胥吏的社会地位》，《政治学研究》1989 年第 1 期，第 50—56、49 页；颜广文：《明代官制与吏制的区别及其影响》，《华南师范大学学报（社会科学版）》1989 年第 2 期，第 47—53 页；赵世瑜：《明代国家及官员的治吏政策》，《社会科学辑刊》1989 年第 6 期，第 91—96 页；冯贤亮：《明清江南的"蠹吏"》，《学术月刊》2014年第 6 期，第 136—147 页。

2　［明］王肯堂：《律例笺释自序》，载［明］王樵、王肯堂：《大明律附例》卷首，第 2 页上—3 页上。

字的理解和律条的应用。官员对律法的讲求，不仅是审断的需要，是职掌所在，而且也是对吏员的控制与防范。如果官员缺乏刑名知识，就容易导致吏员的弄权。对官、吏关系的以上理解表达出官员的优越感，同时也暗含了官员的危机感。吏员之所以能在刑名事务中"罔上笼下"，不仅因为他们是刑名事务的实际操作者，包括司法文书的准备等，也与他们对于刑名事务的熟悉有关。换言之，官员对于吏员在刑名事务方面的能力是有所认识的，但是这样的能力一般被赋予了负面的色彩。

书坊本律注卷首的序言，一般多托名官员撰成，包括上述《临民宝镜》的序言也署名大理寺长官潘士良。但是书坊本律注显然承载了不同于官方的话语，从上述《临民宝镜》的序言来看，书坊本律注首先对吏员在刑名事务中的职掌与能力有充分的承认；再者，对于官、吏之间的差别，强调的则是其职掌和功能上的差别，而不是等级、权力和道德上的差别。在刑名领域，书坊本律注赋予了官、吏这两个群体之间的关系不同于官员的话语和表达。

三、与官方的连接

书坊本律注在格式和内容上具有个性，但与此同时，也与官员编撰、官刊的律注以及朝廷制度存在着连接。

1. 也说明刑弼教

前文提到书坊本律注的序言，整体来看，这些序言在结构和内容上颇有格式化的倾向。以《刑书据会》卷首包括的两篇序言为例。其中卢廷选序言题名为《叙刑书据会》，傅作雨的序言则题名《刑书据会叙》；两者均从历史时期律法在国家治理中的重要地位开始说起，其中卢廷选从《史记》开始说起，傅作雨则以《周官》开篇，这一节彰显了儒家对于律法的态度以及先王圣贤对于刑名的重视，突出的是明刑弼教这一主题。在具体的表达上，不仅直接出现"明刑弼教"这样的词汇，还有有关明刑弼教行用背景与大旨的描述。比如《刑书据会叙》中有"故曰有关雎麟趾之意，然后可以行周官之法度。此明刑弼教者意也"这样的句子。序言接着叙述明朝律法之制定。卢廷选序言从太祖高皇帝创制，叙及"今上更定画一"条例。傅作雨序言也对本朝律法之严密精当予以赞颂，有"一著炳琅日星"之词。这一节的主题在于颂扬明朝从太祖以来立法之严谨，司法之详明，也是颂扬本朝对儒家明刑弼教的落实。序言接着对《刑书据会》的编撰缘起进行交代，对该律注之价值有所说明之后，再次表达对刑名的看法，则通过对"祥刑"这一主题的阐述，重新回归到儒家对刑名的价值表达。其中卢廷选强调情法相当，强调宽、恕。从这一角度出发，他再次对《刑书据会》表达了赞赏。傅作雨则从"读书读律可以致君尧舜"出发，再次表明明刑弼教这一主题，同时也强调"是钦恤之仁又所以善其刑罚之用"。两篇序言结尾的用词也多有相同之处：卢廷选序言最后一句为"爰举大凡，叙诸简端，以质祥刑君子"；而傅作雨序言的最后一句则为"余故嘉而为之题序简端，并以告司刑者"。[1]

1　以上引文参见［明］卢廷选：《叙刑书据会》，载［明］彭应弼：《刑书据会》卷首，第 1 页上—5 页下；［明］傅作雨：《刑书据会叙》，载［明］彭应弼：《刑书据会》卷首，叙 1 页上—叙 4 页下。

万历及以后刊印的书坊本律注序言，在结构、主题和用词上，与上述《刑书据会》卷首的序言多有雷同。比如《临民宝镜》序言强调明刑弼教，用词与傅作雨的序基本一致："故曰有关雎麟趾之意，然后可行周官之法。此明刑弼教意也。"[1] 关于明代立法过程与司法情况的描述，《祥刑冰鉴》卷首署名刑部尚书董裕的序言提道："我圣祖继天育物，痛法脂茶，酌议刑书，参以《大诰》；传及弘、嘉，又有《问刑条例》重修、续补，忧恐三尺绳民，多有任察不矜者。今上御寓，益广慈仁，乃命法曹申明裁订，一时秉宪诸僚互拟曲当，海内遵承，无一不颁颔覆载尔。"[2] 《临民宝镜》序言可能采择了《祥刑冰鉴》与《刑书据会》序言之部分内容，而有以下的表达："我高皇帝开天创制，视汉三章，痛法脂茶，参以《大诰》，不啻炳若日星；列圣相承，代有令甲，又有《问刑条例》新颁、更定、重修、续补，益广慈仁，灿然备矣。"[3] 此外，《刑台法律》的序言中以"上信守如金石，下凛威如斧钺；吏无舞文之徂公，官无深文之屠伯"[4] 赞颂本朝司法，《临民宝镜序》也有同样的句子赞颂先王圣贤明刑弼教之结果。[5] 再有，以祥刑为主题，《刑台法律》在序言之末尾曾提到"故律者法也，得其法而善用之，是在行法者培天地生机，以不失自心之不忍焉耳"；而《临民宝镜序》中也有"是钦恤之仁，

1　［明］潘士良：《临民宝镜序》，载［明］苏茂相：《新刻官板律例临民宝镜》卷首，第 3 页下。

2　［明］董裕：《序祥刑冰鉴首》，载［明］周萃：《大明律例祥刑冰鉴》卷首，第 2 页上—4 页上。

3　［明］潘士良：《临民宝镜序》，载［明］苏茂相：《新刻官板律例临民宝镜》卷首，第 3 页下—4 页上。

4　［明］徐鑑：《刑台法律》，载［明］著者不详：《刑台法律》卷首，第 2 页下。

5　参见［明］潘士良：《临民宝镜序》，载［明］苏茂相：《新刻官板律例临民宝镜》卷首，第 2 页上—2 页下。

又所以善行刑者"之句，[1] 与《刑书据会》相关的主题与用词颇有呼应。

明刑弼教、祥刑都是儒家有关刑名的核心主题，也是明朝廷有关刑名事务的官方主题。因此，在官员编撰或者官刊的《大明律》律注包括的序言中，以上相关主题均有充分的展示。比如隆庆元年湖广巡按监察御史陈省编纂律注，最后收录其撰写的《恭书律例附解后》，在结构、主题上与上述书坊本律注的序言十分接近。陈省的序言起首也同样强调了明刑弼教这一主题，提到"夫律法铨也，例，律之辅也。圣王弼教为治之大典也"；序言同样对本朝洪武时期的律法建设进行了描述，说明由此可见"皇祖慎刑重民命之盛心"，而"二百年来，寓内享治平之福，律之所赐实多"；陈省交代自己编纂律注的背景，指出律注编纂的目的在于"以求刑罚之中，弼盛世之教，仰副皇祖列圣慎刑重民命之心"；陈省序言以对刑名事务的议论结尾，其中提到"皋陶喑而为理，则议狱者不惟其言矣，故曰非佞折狱，惟良折狱。程伯子曰史臣大赞尧舜，曰罪疑惟轻，与其杀不辜，宁失不经，异乎后世刻核之论矣。读律者尚知此意哉"，所谓"惟良折狱"，与傅作雨序言中的"所以善其刑罚之用"颇为接近；而陈省在序言中对"后世刻核之论"的反对，则与卢廷选等人强调的宽、恕同出一辙。[2] 又如万历间大理寺官员刘大文在南直隶安庆府刊印《大明律集说》，收录刘大文本人等的序言共计六篇。序言风格

1　参见〔明〕徐鑑:《刑台法律》，载〔明〕著者不详:《刑台法律》卷首，第4页上—4页下；〔明〕潘士良:《临民宝镜序》，载〔明〕苏茂相:《新刻官板律例临民宝镜》卷首，第3页上—3页下。

2　参见〔明〕陈省:《恭书律例附解后》，《大明律例附解》后序，第1页上—2页下。

不同，内容迥异，但是"明刑弼教""刑以止刑"、恤民命、祥刑等则是共同的主题与话语。比如刘大文序言中提到"刑以止刑，其要卒归之忠厚"[1]；王之猷所作《新刻大明律集说序》则提到"昔人称读书不读律，虽致君尧舜犹有遗能"，他将《大明律》这样的刑书与六经相提并论，认为两者"同功效"，与六经一样，刑书"行之久，且将刑措，且将为尧舜之世"。[2] 同样，王明署名的《大明律集说序》也充分论述了儒家"刑期无刑"之意义及其与律注之关系。[3] 高举《刻大明律集说序》也提到《大明律》"与六籍同功效"，"其用尤与春秋同体"。[4] 赵寿祖《大明律集说叙》也提到如果《大明律集说》得到遵行，则可以"广皇仁于环海之外，而纳斯世于刑措之风，且暮可立睹也"[5]。安庆府推官王德光的后序强调《大明律集说》之精详与实用，但是在序言的最后，仍提到用法不能深刻，明刑在于弼教，刑期无刑，"故轻议狱者，多起于法之不明；不能缓死又安所致生之，将无以应乎天矣"[6]。可以看到，以"明刑弼教""祥刑"等儒家经典话语为中心，书坊本律注与官方刊行、官员编撰的律注在表达上产生连接与交集。

---

1 ［明］刘大文：《刻大明律集说序》，载［明］冯孜、刘大文：《大明律集说附例》卷首，第3页下。

2 ［明］王之猷：《新刻大明律集说序》，载［明］冯孜、刘大文：《大明律集说附例》卷首，第1页下、4页下。

3 参见［明］王明《大明律集说序》，载［明］冯孜、刘大文：《大明律集说附例》卷首，第1页下—3页下。

4 ［明］高举：《刻大明律集说序》，载［明］冯孜、刘大文：《大明律集说附例》卷首，第1页下。

5 ［明］赵寿祖：《大明律集说叙》，载［明］冯孜、刘大文：《大明律集说附例》卷首，第4页下。

6 ［明］王德光：《律例集说后序》，载［明］冯孜、刘大文：《大明律集说附例》后序，第1页上—4页上。

2. 以《洗冤录》为例

此外，书坊本律注多编纂而成，律条的解释、招判告示等以及卷首和附录的内容，对官员编撰、官刊的《大明律》律注多有采撷，与朝廷制度有密切的关系。究其实，书坊本律注的市场和读者群体包括庶民、为应付科举的儒士、从事具体司法事务的衙役和吏员，以及各级职在刑名的官员，他们对于律法知识的需求，均与朝廷的制度规定有关。

从律条的注释看，《读律琐言》这一官员编撰的《大明律》律注成为书坊本律注对律条进行注释的主要参考对象。再从卷首收录的内容看，万历十三年（1585年）以后刊印的书坊本律注，卷首多包括《御制大明律序》，《五刑之图》《狱具之图》等各种图表，以及万历十三年（1585年）刑部尚书等所上《重修问刑条例题稿》等内容。与宪府官员刊印的律注颇为类似。《大明律例致君奇术》在卷首收录《大明律集解附例目录》以及以服制为内容的《大明律集解名例》，均显示出这一律注卷首与万历二十年（1592年）巡按直隶监察御史陈遇文刊印的律注、万历二十四年（1596年）衷贞吉《大明律集解附例》等官刊本律注之间的密切关系。

附录的内容也一样。以《洗冤录》为例。《洗冤录》是书坊本律注中最为常见的附录内容之一。《龙头律法全书》《致君奇术》《三台明律招判正宗》《刑台法律》《刑书据会》《临民宝镜》等，在附录部分均收录了《洗冤录》。《洗冤录》为南宋宋慈所著。宋慈，字惠父，南宋福建路建宁府建阳县人。《洗冤录》成书之后，颇有影响，在宋末就有相关订补之作出现；元代更是经过多次的刊印、整理。现存最早的《洗冤录》就是元代的刊本。[1]

书坊本附录的《洗冤录》，最常见的是以元代七条事例开篇的版本。比如《三台明律招判正宗》卷十二为"新刻圣朝颁降新例宋提刑洗冤录卷之十二"，其下署名"朝散大夫新除直秘阁湖南提刑充大使行府参议官宋慈惠父编，福建宪台副使慈溪张谨校正，建邑书林文台余象斗重刊"[2]。该卷首先收录"初复检验本末""尸首检讫埋瘗""邻近检复尸例""官吏亲临检尸""检验法式""尸帐用印关防""初复检验体式"共七条元代题定之相关事例；之后收录从"一条令"至"五十四验状说"一共五十四目，为宋慈《洗冤录》内容。比较来看，《致君奇术》《刑台法律》《刑书据会》《临民宝镜》收录的《洗冤录》在内容上与《三台明律招判正宗》基本一致，只是在个别条目和字词上有所不同。

尽管内容接近，不同律注所用《洗冤录》的版本可能仍有差别。比如《刑台法律》与《三台明律招判正宗》附录的《洗冤录》在"检验法式"目下收录的"仰面"人体图像明显有别，两者可能是不同的版本。[3] 同样，《刑书据会》在卷十二收录《洗冤录》，该卷单独成册，在该册封面内页，正中以大字标出《颁定洗冤录》，其右上列"一附无冤录、一附平冤录、一附结案式"，其左下列"金陵原板"，[4] 内容以整页出现，与《刑书据会》等律注所附《洗冤录》页面分上下两栏的格式不同。从内容来看，这一《颁定洗冤录》也比较完整：首录署名宋慈的《洗冤录序》，再录《洗冤集录目录》，目

1　参见陈重方：《洗冤录的文献问题》，载《中国古代法律文献研究》第 13 辑，社会科学文献出版社，2019 年，第 237—294 页。

2　［明］余象斗：《三台明律招判正宗》卷 12，第 1 页上。

3　参见［明］余象斗：《三台明律招判正宗》卷 12，第 5 页下。

4　参见［明］彭应弼：《刑书据会》卷末附录，封面内页。

录从"一条令""二检覆总说"直至"五十四验状说"。则可能是单独的书板，或者从其他单独刊行的版本而来。[1] 可以看到，《洗冤录》在明代中后期的书坊是相当流行的。

《洗冤录》以检验尸伤为内容，与人命重案的审判息息相关，因此为刑名官员所重视。雷梦麟《读律琐言》指出："凡问人命，全凭干证与尸伤，……干证犹有扶同，而尸伤则不容伪者。"雷梦麟继而提示："其检尸之法，详见《洗冤录》。"[2] 明代中后期的官箴书也明确提到《洗冤录》的重要性，提醒地方官员阅读参考。比如《官箴集要》指出："凡检验尸伤，系干人命，最为重事，不可不谨。如《洗冤录》等书，不可不时常检阅。"[3]《治谱》也提道："《洗冤录》宜详看。"[4]

不仅仅官员需要阅读《洗冤录》，《官箴集要》还专门提到了吏典研究《洗冤录》的必要性："凡居官为政者，公事之余常须看读《唐律》《刑统赋》，以知立法之意；将颁降《大明律》熟读玩味，务要讲明，通晓律意，遇有公事，依律施行。吏典亦合熟读，不特案引条款，更须看《牧民忠告》《吏学指南》《为政模范》《疑狱说》《宪纲》《洗冤录》等书，求其意则见识必明矣。不特此也，凡国家典章文物皆当备考详观。"[5]

因此，在嘉靖以后官员编撰、刊行的律注中，就有比较普遍的对

　　1　以上参见［明］彭应弼：《刑书据会》第7册。《刑书据会》这一册封面内页提到的"一附无冤录、一附平冤录、一附结案式"在附录中并没有收入。

　　2　［明］雷梦麟：《读律琐言》卷28，第491—492页。

　　3　［明］汪天锡：《官箴集要》卷上《检验尸伤》，载《官箴书集成》第1册，黄山书社，1997年，第281页。

　　4　［明］余自强：《治谱》卷6《投河自缢之辨》，第579页。

　　5　［明］汪天锡：《官箴集要》卷下《讲读律令》，第301页。

《洗冤录》内容的收入。比如范永銮本《大明律》律注与汪宗元本律注均在《刑律》"检验尸伤不以实"条下摘录《洗冤录》27 条附入。[1]基于范永銮本、汪宗元本《大明律》律注与孙存《大明律读法》之间存在的密切关系，收录《洗冤录》部分内容这一传统可能始于嘉靖初年开始编撰律注的孙存。王肯堂在万历四十年（1612 年）刊印与其父王樵共同署名的律注，在《刑律》"检验尸伤不以实"条下，也以《洗冤录》为名，收入 27 条摘录。[2] 王肯堂刊印的律注与范永銮、汪宗元的律注时间间隔长，从律条的解释而言，差别也大，但是所收《洗冤录》27 条的内容却与范永銮、汪宗元附录的相同，则《洗冤录》这 27 条可能曾被单独辑出流行于世。

总之，从《洗冤录》等附录来看，书坊本律注与官刊的、官员编撰的律注在内容上也有相当部分的相似性。

小　结

从以上论述来看，一方面，书坊本律注与官员编撰的、官刊的律注有密切的关联，对明朝廷的刑名制度与刑名理念有充分的反映。律注序言对"明刑弼教"与"祥刑"的强调，律条注释对官撰、官刊内容的采撷，卷首与附录对官方文书的利用，均为证明。从这个意义上说，儒生编纂的《大明律》律注，是官员编撰的、官刊的《大明律》律注的一种延续。正因为如此，这些律注也成为明廷官员特别

1　分别参见［明］范永銮：《大明律》卷 28，第 719—722 页；［明］汪宗元：《大明律例》卷 28，第 15 页上—20 页下。

2　参见［明］王樵、王肯堂：《大明律附例》卷 28，第 27 页下—31 页上。

是新入仕途的官员获取刑名知识的重要途径之一。

另一方面，书坊本律注具有自己的编纂和刊行目标，其商业性的特征在其格式和内容上留下了深刻的痕迹。比如律注注重律文和条例的司法实用性，强调律注内容的丰富、全面以及由此而来的便捷性和广泛的适用性。《三台明律招判正宗》页面中栏专门对文字提供注音，《致君奇术》在附录部分包括了 28 个公案故事，等等。这些均与官员编撰、官刊的《大明律》律注形成差别。与此同时，通过这些格式与内容，书坊本律注也表达了与官方不同的刑名价值与话语。比如对律条和条例在司法实践中的重视；比如对刑名领域中官、吏乃至其他各群体的关系的新的认识。从这一意义上说，书坊本的律注又对官员编撰、官刊《大明律》律注进行了重要的拓展。

对于明代的官员特别是初入仕途的地方官员而言，书坊本律注内容丰富、实用、方便、通俗，具有相当的吸引力；但书坊本律注对于明代官员的通晓律意具有更深层的意义。在市场和商业原则的影响下，书坊本律注及其承载的律法知识和理念，有效地拓展了明代的律法知识领域。上一章提到，儒生与书坊的参与，丰富了律法知识领域的成员；而通过这一章的讨论则可以看到，书坊本律注为明代律法知识领域注入了基层的、民间的、商业原则的元素，这是官场和政治以外的元素。在书坊本律注所承载的知识与官员所创造的、流通的律法知识的互动中，明代的律法知识领域具有了更有活力、更加开放的状态。这一状态的律法知识领域的存在，对于明代官员的通晓律意及其律法专业性的培养具有相当关键的作用。

结　论

以有明一代留存的《大明律》律注为线索和文本，以明代官员成为《大明律》律注的作者，及其对有关《大明律》律法知识的研习、创造和传播为衡量标准，本书认为明代官员中的一部分对律条有很充分的理解，在通晓律意上具有了专业性的特征；而明朝廷的官僚制度则在官员通晓律意的过程中起到了扶持、激励、规范与形塑的作用。以下分而述之。

一、明代官员的通晓律意

本书关注的是明代普通官员通晓律意的轨迹。所谓普通，是指他们在对《大明律》的个人兴趣与家学渊源上均不具备特殊性。书中提到的官员，除了何广、孙存、王肯堂曾受父兄在律法研习上的影响，其他大部分都是这样的普通官员。

这些官员通晓律意的过程从儒生时候就已经开始。一方面是为应付科举考试。明代科举制度对士子的律法知识提出了一定的要求。明中期以后，书坊本《大明律》律注以招拟、判语的范例为中心，而略化律条本身的解释，具有科举考试准备读物的特征，也证明儒生为应付科举考试，有研习律法的需要。另一方面，明朝廷明文规定百官须讲读律令、通晓律意。这样的制度规定，对于以进入仕途为目标的儒生来说，也有重要的影响力。

但是总体而言，通过科举考试进入仕途，经过观政，而等待选官的新科进士群体，在律法知识的贮备方面差别不大：他们对律条的理解比较表面，律法知识的贮备有限。明代官员的通晓律意因此主要并不是在进入仕途之前完成的，而是在进入仕途之后逐渐达成的状态。亦即这些官员进入仕途之初，通晓律意的程度差别不大，但是进入仕途之后，官员内部不同的群体开始逐渐形成不同的通晓律意的程度。

如果以编撰、纂辑和刊印《大明律》律注作为通晓律意的标准，那么从现存的《大明律》律注来看，明代官员中的刑部官员特别是其中的员外郎和郎中，以及宪府官员特别是都察院的监察御史，在通晓律意中表现突出。从本书附录二可以看到，就本书利用的 36 种明代《大明律》律注而言，以官员为作者（包括编撰、纂辑、刊印者）的有 24 种，占 70% 左右。而其中相对比较集中的群体，则是刑部官员和宪府官员。宪府官员，即都察院和按察司的官员，署名的律注有 15 种，占全部以官员为作者的律注的 63%；刑部官员署名的有 6 种，占 25%；以其他官员为作者的律注只有 3 种，不仅数量小，而且官员的职掌也相对分散。

刑部官员署名的《大明律》律注，多是其编撰的成果，是刑部官员在研习《大明律》基础之上完成的原创的著述。从律注的格式和内容中均可以看到作者对《大明律》律文、对律注价值的独到理解。王樵称自己以注解儒家经典的方式注解《大明律》，其《读律私笺》因此不收律文，只录律文的名目，律注直接系于律目之下，独具个性。《读律私笺》不收条例，也是因为王樵认为《大明律》与条例不应该汇编一处。万历十三年（1585 年），刑部尚书舒化等题准，将条例附入《大明律》各律条之后，律例同体，天下遵行。王樵《读律私笺》刊印于万历十三年（1585 年）之后，不仅未采纳官方的《大明律附例》，也未将条例收入，且对舒化提议律例合体这一做法提出批评。王樵以这样的做法有违太祖颁律之初制，而对当时已经成为官方行为的律例合体进行批评，究其实，是基于其对《大明律》和条例长达三十多年的研究而做出的结论。

刑部官员在《大明律》律注的内容上也充分表达了这样的自主性。隆庆年间，刑部与大理寺就长期以来并无定论的"买休卖休"律的理解和适用发生争论，最后皇帝以诏令形式规定了对律条的解释和应用。刑部官员冯孜和郑汝璧在这一时期完成律注，对争论本身和皇帝的诏令均有充分的了解，但是在其律注中，在有关"买休卖休"这一律文的解释中，则充分且详细地表达了不同于皇帝圣旨的主张，可以看到他们在这一问题上对自我理解的坚持。

刑部官员在律注中的自主性表达，对官方标准的批评，对皇帝诏令的挑战，除了这些官员对《大明律》的研究有素，对本领域内前人成果的吸收，应该也是他们自主表达的重要资源和依托。比如郑汝璧与冯孜对"买休卖休"的解释，受到刑部前辈雷梦麟律注的深刻影响。雷梦麟在刑部任上完成律注《读律琐言》，至隆庆初年该律注已经广为流传，在律法解释方面颇具权威。前辈的影响并不局限于刑部的同行。比如万历年间刑部官员徐昌祚完成《大明律例添释旁注》，在律注卷首加入"凡例"和"引用诸书"，则显然是以嘉靖初年孙存著《大明律读法》对这一格式的创制，之后按察使范永銮重刻以《大明律》为名的律注、江西布政司官员汪宗元刊印《大明律例》对这一格式的传承为背景的。从这一角度来看，刑部官员的通晓律意，不仅仅是对《大明律》律条的讲明与利用；他们研习《大明律》的过程，也是对这一领域内既有知识的掌握，并因此对这一领域内独立的传统、规则和标准有所学习和遵守，从而具有了某种专业的特征。

刑部官员的通晓律意是一个逐渐达成的过程。有明一代，新科进士进入刑部，任刑部主事，一部分刑部官员从刑部主事任上开始对《大明律》的研习，但是其完成《大明律》律注的时间，或者是在员外郎任上，更多是在郎中任上。从刑部主事到员外郎到郎中的过程，既是研习《大明律》所需要的时间，也是这些官员律法刑名知识不断增长、逐渐通晓律意的过程。

宪府官员，包括中央都察院和地方按察司的官员，是另一个在通晓律意方面表现突出的官员群体。有明一代，他们是刊印的律注中署名最多的群体。宪府官员署名的律注，多具有集解和重刊的特征。宪府官员或者博采众长，集合各家注解而编纂成律注，比如胡琼和陈省；或者选择适当的律注，予以增补后刊印，或直接刊印，比如梁许、王藻和应朝卿等。明代中期以后，都察院派出的官员，特别是巡抚和巡按御史，在所出巡的地区动用官银刊印律注，在为所巡地面的官员提供统一的、标准的律注方面，作用不可替代。在明朝廷未曾为天下百官提供官方的《大明律》注释的背景下，宪府官员刊印律注，不仅重要，而且责任重大：宪府官员对在自己的所巡地面选择何种

《大明律》律注进行刊布，拥有很大的自主权。这对宪府官员的通晓律意提出了很高的要求。无论是集解还是重刊，均要求宪府官员对当时存世的《大明律》律注有充分的了解和评估，才能保证或采撷众长，或拣选精良之作予以重刊。

此外，从孙存和汪宗元刊印律注的事例可以看到，有明一代，朝廷对百官注律予以鼓励，但是如果利用官银刊印律注而在官员之间流通，则需要得到巡按御史和巡抚的首肯，即由宪府官员进行控制。这一做法与宪府官员在所巡地面刊印律注，以资当地官员参考，具有类似的特征。即宪府官员在可资当地官员使用的律注这一问题上，担负了检验、审核、把关人的角色。这一角色需要宪府官员对《大明律》律注建立评价的标准，品定律注的优劣高下，以对利用官银刊印进入官场的律注进行把控。

宪府官员以上角色的承担，说明了其在通晓律意上的修为；也是朝廷对于这一群体在通晓律意修为上的肯定。宪府官员，特别是明代中期以后的巡抚与巡按监察御史，对于本群体在通晓律意方面的特殊性也有共同的认识。巡按御史在编纂、重刊《大明律》律注的选择中，本来具有开放性；但是从何孟春、胡效才、王楠对胡琼律注的重刊，梁许、王藻、应朝卿、董汉儒等对陈省律注的重刊和增补再刊，以及孙旬对李邦珍刊印律注的再刊，则可以看到，宪府官员在出巡地面选择刊印的律注时，更倾向于选择其宪府官员同僚编纂、刊印的律注。这一方面具有实用性和便捷性，另一方面也反映出宪府官员对本群体成员在通晓律意、评估律注质量方面的信任。

可以看到，就通晓律意而言，首先，明代官员并不是一个可以一概而论的整体，这一群体内部存在明显的差异性，如果要对中国帝制后期官员的刑名知识进行有效的评估，则必须对这样的差异性有所认识。其次，明代官员的通晓律意，虽然从儒生时就已经开始，但是主要是在进入仕途之后逐渐达成的。因此，仅以科举制度来衡量官员通晓律意的程度或者对律法刑名知识的掌握程度，失之偏颇。

总之，以明代官员作为《大明律》律注的作者（包括撰著、编纂、刊印者）这一标准来看，刑部官员和宪府官员是通晓律意程度较高的两个群体。他们不仅对《大明律》律文有很好的理解，而且在律法知识上具有相当程度的专业性，对律法知识这一领域具有较好的整体性把握，并在此基础上具有建立标准、进行评估的能力。本书以成为《大明律》律注的作者这一标准来讨论官员的通晓律意，但是相当多的《大明律》律注可能已经湮没，相当多的通晓律意的官员可能没有留下律注，从这一意义上说，明代通晓律意的官员群体，显然要比本书所讨论到的范围更广、数量更大。此外，本书关注普通官员的通晓律意，但是有明一代的官员中，因为个人兴趣和家学的因素，对《大明律》有深入研究，通晓律意的也有不少。本书提到的孙存、姚思仁和汪宗元等，均具有这样的特征。这样，有明一代通晓律意的官员群体规模更为可观。

二、制度与知识

如果说一名普通官员在进入仕途之初，并无律法知识的充分准备，在进入仕途之后，则逐渐成长为通晓律意的专家，那么明朝廷的官僚制度显然在这一过程中起到了根本性的影响。

有明一代，作为根本大法的《大明律》明确规定："凡国家律令，参酌事情轻重，定立罪名，颁行天下，永为遵守，百司官吏务要熟读，讲明律意，剖决事务。每遇年终，在内从察院，在外从分巡御史、提刑按察司官按治去处考校，若有不能讲解、不晓律意者，初犯罚俸钱一月；再犯笞四十，附过；三犯于本衙门递降叙用。"[1] 这成为明代官员通晓律意的最基本制度。

从之前各章的讨论来看，有明一代虽然官方未曾编辑刊印统一的、标准的《大明律》律注，帮助官员通晓律意，但是明朝廷通过诸项制度的设计与实践，为明代官员的通晓律意提供了有效的扶持、激励和规范。明代刑部官员、宪府官员在通晓律意上的成就，在律法知识上的获取、研究、创造和传播，深刻地受到这些制度规定和实践的影响。可以从三个方面来看：

第一，明朝廷要求百官通晓律意，但是如何通晓律意、怎样通晓律意则是通过与各衙门的职掌相结合来进行贯彻的。亦即，各衙门职掌的规定，首先成为激励和规范所属官员通晓律意的制度因素。

有明一代，朝廷及各衙门长官对落实本等职业有不断地强调。隆庆初，内阁大学士张居正上疏，明确指出，百官有司，各有"本等职业"。然而士大夫往往"舍其职业而出位之思"，建白条陈，连篇累牍，以为风尚；而"核其本等职业，反属茫昧，主钱谷者不对出纳之数，司刑名者未谙律例之文"。张居正指责这种现象，指出"官守既失，事何由举"，为此提出名、实之核，以便"人有专职，事可责成"。[2] 刑部、大理寺以刑名为专职，其长官对落实本等职掌均有

1　［明］高举：《大明律集解附例》卷3，第469—470页。

2　［明］张居正：《张太岳文集》卷36，载《续修四库全书》1346册，第301页；《明穆宗实录》卷23，隆庆二年八月丙午，第632—634页。

明确的认识。弘治初年，任职刑部尚书的何乔新在奏疏中有"臣等备员法司，所掌者刑，所讲者律，不敢泛及他事"[1] 之说。嘉靖六年（1527年），大理寺长官黄绾上言，建议对本寺在职官员不时考校，其中用心刑名、才识出众的，则送吏部不次推升，认为如此才能"益励职业"。如果刑狱不协于中，即使是大理寺的长官，也请皇帝早赐罢黜，以为"不职之戒"。[2]

初入仕途的官员就是在特定的职掌要求以及衙门制度环境下，开始其研习律法、通晓律意的过程。这在刑部官员这一群体中最为明显。从刑部官员律注的前言、后记来看，"备员法曹"是其开始研习《大明律》的主要原因。明代刑部掌天下之刑名，刑部官员日常处理刑名事务，对官员的通晓律意提出了直接的要求。王樵因为刑名事务不熟，受到长官斥责，奋而习律；郑汝璧则直接提到自己受刑部尚书嘱咐而完成对《大明律》的注释。刑部的职掌也在刑部官员的律注内容中留下痕迹，比如雷梦麟著《读律琐言》，正是刑部主持重修《问刑条例》之时，《读律琐言》不仅得以最及时地附入最新的条例，而且首次在律注中对条例进行了注解。

宪府官员在通晓律意方面的能力也受到其职掌的规范。朝廷要求百官讲读律令、通晓律意；但是监察御史和其他宪府官员，则有督察和考校之职。宪府官员在出巡地面编纂和刊印律注，与这一群体在律法刑名知识方面的职责直接相关。比如巡按湖广监察御史陈省、河南巡抚李邦珍等均直接提到了自己作为宪府官员，有落实、考校百官通

1　［明］何乔新：《椒邱文集》卷33，载《景印文渊阁四库全书》1249册，第518页。

2　参见［明］黄绾：《论刑狱疏》，载杨一凡编：《中国律学文献》第3辑第2册，第56—58页。

晓律意的职责，而编纂刊印《大明律》律注就是对这一职掌的落实。

职掌不同，官员在通晓律意方面得到的制度激励不同，其通晓律意的主动性就有差异，其通晓律意的程度也因此不同。比如万历年间王肯堂初入仕途之后，任职翰林院，提到自己"以文史为职"，"翰墨鞅掌"，虽然其父亲王樵有律注完成，他也没有时间阅读。而王肯堂之后开始研习《大明律》，而且在其父亲《读律私笺》的基础上完成《大明律附例》，则与他认为他将外任按察司官有关："铨曹有藩宪之推，念当弹压一方，其具不可不豫究，始发箧取律读之。"[1] 王肯堂在按察司一职未曾落实的情况下，就开始研习《大明律》，从中可以看到职掌如何直接规范了官员在通晓律意上的行为。此外，在通晓律意方面，刑部官员和监察御史这两个群体虽然表现均比较突出，但是监察御史群体成员通晓律意的程度更为整齐，刑部官员则更为参差。这虽然与下文将提到的监察御史这一群体更为严格的选拔制度有关，但是与刑部官员和监察御史不同的职掌也有关系。刑部官员和监察御史虽然均有刑名之职，但是在通晓律意的问题上，朝廷对刑部官员的要求重在对律条的理解和应用；而对监察御史，则在此基础上，更要求其有帮助、监督其他官员达成这一目标的职掌。

此外，不同的衙门机构，其制度环境也有差别，对所属官员的通晓律意也有直接的影响。明代新科进士选授职位，直接与刑名事务有关的除了刑部的主事，还有大理寺的评事以及地方的推官与知县（包括知州）。在《大明律》律注领域，刑部官员成果更多，大理寺

1　［明］王肯堂：《律例笺释自序》，载［明］王樵、王肯堂：《大明律附例》卷首，第 1 页上—1 页下。

官员、地方推官与知县的撰著则很少见，这与刑部"幸无多事"的制度环境有很大的关系。刑部官员多，事务简，与大理寺评事以及地方的推官、知县比较，刑部官员可以免受过多的簿书杂事的干扰，在《大明律》的研习上可以投入更多的时间和精力。对这一点，作为律注作者的刑部官员也多有提及。

总之，初入仕途的官员在通晓律意的程度上相对比较一致，在职位选授之后，逐渐呈现出群体性差别，这充分说明明代官员的通晓律意首先受到其职掌制度的激励与规范。

第二，明朝廷通过行取制度，在百官之中选拔了一个具有刑名知识的特殊官员群体，这就是宪府官员，特别是其中的监察御史。从明初开始，监察御史的选拔就十分审慎。对于监察御史而言，科举考试是进入仕途的一般选拔制度；而要成为监察御史，则需要在积累一定的从政经验之后，经过再次选拔才能任职。成化以后，这一再次选拔的制度逐渐确定和完善，一批满足年龄、资历条件，且政绩突出的官员，通过行取，经由吏部和都察院的考选而成为监察御史，经过试职一年或者理刑半年，都察院正官考核"谙晓刑名"后正式履任。可以看到，与科举考试不同，在监察御史的选拔中，通晓律意是核心标准。这一选拔制度保证了监察御史在律法刑名知识方面的特殊性和专业性。明朝廷对这一群体的信任和这一群体在律法知识上的自我认同，均是以行取这一特殊的选拔制度为基础的。

这一选拔制度直接为明朝廷选拔出通晓律意的官员，承担监督、考校百官通晓律意的职掌。他们编纂《大明律》律注，或者选择已有的精良律注，在其所出巡的地域刊印，以为所属官员参考，在明代官员的通晓律意方面起到了不可替代的作用。宪府官员群体可能在更大的范围内，对更多官员的通晓律意产生了积极的影响。本书第三部分提到，宪府官员刊印律注，多采用地方官员共同参与整理校刊的方式完成，则这一律注刊印的过程，很可能也成为中央与地方官员、律法专家与律法知识掌握一般的官员之间的互动过程，是后者学习律法知识的一个重要机会。

从更大的范围来说，宪府官员的选拔，这一群体在通晓律意方面的保障，是明代司法制度的重要一环，是详谳制度有效进行的关键，因此也是维持有明一代司法有序的关键。前文提到，进入仕途之前的新科进士，在律法知识和刑名能力上的准备均有局限，但是主持一方刑名事务的推官和知县，多由这样的新科进士选授。因此，详谳的作用十分重要：推官和知县（知州）虽然担任所有大小案件的初审，但是具有完全、充分司法决定权的只针对杖罪（且不包括杖罪）以下的案件；对于杖罪以上的案件，他们的初审意见则均需提交上级司法部门进行复核，即详谳。死刑以下案件的决定权在宪府官员，死刑案件则上报刑部和大理寺。也就是说，宪府官员在通晓律意方面的能力，是地方司法公正的重要保障；与此同时，以详谳制度为保障的宪府官员与推官、知县等初仕官员在刑名事务上的交流，也是后者理解律法、积累刑名经验的重要制度途径。

而行取这一选拔制度的确定，显然也为百官的通晓律意提供了制度激励。行取制度为知县、推官、行人等在制度层面可以成为候选人的群体提供了一条成为中央清要官员的独特途径。行取制度中对政绩的明确要求，对刑名知识的要求，有效地促进、激励了这些群体对律法知识的研习。相当一部分推官和知县集结、刊印自己审理的案件，有明确的展示自己律法知识和刑名能力的目的，以行取的落实为目标。[1] 本书提到姚思仁在行人职位上注解《大明律》，也可能与行取制度有密切的关系。

总之，明朝廷通过行取制度，选拔了一批在通晓律意方面有所准备的官员。他们在律法知识的研习、创造、评估、传播和控制中起到了积极的作用。在这一过程中，不仅这一群体在通晓律意方面进一步得到成长，他们也推动和帮助了其他官员特别是初仕官员、地方官员通晓律意。

第三，有明一代，明朝廷未曾刊印编辑统一、标准的《大明律》律注；而与此同时，朝廷在律注编纂和刊印（除了对利用官银刊印律注有所限制）上均采用了相对宽容的政策，由此培养了一个相对开放的律法知识领域。这一领域的存在以制度为依托，对于明代官员通晓律意具有相当重要的意义。

从现存明代《大明律》的作者群体来看，除了职在刑名的官员，还包括与刑名职掌关系不大但是对律法有兴趣的官员，也包括官员队伍之外的儒生，成员丰富。在官员之外，儒生（书坊）成为明代《大明律》律注编纂和刊印的重要群体。就本书利用的 36 种律注中，以儒生（书坊）为作者的总计 11 种，占几乎三分之一。

儒生编纂通过书坊刊印的律注，与官员编撰和官刊即利用官银刊印的律注，存在连接，既对明刑弼教、祥刑等儒家的、官方的主题多有阐明，也对官员编撰的律注多有借鉴。书坊本律注经常将当时重要

1　比如天启年间任福建兴化府推官的祁彪佳，就是很好的例子。可参见吴艳红：《推知行取与莆阳谳牍研究》，载《中国古代法律文献研究》第 13 辑，社会科学文献出版社，2019 年，第 295—318 页。

的刑名官员列为律注作者群体中的一员，则是直接从官方的制度中为律注获取权威性。但另一方面，儒生（书坊）编纂与刊印的《大明律》律注有自己独特的宗旨和目标，在商业和市场的原则下，书坊本律注在格式与内容上多有特色。比如书坊本律注更注重律条与条例的司法实用性；在律条的注解中多采用旁训、律间注，对律文的个别词汇予以注解，以提高阅读的方便性；律注内容全面丰富。为容纳更多的信息，律注在正文部分的页面一般都分上、下栏，或者分上、中、下三栏。

通过其独特的格式与内容，书坊本律注也有其独特的话语表达。《临民宝镜》序言提道："官宦必镜以断狱讼，考吏必镜以定殿最，掾吏必镜以备考试，书办必镜以供招拟，业儒必镜以科命判，蔺验必镜以洗无冤，庶民必镜以知趋避，此镜亦宝矣，其共珍之。因端其额曰宝镜。"[1] 在这样的表达中，官与吏、吏与书办、官员与儒生、官员与庶民之间的界限得到了相当程度的模糊，他们具有的共同特点是都可以受惠于《大明律》律注，因此可以一样地成为这一律注的消费者。换言之，在商业和市场的机制下，这些人群均以消费者的形象出现，其政治身份的属性和相关的权力等级特征有所消解。与官撰、官刊《大明律》律注中对官员与吏、吏与书办之间界限的强调，官员对吏和书办在道德上的不信任、在刑名事务上的防备，形成相当鲜明的话语上的差别。

对于明代官员而言，一方面，书坊本律注有效地丰富了其通晓律意的资源。从之前各章的讨论来看，明代官员对书坊本律注多有阅

1　［明］潘士良：《临民宝镜序》，载［明］苏茂相：《新刻官板律例临民宝镜》卷首，第3页下—5页上。

读，并在研习律法时有所参考。比如万历年间刑部官员徐昌祚注释《大明律》，就明确表明参考了书坊本律注《祥刑冰鉴》和《龙头律法全书》。另一方面，书坊本律注也可能通过宪府官员官刊《大明律》律注的过程而对司法官员产生影响。宪府官员官刊《大明律》律注，朝廷所能保证的只是宪府官员在刑名知识上的专业性，对于其选择何种律注进行官刊，并无明确的规定和干涉。宪府官员在其所刊律注的序言和后记中，主要以该律注如何精良，如何有利于提高当地官员的律法知识，最后如何有效促进司法公正为理由。则在这一标准下，所有的私家律注均可以进入宪府官员选择的范围。隆庆二年（1568年）河南巡抚李邦珍在所巡地面主持官刊律注《大明律疏附例》，明确提到该律注是他初入仕途时购买的作品，作者不详，而从李邦珍对律注的描述来看，他最重视的是律注的内容，而不是出处。也就是说，如果律注内容足够精良，则书坊本律注也有可能通过宪府官员的选择而成为某地官员的律法读本，从而进入官方刑名知识体系。

对于明代官员通晓律意而言，这样一个相对开放的律法知识领域的存在具有相当重要的意义。在这个领域中，职在刑名的官员、非刑名官员、儒生职掌不同，政治身份有别，但是在明朝廷没有编纂、刊印官方统一的《大明律》律注的制度背景下，这些不同人群对《大明律》的研习，对《大明律》的注解，对《大明律》律注的编纂，则均具有私人的性质。这一特征从某种程度上弱化了他们的政治身份特征，突出了他们对律法的兴趣与研究，强调了他们对《大明律》律法知识重要性的理解，从而彰显了他们在这一层面的相似性和同类性，从而具有了万历年间安庆府知府赵寿祖提到的

"同志"的特征。[1] 这样的"同志"者之间进行的交流，主题更为鲜明，专业性的特点更为突出。

再从本领域的律法知识层面来看，宪府官员刊印的律注与书坊本律注，虽然宗旨和目标不同，但均以律法知识的精良有效为追求。因此，如雷梦麟《读律琐言》这样优秀的律注可以得到宪府官员与书坊同时的青睐。同样，无论是书坊采用《读律琐言》这样的律注，还是刑部官员、宪府官员对书坊本律注的参考，其采撷的标准也都在于这些律注较高的品质。也就是说，这一律法知识领域逐渐形成了基于本领域特点的评价标准，这一标准在相当程度上与律注作者的政治身份特征和刊行机构的特征相剥离，因此而具有独立性和专业性。正是基于这样的标准，刊印于明前期的《律条疏议》在中后期的律注中一再得到引用；也是基于这样的标准，刑部官员郑汝璧和冯孜对于律条坚持自己的理解，而与皇帝圣旨所定相对立；孙存《大明律读法》被朝廷毁板，而范永銮、汪宗元予以重刊，刑部官员徐昌祚的律注中对其格式有所继承，都可能与这样的领域的存在及其影响力的发挥有关。总体上来说，对于明代官员而言，这一得到制度保障的律法知识领域的存在，不仅为他们在通晓律意上提供了富有活力的资源，更重要的是培养并保证了他们在通晓律意中具有的专业性。

从时间段来看，这一律法知识专门领域在明代中后期，即主要是嘉靖、隆庆、万历时期最为活跃。这一点从本书所利用的明代《大明律》律注的成书和刊印时间上也可以得到印证。从本书附录三可以看到，从洪武元年（1368 年）到正德十六年（1511 年）总计 143

1　参见［明］赵寿祖:《大明律集说叙》，载［明］冯孜、刘大文:《大明律集说附例》卷首，第 4 页下。

年的时间内，成书的律注有 5 种；而从嘉靖元年（1522 年）到崇祯末年（1644 年）总计 122 年的时间内，成书与刊印的律注则达到了 30 多种，特别是其中的嘉靖、隆庆和万历三朝，这一时期成书与刊印的律注占据了全部律注的 77%。以嘉靖、隆庆、万历为时间断限的明代中后期既是明代官员研习、创造、流通以《大明律》律注为核心的律法知识最为积极的时期；也是儒生与书坊编纂、流通以《大明律》律注为核心的律法知识最为活跃的时期。在官员与儒生及其律法著述的互动下，这一时期的律法知识领域，成员最为多元和丰富，知识最为饱满，交流最为充分，其专业性的特征也更为突出。

以上律法知识领域里的变化是与明代中后期社会见证的总体性变化是呼应的。明代中后期，从经济到社会结构再到思想、学术和出版都发生了深刻变化，从 20 世纪 50 年代以来出现的"资本主义萌芽"问题[1]到 21 世纪有关明代"社会转型"的讨论[2]，均意图对这些变化进行叙述并对其性质进行判定。其中隐含的是对中国历史发展进程的思考，以及对中国在世界历史发展进程中的位置，亦即中西方发展比较问题的理解，由此构成"明代中后期"这一课题的特定价值内涵。本书不准备对明代中后期的社会是否从传统社会向近代社会转型这一问题作出回答，而以审视明代中后期，在律法知识领域发生了怎样的变化，官员在其中起到了怎样的作用，而制度又在其间扮演了怎样的

---

[1] 关于资本主义萌芽研究的综述，可参见徐泓：《中国资本主义萌芽问题研究范式与明清社会经济史研究》（《中国社会经济史研究》2018 年第 1 期，第 169—181 页）等论著。

[2] 关于"社会转型"的研究，可参见万明主编：《问题与研究：晚明社会的变迁》，商务印书馆，2005 年；张显清主编：《明代后期社会转型研究》，中国社会科学出版社，2008 年；陈宝良：《明代社会转型与文化变迁》，重庆大学出版社，2014 年；等等。

角色为主要目的。从本书各章的讨论来看，官员与律法知识在明代中后期出现的发展，得到明代中后期社会发展的支持；同时律法领域的发展也对明代中后期社会经济的发展起到了推动的作用。[1] 可以说，上述律法知识专门领域的出现与发展是明代中后期社会发展的一个部分。

在有关明代中后期的研究中，官僚体制多被描述为"纲纪废弛，机体瘫痪"，"政权处于失控状态"，被认为与社会经济领域中的发展和变化呈现逆向态势，因此被认为是社会前进和转型的阻力或者障碍。[2] 但是从本书的研究来看，明廷制度不仅支撑了律法领域的这些发展，而且刺激和推动了这些发展，说明在通晓律意的领域内，明朝廷的制度仍具有相当的培养、激励和规范能力。则明代中后期官僚体制与社会经济领域的发展可能并不完全是对立的状态。这或许也说明，在"明代中后期"这一话语体系内，官僚政治制度是需要更加深入讨论的话题。

帝制时期，朝廷多重视律令，对官员熟读理解律令也多有强调。但是在一朝的根本大法中，专门设置"讲读律令"一条，对百官之通晓律意进行明确的规定，则是《大明律》的首创。清末律家沈家本与薛允升等对《大明律》这一律条的设置，评价都不高，认为是具文而已。[3] 但是从本书各章的讨论中可以看到，这一律条其实得到

1　比如商业出版的影响，可参见 Chow, Kai-wing. 2004. *Publishing*, *Culture*, *and Power in Early Modern China*, pp. 241–245；比如律法对市场的影响，可参见邱澎生：《当法律遇上经济：明清中国的商业法律》，浙江大学出版社，2017 年。

2　参见张显清主编：《明代后期社会转型研究》，中国社会科学出版社，2008 年，第 23、26 页等。

3　参见［清］沈家本：《沈寄簃先生遗书》，第 782 页；薛允升：《唐明律合编》，中国书店，1990 年，第 83—85 页。

了科举制度、刑部等衙门的职掌制度、监察御史的行取制度等的支持，因此得到切实的落实。正是在这一律条和相关制度的保障下，在律法知识方面并无特殊准备的初仕官员可以在制度的框架内，在通晓律意方面得到成长，成为明人所谓的刑名律法专家。这不仅说明《大明律》这一律条得到了落实，也可以看到，这一时代官员的通晓律意，与这一时期的各项制度设计是密切相关的。

清初继承《大明律》，对"讲读律令"一条和相关注解均有吸收。清初律家沈之奇著《大清律辑注》，在其序言中，专门提到"讲读律令"一条，指出"朝廷之责望讲读，若是之切也"[1]。然而，若以注解《大清律》的情况为视角，清朝官员通晓律意的情况与明朝显然存在差别。其中最突出的是宪府官员在律注纂辑和刊印的图谱中近乎缺席。这与清代官僚体制的设计和变革密切相关。有清一代，"都察院的作用和影响大不如明代"，巡按御史制度在顺治以后就被取消。[2] 因此，虽然《大清律》中仍规定宪府官员对百官通晓律意有考校之责，但实际上在外"从分巡御史"考校已经名存实亡。有明一代，巡按监察御史编纂和刊印律注，均在落实监督百官通晓律意这一职掌，在有清一代，这些均失去了制度的支持。

1　[清]沈之奇：《大清律辑注》，法律出版社，2000年，第8页。

2　参见郑秦：《清代司法审判制度研究》，湖南教育出版社，1988年，第29页；郑小悠：《人命关天：清代刑部的政务与官员（1644—1906）》，上海人民出版社，2022年，第37—45页。郑小悠在其著作中也讨论了清代刑部官员在律学知识积累、创造、传播方面的成就及其制度依托，可参见该书第273—313页。关于清代的律学著作，谷井阳子和张婷都强调了幕友和书坊的重要角色。参见谷井阳子：《明清律学与士人社会》，载邱澎生、何志辉编：《明清法律与社会变迁》，法律出版社，2019年，第392—393、396页；Zhang, Ting. 2020. *Circulating the Code: Print Media and Legal Knowledge in Qing China*, pp. 186-188。清代律学知识的这一发展，显然也以这一时期幕友的制度化为背景。

附录一
本书已用《大明律》律注

1. 何广《律解辩疑》，洪武十九年序，明刻本，中国国家图书馆藏本；美国普林斯顿大学图书馆藏缩微胶卷本。

2. 张楷《律条疏议》，天顺五年刻本，上海图书馆藏本。

3. 胡琼《大明律集解》，明刻本，中国国家图书馆藏本。

   《大明律解附例》，明刻本，台湾"中央研究院"傅斯年图书馆藏本。

   《大明律解附例》，胡效才增附本，明刻本，台湾"中央研究院"傅斯年图书馆藏本。

4. 《大明律直引》，《中国律学文献》第3辑第1册，影印嘉靖五年刻本。

5. 刑部街陈氏《大明律》，明刻本，中国国家图书馆藏本。

6. 应槚《大明律释义》，《续修四库全书》史部863册，嘉靖二十二年自序，嘉靖三十一年广东布政使司重校本。

7. 范永銮《大明律》，《四库全书存目丛书》史部276册，影印嘉靖刻本。

8. 王楠《大明律集解》，明刻本，美国国会图书馆藏本。

9. 汪宗元《大明律例》，明刻本，美国普林斯顿大学图书馆藏缩微胶卷本。

10. 雷梦麟《读律琐言》，法律出版社，2000年。

11. 陈省《大明律例附解》，明隆庆刻本，美国普林斯顿大学图书馆藏缩微胶卷本。

12. 著者不详《大明律疏附例》，明隆庆刻本，中国国家图书馆藏本；美国普林斯顿大学图书馆藏缩微胶卷本。

13. 郑汝璧《大明律解附例》，明刻本，日本内阁文库藏本。

14. 冯孜、刘大文《大明律集说附例》，明万历刻本，东京大学东洋文化研究所藏本。

15. 梁许《大明律例》，明刻本，中国国家图书馆藏本。

16. 王藻《大明律例附解》，明万历刻本，美国普林斯顿大学图书馆藏缩微胶卷本。

17. 孙旬《大明律例附疏》，明刻本，台湾"中央研究院"傅斯年图书馆藏本。

18. 李天麟《律例辨疑》，明刻本，美国普林斯顿大学图书馆藏缩微胶卷本。

19. 贡举《全补傍训便读龙头律法全书》，福建建阳安正堂刘朝琯刊刻，明刻本，美国普林斯顿大学图书馆藏本。

20. 著者不详《刻精注大明律例致君奇术》，福建建阳余氏萃庆堂余彰德刊刻，明刻本，美国普林斯顿大学图书馆藏本。

21. 周萃《大明律例注释祥刑冰鉴》，南京嘉宾堂刊印，明刻本，美国普林斯顿大学图书馆藏本。

22. 陈遇文《大明律解》，明刻本，台湾"中央研究院"傅斯年图书馆藏本。

23. 陈遇文《大明律附解》，明刻本，台湾"中央研究院"傅斯年图书馆藏本。

24. 袁贞吉等《大明律集解附例》，明刻本，台湾"中央研究院"傅斯年图书馆藏本。

25. 应朝卿《大明律例附解》，明刻本，中国国家图书馆藏本。

26. 徐昌祚《大明律例添释旁注》，明刻本，美国普林斯顿大学图书馆藏本。

27. 余象斗《三台明律招判正宗》，明刻本，日本内阁文库藏本。

28. 著者不详《刑台法律》，中国书店，1990 年，影印万历三十七年福建建阳熊氏种德堂本。

29. 高举《大明律集解附例》，《明代史籍汇刊》第 12 册，台湾学生书局，1986 年，影印万历刻本。

30. 王樵《读律私笺》，明刻本，中国国家图书馆藏本。

31. 王樵、王肯堂《大明律附例》，明刻本，日本东洋文化研究所藏本。

32. 董汉儒《大明律》，明刻本，台湾"中央研究院"傅斯年图书馆藏本。

33. 姚思仁《大明律附例注解》，北京大学出版社，1993 年，影印明刻本。

34. 彭应弼《鼎镌大明律例法司增补刑书据会》，明刻本，美国普林斯顿大学图书馆藏本。

35. 著者不详《大明律例据会细注》，明刻本，美国普林斯顿大学图书馆藏本。

36. 苏茂相《新刻官板律例临民宝镜》，明刻本，中国国家图书馆藏本。
《大明律例临民宝镜》，明刻本，日本内阁文库藏本。

附录二
本书已用《大明律》律注作者
（编撰、纂辑、刊印者）情况列表

作者身份	律注	备注
刑部官员 6种	应槚《大明律释义》	
	雷梦麟《读律琐言》	
	王樵《读律私笺》	
	冯孜、刘大文《大明律集说附例》	大理寺刘大文整理刊印
	郑汝璧《大明律解附例》	巡抚任上刊印
	徐昌祚《大明律例添释旁注》	
宪府官员 16种	张楷《律条疏议》	监察御史、按察司官员
	胡琼《大明律集解》	巡按监察御史
	范永銮《大明律》	按察使
	王楠《大明律集解》	巡按监察御史
	陈省《大明律例附解》	巡按监察御史
	著者不详《大明律疏附例》	巡抚刊印
	梁许《大明律例》	巡按监察御史
	王藻《大明律例附解》	巡按监察御史
	孙旬《大明律例附疏》	巡按监察御史
	李天麟《律例辨疑》	巡按监察御史
	陈遇文《大明律解》	巡按监察御史

作者身份	律注	备注
宪府官员 16种	陈遇文《大明律附解》	巡按监察御史
	袁贞吉等《大明律集解附例》	都察院官员
	应朝卿《大明律例附解》	巡盐御史
	董汉儒《大明律》	按察司兼布政司官员
	高举《大明律集解附例》	巡抚
其他官员 3种	汪宗元《大明律例》	布政司官员
	王樵、王肯堂《大明律附例》	王肯堂为南京礼部精膳司郎中
	姚思仁《大明律附例注解》	行人；以大理寺左少卿署名刊印
儒生与 书坊 11种	何广《律解辩疑》	
	著者不详《大明律直引》	
	刑部街陈氏《大明律》	
	贡举《全补傍训便读龙头律法全书》	
	著者不详《刻精注大明律例致君奇术》	
	周萃《大明律例注释祥刑冰鉴》	
	余象斗《三台明律招判正宗》	
	著者不详《刑台法律》	
	彭应弼《鼎镌大明律例法司增补刑书据会》	
	著者不详《大明律例据会细注》	
	苏茂相《新刻官板律例临民宝镜》	

附录三
本书已用《大明律》律注刊印情况列表

刊印	律注	主持刊印者
官刊1 20种	张楷《律条疏议》	按察司金事
	胡琼《大明律集解》	巡按御史
	应㮬《大明律释义》	广东布政司
	范永銮《大明律》	按察使
	王楠《大明律集解》	巡按御史
	汪宗元《大明律例》	江西布政司
	陈省《大明律例附解》	巡按御史
	著者不详《大明律疏附例》	巡抚
	郑汝璧《大明律解附例》	巡抚
	冯孜、刘大文《大明律集说附例》	大理寺，安庆府
	梁许《大明律例》	巡按御史
	王藻《大明律例附解》	巡按御史
	孙旬《大明律例附疏》	巡按御史
	李天麟《律例辨疑》	巡按御史
	陈遇文《大明律解》	巡按御史
	陈遇文《大明律附解》	巡按御史
	袁贞吉等《大明律集解附例》	都察院

1　本书指动用官银，并以分发本地官员行用为目标的刊印。

刊印	律注	主持刊印者
官刊 20 种	应朝卿《大明律例附解》	巡盐御史
	董汉儒《大明律》	按察司管司事右布政使
	高举《大明律集解附例》	巡抚
私刻（包括家刻、坊刻）1 坊刻 9 种，私刻（可能是家刻与坊刻的结合）2 种，总计 11 种	刑部街陈氏《大明律》	坊刻
	贡举《全补傍训便读龙头律法全书》	坊刻
	著者不详《刻精注大明律例致君奇术》	坊刻
	周莘《大明律例注释祥刑冰鉴》	坊刻
	余象斗《三台明律招判正宗》	坊刻
	著者不详《刑台法律》	坊刻
	王樵《读律私笺》	私刻
	王樵、王肯堂《大明律附例》	私刻
	彭应弼《鼎镌大明律例法司增补刑书据会》	坊刻
	著者不详《大明律例据会细注》	坊刻
	苏茂相《新刻官板律例临民宝镜》	坊刻
不明 5 种	何广《律解辩疑》	
	著者不详《大明律直引》	
	雷梦麟《读律琐言》	
	徐昌祚《大明律例添释旁注》	
	姚思仁《大明律附例注解》	

---

1 本书指自己出资的刊印，或者为家刻，或者通过书坊刻印；以及以书坊刊印的律注。

附录四
本书已用《大明律》律注成书、刊印时间列表

律注	成书时间1	最早刊印时间	总计
何广《律解辩疑》	洪武	不确定	1
张楷《律条疏议》	正统	成化五年	
刑部街陈氏《大明律》	成化、弘治		3
著者不详《大明律直引》	成化、弘治		
胡琼《大明律集解》		正德	1
应㯢《大明律释义》		嘉靖	
范永銮《大明律》		嘉靖	
王楠《大明律集解》		嘉靖	刊印5 成书、 刊印6
汪宗元《大明律例》		嘉靖	
雷梦麟《读律琐言》		嘉靖	
王樵《读律私笺》	嘉靖	万历	
陈省《大明律例附解》		隆庆	
著者不详《大明律疏附例》		隆庆	成书4 刊印2
郑汝璧《大明律解附例》	隆庆	万历	
冯孜、刘大文《大明律集说附例》	隆庆	万历	

1　律注成书时间与刊印时间明确不在一个朝代的，单独注明；与刊印时间在同一时期的则不再单独注出。

律注	成书时间	最早刊印时间	总计
梁许《大明律例》		万历	
王藻《大明律例附解》		万历	
孙旬《大明律例附疏》		万历	
李天麟《律例辨疑》		万历	
陈遇文《大明律解》		万历	
陈遇文《大明律附解》		万历	
袁贞吉等《大明律集解附例》		万历	
应朝卿《大明律例附解》		万历	刊印 21
徐昌祚《大明律例添释旁注》		万历	成书 17
董汉儒《大明律》		万历	官员：13
高举《大明律集解附例》		万历	儒生：5
王樵、王肯堂《大明律附例》		万历	
姚思仁《大明律附例注解》		万历	
贡举《全补傍训便读龙头律法全书》		万历	
著者不详《刻精注大明律例致君奇术》		万历	
周莘《大明律例注释祥刑冰鉴》		万历	
余象斗《三台明律招判正宗》		万历	
著者不详《刑台法律》		万历	
彭应弼《鼎镌大明律例法司增补刑书据会》		天启	2
著者不详《大明律例据会细注》		天启	
苏茂相《新刻官板律例临民宝镜》		崇祯	1

参考文献

一、古籍

［明］白昂等：《问刑条例》，载杨一凡等主编：《中国珍稀法律典籍集成》乙编第二册，科学出版社，1994 年。

［明］陈省：《大明律例附解》，明刻本。

［明］陈遇文：《大明律解》，明刻本。

［明］陈遇文：《大明律附解》，明刻本。

［明］陈子龙等编：《明经世文编》，中华书局，1962 年。

［明］程敏政：《篁墩文集》，《景印文渊阁四库全书》1253 册。

《崇祯长编》，台湾"中央研究院"历史语言研究所校印本，1967 年。

［明］戴金：《皇明条法事类纂》，载杨一凡主编：《中国珍稀法律典籍集成》乙编第五册，科学出版社，1994 年。

［明］戴瑞卿、于永亨：万历《滁阳志》，明刻本。

［清］邓显鹤：《沅湘耆旧集》，岳麓书社，2007 年。

［明］董汉儒：《大明律》，明刻本。

董康：《比部招议》，上海大东书局，1935 年。

［明］董裕：《董司寇文集》，《四库未收书辑刊》第 5 辑 22 册。

［明］范钦藏，［清］范邦甸撰：《天一阁书目》，载《续修四库全书》

920 册。

［明］范永銮：《大明律》，载《四库全书存目丛书》史部 276 册。

［明］冯孜、刘大文：《大明律集说附例》，明刻本。

［明］高岱：《鸿猷录》，载《四库全书存目丛书》史部 19 册。

［明］高拱：《高文襄公集》，载《四库全书存目丛书》集部 108 册。

［明］高举：《大明律集解附例》，台湾学生书局，1970 年。

［明］贡举：《全补傍训便读龙头律法全书》，明刻本。

龚延明主编，毛晓阳点校：《天一阁藏明代科举录选刊 登科录下》，宁波出
版社，2016 年。

［清］宫兆麟等：乾隆《莆田县志》，清刻本。

［明］顾璘：《息园存稿文》，载《景印文渊阁四库全书》1263 册。

［清］顾炎武：《日知录集释》，台湾中华书局校刊本，1981 年。

［明］顾应祥等：《重修问刑条例》，载杨一凡等主编：《中国珍稀法律典籍集
成》乙编第二册，科学出版社，1994 年。

［明］归有光：《震川集》，载《景印文渊阁四库全书》1289 册。

［明］海瑞：《海瑞集》，中华书局，1962 年。

［清］郝玉麟、谢道承、刘敬与：乾隆《福建通志》，清刻本。

［明］何出光、陈登云合辑，喻思恂续撰：《兰台法鉴录》，北京图书馆古籍
珍本丛刊 16，书目文献出版社，1990 年。

［明］何广：《律解辩疑》，明刻本。

［明］何良俊：《何翰林集》，载《四库全书存目丛书》集部 142 册。

［明］何乔新：《椒邱文集》卷 33，载《景印文渊阁四库全书》1249 册。

［明］何三畏：《云间志略》，载《四库禁毁书丛刊》史部 8 册。

［明］胡琼：《大明律集解》，明刻本。

［明］胡琼：《大明律解附例》，明刻本。

［明］胡琼、胡效才：《大明律解附例》，明刻本。

［明］胡世宁：《胡端敏奏议》，载《景印文渊阁四库全书》428 册。

［明］黄绾：《论刑狱疏》，载杨一凡编：《中国律学文献》第 3 辑第 2 册，黑
龙江人民出版社，2006 年。

［清］黄虞稷：《千顷堂书目》，上海古籍出版社，1990 年。

［清］嵇璜：《续文献通考》，载《景印文渊阁四库全书》626—631 册。

［明］焦竑：《国朝献征录》，台湾学生书局，1965 年。

［明］雷梦麟：《读律琐言》，法律出版社，2000 年。

［明］黎淳：《黎文僖公集》，载《续修四库全书》1330 册。

［明］李逢申、姚宗文等：天启《慈溪县志》，明刻本。

［明］李东阳、申时行等：《大明会典》，江苏广陵古籍刻印社，1989 年。

［明］李乐：《见闻杂记》，上海古籍出版社，1986 年。

［明］李濂：《嵩渚文集》，载《四库全书存目丛书》集部 70—71 册。

［明］李默、黄养蒙：《吏部职掌》，嘉靖刻本。

［明］李默、黄养蒙：《吏部职掌》，载《四库全书存目丛书》史部 258 册。

［明］李攀龙：《李攀龙集》，齐鲁书社，1993 年。

［明］李天麟：《淑问汇编》，明刻本。

［明］李维桢：万历《山西通志》，明刻本。

［清］连柱纂修：乾隆《广信府志》，清刻本。

［明］梁许：《大明律例》，明刻本。

［清］凌鱼、黄文理等：乾隆《桂阳县志》，清刻本。

刘俊文：《唐律疏议笺解》，中华书局，1996 年。

［明］吕坤：《实政录》，载《续修四库全书》史部 753 册。

［明］马文升：《马端肃奏议》，载《景印文渊阁四库全书》427 册。

［明］毛伯温：《毛襄懋文集》，载《四库全书存目丛书》集部 63 册。

［明］明太祖敕修，舒化等附例：《大明律附例》，万历内府刻本。

《明实录》，台湾"中研院"史语所校勘本，1962 年等。

［明］倪岳：《青谿漫稿》，载《景印文渊阁四库全书》1251 册。

［明］欧大任：《欧虞部集》，北京图书馆古籍珍本丛刊 81，书目文献出版社，1988 年。

［明］潘恩：《潘笠江先生集》，载《四库全书存目丛书》集部 81 册。

［明］庞嵩：《南京刑部志》，明刻本。

［明］彭应弼：《刑书据会》，明刻本。

［明］祁伯裕等：《南京都察院志》，明刻本。

［明］祁彪佳：《祁彪佳集》，中华书局，1960 年。

［明］祁彪佳：《莆阳禀牍》，载《祁彪佳文稿》第 3 册，书目文献出版社，1991 年。

［明］祁彪佳：《祁彪佳日记》，浙江古籍出版社，2016 年。

［明］钱士升：《赐余堂集》，载《四库禁毁书丛刊》集部 10 册。

［明］丘濬：《大学衍义补》，载《景印文渊阁四库全书》713 册。

［明］佘自强：《治谱》，载《续修四库全书》753 册。

［明］沈德符：《万历野获编》，中华书局，1989 年。

［清］沈家本：《沈寄簃先生遗书》，中国书店，1990 年。

［清］沈之奇：《大清律辑注》，法律出版社，2000 年。

［明］苏茂相：《新刻官板律例临民宝镜》，明刻本。

［明］苏茂相：《大明律例临民宝镜》，明刻本。

［明］孙承泽：《春明梦余录》，北京古籍出版社，1992 年。

［明］孙存：《丰山集》，明刻本。

［明］孙丕扬：《都察院会题宪务疏》，明刻本。

［清］孙星衍：《平津馆鉴藏记书籍》，上海古籍出版社，2008 年。

［明］孙旬：《大明律例附疏》，明刻本。

［明］唐枢：《木钟台集·法缀》，载《四库全书存目丛书》子部 163 册。

［清］万斯同：《明史》，载《续修四库全书》史部 326 册。

［清］王夫之：《噩梦》，载《续修四库全书》子部 945 册。

［明］王耒贤等：万历《贵州通志》，明刻本。

［明］王楠：《大明律集解》，明刻本。

［明］王圻：《续文献通考》，现代出版社，1991 年。

［明］王樵：《方麓集》，载《景印文渊阁四库全书》1285 册。

［明］王樵：《读律私笺》，明刻本。

［明］王樵、王肯堂：《大明律附例》，明刻本。

［明］王世贞：《弇州史料》前集、后集，载《四库禁毁书丛刊》史部 48—
　　50 册。

［明］汪天锡：《官箴集要》，载《官箴书集成》第 1 册，黄山书社，1997 年。

［明］王藻：《大明律例附解》，明万历刻本。

［明］汪宗元：《大明律例》，明刻本。

［清］吴廷燮：《明督抚年表》，中华书局，1982 年。

《宪纲》，《皇明制书》本，北京图书馆古籍珍本丛刊 46，书目文献出版社，
　　1998 年。

［明］徐昌祚：《新刻徐比部燕山丛录》，载《四库全书存目丛书》子部
　　248 册。

［明］徐昌祚：《大明律例添释旁注》，明刻本。

［清］徐乾学：《传是楼书目》，载《续修四库全书》史部 920 册。

［清］徐同伦、俞有斐：康熙《永康县志》，清刻本。

［明］徐象梅：《两浙名贤录》，载《续修四库全书》543 册。

［清］薛允升：《读例存疑》，中国人民公安大学出版社，1994 年。

［清］薛允升：《唐明律合编》，中国书店，1990 年。

［明］颜洪范等：万历《上海县志》，明刻本。

［明］颜俊彦：《盟水斋存牍》，中国政法大学出版社，2002 年。

［明］杨守陈：《杨文懿公文集》，载《四库未收书辑刊》第 5 辑 17 册。

［明］姚夔：《姚文敏公遗稿》，载《四库全书存目丛书》集部 34 册。

［明］姚思仁：《大明律附例注解》，北京大学出版社，1993 年。

［明］叶盛：《菉竹堂稿》，载《四库全书存目丛书》集部 35 册。

［明］叶向高：《苍霞续草》，载《四库禁毁书丛刊》集部 125 册。

［清］叶舟修，陈弘绪纂：康熙《南昌郡乘》，清刻本。

［明］佚名辑：《四川地方司法档案》，载杨一凡等主编：《历代判例判牍》第
　　3 册，中国社会科学出版社，2005 年。

［明］佚名辑：《新纂四六合律判语》，载杨一凡等主编：《历代判例判牍》第
　　4 册，中国社会科学出版社，2005 年。

［明］应朝卿：《大明律例附解》，明刻本。

［明］应㯟：《谳狱稿》，天津古籍书店，1981 年。

［明］应㯟：《大明律释义》，载《续修四库全书》史部 863 册。

［明］余继登：《典故纪闻》，中华书局，1981 年。

［明］余文龙等：天启《赣州府志》，明刻本。

［明］余象斗：《三台明律招判正宗》，明刻本。

［明］张楷：《律条疏议》，明刻本。

［明］张居正：《张太岳文集》，载《续修四库全书》1345—1346 册。

［清］张佩芳修，刘大櫆纂：乾隆《歙县志》，清刻本。

［清］张廷玉等：《明史》，中华书局，1974 年。

［明］张萱：《西园闻见录》，台湾文海出版社，1940 年。

［明］张养蒙：《张毅敏公集》，明刻本。

［明］张自烈：《芑山文集》，载《四库禁毁书丛刊》集部 166 册。

［清］赵尔巽等：《清史稿》，中华书局，1976 年。

［清］赵勷、陈之麟等：同治《攸县志》，清刻本。

［明］郑汝璧：《由庚堂集》，载《续修四库全书》1357 册。

［明］郑汝璧：《大明律解附例》，明刻本。

［明］郑晓：《端简郑公文集》，载《四库全书存目丛书》集部 85 册。

［明］袁贞吉等：《大明律集解附例》，明刻本。

［明］周萃：《大明律例注释祥刑冰鉴》，明刻本。

［明］周弘祖：《古今书刻》，上海古籍出版社，2005 年。

［明］周顺昌：《忠介烬余录》，载《景印文渊阁四库全书》1295 册。

［明］朱荃宰：《文通》，载《四库全书存目丛书》集部 418 册。

《诸司职掌》，《皇明制书》本，北京图书馆古籍珍本丛刊 46，书目文献出版社，1998 年。

［清］朱彝尊：《静志居诗话》，人民文学出版社，1990 年。

［明］著者不详：《大明律直引》，载杨一凡编：《中国律学文献》第 3 辑第 1 册，黑龙江人民出版社，2006 年。

［明］著者不详：刑部街陈氏《大明律》，明刻本。

［明］著者不详：《大明律疏附例》，明刻本。

［明］著者不详：《刻精注大明律例致君奇术》，明刻本。

［明］著者不详：《刑台法律》，中国书店，1990 年。

［明］著者不详：《大明律例据会细注》，明刻本。

二、专著

陈宝良：《明代社会转型与文化变迁》，重庆大学出版社，2014 年。

方彦寿：《建阳刻书史》，中国社会出版社，2003 年。

道格拉斯·诺斯：《经济史上的结构和变革》，厉以平译，商务印书馆，

1992 年。

道格拉斯·诺斯、罗伯斯·托马斯：《西方世界的兴起》，厉以平、蔡磊译，
　　华夏出版社，1999 年。

杜信孚、杜同书：《明代分省分县刻书考》，线装书局，2001 年。

富路特、房兆楹；李小林、冯金朋主编：《哥伦比亚大学明代名人传》，北京
　　时代华文书局，2015 年。

高春平：《明代监察制度与案例研究》，商务印书馆，2020 年。

何勤华：《中国法学史》第 2 卷，法律出版社，2000 年。

何勤华主编：《律学考》，商务印书馆，2004 年。

何朝晖：《明代县政研究》，北京大学出版社，2006 年。

何朝晖：《晚明士人与商业出版》，上海古籍出版社，2019 年。

黄云眉：《明史考证》，中华书局，1980 年。

黄彰健：《明清史研究丛稿》，台湾商务印书馆，1977 年。

黄彰健编著：《明代律例汇编》，台湾"中央研究院"历史语言研究所专刊之
　　七十五，1979 年。

龚汝富：《明清讼学研究》，商务印书馆，2008 年。

那思陆：《明代中央司法审判制度》，台南正典出版文化有限公司，2002 年。

李明杰：《中国古代图书著作权研究》，社会科学文献出版社，2013 年。

李洵：《下学集》，中国社会科学出版社，1989 年。

林端：《韦伯论中国传统法律：韦伯比较社会学的批判》，中国政法大学出版
　　社，2014 年。

刘少华：《明代军人司法制度研究》，北京燕山出版社，2014 年。

刘志伟：《在国家与社会之间：明清广东地区里甲赋役制度与乡村社会》，中
　　国人民大学出版社，2010 年。

邱澎生：《当法律遇上经济：明清中国的商业法律》，浙江大学出版社，
　　2017 年。

瞿冕良编著：《中国古籍版刻辞典》，苏州大学出版社，2009 年。

瞿同祖：《中国法律与中国社会》，中华书局，2003 年。

潘星辉：《明代文官铨选制度研究》，北京大学出版社，2005 年。

万明主编：《问题与研究：晚明社会的变迁》，商务印书馆，2005 年。

王明珂：《反思史学与史学反思：文本与表征分析》，上海人民出版社，

2016 年。

王天有：《明代国家机构研究》，北京大学出版社，1992 年。

王新举：《明代赎刑制度研究》，中国财政经济出版社，2015 年。

吴晗：《读史札记》，生活·读书·新知三联书店，1956 年。

吴艳红：《明代充军研究》，社会科学文献出版社，2003 年。

吴艳红主编：《明代制度研究》，浙江大学出版社，2014 年。

吴艳红、姜永琳：《明朝法律》，南京出版社，2016 年。

徐忠明：《众声喧哗：明清法律文化的复调叙事》，清华大学出版社，
    2007 年。

徐忠明、杜金：《明清法律知识史：传播与阅读》，北京大学出版社，2012 年。

阎步克：《品位与职位：秦汉魏晋南北朝官阶制度研究》，中华书局，
    2002 年。

阎步克：《从爵本位到官本位：秦汉官僚品位结构研究》，生活·读书·新知
    三联书店，2009 年。

阎步克、邢义田、邓小南等：《多面的制度：跨学科视野下的制度研究》，生
    活·读书·新知三联书店，2021 年。

杨雪峰：《明代的审判制度》，黎明文化事业公司，1978 年。

杨一凡：《明大诰研究》，江苏人民出版社，1988 年。

杨一凡：《洪武法律典籍考证》，法律出版社，1992。

尤陈俊：《法律知识的文字传播：明清日用类书与社会日常生活》，上海人民
    出版社，2013 年。

詹姆斯·G. 马奇、约翰·P. 奥尔森：《重新发现制度：政治的组织基础》，
    张伟译，生活·读书·新知三联书店，2011 年。

张秀民：《中国印刷史》，上海人民出版社，1989 年。

张伟仁：《中国法制史书目》，台湾"中央研究院"历史语言研究所专刊之六
    十七，1976 年。

张显清主编：《明代后期社会转型研究》，中国社会科学出版社，2008 年。

张献忠：《从精英文化到大众传播：明代商业出版研究》，广西师范大学出版
    社，2015 年。

郑利华：《王世贞年谱》，复旦大学出版社，1993 年。

郑秦：《清代司法审判制度研究》，湖南教育出版社，1988 年。

郑小悠：《人命关天：清代刑部的政务与官员（1644—1906）》，上海人民出版社，2022 年。

周绍明（Joseph P. McDermott）：《书籍的社会史：中华帝国晚期的书籍与士人文化》，何朝晖译，北京大学出版社，2009 年。

朱保炯、谢沛霖：《明清进士题名碑录索引》，上海古籍出版社，1980 年。

Brokaw, Cynthia J. and Kai-wing Chow eds. 2005. *Printing and Book Culture in Late Imperial China*. Berkeley: The University of California Press.

Chow, Kai-Wing. 2004. *Publishing, Culture and Power in Early Modern China*. Stanford: Stanford University Press.

Elliott, Mark. 2001. *The Manchu Way: The Eight Banners and Ethnic Identity in Late Imperial China*. Stanford: Stanford University Press.

Elman, Benjamin A. 2013. *Civil Examinations and Meritocracy in Late Imperial China*. Cambridge: Harvard University Press.

Macauley, Melissa Ann. 1998. *Social Power and Legal Culture: Litigation Masters in Late Imperial China*. Stanford: Stanford University Press.

North, Douglass, 1990. *Institutions, Institutional Change and Economic Performance*. New York: Cambridge University Press.

Will, Pierre-Étienne. 2022. *Hanbooks and Anthologies for Officials in Imperial China: A Descriptive and Critical Bibilography*. Leiden: Brill.

Zhang, Ting. 2020. *Circulating the Code: Print Media and Legal Knowledge in Qing China*. Seattle: University of Washington Press.

三、论文

包伟民：《从宋代财政史看中国古代国家制度的地方化》，《史学月刊》2007 年第 7 期。

程天权：《从唐六赃到明六赃》，《复旦学报（社会科学版）》1984 年第 6 期。

陈锐：《中国传统律学新论》，《政法论坛》2018 年第 6 期。

陈长琦：《制度史研究应具整体观》，《史学月刊》2007年第7期。

陈重方：《洗冤录的文献问题》，载《中国古代法律文献研究》第13辑，社会科学文献出版社，2019年。

陈国军：《余象斗生平事迹考补》，《明清小说研究》2015年第2期。

陈惠馨、顾忠华：《论传统中国的法律教育——以法体系之价值内涵为中心的学习制度》，载《清华法学》第9辑，清华大学出版社，2006年。

程章灿：《书籍史研究的回望与前瞻》，《文献》2020年第4期。

杜金、徐忠明：《读律生涯：清代刑部官员的职业素养》，《法制与社会发展》2012年第3期。

大庭脩：《正德年间以前明清法律典籍的输入》，徐世虹译，载《中国古代法律文献研究》第2辑，中国政法大学出版社，2004年。

岛田正郎：《清律之成立》，载刘俊文主编：《日本学者研究中国史论著选译》第8卷，中华书局，1992年。

邓小南：《走向"活"的制度史——以宋代官僚政治制度史研究为例的点滴思考》，载包伟民主编：《宋代制度史研究百年（1900—2000）》，商务印书馆，2004年。

邓小南：《信息渠道的通塞：从宋代"言路"看制度文化》，《中国社会科学》2019年第1期。

冯贤亮：《明清江南的"蠹吏"》，《学术月刊》2014年第6期。

夫马进：《明清时代的讼师与诉讼制度》，载滋贺秀三等编：《明清时期的民事审判与民间契约》，法律出版社，1998年。

龚汝富：《明清时期司法官吏的法律教育》，《江西财经大学学报》2007年第5期。

谷井阳子：《明清律学与士人社会》，载邱澎生、何志辉编：《明清法律与社会变迁》，法律出版社，2019年。

何勤华：《明代律学的开山之作》，《法学评论》2000年第5期。

何勤华：《以古代中国与日本为中心的中华法系之律家考》，《中国法学》2017年第5期。

何诗海：《〈文通〉与明代文体学》，载罗时进、黄建林主编：《记忆与再现：明清近代诗文研究论集》，苏州大学出版社，2018年。

何朝晖：《中西比较视域下的中国古代书籍史研究》，《大学图书馆学报》

2020 年第 1 期。

胡旭晨、罗昶：《试论中国律学传统》，《浙江社会科学》2000 年第 4 期。

怀效锋：《中国传统律学述要》，《华东政法学院学报》1998 年第 1 期。

黄彰健：《律解辩疑、大明律直解及明律集解附例三书所载明律之比较研究》，载黄彰健：《明清史研究丛稿》，台湾商务印书馆，1977 年。

侯旭东：《"制度"如何成为了"制度史"》，《中国社会科学评价》2019 年第 1 期。

巨焕武：《明代判决书的格式及其记载方法》，《大陆杂志》1984 年第 68 卷第 3 期。

李立：《宋代政治制度史研究方法的反思》，载包伟民主编：《宋代制度史研究百年（1900—2000）》，商务印书馆，2004 年。

李守良：《明代私家律学著述探析》，《档案》2016 年第 6 期。

李守良：《明代私家律学的法律解释》，载《中国古代法律文献研究》第 6 辑，社会科学文献出版社，2012 年。

卢向前：《新材料、新问题与新潮流》，《史学月刊》2007 年第 7 期。

吕士远、何朝晖：《近 20 年我国台湾地区的中国书籍史研究述评》，《图书馆论坛》2018 年第 6 期。

马建红：《科举制与中国古代司法》，载《法律文化研究》第 1 辑，中国人民大学出版社，2005 年。

马韶青：《明代律学文献及研究综述》，载渠涛主编：《中外法律文献研究》第 2 卷，北京大学出版社，2008 年。

马韶青：《明代律学的成就》，《安庆师范学院学报》2012 年第 3 期。

马韶青：《论明代注释律学的新发展及其原因》，《柳州师专学报》2010 年第 4 期。

内藤乾吉：《大明令解说》，载刘俊文主编：《日本学者研究中国史论著选译》第 8 卷，中华书局，1992 年。

邱澎生：《有资用世或福祚子孙——晚明有关法律知识的两种价值观》，载《清华法学》第 9 辑，清华大学出版社，2006 年。

邱澎生：《以法为名：讼师与幕友对明清法律秩序的冲击》，载《中西法律传统》第 7 卷，北京大学出版社，2008 年。

邱澎生：《律例本乎圣经：明清士人与官员的法律知识论述》，载《第十五届明史国际学术研讨会暨第五届戚继光国际学术研讨会论文集》，黄海数字出版社，2015年。

孙正军：《何为制度：中国古代政治制度研究的三种理路》，《中国社会科学评价》2019年第4期。

谭家齐：《律以载道：范永銮与明代嘉靖朝的律学潮流》，载谭家齐：《明中晚期的法律史料与社会问题》，香港浸会大学近代史研究中心专刊4，万卷楼图书，2020年。

肖东发：《建阳余氏刻书考略》（上），《文献》1984年第3期。

肖东发：《建阳余氏刻书考略》（中），《文献》1984年第4期。

肖东发：《建阳余氏刻书考略》（下），《文献》1985年第1期。

王凤霞：《朱荃宰〈文通〉通论》，《嘉应学院学报》2008年第26卷第2期。

王加华、郑裕宝：《海外藏耕织图的绘制、收藏与价值分析——以元代程棨、明代宋宗鲁与清康熙三版本为核心的探讨》，《艺术与民俗》2020年第3期。

吴艳红：《〈四川地方司法档案〉与明代法律史研究》，载《明史研究》第15辑，黄山书社，2017年。

吴艳红：《推知行取与莆阳谳牍研究》，载《中国古代法律文献研究》第13辑，社会科学文献出版社，2019年。

吴艳红：《陈纲案与明前期对赃官的惩治》，《四川大学学报（哲学社会科学版）》2019年第6期。

吴智和：《明代祖制释义与功能试论》，《史学集刊》1991年第3期。

武树臣：《中国古代的法学、律学、吏学与谳学》，《中央政法管理干部学院学报》1996年第5期。

伍跃：《制度的选择与利用——前近代中国社会成员的制度选择》，载邱澎生、何志辉编：《明清法律与社会变迁》，法律出版社，2019年。

徐泓：《中国资本主义萌芽问题研究范式与明清社会经济史研究》，《中国社会经济史研究》2018年第1期。

徐嘉露：《明代律学注释书〈律学集议渊海〉考略》，《北方文物》2021年第4期。

徐忠明：《试说中国法律制度研究范式的转变》，《北大法律评论》2001年第4卷第1辑。

徐忠明：《困境与出路：回望清代律学研究——以张晋藩先生的律学论著为中心》，《学术研究》2010 年第 9 期。

徐忠明：《明清时期法律知识的生产、传播与接受——以法律书籍的"序跋"为中心》，《华南师范大学学报（社会科学版）》2015 年第 1 期。

徐忠明、杜金：《清代司法官员知识结构的考察》，《华东政法学院学报》2006 年第 5 期。

阎步克：《古代政治制度研究的一个可选项：揭示"技术原理"》，《河北学刊》2019 年第 1 期。

颜广文：《明代官制与吏制的区别及其影响》，《华南师范大学学报（社会科学版）》1989 年第 2 期。

颜广文：《明代观政进士制度考略》，《人大报刊复印资料·明清史》1992 年第 6 期。

杨一凡：《明代典例法律体系的确立与令的变迁——"律令法律体系"说、"无令"说修正》，《华东政法大学学报》2017 年第 1 期。

尤佳君：《选官与学律——论明代科举制度下士子的法律素养》，《中国考试》2021 年第 3 期。

詹姆斯·马奇、约翰·奥尔森：《新制度主义详述》，允和译，《国外理论动态》2010 年第 7 期。

张伯元：《〈大明律集解附例〉"集解"考》，《华东政法学院学报》2000 年第 6 期。

张伯元：《张楷〈律条疏议〉考》，载韩延龙编著：《法律史论集》第 3 卷，法律出版社，2001 年。

张伯元：《〈律解辩疑〉版刻考》，《上海师范大学学报（哲学社会科学版）》2008 年第 5 期。

张德建：《明代嘉靖间刑部的文学活动》，《中国文化研究》2011 年第 4 期。

张光辉：《中国古代"杂犯死罪"与"真犯死罪"考略》，《商丘师范学院学报》2009 年第 2 期。

张金奎：《明代卫所经历司制度浅析》，《故宫博物院院刊》2007 年第 2 期。

张连银：《明代科场评卷方式考——以乡、会试为考察对象》，《安徽史学》2006 年第 4 期。

张玲玉：《清代州县司法中的官吏分途与权力分化——兼论传统中国司法的

"专业性"问题》，《华中科技大学学报（社会科学版）》2022 年第
3 期。

张献忠：《明中后期科举考试用书的出版》，《社会科学辑刊》2010 年第 1 期。

张献忠：《从出版史到书籍的社会史》，《中国史研究动态》2017 年第 2 期。

张小稳：《独树一帜的制度史研究：阎步克先生的〈品位与职位〉、〈从爵本
位到官本位〉评介》，《史学月刊》2010 年第 5 期。

张星久：《中国古代官僚制度的自主性分析》，《政治学研究》1997 年第 4 期。

赵世瑜：《两种不同的政治心态与明清胥吏的社会地位》，《政治学研究》
1989 年第 1 期。

赵世瑜：《明代国家及官员的治吏政策》，《社会科学辑刊》1989 年第 6 期。

Chang, Wejen. 1994. "Legal Education in Ch'ing China", in Benjamin A. Elman
and Alexander Woodside eds. *Education and Society in Late Imperial China:
1600-1900*. Berkeley and Los Angeles: University of California Press.

Chen, Li. 2012. "Legal Specialists and Judicial Administration in Late Imperial
China, 1651-1911", *Late Imperial China*, Vol. 33, No. 1.

Farmer, Edward. 1993. "The Great Ming Commandment: An Inquiry into Early-
Ming Social Legislation", *Asia Major*, Vol. 6, No. 1.

Langlois, John D. 1993. "The Code and ad hoc Legislation in Ming Law", *Asia Ma-
jor*, Vol. 6, No. 2.

Langlois, John D. 1998. "Ming Law", in Denis Twitchett and Frederick W. Mote
eds. *The Cambridge History of China: the Ming Dynasty, 1368-1644, Part 2*.
New York: the Cambridge University Press.

North. Douglass C. 1986. "The New Institutional Economics", *Journal of Institu-
tional and Theoretical Economics (JITE) / Zeitschrift für die gesamte Staatswis-
senschaft*, Vol. 142, No. 1.

North, Douglass C. 1998. "Economic Performance through Time", in Mary C. Brin-
ton and Victor Nee eds. *The New Institutionalism in Sociology*. New York: Rus-
sell Sage Foundation.

索　引

后　记

本书是教育部人文社会科学研究青年基金项目"明代中后期法律文化研究"（项目编号：11YJC770070）的最终研究成果。从项目起始到现在书稿付梓，前后已逾十年。这十年之间，工作繁杂，生活琐碎，是在各位师长、同行、家人的不断鼓励和温暖支持下，这一书稿才得以完成。

感谢中国历史研究院陈高华先生、东北师范大学赵轶峰先生、南京大学范金民先生、北京行政学院高寿仙先生、南开大学何孝荣先生，他们为这一项目的结项研究提供了专家鉴定意见。他们对本研究的肯定，给了我动力。感谢诸位先生对我研究的持续关注，推动我不断地拓展思路，完善书稿。

感谢中国国家图书馆于浩先生、美国普林斯顿大学东亚图书馆馆长何义壮（Martin Heijdra）先生、台湾"中央研究院"巫仁恕先生、山东大学何朝晖先生、宁波大学奚丽芳博士、商务印书馆沈蕾博士在资料上提供的帮助。疫情期间，诸事不便，各位的援手弥足珍贵。

感谢浙江大学蓝德彰学术基金对本书出版的支持。在过去的二十多年时间里，蓝德彰先生和范心怡女士一直给我父母般的爱护和支持。2010年，蓝德彰先生辞世，2011年，范心怡女士在浙江大学设立了蓝德彰学术基金，推动浙江大学文科发展的同时，也为我的学术研究提供了难得的支持。

感谢四川大学原祖杰教授、上海交通大学邱澎生教授对本研究的长足支持和热情鼓励；感谢中国人民大学马小红、尤陈俊教授，法国远东学院北京中心陆康（Luca Gabbiani）先生，美国普林斯顿高等研究院狄宇宙先生（Nicola Di Cosmo），加拿大多伦多大学陈利教授，他们为本书稿的部分成果提供了和同行交流的机会。

感谢梁治平先生将此书纳入"法律文化研究文丛"。感谢商务印书馆王静编辑的支持和努力，使书稿以最好的样子面世。

书稿出版在即，多有感慨。感谢导师王天有先生，先生宽厚的治学与为人，给了我在史学领域徜徉的自由和自在。转眼之间，先生辞世已经十年，音容笑貌宛在，请安问道无从，每每念及，不胜唏嘘。

本研究前后延续十年，见证了我在浙江大学工作的十年。感谢原浙江大学罗卫东校长，感谢原人文学院黄华新院长、夏全荣老师，感谢历史系诸位同事。在他们的支持和帮助下，我的工作环境得到很大的改善，这是本书稿得以完成的重要条件。

感谢我的先生姜永琳。他的宽容和耐心，让我在这个年纪仍然可以保持莽撞和率真。因为和他志同道合，所以几经波折，我仍能保持初心，在学术的道路上慢慢前行。感谢女儿姜小宝，她2014年出生，是我书稿一写十年的主要原因。但是她让我开怀大笑，她带我走出书房，看蓝天白云、花鸟虫鱼，让我的写作充满温情。

谨以此书献给一直给予我温暖和力量的人们。

吴艳红

2022 年夏于美国博懋

图书在版编目 (CIP) 数据

制度与知识：明代官员通晓律意研究 / 吴艳红著 . —
北京：商务印书馆，2023
（法律文化研究文丛）
ISBN 978–7–100–22644–8

Ⅰ . ①制… Ⅱ . ①吴… Ⅲ . ①官员—法律—考
察—研究—中国—明代 Ⅳ . ① D929.48

中国国家版本馆 CIP 数据核字（2023）第 116910 号

法律文化研究文丛
制度与知识：明代官员通晓律意研究

吴艳红 著

商 务 印 书 馆 出 版
（北京王府井大街 36 号 邮政编码 100710）
商 务 印 书 馆 发 行
南京鸿图印务有限公司印刷
ISBN 978–7–100–22644–8

2023 年 9 月第 1 版 开本 880×1240 1/32
2023 年 9 月第 1 次印刷 印张 12⅞

定价：78.00 元